여러분의 합격을 응원 해커스소방의 특

KB136510

FREE 소방관계법규 **특강**

해커스소방(fire.Hackers.com) 접속 후 로그인 ▶ 상단의 [무료강좌 → 소방 무료강의] 클릭하여 이용

해커스소방 온라인 단과강의 **20% 할인쿠폰**

6B8569FBBE624586

해커스소방(fire.Hackers.com) 접속 후 로그인 ▶ 상단의 [내강의실] 클릭 ▶
좌측의 [인강 → 결제관리 → 쿠폰 확인] 클릭 ▶ 위 쿠폰번호 입력 후 이용

* 등록 후 7일간 사용 가능(ID당 1회에 한해 등록 가능)

해커스소방 무제한 수강상품(패스) **5만원 할인쿠폰**

92D9C8725F446FF3

해커스소방(fire.Hackers.com) 접속 후 로그인 ▶ 상단의 [내강의실] 클릭 ▶
좌측의 [인강 → 결제관리 → 쿠폰 확인] 클릭 ▶ 위 쿠폰번호 입력 후 이용

* 등록 후 7일간 사용 가능(ID당 1회에 한해 등록 가능)
* 특별 할인상품 적용 불가

쿠폰 이용 관련 문의 **1588-4055**

단기 합격을 위한 해커스소방 커리큘럼

입문
▼

탄탄한 기본기와 핵심 개념 완성!

누구나 이해하기 쉬운 개념 설명과 풍부한 예시로 부담없이 쌩기초 다지기

TIP 베이스가 있다면 **기본 단계**부터!

기본+심화
▼

필수 개념 학습으로 이론 완성!

반드시 알아야 할 기본 개념과 문제풀이 전략을 학습하고
심화 개념 학습으로 고득점을 위한 응용력 다지기

기출+예상 문제풀이
▼

문제풀이로 집중 학습하고 실력 업그레이드!

기출문제의 유형과 출제 의도를 이해하고 최신 출제 경향을 반영한
예상문제를 풀어보며 본인의 취약영역을 파악 및 보완하기

동형문제풀이
▼

동형모의고사로 실전력 강화!

실제 시험과 같은 형태의 실전모의고사를 풀어보며 실전감각 극대화

최종 마무리
▼

시험 직전 실전 시뮬레이션!

각 과목별 시험에 출제되는 내용들을 최종 점검하며 실전 완성

PASS

단계별 교재 확인 및 수강신청은 여기서!
fire.Hackers.com

* 커리큘럼 및 세부 일정은 상이할 수 있으며,
자세한 사항은 해커스소방 사이트에서 확인하세요.

해커스소방

김진성
소방관계법규

단원별 기출문제집

ᴛʜ 해커스소방

김진성

약력

현 | 해커스소방 소방관계법규 강의
현 | 경민대학교 외래교수
현 | 중앙소방학교 초빙교수
전 | 아모르이그잼 소방관계법규 강의
전 | 서정대학교 겸임교수
전 | 한국소방사관학원 원장 및 소방관계법규 교수
전 | 한교고시학원 소방관계법규 교수
전 | 강원대학교, 호원대학교, 인천소방학교 초빙교수

저서

해커스소방 김진성 소방관계법규 기본서
해커스소방 김진성 소방관계법규 합격생 필기노트
해커스소방 김진성 단원별 소방관계법규 기출문제집
해커스소방 김진성 단원별 소방관계법규 실전문제집

서문

많은 수험생 여러분들이 소방관계법규 과목의 방대한 양에 막연한 두려움을 가지고 있을 것입니다. 하지만 공무원 소방관계법규 시험은 기출지문이 재출제되거나 변형되어 다시 출제되는 비중이 높기 때문에 이제까지 누적된 수백개의 기출문제와 반복 출제되는 이론, 유형 등에 대한 기출 분석을 통해 학습의 범위와 방향을 명확하게 설정하고 더 나아가 문제해결 능력까지 키울 수 있습니다.

〈해커스소방 김진성 소방관계법규 단원별 기출문제집〉은 소방관계법규 학습의 기본이 되는 기출문제를 효과적으로 학습할 수 있도록 다음과 같은 특징을 가지고 있습니다.

첫째, 단원별로 최신 출제 경향 및 개정 법령을 반영한 기출(복원) 및 기출변형문제를 수록하였습니다.

현재의 출제방향을 가장 확실하게 제공하고 있는 최근 7개년의 기출문제는 중복된 내용일지라도 가급적 원문 그대로 수록하였으며, 각 장별로 출제빈도가 높은 기출문제의 유형을 분석하여 출제가 예상되는 변형문제를 수록함으로써 유사문제에 대처하도록 하였습니다.

둘째, 상세한 해설과 다회독을 위한 다양한 장치를 수록하였습니다.

정답 지문에 대한 해설뿐만 아니라 선지분석을 통해 오답 지문에 대한 해설 및 관련이론을 상세하게 제시하였습니다. 또한 3회독 이상 학습할 수 있도록 회독 표시 체크 박스 및 학습 플랜을 활용하여 본인의 학습 과정에 맞게 교재를 활용할 수 있습니다.

셋째, 중복 출제된 문제를 정리하여 수록하였습니다.

2015년 이전의 평가제도는 현재의 평가제도와 달리 매년 시험 실시 주관처가 시·도지사(지방직) 및 중앙소방학교장(경채 및 통합고사)인 관계로 중복된 내용들이 많을 수밖에 없었습니다. 이러한 중복 문제들을 법·령의 종류에 따라 정리하여 문제를 수록하였습니다.

더불어, 공무원 시험 전문 사이트인 해커스소방(fire.Hackers.com)에서 교재 학습 중 궁금한 점을 나누고 다양한 무료 학습 자료를 함께 이용하여 학습 효과를 극대화할 수 있습니다.

부디 〈해커스소방 김진성 소방관계법규 단원별 기출문제집〉과 함께 소방관계법규 시험의 고득점을 달성하고 합격을 향해 한걸음 더 나아가시기를 바랍니다.

〈해커스소방 김진성 소방관계법규 단원별 기출문제집〉이 소방공무원 합격을 꿈꾸는 모든 수험생 여러분에게 훌륭한 길잡이가 되기를 바랍니다.

김진성

차례

약점 보완 해설집 [책 속의 책]

문제해결 능력 향상을 위한 단계별 구성

정답 및 해설 p. 2

제1장 총칙

001 다음 중 「소방기본법」의 제정 목적으로 옳지 않은 것은?   2013년 공채

① 소방교육을 통한 국민의 안전의식을 높이기 위함이다.
② 화재를 예방, 경계하거나 진압한다.
③ 공공의 안녕 및 질서 유지와 복리증진에 이바지한다.
④ 국민의 생명·신체 및 재산을 보호한다.

002 다음 중 「소방기본법」의 제정 목적에 해당하는 내용으로 옳지 않은 것은?   2012년 공채

① 화재를 예방, 경계하거나 진압한다.
② 국민의 생명·신체 및 재산을 보호한다.
③ 화재의 예방 및 안전관리에 관한 국가와 지방자치단체의 책무로 정한다.
④ 공공의 안녕 및 질서 유지와 복리증진에 이바지한다.

STEP 1 기출 및 기출복원문제로 문제해결 능력 키우기

소방관계법규 시험의 기출 및 기출복원문제 중 재출제 가능성이 높거나 퀄리티가 좋은 문제들을 엄선한 후, 이를 학습 흐름에 따라 배치하였습니다. 또한 각 장별로 출제 빈도가 높은 기출문제의 유형을 분석하여 출제가 예상되는 기출변형문제를 수록하였습니다. 이를 통해 소방관계법규 시험에 최적화된 효율적인 학습을 할 수 있습니다. 또한 문제 번호 아래에 회독 표시용 체크박스를 수록하여 각 회독마다 문제 풀이 여부나 이해 정도를 쉽게 표시하여 각자의 학습수준에 맞게 교재를 활용할 수 있습니다.

---

031 소방박물관   답 ③

소방박물관에는 그 운영에 관한 중요한 사항을 심의하기 위하여 7인 이내의 위원으로 구성된 운영위원회를 둔다.

선지분석
① 소방의 역사와 안전문화를 발전시키고 국민의 안전의식을 높이기 위하여 소방청장이 설립·운영한다.
② 소방박물관장 1인과 부관장 1인을 두되, 소방박물관장은 소방공무원 중에서 소방청장이 임명한다.
④ 소방박물관의 관광업무·조직·운영위원회의 구성 등에 관하여 필요한 사항은 소방청장이 정한다.

개념플러스 소방박물관의 설립과 운영
1. 소방청장은 소방박물관을 설립·운영하는 경우에는 소방박물관에 소방박물관장 1인과 부관장 1인을 두되, 소방박물관장은 소방공무원 중에서 소방청장이 임명한다.
2. 소방박물관은 국내·외의 소방의 역사, 소방공무원의 복장 및 소방장비 등의 변천 및 발전에 관한 자료를 수집·보관 및 전시한다.
3. 소방박물관에는 그 운영에 관한 중요한 사항을 심의하기 위하여 7인 이내의 위원으로 구성된 운영위원회를 둔다.
4. 소방박물관의 관광업무·조직·운영위원회의 구성 등에 관하여 필요한 사항은 소방청장이 정한다.

001 소방력의 기준   답 ①

선지분석
② 소방자동차 등 소방장비의 분류·표준화와 그 관리 등에 필요한 사항은 따로 법률에서 정한다.
③ 국고보조 대상사업과 기준보조율은 대통령령으로 정한다.
④ 소방활동장비 및 설비의 종류와 규격은 행정안전부령으로 정한다.

개념플러스 소방력의 기준 등
1. 소방기관이 소방업무를 수행하는 데에 필요한 인력과 장비 등[이하 "소방력"(消防力)이라 한다]에 관한 기준은 행정안전부령으로 정한다.
2. 시·도지사는 제1항에 따른 소방력의 기준에 따라 관할구역의 소방력을 확충하기 위하여 필요한 계획을 수립하여 시행하여야 한다.
3. 소방자동차 등 소방장비의 분류·표준화와 그 관리 등에 필요한 사항은 따로 법률에서 정한다.

개념플러스 소방장비 등에 대한 국고보조
1. 국가는 소방장비의 구입 등 시·도의 소방업무에 필요한 경비의 일부를 보조한다.
2. 보조 대상사업의 범위와 기준보조율은 대통령령으로 정한다.

STEP 2 해설로 개념 완성하기

기출문제 학습이 단순히 문제풀이에서 끝나지 않고 이론 복습 및 개념 완성으로 이어질 수 있도록 모든 문제에 상세한 해설을 수록하였습니다. 해설을 통해 소방관계법규 내용 중 시험에서 주로 묻는 핵심 이론들이 무엇인지 확인하고, 학습하였던 이론의 내용을 다시 한번 복습할 수 있습니다. 더불어 모든 문제마다 출제 포인트를 제시하여 본인이 취약한 부분을 쉽게 파악하고 보완할 수 있습니다.

정답의 근거와 오답의 원인, 관련이론까지 짚어주는 정답 및 해설

빠른 정답 확인

- 각 중단원에 수록된 모든 문제의 정답을 표로 정리
- 쉽고 빠르게 정답 확인

정답									p. 144
001	②	002	①	003	②	004	④	005	②
006	④	007	④	008	③	009	①	010	①

상세한 해설

- 이론을 다시 한번 복습할 수 있는 자세한 해설
- 오답 지문의 원인과 함정 요인을 확인할 수 있는 선지분석

003 착공신고 대상 답 ②

자동화재탐지설비의 경계구역 증설은 소방시설공사의 착공신고 대상이다.

(선지분석)
① 비상방송설비를 소방용 외의 용도와 겸용되는 정보통신공사업자가 공사하는 경우에는 착공신고 대상이 아니다.
③ 대형피난구유도등은 피난구조설비로서 착공신고 대상이 아니다.
④ 비상방송설비의 착공신고 대상은 신설공사의 경우이다.

문항별 출제 포인트 제시

- 각 문항마다 문제의 핵심이 되는 출제 포인트 명시
- 각 문제가 묻고 있는 내용을 한눈에 파악

004 착공신고 대상 답 ④

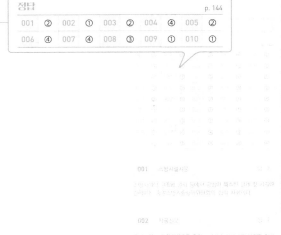

개념플러스 착공신고

1. 공사업자는 대통령령으로 정하는 소방시설공사를 하려면 행정안전부령으로 정하는 바에 따라 그 공사의 내용, 시공 장소, 그 밖에 필요한 사항을 소방본부장이나 소방서장에게 신고하여야 한다.
2. 공사업자가 신고한 사항 가운데 행정안전부령으로 정하는 중요한 사항을 변경하였을 때에는 행정안전부령으로 정하는 바에 따라 변경신고를 하여야 한다. 이 경우 중요한 사항에 해당하지 아니하는 변경 사항은 공사감리 결과보고서에 포함하여 소방본부장이나 소방서장에게 보고하여야 한다.

개념플러스

- 문제와 관련된 핵심 이론이나 알아두면 좋은 배경이론 등을 제시
- 주요 개념을 다양한 시각에서 폭넓게 학습

학습 플랜

효율적인 학습을 위하여 DAY별 권장 학습 분량을 제시하였으며, 이를 바탕으로 본인의 학습 진도나 수준에 따라 분량을 조절해 가며 학습하기 바랍니다. 또한 학습한 날은 표 우측의 각 회독 부분에 형광펜이나 색연필 등으로 표시하며 채워나가기 바랍니다.

* 1회독 때에는 40일 학습 플랜을, 2, 3회독 때에는 14일 학습 플랜을 활용하시면 좋습니다.

40일 플랜	14일 플랜	학습 플랜		1회독	2회독	3회독
DAY 1			제1장	DAY 1		
DAY 2	DAY 1		제1장	DAY 2	DAY 1	DAY 1
DAY 3			제2장	DAY 3		
DAY 4		제1편 · 제2편	제3장	DAY 4		
DAY 5	DAY 2		제3장	DAY 5	DAY 2	DAY 2
DAY 6			제4장	DAY 6		
DAY 7			제5장 ~ 제7장, 제2편 제1장 ~ 제5장	DAY 7		
DAY 8	DAY 3		제1 · 2편 복습	DAY 8	DAY 3	DAY 3
DAY 9			제1장 ~ 제3장	DAY 9		
DAY 10			제4장	DAY 10		
DAY 11	DAY 4		제4장	DAY 11	DAY 4	DAY 4
DAY 12		제3편	제5장	DAY 12		
DAY 13			제5장	DAY 13		
DAY 14	DAY 5		제6장 ~ 제8장	DAY 14	DAY 5	DAY 5
DAY 15			제3편 복습	DAY 15		
DAY 16			제1장	DAY 16		
DAY 17	DAY 6		제2장	DAY 17	DAY 6	DAY 6
DAY 18		제4편	제2장	DAY 18		
DAY 19	DAY 7		제2장	DAY 19	DAY 7	DAY 7
DAY 20			제2장	DAY 20		

⊘ 1회독 때에는 '내가 학습한 이론이 주로 이러한 형식의 문제로 출제되는구나'를 익힌다는 생각으로 접근하는 것이 좋습니다.

⊘ 2회독 때에는 실전과 동일한 마음으로 기출문제를 풀어보는 단계입니다. 단순히 문제를 풀어보는 것에 그치지 않고, 각각의 지문이 왜 옳은지, 옳지 않다면 어느 부분이 잘못되었는지를 꼼꼼히 따져가며 학습하기 바랍니다.

⊘ 3회독 때에는 기출문제를 출제자의 시선으로 바라보고, 이를 변형하여 학습하는 연습이 필요합니다. 즉, 기출지문을 중심으로 이론 학습의 범위를 넓혀가며 학습을 완성하기 바랍니다.

40일 플랜	14일 플랜	학습 플랜		1회독	2회독	3회독
DAY 21		제4편	제2장	DAY 21	DAY 8	DAY 8
DAY 22	DAY 8		제3장 ~ 제4장	DAY 22		
DAY 23			제5장 ~ 제7장	DAY 23		
DAY 24			제4편 복습	DAY 24		
DAY 25	DAY 9	제5편	제1장	DAY 25	DAY 9	DAY 9
DAY 26			제1장	DAY 26		
DAY 27			제2장	DAY 27		
DAY 28	DAY 10		제3장	DAY 28	DAY 10	DAY 10
DAY 29			제4장 ~ 제7장	DAY 29		
DAY 30			제8장	DAY 30		
DAY 31	DAY 11		제8장	DAY 31	DAY 11	DAY 11
DAY 32			제8장	DAY 32		
DAY 33			제5편 복습	DAY 33		
DAY 34	DAY 12	제6편	제1장 ~ 제2장	DAY 34	DAY 12	DAY 12
DAY 35			제3장	DAY 35		
DAY 36			제3장	DAY 36		
DAY 37			제3장	DAY 37		
DAY 38	DAY 13		제4장 ~ 제7장	DAY 38	DAY 13	DAY 13
DAY 39			제6편 복습	DAY 39		
DAY 40	DAY 14	총복습	총 복습	DAY 40	DAY 14	DAY 14

제1편

소방기본법

제1장 총칙

정답 및 해설 p. 2

001 다음 중 「소방기본법」의 제정 목적으로 옳지 않은 것은? 2013년 공채

① 소방교육을 통한 국민의 안전의식을 높이기 위함이다.
② 화재를 예방, 경계하거나 진압한다.
③ 공공의 안녕 및 질서 유지와 복리증진에 이바지한다.
④ 국민의 생명·신체 및 재산을 보호한다.

002 다음 중 「소방기본법」의 제정 목적에 해당하는 내용으로 옳지 않은 것은? 2012년 공채

① 화재를 예방, 경계하거나 진압한다.
② 국민의 생명·신체 및 재산을 보호한다.
③ 화재의 예방 및 안전관리에 관한 국가와 지방자치단체의 책무로 정한다.
④ 공공의 안녕 및 질서 유지와 복리증진에 이바지한다.

003 「소방기본법」상 소방대의 구성원으로 옳은 것은? 2020년 공채

ㄱ. 소방안전관리자	ㄴ. 의무소방원	ㄷ. 자체소방대원
ㄹ. 의용소방대원	ㅁ. 자위소방대원	

① ㄱ, ㄷ   ② ㄴ, ㄹ
③ ㄴ, ㅁ   ④ ㄷ, ㅁ

004 「소방기본법」상 용어에 대한 설명으로 가장 옳은 것은? 2018년 공채

① 관계인이란 소방대상물의 소유자 또는 점유자만을 말한다.
② 관계지역이란 소방대상물이 있는 장소만을 말한다.
③ 소방대상물이란 건축물, 차량, 항구에 매어둔 선박, 선박 건조 구조물, 산림, 그 밖의 인공 구조물 또는 물건을 말한다.
④ 소방대장이란 소방본부장 또는 소방서장만을 말한다.

005 「소방기본법」상 용어의 뜻으로 옳지 않은 것은? 2010년 공채

① 관계인이란 소방대상물의 소유자·관리자 또는 점유자를 말한다.

② 소방대는 소방공무원만을 지칭한다.

③ 관계지역이란 소방대상물이 있는 장소 및 그 이웃 지역으로서 화재의 예방·경계·진압, 구조·구급 등의 활동에 필요한 지역을 말한다.

④ 소방대장이란 소방본부장 또는 소방서장 등 화재, 재난·재해, 그 밖의 위급한 상황이 발생한 현장에서 소방대를 지휘하는 자를 말한다.

006 다음 중 소방대를 구성하는 것이 아닌 것은? 2013년 공채

① 소방공무원

② 의무소방원

③ 의용소방대원

④ 자위소방대원

007 소방대상물로 옳은 것을 모두 고른 것은? 2009년 공채

ㄱ. 인공 구조물	ㄴ. 건축물
ㄷ. 산림	ㄹ. 달리는 차량
ㅁ. 운항 중인 항공기	ㅂ. 항해 중인 선박

① ㄱ, ㄴ, ㄷ

② ㄱ, ㄴ, ㄷ, ㄹ

③ ㄱ, ㄴ, ㄷ, ㄹ, ㅁ

④ ㄱ, ㄴ, ㄷ, ㄹ, ㅁ, ㅂ

008 다음 중 소방대상물이 아닌 것은? 2010년 공채

① 건축물

② 항구에 매어둔 선박

③ 운항 중인 항공기

④ 산림

009 다음 중 「소방기본법」상 용어의 뜻으로 옳지 않은 것은? 2013년 공채

① 소방대상물이란 건축물, 차량, 선박(항구에 매어둔 선박), 선박 건조 구조물, 산림, 그 밖의 인공 구조물 또는 물건을 말한다.
② 관계인이란 소유자, 관리자 또는 점유자를 말한다.
③ 소방대장이란 소방본부장 또는 의용소방대장 등 화재, 재난·재해, 그 밖의 위급한 상황이 발생한 현장에서 소방대를 지휘하는 사람을 말한다.
④ 소방본부장이란 특별시·특별자치시·광역시·도 또는 특별자치도에서 화재의 예방·경계·진압·조사 및 구조·구급 등의 업무를 담당하는 부서의 장을 말한다.

010 다음 중 관계인의 정의로서 옳지 않은 것은? 2011년 공채

① 소유자
② 관리자
③ 신고자
④ 점유자

011 소방대상물이 있는 장소 및 그 이웃 지역으로서 화재의 예방·경계·진압, 구조·구급 등의 활동에 필요한 지역을 무엇이라 하는가? 2007년 공채

① 관계지역
② 소방지역
③ 방화지역
④ 화재지역

012 「소방기본법」상 용어의 정의에 대한 설명으로 옳지 않은 것은? 2015년 공채

① 특정소방대상물이란 건축물, 차량, 항구에 매어둔 선박, 선박 건조 구조물, 산림, 그 밖의 인공 구조물 또는 물건을 말한다.
② 관계인이란 소방대상물의 소유자·관리자 또는 점유자를 말한다.
③ 소방본부장이란 특별시·광역시·특별자치시·도 또는 특별자치도에서 화재의 예방·경계·진압·조사 및 구조·구급 등의 업무를 담당하는 부서의 장을 말한다.
④ 소방대장이란 소방본부장 또는 소방서장 등 화재, 재난·재해, 그 밖의 위급한 상황이 발생한 현장에서 소방대를 지휘하는 사람을 말한다.

013 다음 중 (   ) 안에 들어갈 내용으로 옳은 것은?

> (   )이란 건축물, 차량, 선박(「선박법」에 따른 선박으로서 항구에 매어둔 선박만 해당), 선박 건조 구조물, 산림, 그 밖의 인공 구조물 또는 물건을 말한다.

① 소방대상물
② 특정소방대상물
③ 방염대상물품
④ 소방안전특별관리시설물

014 「소방기본법」 제3조 소방기관의 설치 등에 대한 내용이다. (   ) 안에 들어갈 말로 옳은 것은?

> 시·도의 화재 예방·경계·진압 및 조사, 소방안전교육·홍보와 화재, 재난·재해, 그 밖의 위급한 상황에서의 구조·구급 등의 업무를 수행하는 소방기관의 설치에 필요한 사항은 (   )(으)로 정한다.

① 대통령령
② 행정안전부령
③ 시·도의 조례
④ 소방청훈령

015 다음 중 소방본부장 또는 소방서장의 업무가 아닌 것은?

① 화재에 관한 위험경보
② 화재의 예방조치
③ 소방업무 응원 협약
④ 화재조사

016 다음 중 「소방기본법」상 옳지 않은 것은?

① 관할구역 안에서 소방업무를 수행하는 소방서장은 관할지역의 시·군·구청장의 지휘를 받는다.
② 소방대에는 의용소방대를 포함한다.
③ 소방대장은 위급한 상황이 발생한 현장에서 필요한 때 그 현장에 있는 사람에게 위급한 사람을 구출하게 하는 일을 하게 할 수 있다.
④ 소방대장은 불이 번질 우려가 있는 소방대상물 및 토지의 일부를 소방활동에 필요한 경우 처분을 할 수 있다.

017 다음 중 관할구역 안에서 소방업무를 수행하는 소방본부장·소방서장을 지휘·감독하는 권한이 없는 자는?

2009년 공채

① 특별시장
② 광역시장
③ 도지사
④ 시장·군수 및 구청장

018 하급 119종합상황실이 상급 119종합상황실에 지체 없이 보고하여야 할 사항으로 옳지 않은 것은?

2017년 공채

① 연면적 1만5천m² 이상인 공장에서 발생한 화재
② 이재민이 50명 이상 발생한 화재
③ 재산피해액이 50억원 이상 발생한 화재
④ 사망자가 5명 이상 발생한 화재

019 119종합상황실에 지체 없이 보고하여야 할 사항으로 옳지 않은 것은?

2010년 공채

① 사상자가 10인 이상 발생한 화재
② 이재민이 70인 이상 발생한 화재
③ 사망자가 5인 이상 발생한 화재
④ 재산피해액이 50억원 이상 발생한 화재

020 「소방기본법 시행령」상 소방기술민원센터의 설치·운영기준으로 옳지 않은 것은?

2022년 공채

① 소방청장 및 본부장은 각 소방서에 소방기술민원센터를 설치·운영한다.
② 소방기술민원센터는 소방기술민원과 관련된 현장 확인 및 처리업무를 수행한다.
③ 소방기술민원센터는 소방기술민원과 관련된 질의회신집 및 해설서 발간의 업무를 수행한다.
④ 소방기술민원센터는 소방시설, 소방공사와 위험물 안전관리 등과 관련된 법령해석 등의 민원을 처리한다.

021 「소방기본법」 및 같은 법 시행령상 소방기술민원센터에 대한 내용으로 옳지 않은 것은? 2022년 경채

① 소방기술민원센터는 센터장을 포함하여 18명 이내로 구성한다.

② 소방기술민원센터는 소방기술민원과 관련된 업무로서 소방청장 또는 소방본부장이 필요하다고 인정하여 지시하는 업무를 수행한다.

③ 소방기술민원센터장은 소방기술민원센터의 업무수행을 위하여 필요하다고 인정하는 경우에는 관계 기관의 장에게 소속 공무원 또는 직원의 파견을 요청할 수 있다.

④ 소방청장은 소방시설, 소방공사 및 위험물 안전관리 등과 관련된 법령해석 등의 민원을 종합적으로 접수하여 처리할 수 있는 소방기술민원센터를 설치·운영할 수 있다.

022 「소방기본법」상 소방박물관 등의 설립과 운영에 관한 내용이다. (   ) 안에 들어갈 내용으로 옳은 것은? 2024년 경채

> • 소방의 역사와 안전문화를 발전시키고 국민의 안전의식을 높이기 위하여 (ㄱ)은/는 소방박물관을, (ㄴ)은/는 소방체험관을 설립하여 운영할 수 있다.
> • 소방박물관의 설립과 운영에 필요한 사항은 (ㄷ)(으)로 정하고, 소방체험관의 설립과 운영에 필요한 사항은 (ㄷ)(으)로 정하는 기준에 따라 (ㄹ)(으)로 정한다.

	ㄱ	ㄴ	ㄷ	ㄹ
①	시·도지사	소방청장	행정안전부령	시·도의 조례
②	시·도지사	소방청장	시·도의 조례	행정안전부령
③	소방청장	시·도지사	시·도의 조례	행정안전부령
④	소방청장	시·도지사	행정안전부령	시·도의 조례

023 다음 중 (ㄱ) 소방박물관, (ㄴ) 소방체험관의 설립·운영자는? 2017년 경채

	(ㄱ)	(ㄴ)
①	소방청장	시·도지사
②	문화재청장	소방박물관
③	문화재청장	소방청장
④	시·도지사	소방청장

024 소방활동 관련 화재 현장에서의 피난 등을 체험할 수 있는 소방체험관을 설치해야 하는 사람은?

2012년 공채

① 소방청장
② 소방본부장
③ 시·도지사
④ 소방서장

025 소방박물관 등의 설립과 운영에 대한 설명이다. (　　) 안에 들어갈 내용으로 옳은 것은? 2013년 공채

> 소방의 역사와 안전문화를 발전시키고 국민의 안전의식을 높이기 위하여 (　가　)은/는 소방박물관을,
> (　나　)은/는 소방체험관을 운영할 수 있다.

	(가)	(나)
①	소방청장	시·도지사
②	시·도지사	소방청장
③	국무총리	시·도지사
④	시·도지사	국무총리

026 「소방기본법」 및 같은 법 시행령상 소방업무에 관한 종합계획의 수립·시행 등의 내용으로 옳지 않은 것은?

2022년 경채

① 소방청장은 수립한 종합계획을 관계 중앙행정기관의 장, 시·도지사에게 통보하여야 한다.
② 시·도지사는 관할 지역의 특성을 고려하여 종합계획의 시행에 필요한 세부계획을 매년 수립하여 행정안전부장관에게 제출하여야 한다.
③ 종합계획에는 소방업무에 필요한 체계의 구축, 소방기술의 연구·개발 및 보급, 소방전문인력 양성에 대한 사항이 포함되어야 한다.
④ 소방청장은 소방업무에 관한 종합계획을 관계 중앙행정기관의 장과의 협의를 거쳐 계획 시행 전년도 10월 31일까지 수립하여야 한다.

027 「소방기본법」상 소방업무에 관한 종합계획의 수립·시행 등에 대한 설명이다. (   ) 안에 들어갈 내용으로 옳은 것은? 2020년 공채

> (가)은 화재, 재난·재해, 그 밖의 위급한 상황으로부터 국민의 생명·신체 및 재산을 보호하기 위하여 소방업무에 관한 종합계획을 (나)마다 수립·시행하여야 하고, 이에 필요한 재원을 확보하도록 노력하여야 한다.

	(가)	(나)
①	소방청장	3년
②	소방청장	5년
③	행정안전부장관	3년
④	행정안전부장관	5년

028 소방업무에 관한 종합계획 및 세부계획의 수립·시행에 대한 설명으로 옳지 않은 것은? 2017년 경채

① 소방청장은 소방업무에 관한 종합계획을 관계 중앙행정기관의 장과의 협의를 거쳐 계획 시행 전년도 10월 31일까지 수립하여야 한다.
② 재난·재해 환경 변화에 따른 소방업무에 필요한 대응 체계를 마련하여야 한다.
③ 장애인, 노인, 임산부, 영유아 및 어린이 등 이동이 어려운 사람을 대상으로 한 소방활동에 필요한 조치를 하여야 한다.
④ 시·도지사와 시장·군수·구청장은 종합계획의 시행에 필요한 세부계획을 수립하여 소방청장에게 제출하여야 한다.

029 소방청장은 화재, 재난·재해, 그 밖의 위급한 상황으로부터 국민의 생명·신체 및 재산을 보호하기 위하여 소방업무에 관한 종합계획을 몇 년마다 수립·시행하여야 하는가? 2008년 공채

① 1년
② 3년
③ 5년
④ 6년

030 다음 중 소방청장이 소방업무에 관한 종합계획을 수립·시행하는 기간으로 옳은 것은? 2009년 공채

① 1년
② 3년
③ 5년
④ 7년

031 다음 (　　) 안에 들어갈 내용을 바르게 나열한 것은? 2013년 공채

> 소방의 역사와 안전문화를 발전시키고 국민의 안전의식을 높이기 위하여 (　　)은/는 소방박물관을, (　　)은/는 소방체험관을 설립하여 운영할 수 있다. 국민의 안전의식과 화재에 대한 경각심을 높이고 안전문화를 정착시키기 위하여 매년 (　　)을 소방의 날로 정하여 기념행사를 한다.

① 소방청장 – 시 · 도지사 – 11월 9일
② 시 · 도지사 – 소방청장 – 11월 9일
③ 소방청장 – 시 · 도지사 – 1월 9일
④ 소방청장 – 소방본부장 – 1월 9일

032 「소방기본법」에서 소방활동을 하기 위해 119종합상황실을 설치하여 운영하여야 한다. 다음 중 설치하지 않아도 되는 곳으로 옳은 것은? 기출변형

① 소방청
② 소방본부
③ 소방서
④ 국무총리실

033 119종합상황실의 실장이 기록하고 관리하는 사항으로 옳지 않은 것은? 기출변형

① 이상기상 상황의 예보 및 특보에 관한 사항
② 재난상황의 전파 및 보고
③ 재난상황이 발생한 현장에 대한 지휘 및 피해현황의 파악
④ 재난상황 발생의 신고접수

034 「소방기본법」상 119종합상황실의 설치 및 운영목적에 대한 내용으로 옳지 않은 것은? 2021년 공채

① 상황관리
② 대응계획 실행 및 평가
③ 현장 지휘 및 조정 · 통제
④ 정보의 수집 · 분석과 판단 · 전파

035 119종합상황실에 대한 설명으로 옳지 않은 것은?

기출변형

① 소방청장·소방본부장 및 소방서장은 소방활동을 위한 정보를 수집·전파하기 위하여 설치·운영한다.

② 119종합상황실의 설치·운영에 관하여 필요한 사항은 대통령령으로 정한다.

③ 다중이용업소의 화재는 상급 119종합상황실에 보고하여야 한다.

④ 119종합상황실은 24시간 운영체제를 유지하여야 한다.

036 소방박물관의 설립과 운영에 대한 설명으로 옳은 것은?

기출변형

① 소방의 역사와 안전문화를 발전시키고 국민의 안전의식을 높이기 위하여 시·도지사가 설립·운영한다.

② 소방박물관장 1인과 부관장 1인을 두되, 소방박물관장은 소방공무원 중에서 시·도지사가 임명한다.

③ 운영에 관한 중요한 사항을 심의하기 위하여 7인 이내의 위원으로 구성된 운영위원회를 둔다.

④ 소방박물관의 관광업무·조직·운영위원회의 구성 등에 관하여 필요한 사항은 시·도의 조례로 정한다.

037 관할 지역의 특성을 고려하여 소방업무에 관한 종합계획의 시행에 필요한 세부계획을 매년 수립하고 이에 따른 소방업무를 성실히 수행하여야 하는 자로 옳은 것은?

기출변형

① 소방본부장

② 국가

③ 시·도지사

④ 소방청장

정답 및 해설 p. 7

001 소방력의 기준 및 소방장비의 국고보조에 대한 설명 중 옳은 것은?　2017년 경채

① 시·도지사는 관할구역의 소방력을 확충하기 위하여 필요한 계획을 수립하여 시행한다.
② 소방장비의 분류, 표준화와 그 관리 등에 필요한 사항은 대통령령으로 정한다.
③ 국고보조 대상사업과 기준보조율은 행정안전부령으로 정한다.
④ 소방활동장비 및 설비의 종류와 규격은 대통령령으로 정한다.

002 「소방기본법 시행규칙」상 국고보조의 대상이 되는 소방활동장비의 종류와 규격으로 옳지 않은 것은?　2023년 공채·경채

① 구조정: 90마력 이상
② 배연차(중형): 170마력 이상
③ 구급차(특수): 90마력 이상
④ 소방헬리콥터: 5~17인승

003 다음 중 국고보조 대상사업의 범위로 옳지 않은 것은?　2017년 경채

① 소방관서용 청사의 건축
② 소방헬리콥터 및 소방정
③ 소방전용통신설비 및 전산설비
④ 특정소방대상물의 소방시설

004 소방력의 기준과 소방장비 등의 국고보조에 관하여 옳지 않은 것은?　2009년 공채

① 시·도지사는 소방력의 기준에 따라 관할구역의 소방력을 확충하기 위하여 필요한 계획을 수립하여 시행하여야 한다.
② 국가는 소방장비의 구입 등 시·도의 소방업무에 필요한 경비의 일부를 보조하며, 국고보조에 따른 보조 대상사업의 범위와 기준보조율은 대통령령으로 정한다.
③ 국내조달품은 조달청에서 조사한 해외시장의 시가로 한다.
④ 국고보조에 따른 소방활동장비 및 설비의 종류와 규격은 행정안전부령으로 정한다.

005 다음 중 옳은 것을 모두 고른 것은?
2010년 공채

> ㄱ. 소방자동차 등 소방장비의 분류 및 표준화와 그 관리 등 필요한 사항은 따로 법률에서 정한다.
> ㄴ. 국고보조 대상사업의 범위와 기준보조율은 대통령령으로 정한다.
> ㄷ. 소방기관이 소방업무를 수행하는 데에 필요한 인력과 장비 등에 관한 기준은 시·도 조례로 정한다.

① ㄱ
② ㄱ, ㄴ
③ ㄴ, ㄷ
④ ㄱ, ㄴ, ㄷ

006 「소방기본법」상 국고보조대상에 해당하는 소방활동장비 및 설비의 기준이 아닌 것은?
2013년 공채

① 소방관서용 청사의 건축
② 소방헬리콥터 및 소방정
③ 소방전용통신설비 및 전산설비
④ 방화복 등 소방활동에 필요한 소방장비

007 다음 중 법률적 성격이 다른 하나는?
2012년 공채

① 신속한 소방활동을 위한 정보를 수집·전파하기 위한 119종합상황실의 설치·운영에 관한 기준
② 소방의 역사와 안전문화를 발전시키고 국민의 안전의식을 높이기 위한 소방청장의 소방박물관 설립·운영에 관한 기준
③ 소방기관이 소방업무를 수행하는 데에 필요한 인력과 장비 등에 관한 기준
④ 국고보조 대상사업의 범위와 기준보조율

008 「소방기본법 시행규칙」상 소방용수시설 및 비상소화장치의 설치기준으로 옳지 않은 것은?
2022년 공채

① 비상소화장치의 설치기준에 관한 세부 사항은 소방청장이 정한다.
② 소방청장은 설치된 소방용수시설에 대하여 소방용수표지를 보기 쉬운 곳에 설치하여야 한다.
③ 소방호스 및 관창은 소방청장이 정하여 고시하는 형식승인 및 제품검사의 기술기준에 적합한 것으로 설치한다.
④ 비상소화장치함은 소방청장이 정하여 고시하는 성능인증 및 제품검사의 기술기준에 적합한 것으로 설치한다.

009 「소방기본법」 및 같은 법 시행령상 비상소화장치 설치대상 지역을 있는 대로 모두 고른 것은?

2022년 경채

> ㄱ. 위험물의 저장 및 처리 시설이 밀집한 지역
> ㄴ. 석유화학제품을 생산하는 공장이 있는 지역
> ㄷ. 소방시설·소방용수시설 또는 소방출동로가 없는 지역
> ㄹ. 시·도지사가 비상소화장치의 설치가 필요하다고 인정하는 지역

① ㄱ, ㄴ
② ㄷ, ㄹ
③ ㄱ, ㄴ, ㄷ
④ ㄱ, ㄴ, ㄷ, ㄹ

010 「소방기본법」상 시·도지사가 소방활동에 필요하여 설치하고 유지·관리하는 소방용수시설로 옳지 않은 것은?

2020년 공채

① 소화전
② 저수조
③ 급수탑
④ 상수도소화용수설비

011 「소방기본법」 및 같은 법 시행규칙상 소방용수시설 설치기준 등에 대한 설명으로 옳지 않은 것은?

2019년 공채

① 시·도지사는 소방활동에 필요한 소방용수시설을 설치하고 유지·관리하여야 하고, 「수도법」 제45조에 따라 소화전을 설치하는 일반수도사업자는 관할 소방서장과 사전협의를 거친 후 소화전을 설치하여야 하며, 설치 사실을 관할 소방서장에게 통지하고, 그 소화전은 소방서장이 유지·관리하여야 한다.
② 정당한 사유 없이 소방용수시설 또는 비상소화장치를 사용하거나 소방용수시설 또는 비상소화장치의 효용을 해치거나 그 정당한 사용을 방해한 사람에 대해서는 5년 이하의 징역 또는 5천만원 이하의 벌금에 처한다.
③ 소방본부장 또는 소방서장은 원활한 소방활동을 위하여 소방용수시설에 대한 조사, 소방대상물에 인접한 도로의 폭·교통상황, 도로주변의 토지의 고저·건축물의 개황, 그 밖의 소방활동에 필요한 지리에 대한 조사를 월 1회 이상 실시하여야 하며, 조사결과는 2년간 보관하여야 한다.
④ 소화전은 상수도와 연결하여 지하식 또는 지상식의 구조로 하고 소방용 호스와 연결하는 소화전의 연결 금속구의 구경은 65mm로 하여야 하며, 급수탑은 급수배관의 구경을 100mm 이상으로 하고 개폐 밸브는 지상에서 1.5m 이상 1.7m 이하의 높이에 설치하여야 한다.

012 「소방기본법 시행규칙」상 소방용수시설의 설치기준으로 옳은 것은?

2021년 공채

① 소방용호스와 연결하는 소화전의 연결금속구의 구경은 40mm로 할 것

② 공업지역인 경우 소방대상물과 수평거리를 100m 이하가 되도록 할 것

③ 저수조에 물을 공급하는 방법은 상수도에 연결하여 수동으로 급수되는 구조일 것

④ 급수탑의 개폐밸브는 지상에서 0.8m 이상 1.5m 이하의 위치에 설치하도록 할 것

013 소방용수시설을 설치하고 유지 및 관리는 누가 하여야 하는가?

2011년 공채

① 소방서장

② 소방본부장

③ 시·도지사

④ 수도관리단장

014 「소방기본법 시행규칙」상 지하에 설치하는 소화전 또는 저수조의 경우 소방용수표지는 다음 기준에 따라 설치하여야 한다. (   ) 안에 들어갈 내용으로 옳은 것은?

2023년 공채·경채

> • 맨홀 뚜껑은 지름 (ㄱ)밀리미터 이상의 것으로 할 것. 다만, 승하강식 소화전의 경우에는 이를 적용하지 않는다.
> • 맨홀 뚜껑 부근에는 (ㄴ) 반사도료로 폭 (ㄷ)센티미터의 선을 그 둘레를 따라 칠할 것

	ㄱ	ㄴ	ㄷ
①	648	노란색	15
②	678	붉은색	15
③	648	붉은색	25
④	678	노란색	25

015 지하에 설치하는 소화전 또는 저수조의 경우 소방용수표지의 맨홀 뚜껑은 지름 몇 mm 이상의 것으로 하여야 하는가? (단, 승하강식 소화전의 경우에는 이를 적용하지 아니한다)

2010년 공채

① 65mm

② 100mm

③ 140mm

④ 648mm

016 소방활동에 필요한 소화전, 급수탑, 저수조를 설치·유지 및 관리하는 사람은? 2009년 공채

① 국무총리
② 소방청장
③ 시·도지사
④ 소방본부장

017 소방용수시설의 소화전 및 급수탑 설치기준으로 옳은 것은? 2008년 공채

① 주거지역·상업지역 및 공업지역에 설치하는 경우에는 소방대상물과의 수평거리를 140m 이하가 되도록 할 것
② 기타지역에 설치하는 경우에는 소방대상물과의 수평거리를 100m 이하가 되도록 할 것
③ 급수탑의 방식에서 급수배관의 구경은 150mm 이상으로 하고, 개폐밸브는 지상에서 1.5m 이상 1.7m 이하의 위치에 설치하도록 할 것
④ 소화전 방식에서는 상수도와 연결하여 지하식 또는 지상식의 구조로 하고, 소방용호스와 연결하는 소화전의 연결금속구의 구경은 65mm로 할 것

018 소방활동에 필요한 소방용수시설의 설치가 적합하게 된 것은? 2014년 공채

① 급수탑 방식의 개폐밸브를 지상에서 1.0m 높이에 설치하였다.
② 주거지역에 설치하는 경우 소방대상물과의 수평거리를 90m가 되도록 설치하였다.
③ 상수도와 연결하여 지하식 또는 지상식의 구조로 하고, 소방용호스와 연결하는 소화전의 연결금속구의 구경을 45mm로 설치하였다.
④ 저수조 흡수부분의 수심을 0.4m로 설치하였다.

019 「소방기본법 시행규칙」상 소방용수시설 및 지리조사에 관한 내용으로 옳지 않은 것은? 2023년 경채

① 소방본부장 또는 소방서장은 원활한 소방활동을 위하여 소방용수시설 및 지리조사를 월 1회 이상 실시하여야 한다.
② 지리조사는 소방대상물에 인접한 도로의 폭·교통상황, 도로주변의 토지의 고저·건축물의 개황을 제외한 소방활동에 필요한 사항이다.
③ 조사결과는 전자적 처리가 불가능한 특별한 사유가 없으면 전자적 처리가 가능한 방법으로 작성·관리하여야 한다.
④ 소방용수시설 및 지리조사는 소방용수조사부 및 지리조사부서식에 의하되, 그 조사결과를 2년간 보관하여야 한다.

020 다음 중 소방업무 및 소방활동 등에 대하여 옳은 것은?

① 소방활동 시 방해하면 5년 이하의 징역 또는 5천만원 이하의 벌금에 해당된다.

② 소방활동에 종사한 관계인은 시·도지사로부터 비용을 지급받을 수 있다.

③ 소방서장은 인근 사람에게 인명구출, 화재진압, 화재조사를 명할 수 있다.

④ 관계인이 소방활동 업무를 돕다가 사망하거나 부상을 입은 경우에는 시·도지사는 보상하지 않는다.

021 소방업무에 대한 설명으로 옳지 않은 것은?

① 소방활동에 종사한 사람은 시·도지사로부터 소방활동의 비용을 지급받을 수 있다.

② 시·도지사는 응원을 요청하는 경우 출동 대상지역 및 규모와 소요경비의 부담 등을 화재가 끝난 이후 이웃하는 시·도지사와 협의하여 정하여야 한다.

③ 소방본부장 또는 소방서장은 소방활동에 있어서 긴급한 때에는 이웃한 소방본부장 또는 소방서장에게 소방업무의 응원을 요청할 수 있다.

④ 시·도지사는 그 관할 구역 안에서 발생하는 화재, 재난·재해, 그 밖의 위급한 상황에 있어서 필요한 소방업무를 성실히 수행하여야 한다.

022 소방업무의 상호응원협정사항으로 옳지 않은 것은?

① 소방업무의 응원을 위하여 파견된 소방대원은 응원을 지원해준 소방본부장 또는 소방서장의 지휘에 따라야 한다.

② 소방본부장 또는 소방서장은 소방활동에 있어서 긴급한 때 이웃한 소방본부장 또는 소방서장에게 소방업무의 응원을 요청할 수 있다.

③ 시·도지사는 미리 규약으로 정하는 범위에 출동 대상지역 및 규모와 소요경비의 부담을 포함한다.

④ 응원요청을 받은 소방본부장 또는 소방서장은 정당한 사유 없이 이를 거절하여서는 안 된다.

023 다음 중 「소방기본법」으로 정하는 소방업무의 상호응원협정에 포함되지 않는 것은?

① 화재의 경계 및 진압활동

② 구조 및 구급업무의 지원

③ 지휘권의 범위

④ 출동대원의 수당

024 소방활동을 할 때 긴급한 경우에는 이웃한 소방본부장 또는 소방서장에게 소방업무의 응원(應援)을 요청할 수 있다. 응원의 요청 중 소방활동에 관한 사항이 아닌 것은? 2014년 공채

① 화재조사활동
② 구조·구급업무의 지원
③ 화재의 경계·진압활동
④ 출동대원의 수당·식사 및 의복의 수선

025 다음 중 소방력의 동원을 요청할 수 있는 자는? 2010년 공채

① 시·도지사
② 소방본부장 또는 소방서장
③ 소방청장
④ 행정안전부장관

026 다음 중 소방력의 기준 등에 대한 설명으로 옳지 않은 것은? 기출변형

① 소방력에 관한 기준은 행정안전부령으로 정한다.
② 국고보조의 대상 및 기준보조율은 대통령령으로 정한다.
③ 국고보조산정을 위한 기준가격은 행정안전부령으로 정한다.
④ 소방청장은 소방력의 기준에 따라 관할구역 안의 소방력을 확충하기 위하여 필요한 계획을 수립하여 시행한다.

027 소방용수시설의 저수조 설치기준으로 옳은 것은? 기출변형

① 흡수관의 투입구가 사각형의 경우에는 한 변의 길이가 60cm 이상일 것
② 흡수부분의 수심이 0.25m 이상일 것
③ 지면으로부터의 낙차가 6.5m 이하일 것
④ 저수조에 물을 공급하는 방법은 상수도에 연결하여 수동으로 급수되는 구조일 것

028 소방활동에 필요한 소방용수 및 지리조사 실시 횟수 기준으로 옳은 것은?

기출변형

① 월 1회 이상
② 3개월에 1회 이상
③ 6개월에 1회 이상
④ 연 1회 이상

029 소방서장이 실시하는 지리조사와 관계가 없는 것은?

기출변형

① 소방활동에 필요한 소방용수의 조사
② 소방대상물에 인접한 도로의 폭에 대한 조사
③ 교통상황 조사
④ 건축물의 개황에 관한 조사

030 다음 중 소방력의 동원에 대한 설명으로 옳지 않은 것은?

기출변형

① 소방청장은 시·도지사에게 동원된 소방력을 화재, 재난·재해 등이 발생한 지역에 지원·파견하여 줄 것을 요청하거나 필요한 경우 직접 소방대를 편성하여 화재진압 및 인명구조 등 소방에 필요한 활동을 하게 할 수 있다.
② 소방활동을 수행하는 과정에서 발생하는 경비 부담에 관한 사항, 소방활동을 수행한 민간 소방 인력이 사망하거나 부상을 입었을 경우의 보상주체·보상기준 등에 관한 사항, 그 밖에 동원된 소방력의 운용과 관련하여 필요한 사항은 행정안전부령으로 정한다.
③ 동원된 민간 소방 인력이 소방활동을 수행하다가 사망하거나 부상을 입은 경우 화재, 재난·재해, 그 밖의 구조·구급이 필요한 상황이 발생한 시·도가 해당 시·도의 조례로 정하는 바에 따라 보상한다.
④ 동원된 소방대원이 다른 시·도에 파견·지원되어 소방활동을 수행할 때에는 특별한 사정이 없으면 화재, 재난·재해 등이 발생한 지역을 관할하는 소방본부장 또는 소방서장의 지휘에 따라야 한다.

제**3**장 소방활동 등

정답 및 해설 p. 12

001 「소방기본법」상 소방대장의 권한으로 옳지 않은 것은?

2022년 경채

① 소방활동에 필요한 소화전(消火栓)·급수탑(給水塔)·저수조(貯水槽)를 설치하고 유지·관리하여야 한다.

② 소방활동을 위하여 긴급하게 출동할 때에는 소방자동차의 통행과 소방활동에 방해가 되는 주차 또는 정차된 차량 및 물건 등을 제거하거나 이동시킬 수 있다.

③ 화재 발생을 막거나 폭발 등으로 화재가 확대되는 것을 막기 위하여 가스·전기 또는 유류 등의 시설에 대하여 위험물질의 공급을 차단하는 등 필요한 조치를 할 수 있다.

④ 화재, 재난·재해, 그 밖의 위급한 상황이 발생한 현장에서 소방활동을 위하여 필요할 때에는 그 관할구역에 사는 사람 또는 그 현장에 있는 사람으로 하여금 사람을 구출하는 일 또는 불을 끄거나 불이 번지지 아니하도록 하는 일을 하게 할 수 있다.

002 「소방기본법」상 소방활동 등의 설명으로 옳지 않은 것은?

2012년 공채

① 소방대는 화재, 재난·재해, 그 밖의 위급한 상황이 발생한 현장에 신속하게 출동하기 위하여 긴급할 때에는 일반적인 통행에 쓰이지 아니하는 도로·빈터 또는 물 위로 통행할 수 없다.

② 관계인은 소방대상물에 화재, 재난·재해, 그 밖의 위급한 상황이 발생한 경우에는 소방대가 현장에 도착할 때까지 경보를 울리거나 대피를 유도하는 등의 방법으로 사람을 구출하는 조치 또는 불을 끄거나 불이 번지지 아니하도록 필요한 조치를 하여야 한다.

③ 소방대장은 화재, 재난·재해, 그 밖의 위급한 상황이 발생한 현장에 소방활동구역을 정하여 소방활동에 필요한 사람으로서 대통령령으로 정하는 사람 외에는 그 구역에 출입하는 것을 제한할 수 있다.

④ 소방자동차가 화재진압 및 구조·구급 활동을 위하여 출동하거나 훈련을 위하여 필요할 때에는 사이렌을 사용할 수 있다.

003 「소방기본법」 및 같은 법 시행규칙상 소방지원활동으로 옳지 않은 것은?

2024년 공채·경채

① 소방시설 오작동 신고에 따른 조치활동

② 낙하 등이 우려되는 고드름 등의 제거활동

③ 자연재해에 따른 제설 등 지원활동

④ 공연 등 각종 행사 시 사고에 대비한 근접대기 등 지원활동

004 소방지원활동 등에 대한 내용으로 옳지 않은 것은?

① 유관기관·단체 등의 요청에 따른 소방지원활동에 드는 비용은 지원요청을 한 유관기관·단체 등에 게 부담하게 할 수 있다.

② 소방지원활동은 소방활동 수행에 지장을 주지 아니하는 범위에서 할 수 있다.

③ 단전사고 시 비상전원 또는 조명의 공급도 소방지원활동에 해당한다.

④ 화재, 재난·재해로 인한 피해복구 소방지원활동을 할 수 있다.

005 다음 중 소방지원활동이 아닌 것은?

① 붕괴, 낙하 등이 우려되는 고드름, 나무, 위험 구조물 등의 제거활동

② 산불에 대한 예방 진압 등 지원활동

③ 자연재해에 따른 급수·배수 및 제설 등 지원활동

④ 화재, 재난·재해로 인한 피해복구 지원활동

006 다음 중 소방지원활동의 내용으로 옳지 않은 것은?

① 소방지원활동은 소방활동 수행에 지장을 주지 아니하는 범위에서 할 수 있다.

② 소방청장, 소방본부장 또는 소방서장은 공공의 안녕질서 유지 또는 복리증진을 위하여 필요한 경우 소방활동 외에 소방지원활동을 하게 할 수 있다.

③ 유관기관·단체 등의 요청에 따른 소방지원활동에 드는 모든 비용을 무료로 지원한다.

④ 화재, 재난·재해로 인한 피해복구는 지원활동에 해당한다.

007 소방지원활동의 내용으로 옳지 않은 것은?

① 자연재해에 따른 급수·배수 및 제설 등 지원활동

② 집회·공연 등 각종 행사 시 사고에 대비한 근접대기 등 지원활동

③ 화재, 재난·재해로 인한 피해복구 지원활동

④ 화재, 재난·재해, 그 밖의 위급한 상황에서의 구조·구급 지원활동

008 「소방기본법」 제16조의3에서 규정한 소방대의 생활안전활동으로 옳지 않은 것은? 2022년 경채

① 위해동물, 벌 등의 포획 및 퇴치 활동
② 단전사고 시 비상전원 또는 조명의 공급
③ 자연재해에 따른 급수·배수 및 제설 등 지원활동
④ 붕괴, 낙하 등이 우려되는 고드름, 나무, 위험 구조물 등의 제거활동

009 「소방기본법」상 소방대의 생활안전활동으로 옳지 않은 것은? 2020년 공채

① 단전사고 시 비상전원 또는 조명 공급 제공
② 소방시설 오작동 신고에 따른 조치활동
③ 위해동물, 벌 등의 포획 및 퇴치 활동
④ 끼임, 고립 등에 따른 위험제거 및 구출 활동

010 다음 중 소방대원이 실시하는 소방훈련의 종류로 옳지 않은 것은? 2009년 공채

① 인명대피훈련   ② 화재진압훈련
③ 현장지휘훈련   ④ 테러대응훈련

011 「소방기본법 시행규칙」상 현장지휘훈련을 받아야 할 소방공무원의 계급으로 옳은 것은? 2024년 공채·경채

① 소방장   ② 소방위
③ 소방준감   ④ 소방총감

012 소방훈련 중 소방대의 구성원 모두에게 실시하는 소방훈련은? 2008년 공채

① 현장지휘훈련   ② 인명대피훈련
③ 응급처치훈련   ④ 화재진압훈련

013 「소방기본법」 제17조 제2항에 따르면 소방청장, 소방본부장 또는 소방서장은 화재를 예방하고 화재 발생 시 인명과 재산피해를 최소화하기 위하여 행정안전부령으로 정하는 바에 따라 소방안전에 관한 교육과 훈련을 실시할 수 있다. 그 대상으로 옳지 않은 것은? 2022년 경채

① 「장애인복지법」 제2조에 따른 장애인
② 「유아교육법」 제2조에 따른 유치원의 유아
③ 「초·중등교육법」 제2조에 따른 학교의 학생
④ 「영유아보육법」 제2조에 따른 어린이집의 영유아

014 「소방기본법 시행령」상 소방안전교육사시험 응시자격에 대한 설명으로 옳은 것은? 2019년 공채

> ㄱ. 「영유아보육법」 제21조에 따라 보육교사 자격을 취득한 후 2년 이상의 보육업무 경력이 있는 사람
> ㄴ. 「국가기술자격법」 제2조 제3호에 따른 국가기술자격의 직무분야 중 안전관리 분야의 산업기사 자격을 취득한 후 안전관리 분야에 3년 이상 종사한 사람
> ㄷ. 「의료법」 제7조에 따라 간호조무사 자격을 취득한 후 간호업무 분야에 2년 이상 종사한 사람
> ㄹ. 「응급의료에 관한 법률」 제36조 제3항에 따라 2급 응급구조사 자격을 취득한 후 응급의료 업무 분야에 3년 이상 종사한 사람
> ㅁ. 「소방공무원법」 제2조에 따른 소방공무원으로 2년 이상 근무한 경력이 있는 사람
> ㅂ. 「의용소방대 설치 및 운영에 관한 법률」 제3조에 따라 의용소방대원으로 임명된 후 5년 이상 의용소방대 활동을 한 경력이 있는 사람

① ㄱ, ㄷ, ㅁ
② ㄴ, ㄹ, ㅂ
③ ㄷ, ㄹ, ㅁ
④ ㄹ, ㅁ, ㅂ

015 다음 중 소방안전교육사에 관한 내용으로 옳지 않은 것은? 2013년 공채

① 시험위원의 수는 1차 출제위원은 시험과목별 3명, 채점위원은 5명(제2차 시험의 경우)이다.
② 소방청장은 소방안전교육사시험을 시행하려는 때에는 응시자격·시험과목·일시·장소 및 응시절차 등에 관하여 필요한 사항을 모든 응시 희망자가 알 수 있도록 소방안전교육사시험의 90일 전까지 1개 이상의 일간신문·소방기관의 게시판 또는 인터넷 홈페이지, 그 밖의 효과적인 방법에 따라 공고해야 한다.
③ 소방청장은 소방안전교육사시험에서 부정행위를 한 자에 대하여는 그 시험을 무효로 하고, 그 처분이 있은 날부터 2년간 소방안전교육사 시험의 응시자격을 정지한다.
④ 소방청장은 소방안전교육사시험 응시자격 심사, 출제, 채점 및 실기·면접시험을 위하여 소방경 이상의 소방공무원을 응시 자격심사위원 및 시험위원으로 임명 또는 위촉해야 한다.

016 다음 중 소방청장이 실시하는 소방안전교육사의 1차 시험과목으로 옳지 않은 것은? 2008년 공채

① 소방학개론
② 재난관리론
③ 구급·응급처치론
④ 교육학원론

017 다음 중 소방안전교육사 배치 인원으로 옳은 것은? 2007년 공채

① 소방청: 1명 이상
② 소방서: 2명 이상
③ 소방본부: 1명 이상
④ 한국소방산업기술원: 2명 이상

018 다음 중 소방안전교육사의 배치대상별 배치기준으로 옳은 것은? 2012년 공채

① 소방청: 2명 이상, 소방본부: 1명 이상
② 소방청: 2명 이상, 한국소방산업기술원: 2명 이상
③ 소방청: 2명 이상, 소방서: 2명 이상
④ 소방청: 2명 이상, 한국소방안전원(본원): 1명 이상

019 다음 중 소방안전교육사 배치기준으로 옳지 않은 것은? 2010년 공채

① 소방서 – 2명 이상
② 소방청 – 2명 이상
③ 한국소방안전원(본원) – 2명 이상
④ 한국소방산업기술원 – 2명 이상

020 다음 중 소방안전교육사의 결격사유가 아닌 것은?

2008년 공채

① 금고 이상의 실형을 선고받고 그 집행이 면제된 날부터 2년이 지난 사람
② 금고 이상의 형의 집행유예를 선고받고 그 유예기간 중에 있는 사람
③ 법원의 판결 또는 다른 법률에 의하여 자격이 정지 또는 상실된 사람
④ 피성년후견인

021 「소방기본법 시행규칙」상 소방신호의 종류 및 방법에 관한 내용으로 옳은 것은?

2024년 경채

① 해제신호의 타종신호 방법은 난타이다.
② 훈련신호의 타종신호 방법은 연3타 반복이다.
③ 발화신호의 싸이렌신호 방법은 5초 간격을 두고 30초씩 3회이다.
④ 경계신호의 싸이렌신호 방법은 10초 간격을 두고 30초씩 3회이다.

022 「소방기본법 시행규칙」상 소방신호에 대한 설명으로 옳은 것은?

2018년 공채

종류	타종신호	사이렌신호
① 경계신호	1타와 연2타 반복	5초 간격을 두고 30초씩 3회
② 발화신호	연3타 반복 후 난타	5초 간격을 두고 5초씩 3회
③ 해제신호	연2타 반복	1분간 1회
④ 훈련신호	연3타 반복	5초 간격을 두고 1분씩 3회

023 다음 중 소방신호의 설명으로 옳지 않은 것은?

2009년 공채

① 화재예방·소방활동 또는 소방훈련을 위하여 사용되는 소방신호의 종류와 방법은 행정안전부령으로 정한다.
② 발화신호는 소방력을 동원한 때 발령한다.
③ 경계신호는 화재예방상 필요하다고 인정되거나 화재위험 경보 시 발령한다.
④ 해제신호는 소화활동이 필요 없다고 인정되는 때 발령한다.

024 소방신호의 종류 및 방법에 대한 설명으로 옳지 않은 것은?

2015년 공채

① 경계신호: 1타와 연2타를 반복
② 발화신호: 난타
③ 해제신호: 상당한 간격을 두고 1타씩 반복
④ 소방대의 비상소집을 하는 경우에는 훈련신호를 사용할 수 없다.

025 화재예방, 소방활동 또는 소방훈련을 위하여 사용되는 소방신호의 종류와 방법 중 사이렌신호의 설명으로 옳지 않은 것은?

2016년 공채

① 경계신호: 5초 간격을 두고 30초씩 3회
② 발화신호: 5초 간격을 두고 5초씩 3회
③ 해제신호: 1분간 1회
④ 훈련신호: 1분 간격을 두고 1분씩 3회

026 연막소독을 하려는 자가 시·도의 조례로 정하는 바에 따라 관할 소방본부장 또는 소방서장에게 신고하지 않아도 되는 지역은?

2013년 공채

① 공장·창고가 밀집한 지역
② 아파트
③ 위험물의 저장 및 처리시설이 밀집한 지역
④ 목조건물이 밀집한 지역

027 다음 중 소방대의 긴급통행으로 옳은 것은?

2011년 공채

① 소방대는 화재, 재난·재해, 그 밖의 위급한 상황이 발생한 현장에 신속하게 출동하기 위하여 긴급할 때에는 일반적인 통행에 쓰이지 아니하는 도로·빈터 또는 물 위로 통행할 수 있다.
② 모든 차와 사람은 소방자동차(지휘를 위한 자동차와 구조·구급차 포함)가 화재진압 및 구조·구급 활동을 위하여 출동을 할 때에는 이를 방해하여서는 아니 된다.
③ 소방자동차의 우선 통행에 관하여는 「도로교통법」에서 정하는 바에 따른다.
④ 소방자동차가 화재진압 및 구조·구급 활동을 위하여 출동하거나 훈련을 위하여 필요할 때에는 사이렌을 사용할 수 있다.

028 다음 중 소방활동구역을 출입할 수 있는 사람이 아닌 것은?

2010년 공채

① 소방활동구역 내 소유자·관리자·점유자
② 전기, 통신, 가스, 수도, 교통업무에 종사한 자로서 원활한 소방활동을 위하여 필요한 자
③ 의사, 간호사
④ 의용소방대장이 정하는 자

029 다음 중 소방활동구역 출입자가 아닌 것은?

2011년 공채

① 취재인력 등 보도업무에 종사하는 자
② 경찰서장이 소방활동을 위하여 출입을 허가한 자
③ 통신·교통의 업무에 종사하는 자로서 원활한 소방활동을 위하여 필요한 자
④ 구조·구급업무에 종사하는 자

030 다음 중 소방활동구역에 출입할 수 있는 사람이 아닌 것은?

2009년 공채

① 전기·가스·수도·교통·통신 및 기계 등의 업무에 종사하는 자
② 소방활동구역 안의 관계인
③ 취재인력 등 보도업무에 종사하는 자
④ 소방대장이 소방활동을 위하여 출입을 허가한 자

031 「소방기본법」상 소방활동 종사 명령에 대한 설명으로 옳지 않은 것은?

2021년 공채

① 소방본부장 또는 소방서장은 화재 현장에서 소방활동 종사 명령을 할 수 있다.
② 소방활동 종사 명령은 관할구역에 사는 사람 또는 그 현장에 있는 사람을 대상으로 할 수 있다.
③ 소방활동에 종사한 사람은 소방본부장 또는 소방서장으로부터 소방활동의 비용을 지급받을 수 있다.
④ 소방본부장 또는 소방서장은 소방활동에 필요한 보호장구를 지급하는 등 안전을 위한 조치를 하여야 한다.

032 다음 중 「소방기본법」상 소방활동에 필요한 처분(강제처분 등)을 할 수 있는 처분권자로 옳은 것은?

2019년 공채

> ㄱ. 소방서장　　　　　　　　　ㄴ. 소방본부장
> ㄷ. 소방대장　　　　　　　　　ㄹ. 소방청장
> ㅁ. 시·도지사

① ㄱ, ㄴ, ㄷ　　　　　　　　　② ㄱ, ㄴ, ㄹ
③ ㄱ, ㄷ, ㅁ　　　　　　　　　④ ㄱ, ㄹ, ㅁ

033 다음 중 강제처분에 대하여 옳은 것은?

2017년 경채

① 소방본부장, 소방서장, 소방대장은 사람을 구출하거나 불이 번지는 것을 막기 위하여 필요할 때에는 불이 번질 우려가 있는 토지를 일시적으로 사용할 수 없다.
② 시·도지사는 법령을 위반하여 소방자동차의 통행과 소방활동에 방해가 된 경우도 보상하여야 한다.
③ 소방청장 및 시·도지사는 강제처분으로 인하여 손실을 입은 자가 있는 경우에는 그 손실을 보상하여야 한다.
④ 소방본부장, 소방서장, 소방대장은 긴급한 경우 토지 외에는 소방활동에 필요한 처분을 할 수 없다.

034 소방대장이 할 수 있는 강제처분 및 위험시설 등에 대한 긴급조치에 관한 설명으로 옳은 것은?

2011년 공채

① 화재 진압을 위하여 필요한 때에는 소방용수 외에 댐, 저수지 등의 수문의 개폐장치를 조작할 수 있다.
② 강제처분 등으로 인하여 손실을 받은 자가 있는 경우에는 시·도지사가 그 손실을 보상한다.
③ 화재 발생을 막거나 폭발 등으로 화재가 확대되는 것을 막기 위하여 가스, 전기 또는 유류 등의 시설에 대하여 위험물질의 공급을 차단하는 등 필요한 조치를 할 수 없다.
④ 주차 또는 정차된 차량이 법령을 위반하여 소방자동차의 통행과 소방활동에 방해가 된 경우에 강제처분으로 인한 손실을 보상한다.

035 다음 중 소방활동의 설명으로 옳지 않은 것은? 기출변형

① 사고현장을 발견한 사람은 그 현장의 상황을 소방본부·소방서 또는 관계 행정기관에 지체 없이 알려야 한다.

② 관계인은 소방대가 현장에 도착할 때까지 소방활동을 하여야 한다.

③ 소방자동차가 화재진압 및 구조·구급활동을 마치고 소방서로 돌아올 때에는 사이렌을 사용할 수 있다.

④ 소방대는 신속하게 출동하기 위하여 긴급한 때에는 일반적인 통행에 쓰이지 아니하는 도로·빈 터 또는 물 위로 통행할 수 있다.

036 다음 중 행정안전부령으로 정하는 소방지원활동으로 옳지 않은 것은? 기출변형

① 군부대에서 실시하는 훈련지원활동

② 소방시설 오작동 신고에 따른 조치활동

③ 방송제작 또는 촬영 관련 지원활동

④ 화재, 재난·재해로 인한 피해복구 지원활동

037 소방안전교육사의 배치대상 및 배치기준, 그 밖에 필요한 사항은 무엇으로 정하는가? 기출변형

① 대통령령　　　　　　　　　　② 행정안전부령

③ 소방청장 고시　　　　　　　　④ 시·도 조례

038 다음 중 소방신호의 사용목적이 아닌 것은? 기출변형

① 화재예방　　　　　　　　　　② 소방활동

③ 시설 보수　　　　　　　　　　④ 소방훈련

039 소방신호의 방법에 대한 설명으로 옳지 <u>않은</u> 것은? 기출변형

① 훈련신호 시 타종신호는 1타와 연3타를 반복한다.
② 경계신호 시 타종신호는 1타와 연2타를 반복한다.
③ 발화신호 시 사이렌신호는 5초 간격을 두고 5초씩 3회 경보를 한다.
④ 해제신호 시 사이렌신호는 1분간 1회 경보를 한다.

040 화재로 오인될 우려가 있는 불을 피우거나 연막소독을 실시하고자 하는 경우 조치사항으로 옳은 것은? 기출변형

① 시 · 도 조례가 정하는 바에 따라 관할 소방본부장 또는 소방서장에게 신고한다.
② 대통령령이 정하는 바에 따라 관할 소방본부장 또는 소방서장에게 신고한다.
③ 행정안전부령이 정하는 바에 따라 관할 소방본부장 또는 소방서장에게 신고한다.
④ 시 · 도 조례가 정하는 바에 따라 시 · 도지사에게 신고한다.

041 「소방기본법」상 화재로 오인할 만한 우려가 있는 불을 피우거나 연막(煙幕) 소독을 하려는 자가 시 · 도의 조례로 정하는 바에 따라 관할 소방본부장 또는 소방서장에게 신고해야 하는 지역으로 옳지 <u>않은</u> 것은? (단, 각 시 · 도에서 별도로 정하는 지역은 제외한다) 2024년 공채 · 경채

① 공장 · 창고가 밀집한 지역
② 노후 · 불량 건축물이 밀집한 지역
③ 위험물의 저장 및 처리시설이 밀집한 지역
④ 석유화학제품을 생산하는 공장이 있는 지역

042 다음 중 소방자동차의 우선통행에 관한 사항으로 옳지 <u>않은</u> 것은? 기출변형

① 소방자동차가 화재진압 및 구조 · 구급활동을 위하여 출동할 때는 사이렌을 사용할 수 있다.
② 소방자동차가 소방훈련을 위하여 필요한 때에는 사이렌을 사용할 수 있다.
③ 소방자동차의 우선통행에 관하여는 「소방기본법」이 정하는 바에 따른다.
④ 모든 차와 사람은 소방자동차가 화재진압 및 구조 · 구급활동을 위하여 출동할 때에는 이를 방해하여서는 아니 된다.

043 「소방기본법 시행령」상 소방자동차 전용구역의 설치 방법에 관한 내용이다. (   ) 안에 들어갈 내용으로 옳은 것은?

> • 전용구역 노면표지의 외곽선은 빗금무늬로 표시하되, 빗금은 두께를 (ㄱ)센티미터로 하여 (ㄴ)센티미터 간격으로 표시한다.
> • 전용구역 노면표지 도료의 색채는 (ㄷ)을 기본으로 하되, 문자(P, 소방차 전용)는 백색으로 표시한다.

	ㄱ	ㄴ	ㄷ
①	20	40	황색
②	20	40	적색
③	30	50	황색
④	30	50	적색

044 「소방기본법」 및 같은 법 시행령상 소방자동차 전용구역 등에 대한 내용으로 옳지 않은 것은?

① 소방자동차 전용구역의 설치기준·방법, 방해행위의 기준, 그 밖에 필요한 사항은 대통령령으로 정한다.
② 전용구역에 주차하거나 전용구역에의 진입을 가로막는 등의 방해행위를 한 자에게는 200만원 이하의 과태료를 부과한다.
③ 「건축법 시행령」 별표 1 제2호 가목의 아파트 중 세대수가 100세대 이상인 아파트의 건축주는 소방활동의 원활한 수행을 위하여 공동주택에 소방자동차 전용구역을 설치하여야 한다.
④ 「건축법 시행령」 별표 1 제2호 라목의 기숙사 중 3층인 기숙사가 하나의 대지에 하나의 동(棟)으로 구성되고, 「도로교통법」 제32조 또는 제33조에 따라 정차 또는 주차가 금지된 편도 2차선 이상의 도로에 직접 접하여 소방자동차가 도로에서 직접 소방활동이 가능한 경우 소방자동차 전용구역 설치대상에서 제외한다.

045 「소방기본법 시행령」상 소방자동차 전용구역 방해 행위의 기준에 관한 내용으로 옳지 않은 것은?

① 전용구역의 앞면, 뒷면 또는 양 측면에 물건 등을 쌓거나 주차하는 행위
② 「주차장법」 제19조에 따른 부설주차장의 주차구획 내에 주차하는 행위
③ 전용구역 진입로에 물건 등을 쌓거나 주차하여 전용구역으로의 진입을 가로막는 행위
④ 전용구역 노면표지를 지우거나 훼손하는 행위

046 화재 현장의 소방활동구역은 누가 설정하는가?

① 소방대상물의 관계인
② 소방대장
③ 시·도지사
④ 시장·군수 또는 구청장

047 소방활동 종사명령으로 종사한 자는 비용지급을 받을 수 있다. 다음 중 비용지급을 받을 수 있는 자는?

기출변형

① 고의로 인하여 화재 또는 구조·구급활동이 필요한 상황을 발생시킨 사람
② 화재현장에서 물건을 가져간 사람
③ 실수로 인하여 화재 또는 구조·구급활동이 필요한 상황을 발생시킨 사람
④ 관계지역에 있는 자로서 소방활동에 종사한 사람

048 다음 중 소방활동의 설명으로 옳은 것은?

기출변형

① 소방활동에 종사한 자는 소방대장으로부터 소방활동의 비용을 지급받을 수 있다.
② 소방본부장·소방서장 또는 소방대장은 소방활동을 위하여 긴급하게 출동하는 때에는 소방자동차의 통행과 소방활동에 방해가 되는 주차 또는 정차된 차량 및 물건 등을 제거 또는 이동시킬 수 있다.
③ 소방본부장·소방서장 또는 소방대장은 규정에 따라 소방활동에 종사한 자가 이로 인하여 사망하거나 부상을 입은 경우에는 이를 보상하여야 한다.
④ 경찰공무원은 화재, 재난·재해, 그 밖의 위급한 상황의 발생으로 인하여 사람의 생명에 위험이 미칠 것으로 인정하는 때에는 일정한 구역을 지정하여 그 구역 안에 있는 사람에 대하여 그 구역 밖으로 피난할 것을 명할 수 있다.

049 「소방기본법」에서 위험시설 등에 대한 긴급조치를 할 수 있는 사람은? 기출변형

① 특별시장 및 광역시장
② 시장·군수
③ 자치경찰단장
④ 소방대장

050 「소방기본법」 제25조 제1항에 대한 내용이다. (   ) 안에 들어갈 말로 옳지 않은 것은? 2022년 경채

> (   ), (   ) 또는 (   )은 사람을 구출하거나 불이 번지는 것을 막기 위하여 필요할 때에는 화재가 발생하거나 불이 번질 우려가 있는 소방대상물 및 토지를 일시적으로 사용하거나 그 사용의 제한 또는 소방활동에 필요한 처분을 할 수 있다.

① 소방청장
② 소방본부장
③ 소방서장
④ 소방대장

051 소방활동으로 인한 강제처분의 권한이 있는 자로 옳은 것은? 기출변형

① 소방대장
② 특별시장
③ 광역시장
④ 도지사

052 소방본부장·소방서장 또는 소방대장이 구역 안에 있는 사람에 대하여 피난명령을 할 때에는 누구에게 협조를 구하여야 하는가? 기출변형

① 특별시장 및 광역시장
② 시장·군수
③ 경찰서장 및 자치경찰단장
④ 소방대상물의 관계인

정답 및 해설 p. 21

001 소방산업의 육성·진흥 및 지원 등에 대한 설명으로 옳지 않은 것은?　　　　2017년 경채

① 국가는 소방산업의 육성·진흥을 위하여 필요한 계획의 수립 등 행정상·재정상의 지원시책을 마련하여야 한다.

② 소방청장은 소방산업과 관련된 기술의 개발을 촉진하기 위하여 기술개발을 실시하는 자에게 그 기술개발에 드는 자금의 전부 또는 일부를 출연하거나 보조할 수 있다.

③ 국가는 우수소방제품의 전시·홍보를 위하여 무역전시장 등을 설치한 자에게 정한 범위에서 재정적인 지원을 할 수 있다.

④ 국가는 국민의 생명과 재산을 보호하기 위하여 기관이나 단체로 하여금 소방기술의 연구·개발 사업을 수행하게 할 수 있다.

002 소방산업과 관련된 기술의 개발 등에 대한 지원과 소방기술 및 소방산업의 국제경쟁력과 국제적 통용성을 높이는 데 필요한 기반조성을 촉진하기 위한 시책의 마련은 누가 하는가?　　　　2007년 공채

① 국가
② 국무총리
③ 소방청장
④ 시·도지사

정답 및 해설 p. 21

001 「소방기본법」 제41조에서 정한 한국소방안전원의 업무로 옳지 않은 것은?   2022년 경채
☐☐☐

① 소방안전에 관한 국제협력

② 소방기술과 안전관리에 관한 교육 및 조사·연구

③ 화재 예방과 안전관리의식 고취를 위한 대국민 홍보

④ 소방장비의 품질 확보, 품질 인증 및 신기술·신제품에 관한 인증 업무

002 「소방기본법」상 한국소방안전원의 업무에 관한 내용으로 옳지 않은 것은?   2024년 경채
☐☐☐

① 소방안전에 관한 국제협력

② 소방기술과 안전관리에 관한 각종 간행물 발간

③ 화재 예방과 안전관리의식 고취를 위한 대국민 홍보

④ 소방기술과 소방산업의 국외시장 개척에 관한 사업추진

003 다음 중 한국소방안전원에 대하여 옳지 않은 것은?   2017년 경채
☐☐☐

① 한국소방안전원은 법인으로 한다.

② 소방안전관리자 또는 소방기술자로 선임된 사람도 회원이 될 수 있다.

③ 한국소방안전원의 운영경비는 국가 보조금으로 충당한다.

④ 한국소방안전원의 정관을 변경하려면 소방청장의 인가를 받아야 한다.

004 「소방기본법」상 한국소방안전원이 수행하는 업무에 대한 내용으로 옳지 않은 것은?   2021년 공채
☐☐☐

① 소방기술과 안전관리에 관한 인허가 업무

② 소방기술과 안전관리에 관한 각종 간행물 발간

③ 소방기술과 안전관리에 관한 교육 및 조사·연구

④ 화재 예방과 안전관리의식 고취를 위한 대국민 홍보

005 한국소방안전원의 업무에 관한 내용으로 옳지 않은 것은?

2006년 공채

① 소방기술과 안전관리에 관한 교육 및 조사·연구
② 소방기술과 안전관리에 관한 각종 간행물 발간
③ 화재예방과 안전관리의식의 고취를 위한 대국민 홍보
④ 소방업무에 관하여 소방시설과 행정기관이 위탁하는 업무

006 한국소방안전원의 정관을 변경하고자 하는 경우 취하여야 할 조치는?

2008년 공채

① 소방청장의 인가를 받아야 한다.
② 소방청장의 승인을 받아야 한다.
③ 소방청장에게 신고를 하여야 한다.
④ 소방청장의 허가를 받아야 한다.

007 한국소방안전원의 사업계획 및 예산에 관하여 취하여야 할 조치는?

2009년 공채

① 소방청장의 인가를 받아야 한다.
② 소방청장의 승인을 받아야 한다.
③ 소방청장에게 신고를 하여야 한다.
④ 소방청장의 허가를 받아야 한다.

008 한국소방안전원의 감독기관으로 옳은 것은?

2010년 공채

① 소방청장
② 시·도지사
③ 소방본부장
④ 소방서장

009 한국소방안전원의 정관에 기재하여야 하는 사항으로 옳지 않은 것은?

2016년 공채

① 이사회에 관한 사항
② 회원과 임원 및 직원에 관한 사항
③ 주된 사무소의 소재지
④ 이사장

010 「소방기본법」으로 정하고 있는 교육평가심의위원회의 구성 및 운영에 대한 것으로 옳지 않은 것은?

기출변형

① 평가위원회는 위원장 1명을 포함하여 9명 이하의 위원으로 성별을 고려하여 구성한다.
② 소방위 이상의 소방공무원을 평가위원회의 위원으로 안전원장이 임명한다.
③ 평가위원회의 위원장은 위원 중에서 호선(互選)한다.
④ 평가위원회에 참석한 위원에게는 예산의 범위에서 수당을 지급할 수 있다. 다만, 공무원인 위원이 소관 업무와 직접 관련되어 참석하는 경우를 제외한다.

제6장 보칙

정답 및 해설 p. 23

001 「소방기본법」 및 같은 법 시행령상 손실보상에 관한 설명 중 (   ) 안에 들어갈 숫자로 옳은 것은?

2019년 공채

- 손실보상을 청구할 수 있는 권리는 손실이 있음을 안 날부터 (가)년, 손실이 발생한 날부터 (나)년간 행사하지 아니하면 시효의 완성으로 소멸한다.
- 소방청장 등은 손실보상심의위원회의 심사·의결을 거쳐 특별한 사유가 없으면 보상금 지급 청구서를 받은 날부터 (다)일 이내에 보상금 지급 여부 및 보상금액을 결정하여야 한다.
- 소방청장 등은 결정일부터 (라)일 이내에 행정안전부령으로 정하는 바에 따라 결정 내용을 청구인에게 통지하고, 보상금을 지급하기로 결정한 경우에는 특별한 사유가 없으면 통지한 날부터 (마)일 이내에 보상금을 지급하여야 한다.

	(가)	(나)	(다)	(라)	(마)
①	3	5	60	10	30
②	5	3	60	12	20
③	3	5	50	12	30
④	5	3	50	10	20

002 「소방기본법 시행령」상 손실보상에 대한 내용으로 옳지 않은 것은?

2021년 경채

① 손실보상심의위원회 위원의 임기는 2년으로 하며, 한 차례만 연임할 수 있다.

② 손실보상심의위원회는 위원장 1명을 포함하여 7명 이상 9명 이하의 위원으로 구성한다.

③ 소방청장 등은 보상금을 지급하기로 결정한 경우에는 특별한 사유가 없으면 통지한 날부터 30일 이내에 보상금을 지급하여야 한다.

④ 소방청장 등은 손실보상심의위원회의 심사·의결을 거쳐 특별한 사유가 없으면 보상금 지급 청구서를 받은 날부터 60일 이내에 보상금 지급 여부 및 보상금액을 결정하여야 한다.

정답 및 해설 p. 23

001 「소방기본법」의 벌칙에서 5년 이하의 징역 또는 5,000만원 이하의 벌금이 아닌 것은?   2017년 경채
☐☐☐

① 정당한 사유 없이 소방대가 현장에 도착할 때까지 사람을 구출하는 조치 또는 불을 끄거나 불이 번지지 아니하도록 하는 조치를 하지 아니한 사람
② 위력을 사용하여 출동한 소방대의 화재진압·인명구조 또는 구급활동을 방해하는 행위
③ 사람을 구출하는 일 또는 불을 끄거나 불이 번지지 아니하도록 하는 일을 방해한 사람
④ 출동한 소방대원에게 폭행 또는 협박을 행사하여 화재진압·인명구조 또는 구급활동을 방해하는 행위

002 「소방기본법」에서 정하는 벌칙으로 5년 이하의 징역 또는 5,000만원 이하의 벌금에 해당하지 않는
☐☐☐ 것은?   2012년 공채

① 소방자동차의 출동을 방해한 자
② 사람을 구출하는 일 또는 불을 끄는 소화활동을 방해한 자
③ 정당한 사유 없이 물의 사용이나 수도의 개폐장치의 사용 또는 조작을 하지 못하게 하거나 방해한 자
④ 정당한 사유 없이 소방용수시설을 사용하거나 효용을 해하거나 사용을 방해한 자

003 「소방기본법」에서 정하는 벌칙으로 옳지 않은 것은?   2013년 공채
☐☐☐

① 정당한 사유 없이 소방대가 현장에 도착할 때까지 사람을 구출하는 조치 또는 불을 끄거나 불이 번지지 아니하도록 하는 조치를 하지 아니한 사람은 100만원 이하의 벌금형에 처한다.
② 소방자동차의 출동을 방해한 자는 3년 이하의 징역 또는 3천만원 이하의 벌금에 처한다.
③ 정당한 사유 없이 소방대의 생활안전활동을 방해한 자는 100만원 이하의 벌금에 처한다.
④ 정당한 사유 없이 화재, 재난·재해, 그 밖의 위급한 상황을 소방본부, 소방서 또는 관계 행정기관에 알리지 아니한 관계인은 500만원 이하의 과태료에 처한다.

004 「소방기본법」 제54조의 벌칙 기준으로 옳지 않은 것은? 2022년 경채

① 정당한 사유 없이 물의 사용이나 수도의 개폐장치의 사용 또는 조작을 하지 못하게 하거나 방해한 자: 100만원 이하의 벌금

② 정당한 사유 없이 소방대가 현장에 도착할 때까지 사람을 구출하는 조치 또는 불을 끄거나 불이 번지지 아니하도록 하는 조치를 하지 아니한 사람: 100만원 이하의 벌금

③ 정당한 사유 없이 소방대의 생활안전활동을 방해한 자: 100만원 이하의 벌금

④ 화재, 재난·재해, 그 밖의 위급한 상황이 발생하여 사람의 생명을 위험하게 할 것으로 인정할 때에는 일정한 구역을 지정하여 그 구역에 있는 사람에게 그 구역 밖으로 피난할 것에 대한 명령을 위반한 사람: 200만원 이하의 벌금

005 「소방기본법」상 벌칙 중 벌금의 상한이 나머지 셋과 다른 것은? 2023년 공채·경채

① 정당한 사유 없이 소방대의 생활안전활동을 방해한 자

② 화재진압 및 구조·구급 활동을 위하여 출동하는 소방자동차의 출동을 방해한 사람

③ 정당한 사유 없이 화재진압 등 소방활동을 위하여 필요할 때 물의 사용이나 수도의 개폐장치의 사용 또는 조작을 하지 못하게 하거나 방해한 자

④ 정당한 사유 없이 소방대가 현장에 도착할 때까지 사람을 구출하는 조치 또는 불을 끄거나 불이 번지지 아니하도록 하는 조치를 하지 아니한 관계인

006 화재 또는 구조·구급의 상황을 거짓으로 알린 자의 벌칙에 해당하는 것은? 2008년 공채

① 100만원 이하의 과태료

② 200만원 이하의 벌금

③ 500만원 이하의 과태료

④ 300만원 이하의 벌금

007 「소방기본법」 및 같은 법 시행령상 과태료 부과기준으로 옳은 것은?

① 정당한 사유 없이 관계인의 소방활동 등에 따른 법을 위반하여 화재, 재난·재해, 그 밖의 위급한 상황을 소방본부, 소방서 또는 관계 행정기관에 알리지 아니한 관계인에게는 200만원 이하의 과태료를 부과한다.

② 소방자동차 전용구역에 차를 주차하거나 전용구역에의 진입을 가로막는 등의 방해행위를 한 자에게는 100만원 이하의 과태료를 부과한다.

③ 위반행위의 횟수에 따른 과태료의 가중된 부과기준은 최근 2년간 같은 위반행위로 과태료 부과처분을 받은 경우에 적용한다.

④ 위반행위자가 법 위반상태를 시정하거나 해소하기 위하여 노력한 사실이 인정되는 경우, 부과권자는 개별기준에 따른 과태료의 3분의 1 범위에서 그 금액을 줄여 부과할 수 있다.

008 화재로 오인할 만한 우려가 있는 불을 피우거나 연막(煙幕)소독을 하려고 할 때 신고하지 않아 소방대가 출동한 경우 과태료를 부과하는 지역으로 옳지 않은 것은?

① 목조건물이 밀집한 지역
② 소방용수가 없는 지역
③ 시장지역
④ 시·도 조례로 정하는 지역

009 「소방기본법」상 과태료를 부과할 수 있는 사람으로 옳지 않은 것은?

① 소방서장
② 소방본부장
③ 시·도지사
④ 소방청장

제2편

소방의 화재조사에 관한 법률

해커스소방
김진성 소방관계법규

단원별 기출문제집

제1장 총칙

정답 및 해설 p. 25

001 「소방의 화재조사에 관한 법률」상 화재의 정의에 관한 설명으로 옳지 <u>않은</u> 것은? 2023년 경채

① 사람의 의도에 반하여 발생하거나 확대된 물리적 폭발현상
② 고의에 의하여 발생한 연소 현상으로서 소화할 필요가 있는 현상
③ 과실에 의하여 발생한 연소 현상으로서 소화할 필요가 있는 현상
④ 사람의 의도에 반하여 발생한 연소 현상으로서 소화할 필요가 있는 현상

001 「소방의 화재조사에 관한 법률 시행령」상 화재조사 절차로 옳지 않은 것은?

2024년 경채

① 현장출동 중 조사
② 화재현장 조사
③ 사전조사
④ 정밀조사

002 「소방의 화재조사에 관한 법률 시행령」상 화재조사전담부서에 배치해야 하는 화재조사관의 최소 기준인원으로 옳은 것은?

2024년 경채

① 1명
② 2명
③ 3명
④ 4명

003 「소방의 화재조사에 관한 법률」 및 같은 법 시행규칙상 화재조사전담부서에서 갖추어야 할 장비와 시설 중 감식기기(16종)에 해당하지 않는 것은?

2023년 경채

① 금속현미경
② 절연저항계
③ 내시경현미경
④ 휴대용디지털현미경

004 「소방의 화재조사에 관한 법률」에 관한 내용으로 옳지 않은 것은?

2023년 경채

① 소방공무원과 경찰공무원은 화재조사에 필요한 증거물의 수집 및 보존에 관한 사항에 대하여 서로 협력하여야 한다.
② 소방관서장은 화재조사 결과의 공표 시 수사가 진행 중이거나 수사의 필요성이 인정되는 경우에는 관계 수사기관의장과 공표 여부에 관하여 사전에 협의하여야 한다.
③ 화재조사를 하는 화재조사관은 관계인의 정당한 업무를 방해하거나 화재조사를 수행하면서 알게 된 비밀을 다른 용도로 사용하거나 다른 사람들에게 누설하여서는 아니 된다.
④ 소방청장, 소방본부장 또는 소방서장이 화재원인, 피해상황, 대응활동 등을 파악하기 위하여 자료의 수집, 감정 및 실험을 하는 행위는 화재조사에 포함되지 않는다.

제**3**장 화재조사 결과의 공표 등

제**4**장 화재조사 기반구축 등

정답 및 해설 p. 26

001 「소방의 화재조사에 관한 법률 시행령」상 화재감정기관의 지정기준에서 전문인력 중 주된 기술인력 기준으로 옳지 않은 것은?

2024년 공채·경채

① 국가기술자격의 직무분야 중 화재감식평가 분야의 기사 자격 취득 후 화재조사 관련 분야에서 5년 이상 근무한 사람

② 화재조사관 자격 취득 후 화재조사 관련 분야에서 5년 이상 근무한 사람

③ 이공계 분야의 박사학위 취득 후 화재조사 관련 분야에서 2년 이상 근무한 사람

④ 소방청장이 인정하는 화재조사 관련 국제자격증을 소지한 사람

002 「소방의 화재조사에 관한 법률」 및 같은 법 시행령상 화재정보를 수집·관리할 때 활용하는 국가화재정보시스템의 운영에 관한 설명으로 옳은 것은?

2024년 공채·경채

① 시·도지사는 화재예방과 소방활동에 활용할 수 있는 국가화재정보시스템을 구축해 운영하여야 한다.

② 국가화재정보시스템을 활용하여 수집·관리해야 하는 화재정보는 화재원인, 화재피해상황, 화재유형별 화재위험성에 관한 사항 등이다.

③ 화재정보의 수집·관리 및 활용 등에 필요한 사항은 행정안전부령으로 정한다.

④ 국가화재정보시스템의 운영 및 활용 등에 필요한 사항은 시·도의 조례로 정한다.

정답 및 해설 p. 26

001 「소방의 화재조사에 관한 법률」상 벌칙에 관한 내용이다. (   ) 안에 들어갈 내용으로 옳은 것은?

2023년 경채

> 소방관서장은 화재조사를 위하여 필요한 경우에 관계인에게 보고 또는 자료 제출을 명하거나 화재조사관으로 하여금 해당 장소에 출입하여 화재조사를 하게 하거나 관계인등에게 질문하게 할 수 있다. 이에 따른 명령을 위반하여 보고 또는 자료 제출을 하지 아니하거나 거짓으로 보고 또는 자료를 제출한 사람은 (ㄱ)만원 이하의 (ㄴ)을/를 부과한다.

	ㄱ	ㄴ
①	200	벌금
②	200	과태료
③	300	벌금
④	300	과태료

제3편

화재의 예방 및 안전관리에 관한 법률

제1장 총칙

정답 및 해설 p. 27

001 다음 (   )에 들어갈 적합한 용어를 차례대로 옳게 나열한 것은?   2012년 공채

□□□

> 「화재의 예방 및 안전관리에 관한 법률」은 화재의 (   )와/과 (   )에 필요한 사항을 규정함으로써 화재로부터 국민의 생명·신체 및 재산을 보호하고 공공의 안전과 복리 증진에 이바지함을 목적으로 한다.

① 예방, 안전관리
② 관리, 안전관리
③ 보존, 관리
④ 경계, 관리

002 「화재의 예방 및 안전관리에 관한 법률」상 용어의 정의로 옳지 않은 것은?   2024년 경채

□□□

① "예방"이란 화재의 위험으로부터 사람의 생명·신체 및 재산을 보호하기 위하여 화재발생을 사전에 제거하거나 방지하기 위한 모든 활동을 말한다.
② "안전관리"란 화재로 인한 피해를 최소화하기 위한 예방, 대비, 대응 등의 활동을 말한다.
③ "화재예방안전진단"이란 화재가 발생할 경우 사회·경제적으로 피해 규모가 클 것으로 예상되는 소방대상물에 대하여 화재위험요인을 조사하고 그 위험성을 평가하여 개선대책을 수립하는 것을 말한다.
④ "화재안전조사"란 소방청장, 소방본부장 또는 소방서장이 화재원인, 피해상황, 대응활동 등을 파악하기 위하여 자료의 수집, 관계인등에 대한 질문, 현장 확인, 감식, 감정 및 실험 등을 하는 일련의 행위를 말한다.

제2장 화재의 예방 및 안전관리 기본계획의 수립·시행

정답 및 해설 p. 27

001 「화재의 예방 및 안전관리에 관한 법률」상 화재의 예방 및 안전관리에 관한 기본계획 등의 수립·시행에 대한 내용으로 옳지 않은 것은?

2022년 경채

① 국가는 화재안전 기반 확충을 위하여 화재예방, 안전관리정책에 관한 기본계획을 10년마다 수립·시행하여야 한다.

② 소방청장은 기본계획을 시행하기 위하여 매년 시행계획을 수립·시행하여야 한다.

③ 기본계획, 시행계획 및 세부시행계획 등의 수립·시행에 관하여 필요한 사항은 대통령령으로 정한다.

④ 소방청장은 기본계획 및 시행계획을 수립하기 위하여 필요한 경우에는 관계 중앙행정기관의 장 또는 시·도지사에게 관련 자료의 제출을 요청할 수 있다.

002 「화재의 예방 및 안전관리에 관한 법률」상 화재예방, 안전관리정책 기본계획 등의 수립 및 시행에 관한 내용으로 옳은 것은?

2019년 공채

① 기본계획에는 화재안전분야 국제경쟁력 향상에 관한 사항이 포함되어야 한다.

② 소방본부장은 기본계획을 시행하기 위하여 5년마다 시행계획을 수립·시행하여야 한다.

③ 기본계획은 행정안전부령으로 정하는 바에 따라 소방본부장이 관계 중앙행정기관의 장과 협의하여 수립한다.

④ 국가는 화재안전 기반 확충을 위하여 화재안전정책에 관한 기본계획을 10년마다 수립·시행하여야 한다.

제**3**장 화재안전조사

정답 및 해설 p. 28

001 「화재의 예방 및 안전관리에 관한 법률」 및 같은 법 시행령, 시행규칙상 화재안전조사의 방법·절차 등에 대한 설명으로 옳지 않은 것은?

2022년 공채

① 소방관서장은 화재안전조사를 마친 때에는 그 조사결과를 관계인에게 서면 또는 구두로 통지할 수 있다.

② 소방관서장은 화재안전조사를 하려면 사전에 관계인에게 조사대상, 조사기간 및 조사사유 등을 우편, 전화, 전자메일 또는 문자전송 등을 통하여 통지하고 이를 대통령령으로 정하는 바에 따라 인터넷 홈페이지나 전산시스템 등을 통하여 공개하여야 한다.

③ 화재안전조사의 연기를 승인한 경우라도 연기기간이 끝나기 전에 연기사유가 없어졌거나 긴급히 조사를 하여야 할 사유가 발생하였을 때에는 관계인에게 통보하고 화재안전조사를 할 수 있다.

④ 화재안전조사의 연기를 신청하려는 자는 화재안전조사 시작 3일 전까지 연기신청서에 화재안전조사를 받기가 곤란함을 증명할 수 있는 서류를 첨부하여 소방서장 등에게 제출하여야 한다.

002 화재안전조사에 대한 설명으로 옳지 않은 것은?

2017년 공채

① 관계인이 질병, 장기출장 등으로 화재안전조사를 참여할 수 없는 경우 소방청장, 소방본부장, 소방서장에게 연기 신청을 할 수 있다.

② 화재안전조사의 연기를 신청하려는 자는 화재안전조사 시작 5일 전까지 소방청장, 소방본부장, 소방서장에게 연기 신청을 할 수 있다.

③ 소방청장, 소방본부장, 소방서장은 화재안전조사를 실시하려는 경우 사전에 관계인에게 조사대상, 조사기간 및 조사사유 등을 우편, 전화, 전자메일 또는 문자전송 등을 통하여 통지하고 이를 대통령령으로 정하는 바에 따라 인터넷 홈페이지나 전산시스템 등을 통하여 공개하여야 한다.

④ 화재안전조사에 소방기술사, 소방시설관리사, 전문지식을 갖춘 사람을 화재안전조사에 참여하게 할 수 있다.

003 화재안전조사에 대한 설명으로 옳지 않은 것은?　　　　　2017년 경채

① 소방청장, 소방본부장, 소방서장은 5일 전까지 조사사유, 조사대상, 조사기간 등을 관계인에게 서면으로 알려야 한다.
② 관계인이 이 법 또는 다른 법령에 따라 실시하는 소방시설등, 방화시설, 피난시설 등에 대한 자체점검 등이 불성실하거나 불완전하다고 인정되는 경우 실시한다.
③ 소방관서장은 화재안전조사의 대상을 객관적이고 공정하게 선정하기 위하여 필요하면 화재안전조사위원회를 구성하여 화재안전조사의 대상을 선정할 수 있다.
④ 개인의 주거에 관하여는 관계인의 승낙이 있거나 화재발생의 우려가 뚜렷하여 긴급한 필요가 있는 때에 한정한다.

004 다음 중 화재안전조사자가 아닌 것은?　　　　　2012년 공채

① 소방청장　　　　　　　　　　② 시·도지사
③ 소방본부장　　　　　　　　　　④ 소방서장

005 다음 중 소방대상물이나 관계 지역에 대한 화재안전조사자로 옳은 것은?　　　　　2013년 공채

① 대통령　　　　　　　　　　　② 국무총리
③ 소방본부장　　　　　　　　　　④ 시장·군수·구청장

006 다음 중 화재안전조사에 대하여 옳지 않은 것은?　　　　　2012년 공채

① 화재안전조사의 실시목적은 소방시설, 방화·피난시설 등 자체점검 등이 불성실·불완전하다고 인정되는 경우이다.
② 관할구역의 소방대상물이나 관계 지역에 대하여 시간에 관계없이 화재안전조사를 할 수 있다.
③ 통보 없이 화재안전조사를 할 수 있는 경우는 화재, 재난·재해 발생우려가 뚜렷하여 긴급하게 조사할 필요가 있는 경우나 화재안전조사의 실시를 사전에 통지하면 조사목적을 달성할 수 없는 경우이다.
④ 소방청장, 소방본부장 또는 소방서장은 필요한 때 소방대상물이나 관계 지역, 관계인에 대하여 관계공무원으로 하여금 화재안전조사를 하게 할 수 있다.

007 화재안전조사의 실시대상으로 옳지 않은 것은? 2013년 공채

① 화재예방강화지구에 대한 화재안전조사 등 다른 법률에서 화재안전조사를 실시하도록 한 경우
② 국가적 행사 등 주요 행사가 개최되는 장소 및 그 주변의 관계 지역에 대하여 소방안전관리 실태를 점검할 필요가 있는 경우
③ 재난예측정보, 기상예보 등을 분석한 결과 소방대상물에 화재, 재난·재해의 발생 위험이 높다고 판단되는 경우
④ 관계인의 소방안전관리가 불성실한 경우

008 「화재의 예방 및 안전관리에 관한 법률」상 관할구역에 있는 소방대상물, 관계 지역 또는 관계인에 대하여 소방시설등이 적합하게 설치·유지·관리되고 있는지, 소방대상물에 화재, 재난·재해 등의 발생 위험이 있는지 등을 확인하기 위하여 관계 공무원으로 하여금 화재안전조사를 하게 할 수 있다. 화재안전조사의 설명으로 옳지 않은 것은? 2014년 공채

① 화재안전조사 실시권자는 소방청장, 소방본부장 또는 소방서장이다.
② 개인의 주거에 대하여는 관계인의 승낙이 있거나 화재발생의 우려가 뚜렷하여 긴급한 필요가 있는 때에 한정한다.
③ 관계인이 소방시설등, 방화시설, 피난시설 등에 대한 자체점검 등이 불성실하거나 불완전하다고 인정되는 경우 화재안전조사를 연 1회 이상 실시한다.
④ 소방관서장은 화재안전조사의 대상을 객관적이고 공정하게 선정하기 위하여 필요한 경우 화재안전조사위원회를 구성하여 화재안전조사의 대상을 선정할 수 있다.

009 다음 중 화재안전조사 시 전문가라고 할 수 있는 자는? 2005년 공채

① 소방기술사 및 소방시설관리사
② 소방기술사 및 가스기술사
③ 소방기술사 및 건축설비기계기술사
④ 건축사 및 소방기술사

010 「화재의 예방 및 안전관리에 관한 법률」 제10조 제1항에 대한 내용이다. ( ) 안에 들어갈 말로 옳은
것은?

2022년 경채

> ( )은/는 화재안전조사의 대상을 객관적이고 공정하게 선정하기 위하여 필요한 경우 화재안전조사
> 위원회를 구성하여 화재안전조사의 대상을 선정할 수 있으며, 화재안전조사위원회의 구성·운영 등에
> 필요한 사항은 대통령령으로 정한다

① 소방청장 ② 시·도지사
③ 소방관서장 ④ 소방서장

011 화재안전조사위원회의 위원장이 아닌 자는 누구인가?

2009년 공채

① 시·도지사 ② 소방청장
③ 소방본부장 ④ 소방서장

012 「화재의 예방 및 안전관리에 관한 법률」 및 같은 법 시행령상 중앙화재안전조사단의 편성·운영 등에
관한 설명으로 옳지 않은 것은?

2022년 경채

① 중앙화재안전조사단은 단장을 포함하여 21명 이내의 단원으로 성별을 고려하여 구성한다.
② 소방청장은 소방안전조사를 위하여 중앙화재안전조사단을 편성하여 운영하여야 한다.
③ 중앙화재안전조사단의 단장은 단원 중에서 소방청장이 임명 또는 위촉한다.
④ 소방공무원은 중앙화재안전조사단의 단원으로 임명 또는 위촉될 수 있다.

013 다음 중 화재안전조사에 관하여 옳지 않은 것은? 2012년 공채

① 화재안전조사를 위하여 소방본부장 또는 소방서장은 화재안전조사위원회를 구성할 수 있으며, 위원은 위원장 포함 5명 이내이다.

② 소방관서장은 화재안전조사를 실시하려는 경우 사전에 관계인에게 조사대상, 조사기간 및 조사사유 등을 우편, 전화, 전자메일 또는 문자전송 등을 통하여 통지하고, 이를 대통령령으로 정하는 바에 따라 인터넷 홈페이지나 전산시스템 등을 통하여 공개하여야 한다.

③ 화재예방강화지구 내의 화재안전조사는 연 1회 이상 실시하여야 한다.

④ 소방관서장은 객관적이고 공정한 기준에 따라 화재안전조사의 대상을 선정하여야 한다.

014 「화재의 예방 및 안전관리에 관한 법률」에서 화재안전조사위원회의 위원의 자격에 해당하지 않는 사람은? 2013년 공채

① 소방기술사

② 소방시설관리사

③ 과장급 직위 이상의 소방공무원

④ 소방 관련 법인 또는 단체에서 소방 관련 업무에 3년 이상 종사한 사람

015 「화재의 예방 및 안전관리에 관한 법률」의 화재안전조사에서 화재안전조사위원회의 구성 및 운영에 필요한 사항은 무엇으로 정하는가? 2012년 공채

① 법률로 정한다.

② 대통령령으로 정한다.

③ 행정안전부령으로 정한다.

④ 소방청장고시로 정한다.

016 「화재의 예방 및 안전관리에 관한 법률」에서 화재안전조사위원회의 위원의 임기 및 위원수로 옳은 것은?

2011년 공채

① 2년, 위원장 포함 5명 이내
② 2년, 위원장 포함 7명 이내
③ 3년, 위원장 포함 5명 이내
④ 3년, 위원장 포함 7명 이내

 017 「화재의 예방 및 안전관리에 관한 법률」에서 화재안전조사위원회의 위원의 제척사유로 옳지 않은 것은?

2013년 공채

① 위원이 해당 안건의 소방대상물 등의 관계인이거나 그 관계인과 공동권리자 또는 공동의무자인 경우
② 위원의 배우자가 소방대상물 등의 설계, 공사, 감리 등을 수행한 경우
③ 위원의 친족이 소방대상물 등에 대하여 건축허가 등의 업무를 수행한 경우 등 소방대상물 등과 직접적인 이해관계가 있는 경우
④ 위원이 소방대상물 등에 관하여 자문, 연구, 용역(하도급 포함), 감정 또는 조사와 같은 것 등에 관하여 관계가 없는 경우

 018 「화재의 예방 및 안전관리에 관한 법률」에서 화재안전조사위원회의 위원이 제척사유에 해당하는 경우 스스로 해당 안건의 심의·의결에서 취하여야 할 조치는?

2010년 공채

① 심의·의결에서 기피하여야 한다.
② 심의·의결에서 회피하여야 한다.
③ 심의·의결에서 재심을 요청한다.
④ 위원회에 재심을 요청하여야 한다.

019 「화재의 예방 및 안전관리에 관한 법률」 및 같은 법 시행령상 화재안전조사 결과에 따른 조치명령, 손실보상의 내용으로 옳지 않은 것은? 2023년 경채

① 화재안전조사 결과에 따른 소방대상물의 조치명령권자는 소방관서장이다.

② 화재안전조사 결과에 따른 조치명령으로 소방청장 또는 시·도지사가 손실을 보상하는 경우에는 시가(時價)의 2배로 보상해야 한다.

③ 소방청장 또는 시·도지사는 보상금액에 관한 협의가 성립되지 않은 경우에는 그 보상금액을 지급하거나 공탁하고 이를 상대방에게 알려야 한다.

④ 소방관서장은 화재안전조사 결과에 따른 소방대상물의 위치·구조·설비 또는 관리의 상황이 화재예방을 위하여 보완될 필요가 있거나 화재가 발생하면 인명 또는 재산의 피해가 클 것으로 예상되는 때에는 행정안전부령으로 정하는 바에 따라 관계인에게 그 소방대상물의 개수(改修)·이전·제거, 사용의 금지 또는 제한, 사용폐쇄, 공사의 정지 또는 중지, 그 밖에 필요한 조치를 명할 수 있다.

020 소방대상물에 대한 화재안전조사의 결과 그 위치, 구조, 설비, 관리의 상황에 관하여 화재예방을 위해 필요한 경우 등에 있어서 화재안전조사 조치명령의 권한을 가진 자는? 2009년 공채

① 국무총리

② 대통령

③ 시·도지사

④ 소방본부장

021 소방대상물의 화재안전조사 조치명령 등에 대한 내용 중 옳지 않은 것은? 2006년 공채

① 조치명령권자는 시·도지사이다.

② 조치명령의 요건은 소방대상물의 위치·구조 등에 관하여 화재예방상 필요한 경우이다.

③ 명령의 내용은 소방대상물의 개수·이전·제거·사용의 금지 등이다.

④ 법령에 위반한 소방대상물의 개수·명령·처분에 대한 손실의 보상은 하지 아니한다.

022 다음 중 화재안전조사로 인한 조치명령에 따른 손실보상권자는? 2008년 공채

① 소방청장 및 시·도지사

② 국가

③ 시·도지사

④ 소방본부장 또는 소방서장

제4장 화재의 예방조치 등

정답 및 해설 p. 31

001 화재의 예방상 위험하다고 인정되는 행위를 하는 사람이나 소화활동에 지장이 있다고 인정되는 물건의 소유자·관리자 또는 점유자에 대하여 명령을 할 수 있는 자는?
2013년 공채

① 소방관서장
② 행정안전부장관
③ 국무총리
④ 시·도지사

002 「화재의 예방 및 안전관리에 관한 법률」 및 같은 법 시행령상 화재의 예방조치 등으로 옳지 않은 것은?
2021년 공채

① 소방관서장은 보관기간이 종료되는 때에는 보관하고 있는 옮긴 물건을 매각하여야 한다.
② 목재, 플라스틱 등 가연성이 큰 물건의 보관기간은 소방관서의 홈페이지 또는 게시판에 공고하는 기간의 종료일 다음 날부터 7일로 한다.
③ 목재, 플라스틱 등 가연성이 큰 물건을 보관하는 경우에는 그 날부터 14일 동안 소방관서의 홈페이지 또는 게시판에 그 사실을 공고하여야 한다.
④ 시·도지사는 매각되거나 폐기된 옮긴 물건의 소유자가 보상을 요구하는 경우에는 보상금액에 대하여 소유자와 협의를 거쳐 이를 보상하여야 한다.

003 다음 중 화재예방조치로 옳지 않은 것은?
2017년 공채

① 관계인이 없는 목재, 플라스틱 등 가연성이 큰 물건 등을 보관할 때는 7일간 소방관서의 홈페이지 또는 게시판에 공고한다.
② 목재, 플라스틱 등 가연성이 큰 물건의 보관기관 및 보관기간 경과 후 처리 등은 대통령령으로 정한다.
③ 소방관서장은 매각되거나 폐기된 옮긴 물건의 소유자가 보상을 요구하는 경우에는 보상금액에 대하여 소유자와 협의를 거쳐 이를 보상하여야 한다.
④ 화재예방강화지구에서 모닥불·흡연 등 화기의 취급은 화재예방조치 대상이다.

004 화재의 예방조치 등에 대한 설명으로 옳지 않은 것은?

2015년 공채

① 소방관서장은 화재예방상 위험하다고 인정되는 목재, 플라스틱 등 가연성이 큰 물건을 보관하는 경우에는 그 날부터 14일 동안 소방관서의 홈페이지 또는 게시판에 그 사실을 공고하여야 한다.

② 소방관서장은 보관기간이 종료되는 때에는 보관하고 있는 목재, 플라스틱 등 가연성이 큰 물건을 매각하여야 한다.

③ 소방관서장은 보관하던 목재, 플라스틱 등 가연성이 큰 물건을 매각한 경우에는 그 날부터 7일 이내에 「국가재정법」에 의하여 세입조치를 하여야 한다.

④ 소방관서장은 매각되거나 폐기된 옮긴 물건의 소유자가 보상을 요구하는 경우에는 보상금액에 대하여 소유자와 협의를 거쳐 이를 보상하여야 한다.

005 「화재의 예방 및 안전관리에 관한 법률」상 화재예방강화지구로 지정할 수 있는 지역으로 옳은 것만을 <보기>에서 있는 대로 고른 것은? (단, 소방관서장이 화재예방강화지구로 지정할 필요가 있다고 인정하는 지역은 제외한다)

2024년 경채

<보기>
ㄱ. 시장지역
ㄴ. 목조건물이 밀집한 지역
ㄷ. 전력용 및 통신용 지하구가 있는 지역
ㄹ. 소방시설·소방용수시설 또는 소방출동로가 없는 지역
ㅁ. 「물류시설의 개발 및 운영에 관한 법률」제2조 제6호에 따른 물류단지

① ㄱ, ㄴ, ㄷ
② ㄱ, ㄷ, ㄹ
③ ㄱ, ㄴ, ㄹ, ㅁ
④ ㄴ, ㄷ, ㄹ, ㅁ

006 「화재의 예방 및 안전관리에 관한 법률」 및 같은 법 시행령상 화재예방강화지구의 관리에 대한 설명이다. ( ) 안에 들어갈 내용으로 옳은 것은? 2022년 공채

> • 소방관서장은 화재예방강화지구 안의 소방대상물의 위치 · 구조 및 설비 등에 대한 화재안전조사를 연 (ㄱ)회 이상 실시하여야 한다.
> • 소방관서장은 화재예방강화지구 안의 관계인에 대하여 소방상 필요한 훈련 및 교육을 연 (ㄴ)회 이상 실시할 수 있다.
> • 소방관서장은 소방상 필요한 훈련 및 교육을 실시하고자 하는 때에는 화재예방강화지구 안의 관계인에게 훈련 또는 교육 (ㄷ)일 전까지 그 사실을 통보하여야 한다.

	ㄱ	ㄴ	ㄷ
①	1	1	5
②	1	1	10
③	2	2	5
④	2	2	10

007 「화재의 예방 및 안전관리에 관한 법률」상 시 · 도지사가 화재예방강화지구로 지정할 필요가 있는 지역을 화재예방강화지구로 지정하지 아니하는 경우 해당 시 · 도지사에게 해당 지역의 화재예방강화지구 지정을 요청할 수 있는 사람은? 2018년 공채

① 행정안전부장관
② 소방본부장
③ 소방서장
④ 소방청장

008 다음 중 화재예방강화지구 지정에 관한 것으로 옳지 않은 것은? 2017년 경채

① 시 · 도지사가 화재예방강화지구를 지정하지 않으면 소방청장이 지정할 수 있다.
② 소방관서장은 화재예방강화지구 안의 소방대상물의 위치, 구조, 설비 등에 대하여 화재안전조사를 하여야 한다.
③ 소방관서장은 화재예방강화지구 안의 관계인에 대하여 대통령령으로 정하는 바에 따라 훈련 및 교육을 실시할 수 있다.
④ 시 · 도지사는 화재예방강화지구 지정 현황, 화재안전조사의 결과 등 화재예방강화지구에서의 화재 및 경계에 필요한 자료를 매년 작성 · 관리하여야 한다.

009 다음 중 화재예방강화지구 대상지역이 아닌 것은?

2012년 공채

① 공장이 밀집한 지역
② 목조건물이 밀집한 지역
③ 고층 건축물이 밀집한 지역
④ 소방출동로가 없는 지역

010 시 · 도지사는 화재가 발생할 우려가 높거나 화재가 발생하는 경우 그로 인하여 피해가 클 것으로 예상되는 지역을 화재예방강화지구로 지정할 수 있다. 다음 중 화재예방강화지구로 지정하지 않아도 되는 곳은?

2016년 공채

① 석유화학제품을 생산하는 공장이 있는 지역
② 소방시설 · 소방용수시설 또는 소방출동로가 없는 지역
③ 상가지역
④ 공장 · 창고가 밀집한 지역

011 「화재의 예방 및 안전관리에 관한 법률」에서 정하고 있는 화재예방강화지구에 대한 사항으로 옳지 않은 것은?

2016년 공채

① 화재예방강화지구 안의 관계인은 대통령령으로 정하는 바에 따라 소방에 필요한 훈련 및 교육을 받아야 한다.
② 화재예방강화지구 안의 소방대상물의 위치 · 구조 및 설비 등에 대한 화재안전조사를 연 1회 이상 실시하여야 한다.
③ 시 · 도지사는 소방상 필요한 훈련 및 교육을 실시하고자 하는 때에는 화재예방강화지구 안의 관계인에게 훈련 또는 교육 10일 전까지 그 사실을 통보하여야 한다.
④ 화재예방강화지구 안의 관계인에 대하여 소방상 필요한 훈련 및 교육을 연 1회 이상 실시할 수 있다.

012 다음 중 이상기상의 예보 또는 특보 시 화재에 관한 경보를 발령하고 그에 따른 조치를 할 수 있는 자는?

2011년 공채

① 시·도지사
② 기상청장
③ 소방대장
④ 소방관서장

013 「화재의 예방 및 안전관리에 관한 법률 시행령」상 화재의 확대가 빠른 특수가연물의 저장 및 취급 기준으로 옳은 것은? [단, 석탄·목탄류를 발전용(發電用)으로 저장하는 경우는 제외한다]

2024년 경채

① 실외에 쌓아 저장하는 경우 쌓는 부분이 대지경계선, 도로 및 인접 건축물과 최소 6미터 이상 간격을 둘 것. 다만, 쌓는 높이보다 0.9미터 이상 높은 내화구조 벽체를 설치한 경우는 그렇지 않다.
② 실내에 쌓아 저장하는 경우 주요구조부는 불연재료 또는 준불연재료여야 하고, 다른 종류의 특수가연물과 같은 공간에 보관하지 않을 것. 다만, 방화구조의 벽으로 분리하는 경우는 그렇지 않다.
③ 쌓는 부분 바닥면적의 사이는 실내의 경우 1미터 또는 쌓는 높이의 1/2 중 큰 값 이상으로 간격을 둘 것
④ 쌓는 부분 바닥면적의 사이는 실외의 경우 3미터 또는 쌓는 높이의 1/2 중 큰 값 이상으로 간격을 둘 것

014 「화재의 예방 및 안전관리에 관한 법률 시행령」상 특수가연물의 저장 및 취급 기준에서 특수가연물 표지에 관한 내용으로 옳지 않은 것은?

2023년 공채·경채

① 특수가연물 표지 중 화기엄금 표시 부분의 바탕은 붉은색으로, 문자는 백색으로 할 것
② 특수가연물 표지는 한 변의 길이가 0.3미터 이상, 다른 한 변의 길이가 0.6미터 이상인 직사각형으로 할 것
③ 특수가연물 표지의 바탕은 검은색으로, 문자는 흰색으로 할 것. 다만, "화기엄금" 표시 부분은 제외한다.
④ 특수가연물을 저장 또는 취급하는 장소에는 품명, 최대저장수량, 단위부피당 질량 또는 단위체적당 질량, 관리책임자 성명·직책, 연락처 및 화기취급의 금지표시가 포함된 특수가연물 표지를 설치해야 한다.

015 다음 중 「화재의 예방 및 안전관리에 관한 법률」 및 시행령상 특수가연물의 종류로 옳지 않은 것은?

2018년 공채

① 200kg의 면화류
② 1,200kg의 볏짚류
③ 350kg의 나무껍질
④ 1,000kg의 넝마

016 특수가연물에 대한 설명 중 옳은 것은?

2009년 공채

① 발전용 석탄·목탄류는 품명별로 쌓는다.
② 쌓는 부분의 바닥면적 사이는 1m 이하가 되도록 한다.
③ 쌓는 부분의 바닥면적은 50m² 이하, 석탄·목탄류는 200m² 이하로 한다.
④ 발전용 석탄·목탄류에 살수설비를 설치하였을 경우에 쌓은 높이를 20m 이하로 한다.

017 다음 중 특수가연물의 저장 및 취급의 기준으로 옳지 않은 것은?

2008년 공채

① 특수가연물을 저장 또는 취급하는 장소에는 품명·최대수량 및 소방안전관리자 성명을 기재하여 설치한다.
② 특수가연물을 품명별로 구분하여 쌓는다.
③ 방사능력 범위 내에 당해 특수가연물이 포함되도록 대형소화기를 설치하는 경우에는 쌓는 높이를 15m 이하로 한다.
④ 쌓는 부분의 바닥면적 사이는 실내인 경우 1.2m 이상 간격이 되도록 한다.

018 다음 중 특수가연물에 대한 설명으로 옳지 않은 것은?
2010년 공채

① 품명별로 구분하여 쌓을 것이며 바닥면적 사이는 실외인 경우 3m 이상 간격이 되도록 할 것
② 높이는 10m 이하가 되도록 할 것
③ 발전용 석탄, 목탄의 바닥면적은 200m² 이하가 되도록 할 것
④ 표지 기재사항은 품명·최대수량·단위체적당 질량 또는 단위부피당 질량·관리책임자 성명·직책, 연락처 및 화기취급의 금지표시가 포함된 특수가연물 표지를 설치할 것

019 특수가연물의 저장 및 취급기준이 아닌 것은?
2009년 공채

① 석탄·목탄류를 발전용으로 저장하는 경우에는 200m² 이하가 되도록 할 것
② 특수가연물을 저장 또는 취급하는 장소에는 품명·최대수량·단위체적당 질량 또는 단위부피당 질량·관리책임자 성명·직책, 연락처 및 화기취급의 금지표시가 포함된 특수가연물 표지를 설치할 것
③ 쌓는 부분의 바닥면적 사이는 1m 이상이 되도록 할 것
④ 품명별로 구분하여 쌓아 저장할 것

020 특수가연물의 저장 및 취급기준에 대한 설명으로 옳지 않은 것은?
2015년 공채

① 특수가연물을 저장 또는 취급하는 장소에는 품명·최대수량·단위체적당 질량 또는 단위부피당 질량·관리책임자 성명·직책, 연락처 및 화기취급의 금지표시가 포함된 특수가연물 표지를 설치할 것
② 특수가연물을 쌓아 저장할 경우 품명별로 구분하여 쌓을 것
③ 쌓는 높이는 10m 이하가 되도록 하고, 쌓는 부분의 바닥면적은 50m²(석탄·목탄류의 경우에는 200m²) 이하가 되도록 할 것
④ 쌓는 부분의 바닥면적 사이는 실내인 경우 1m 이상이 되도록 할 것

021 「화재의 예방 및 안전관리에 관한 법률 시행령」상 불을 사용하는 설비의 관리기준에 관한 내용으로 옳은 것은?

2024년 공채·경채

① 경유·등유 등 액체 연료탱크는 보일러 본체로부터 수평거리 0.5미터 이상의 간격을 두어 설치한다.
② 화목(火木) 등 고체연료를 사용하는 연통의 배출구는 보일러 본체보다 1미터 이상 높게 설치한다.
③ 음식조리를 위하여 설치하는 설비의 경우, 열을 발생하는 조리기구로부터 0.15미터 이내의 거리에 있는 가연성 주요구조부는 단열성이 있는 불연재료로 덮어 씌운다.
④ 대통령령에서 규정한 사항 외에 화재 발생 우려가 있는 설비 또는 기구의 종류, 해당 설비 또는 기구의 위치·구조 및 관리와 화재 예방을 위하여 불을 사용할 때 지켜야 하는 사항은 행정안전부령으로 정한다.

022 「화재의 예방 및 안전관리에 관한 법률 시행령」상 불을 사용하는 설비의 관리기준 등에 관한 내용으로 옳지 않은 것은?

2023년 경채

① 보일러: 가연성 벽·바닥 또는 천장과 접촉하는 증기기관 또는 연통의 부분은 규조토 등 난연성 또는 불연성 단열재로 덮어씌워야 한다.
② 난로: 가연성 벽·바닥 또는 천장과 접촉하는 연통의 부분은 규조토 등 난연성 또는 불연성 단열재로 덮어씌워야 한다.
③ 건조설비: 실내에 설치하는 경우에 벽·천장 및 바닥은 준불연재료로 해야 한다.
④ 노·화덕설비: 노 또는 화덕을 설치하는 장소의 벽·천장은 불연재료로 된 것이어야 한다.

023 「화재의 예방 및 안전관리에 관한 법률」 및 시행령상 보일러 등의 위치·구조 및 관리와 화재예방을 위하여 불의 사용에 있어서 지켜야 하는 사항으로, 용접 또는 용단 작업장에서 지켜야 할 사항이다. ( ) 안에 들어갈 내용으로 옳은 것은? (단, 「산업안전보건법」 제38조의 적용을 받는 사업장의 경우에는 적용하지 아니한다)

2020년 공채

• 용접 또는 용단 작업자로부터 (가) 이내에 소화기를 갖추어 둘 것
• 용접 또는 용단 작업장 주변 (나) 이내에는 가연물을 쌓아두거나 놓아두지 말 것. 다만, 가연물의 제거가 곤란하여 방지포 등으로 방호조치를 한 경우는 제외한다.

	(가)	(나)
①	반경 5m	반경 10m
②	반경 6m	반경 12m
③	직경 5m	직경 10m
④	직경 6m	직경 12m

024 「화재의 예방 및 안전관리에 관한 법률」상 불을 사용하는 설비의 관리기준 등에 대한 설명이다. (가) ~ (라)에 들어갈 숫자로 옳은 것은?

2019년 공채

- 보일러: 보일러와 벽·천장 사이의 거리는 (가)m 이상 되도록 하여야 한다.
- 난로: 연통은 천장으로부터 (나)m 이상 떨어지고, 건물 밖으로 0.6m 이상 나오게 설치하여야 한다.
- 건조설비: 건조설비와 벽·천장 사이의 거리는 (다)m 이상 되도록 하여야 한다.
- 음식조리를 위하여 설치하는 설비: 열을 발생하는 조리기구는 반자 또는 선반으로부터 (라)m 이상 떨어지게 해야 한다.

	(가)	(나)	(다)	(라)
①	0.5	0.6	0.6	0.6
②	0.6	0.6	0.5	0.6
③	0.6	0.5	0.6	0.6
④	0.6	0.6	0.5	0.5

025 다음 중 불을 사용하는 설비에 관한 설명으로 옳지 않은 것은?

2008년 공채

① 보일러와 벽·천장 사이 거리는 0.6m 이상으로 한다.
② 이동식 난로는 학원, 독서실, 박물관 및 미술관의 장소에는 사용하여서는 아니 된다.
③ 열발생 조리기구는 반자 또는 선반으로부터 0.6m 이상으로 한다.
④ 액체연료를 사용하는 보일러를 설치하는 장소에는 환기구를 설치한다.

026 보일러의 기체연료를 사용하는 경우에 대하여 지켜야 하는 사항으로 옳지 않은 것은?

2011년 공채

① 보일러를 설치하는 장소에는 환기구를 설치하는 등 가연성가스가 머무르지 아니하도록 한다.
② 화재 등 긴급 시 연료를 차단할 수 있는 개폐밸브를 연료용기 등으로부터 0.5m 이내에 설치한다.
③ 보일러가 설치된 장소에는 가스누설경보기를 설치한다.
④ 연료를 공급하는 배관은 금속관 또는 플라스틱합성관으로 한다.

027 불의 사용에 있어 지켜야 할 사항으로 옳지 않은 것은? 2015년 공채

① 연료탱크는 보일러 본체로부터 수평거리 1m 이상의 간격을 유지할 것
② 건조설비와 벽·천장 사이의 거리는 0.6m 이상 유지할 것
③ 열 발생 조리 기구는 반자 또는 선반으로부터 0.6m 이상 유지할 것
④ 시간당 열량이 30만kcal 이상인 노를 설치하는 경우 노 주위에는 1m 이상의 공간을 보유할 것

028 다음 중 불을 사용하는 설비의 관리기준 등의 설명으로 옳은 것은? 2016년 공채

① 용접 또는 용단 작업장에서는 용접 또는 용단 작업자로부터 반경 10m 이내에 소화기를 갖추어 둘 것
② 보일러와 벽·천장 사이의 거리는 0.5m 이상 되도록 하여야 한다.
③ 보일러의 연료탱크에는 화재 등 긴급상황이 발생하는 경우 연료를 차단할 수 있는 개폐밸브를 연료탱크로부터 0.6m 이내에 설치하여야 한다.
④ 노 또는 화덕의 주위에는 녹는 물질이 확산되지 아니하도록 높이 0.1m 이상의 턱을 설치하여야 한다.

029 불을 사용하는 설비 중 노 주위에 1미터 이상 공간을 확보하여야 하는 시간당 방출열량은? 2009년 공채

① 5만kcal 이상
② 10만kcal 이상
③ 25만kcal 이상
④ 30만kcal 이상

030 보일러, 난로, 건조설비, 가스·전기시설, 그 밖에 화재 발생 우려가 있는 설비 또는 기구 등의 위치·구조 및 관리와 화재 예방을 위하여 불을 사용할 때 지켜야 하는 사항은 무엇으로 정하는가? 2012년 공채

① 행정안전부령   ② 대통령령
③ 시·도의 조례   ④ 시·도의 규칙

031 다음 중 화재예방상 옮기거나 치운 목재, 플라스틱 등 가연성이 큰 물건을 보관한 경우 처리 사항으로 옳은 것은?

기출변형

① 물건을 보관하는 경우에는 그 날부터 14일 동안 소방본부 또는 소방서의 게시판에 이를 공고하고, 보관기간은 공고하는 기간의 종료일 다음 날부터 7일로 한다.
② 물건을 보관하는 경우에는 그 날부터 7일 동안 소방본부 또는 소방서의 게시판에 이를 공고하고, 보관기간은 공고하는 기간의 종료일 다음 날부터 14일로 한다.
③ 물건을 보관하는 경우에는 그 날부터 14일 동안 소방본부 또는 소방서의 게시판에 이를 공고하고, 보관기간은 공고하는 기간의 종료일 다음 날부터 14일로 한다.
④ 물건을 보관하는 경우에는 그 날부터 7일 동안 소방본부 또는 소방서의 게시판에 이를 공고하고, 보관기간은 공고하는 기간의 종료일 다음 날부터 7일로 한다.

032 다음 중 화재예방강화지구의 설명으로 옳지 않은 것은?

기출변형

① 소방관서장은 대통령령이 정하는 바에 따라 화재안전조사를 하여야 한다.
② 소방시설·소방용수시설 또는 소방출동로가 없는 지역은 화재예방강화지구 대상지역으로 지정할 수 있다.
③ 화재예방강화지구 안의 소방대상물의 위치·구조 및 설비 등에 대한 화재안전조사를 연 1회 이상 실시하여야 한다.
④ 소방상 필요한 훈련 및 교육을 실시하고자 하는 때에는 화재예방강화지구 안의 관계인에게 훈련 또는 교육 20일 전까지 그 사실을 통보하여야 한다.

033 이상기상(異常氣相)의 예보나 특보가 있을 때 화재 위험을 알리는 소방신호로 옳은 것은?

기출변형

① 비상신호
② 화재 위험신호
③ 발화신호
④ 경계신호

제5장 소방대상물의 소방안전관리

정답 및 해설 p. 36

001

다음 중 신고일이 옳지 않은 것은?

2013년 공채

① 소방안전관리자 선임 신고는 30일 이내에 하여야 한다.
② 소방시설업 지위승계 신고는 30일 이내에 하여야 한다.
③ 소방시설공사업 착공신고의 변경신고는 30일 이내에 하여야 한다.
④ 관리업자는 등록에 관한 중요변경사항의 변경신고를 30일 이내에 하여야 한다.

002

「화재의 예방 및 안전관리에 관한 법률」 및 같은 법 시행규칙상 소방안전관리자의 선임신고 등에 관한 설명이다. ( ) 안에 들어갈 내용으로 옳은 것은?

2023년 공채 · 경채

- 소방안전관리대상물의 관계인이 소방안전관리자를 선임한 경우에는 선임한 날부터 (ㄱ)일 이내에 선임사실을 소방본부장 또는 소방서장에게 신고하여야 한다.
- 소방안전관리대상물의 관계인은 소방안전관리자를 선임사유가 발생한 날부터 (ㄴ)일 이내에 선임해야 한다.

	ㄱ	ㄴ
①	14	30
②	14	60
③	30	30
④	30	60

003

「화재의 예방 및 안전관리에 관한 법률」 및 같은 법 시행규칙상 소방안전관리대상물의 관계인이 소방안전관리자를 선임한 경우 소방안전관리대상물의 출입자가 쉽게 알 수 있도록 게시해야 하는 사항으로 옳지 않은 것은?

2024년 공채 · 경채

① 소방안전관리자의 성명 및 선임일자
② 소방안전관리대상물의 명칭 및 등급
③ 소방안전관리대상물의 용도 및 수용인원
④ 소방안전관리자의 근무 위치(화재수신기 또는 종합방재실을 말한다)

004 다음 중 「화재의 예방 및 안전관리에 관한 법률」 및 시행령상 1급 소방안전관리대상물로 옳은 것은?

2019년 공채

① 지하구
② 동·식물원
③ 가연성 가스를 1천톤 이상 저장·취급하는 시설
④ 철강 등 불연성 물품을 저장·취급하는 창고

005 1급 소방안전관리자를 두어야 하는 특정소방대상물로 옳은 것은?

2012년 공채

① 연면적 1만5천제곱미터의 위락시설
② 공공기관의 청사
③ 지하구
④ 위험물 제조소등

006 특정소방대상물의 소방안전관리에 관한 것으로 옳은 것은?

2010년 공채

① 관계인이 소방안전관리자를 선임한 경우 소방본부장 또는 소방서장에게 30일 이내에 신고한다.
② 연면적 8천m²이고 층수가 15층인 근린생활시설은 1급 소방안전관리대상물이다.
③ 소방설비기사는 1급 소방안전관리대상물 선임대상이지만 소방설비산업기사는 1급 소방안전관리대상물 선임대상자가 될 수 없다.
④ 소방공무원으로 1년 이상 근무 경력이 있으면 2급 소방안전관리자로 선임될 수 있다.

007 「화재의 예방 및 안전관리에 관한 법률 시행령」상 소방공무원으로 9년간 근무한 경력자가 발급받을 수 있는 최상위의 소방안전관리자 자격으로 선임할 수 있는 소방안전관리대상물로 옳은 것은?

2024년 공채·경채

① 가연성 가스를 1천 톤 이상 저장·취급하는 시설
② 지상으로부터 높이가 200미터 이상인 아파트
③ 지상으로부터 높이가 120미터 이상인 업무시설
④ 연면적이 10만 제곱미터 이상인 의료시설

008 「화재의 예방 및 안전관리에 관한 법률」 및 시행령상 특급 소방안전관리대상물의 소방안전관리자로 선임할 수 없는 사람은? 2022년 경채

① 소방기술사 또는 소방시설관리사의 자격이 있는 사람
② 소방공무원으로 10년 이상 근무한 경력이 있는 사람
③ 소방설비기사의 자격을 취득한 후 5년 이상 1급 소방안전관리대상물의 소방안전관리자로 근무한 실무경력이 있는 사람
④ 소방설비산업기사의 자격을 취득한 후 7년 이상 1급 소방안전관리대상물의 소방안전관리자로 근무한 실무경력이 있는 사람

009 1급 소방안전관리대상물에 두어야 할 소방안전관리자의 선임대상자 자격에 해당하는 자는? 2008년 공채

① 소방공무원 5년 이상 경력자
② 대학에서 소방안전 관련 학과를 전공하고 졸업한 사람으로 3년 이상 3급 소방안전관리대상물의 소방안전관리자로 근무한 실무경력이 있는 사람
③ 대학에서 소방안전관리학과를 전공하고 졸업한 사람으로서 해당 학과를 졸업한 후 2년 이상 2급 소방안전관리대상물의 소방안전관리자로 근무한 실무경력이 있는 사람
④ 특급 소방안전관리대상물의 소방안전관리자 자격이 인정되는 사람

010 특정소방대상물 중 특급 소방안전관리대상물의 기준으로 옳은 것은? (단, 아파트는 제외한다) 2009년 공채

① 지하층 포함 층수가 30층 이상
② 지하층 제외 층수가 30층 이상
③ 지하층 포함 층수가 50층 이상
④ 지하층 제외 층수가 50층 이상

011 특급 소방안전관리자로 선임할 수 있는 자격자로 옳지 않은 것은? 2007년 공채

① 소방기술사 또는 소방시설관리사의 자격이 있는 사람
② 소방설비기사의 자격을 가지고 5년 이상 2급 소방안전관리대상물의 소방안전관리자로 근무한 실무경력이 있는 사람
③ 소방공무원으로 20년 이상 근무한 경력이 있는 사람
④ 특급 소방안전관리대상물의 소방안전관리에 대한 강습교육을 수료하고 소방청장이 실시하는 특급 소방안전관리대상물의 소방안전관리에 관한 시험에 합격한 사람

012 다음 중 1급 소방안전관리대상물의 소방안전관리자에 관한 시험에 응시할 수 없는 사람은? 2015년 공채

① 특급 소방안전관리대상물의 소방안전관리에 관한 강습교육을 수료한 후 2년이 경과하지 아니한 사람
② 1급 소방안전관리대상물의 소방안전관리에 관한 강습교육을 수료한 후 2년이 경과하지 아니한 사람
③ 소방행정학(소방학, 소방방재학 포함) 분야에서 학사학위 이상을 취득한 사람
④ 소방안전공학(소방방재공학, 안전공학 포함) 분야에서 석사학위 이상을 취득한 사람

013 「화재의 예방 및 안전관리에 관한 법률」 및 시행령상 소방안전관리보조자를 두어야 하는 특정소방대상물에 대한 설명이다. (가)와 (나)에 들어갈 용어로 옳은 것은? 2020년 공채

> • 「건축법 시행령」 별표 1 제2호 가목에 따른 (　가　)세대 이상인 아파트
> • 아파트를 제외한 연면적이 (　나　) 이상인 특정소방대상물

	(가)	(나)
①	150	1만제곱미터
②	150	1만5천제곱미터
③	300	1만제곱미터
④	300	1만5천제곱미터

014 소방안전관리보조자를 두어야 하는 특정소방대상물이 아닌 것은? 2017년 경채

① 노유자시설
② 수련시설
③ 아파트로서 300세대 이상인 것
④ 연면적 1만제곱미터 이상인 특정소방대상물

015 소방안전관리대상물의 소방계획서 작성에 관하여 옳지 않은 것은? 2013년 공채

① 화재예방을 위한 자체점검계획 및 진압대책
② 소방안전관리대상물의 위치·구조·연면적·용도 및 수용인원 등 일반 현황
③ 피난시설의 규모와 피난 수용인원의 설정 등을 포함한 피난계획
④ 소방시설·피난시설 및 방화시설의 점검·정비계획

016 건축물대장의 건축물현황도에 표시된 대지경계선 안의 지역에 소방안전관리 등급적용에 관한 설명으로 가장 적합한 것은? 2012년 공채

① 관리에 관한 권원(權原)을 가진 자가 동일인인 경우로서 소방안전관리 등급이 다를 때에는 각각 따로 적용한다.

② 관리에 관한 권원(權原)을 가진 자가 동일인인 경우로서 소방안전관리대상물의 등급이 다를 때에는 높은 등급을 적용한다.

③ 관리에 관한 권원(權原)을 가진 자가 동일인인 경우로서 소방안전관리대상물의 등급이 다를 때에는 낮은 등급을 적용한다.

④ 관리에 관한 권원(權原)을 가진 자가 서로 다를 때에는 이를 하나의 특정소방대상물로 본다.

017 「화재의 예방 및 안전관리에 관한 법률 시행령」상 건설현장 소방안전관리대상물에 관한 내용이다. ( ) 안에 들어갈 내용으로 옳은 것은? 2024년 공채·경채

- 신축·증축·개축·재축·이전·용도변경 또는 대수선을 하려는 부분의 연면적의 합계가 (ㄱ) 이상인 것
- 신축·증축·개축·재축·이전·용도변경 또는 대수선을 하려는 부분의 연면적이 (ㄴ) 이상인 것으로서 다음 각 목의 어느 하나에 해당하는 것
  가. 지하층의 층수가 2개 층 이상인 것
  나. 지상층의 층수가 (ㄷ) 이상인 것
  다. 냉동창고, 냉장창고 또는 냉동·냉장창고

	ㄱ	ㄴ	ㄷ
①	1만5천 제곱미터	5천 제곱미터	6층
②	1만5천 제곱미터	5천 제곱미터	11층
③	1만5천 제곱미터	1만 제곱미터	6층
④	1만 제곱미터	5천 제곱미터	11층

018 「화재의 예방 및 안전관리에 관한 법률」상 건설현장 소방안전관리대상물의 소방안전관리자의 업무에 관한 내용으로 옳지 않은 것은? 2023년 공채·경채

① 건설현장의 소방계획서의 작성

② 화기취급의 감독, 화재위험작업의 허가 및 관리

③ 공사진행 단계별 피난안전구역, 피난로 등의 확보와 관리

④ 건설현장 작업자를 제외한 책임자에 대한 소방안전 교육 및 훈련

019 「화재의 예방 및 안전관리에 관한 법률」 및 같은 법 시행령상 소방안전관리자를 선임해야 하는 건설현장 소방안전관리대상물에 해당하지 않는 것은? 2023년 공채·경채

① 신축을 하려는 부분의 연면적이 5천제곱미터인 냉동·냉장창고
② 신축을 하려는 부분의 연면적의 합계가 2만제곱미터인 복합건축물
③ 증축을 하려는 부분의 연면적의 합계가 3만제곱미터인 업무시설
④ 증축을 하려는 부분의 연면적이 5천제곱미터이고, 지상층의 층수가 10층인 업무시설

020 「화재의 예방 및 안전관리에 관한 법률」 및 시행령상 공동 소방안전관리자 선임대상 특정소방대상물로 옳지 않은 것은? 2021년 공채

① 판매시설 중 도매시장, 소매시장 및 전통시장
② 복합건축물로서 층수가 5층 이상인 것
③ 복합건축물로서 연면적 3만m² 이상인 것
④ 지하가

021 공동 소방안전관리자를 선임해야 하는 특정소방대상물이 아닌 것은? 2017년 경채

① 판매시설 중 도매시장, 소매시장 및 전통시장
② 지하가
③ 복합건축물로서 연면적이 5천m² 이상인 것 또는 층수가 5층 이상인 특정소방대상물
④ 소방본부장 또는 소방서장이 지정하는 특정소방대상물

022 「화재의 예방 및 안전관리에 관한 법률」상 공동 소방안전관리자를 선임하여야 하는 특정소방대상물로 옳지 않은 것은? 2018년 공채

① 층수가 13층인 복합건축물
② 지하가
③ 연면적이 5천제곱미터인 복합건축물
④ 판매시설 중 도매시장, 소매시장 및 전통시장

023 다음 중 공동 소방안전관리자 선임대상이 아닌 것은? 2012년 공채

① 복합건축물로서 연면적이 5천제곱미터 이상인 것
② 지하가
③ 복합건축물로서 층수가 11층 이상인 것
④ 판매시설 중 도·소매시장 및 전통시장

024 다음 중 공동 소방안전관리를 하여야 하는 특정소방대상물로 옳지 않은 것은? 2014년 공채

① 지하층을 제외한 11층 이상의 건축물
② 지하가
③ 판매시설 중 도매시장, 소매시장 및 전통시장
④ 복합건축물로서 연면적 3만m² 이상인 것

025 특정소방대상물의 관계인은 (   )이 정하는 바에 따라 (   )이 정하는 자를 공동 소방안전관리자로 선임해야 한다. 괄호 안에 들어갈 내용을 옳게 나열한 것은? 2013년 공채

① 행정안전부령, 대통령령
② 대통령령, 행정안전부령
③ 행정안전부령, 소방청장
④ 소방청장, 행정안전부령

026 화재의 예방 및 안전관리에 관한 법령 및 시행규칙상 소방안전관리대상물의 관계인이 피난시설의 위치, 피난경로 또는 대피요령이 포함된 피난유도 안내정보를 근무자 또는 거주자에게 정기적으로 제공해야 하는 방법으로 옳지 않은 것은? 2021년 공채

① 연 1회 피난안내 교육을 실시하는 방법
② 분기별 1회 이상 피난안내방송을 실시하는 방법
③ 피난안내도를 층마다 보기 쉬운 위치에 게시하는 방법
④ 엘리베이터, 출입구 등 시청이 용이한 지역에 피난안내영상을 제공하는 방법

027 「화재의 예방 및 안전관리에 관한 법률」 및 같은 법 시행령, 시행규칙상 소방안전관리대상물 근무자 및 거주자 등에 대한 소방훈련 등에 관한 내용으로 옳지 않은 것은?
2024년 공채 · 경채

① 소방안전관리대상물의 관계인은 소방훈련과 교육을 연 1회 이상 실시해야 한다.

② 1급 소방안전관리대상물의 관계인은 소방훈련 및 교육을 한 날부터 30일 이내에 소방훈련 및 교육 결과를 행정안전부령으로 정하는 바에 따라 소방본부장 또는 소방서장에게 제출해야 한다.

③ 소방서장은 특급 소방안전관리대상물의 관계인으로 하여금 소방훈련과 교육을 소방기관과 합동으로 실시하게 할 수 있다.

④ 소방안전관리대상물의 관계인은 소방훈련과 교육을 실시했을 때에는 그 실시 결과를 소방훈련 · 교육 실시 결과 기록부에 기록하고, 이를 소방훈련 및 교육을 실시한 날부터 1년간 보관해야 한다.

028 화재의 예방 및 안전관리에 관한 법령 및 시행규칙상 특정소방대상물의 거주자 및 근무자에게 실시하는 소방훈련의 종류가 아닌 것은?
2012년 공채

① 비상훈련

② 통보훈련

③ 피난훈련

④ 소화훈련

029 화재의 예방 및 안전관리에 관한 법령 및 시행규칙상 특정소방대상물의 근무자 및 거주자에게 실시하는 소방훈련을 지도 및 감독할 수 있는 자는?
2011년 공채

① 시 · 도지사

② 소방본부장 또는 소방서장

③ 소방청장

④ 행정안전부장관

030

화재의 예방 및 안전관리에 관한 법령 및 시행규칙상 특정소방대상물의 근무자, 거주자에 대한 소방훈련에 관한 설명으로 옳지 않은 것은?

2015년 공채

① 소방안전관리대상물의 관계인은 그 장소에 근무하거나 거주하는 사람 등에게 소방훈련과 소방안전관리에 필요한 교육을 하여야 한다.

② 소방안전관리대상물의 관계인은 소방훈련·교육 실시 결과를 기록부에 기재하고 2년간 보관하여야 한다.

③ 소방훈련과 교육은 원칙적으로 연 2회 이상 실시한다.

④ 소방기관과 합동으로 소방훈련을 실시하게 할 수 있는 대상은 특급 및 1급 소방안전관리대상물이다.

031

화재의 예방 및 안전관리에 관한 법령 및 시행규칙상 다음 중 특정소방대상물의 관계인에 대한 소방안전교육 대상으로 옳은 것은?

2010년 공채

① 주택으로 사용하는 부분 또는 층이 있는 특정소방대상물

② 화재에 대하여 취약성이 높다고 시·도지사가 인정하는 특정소방대상물

③ 경량철골조 구조의 특정소방대상물

④ 비상경보설비가 설치된 공장·창고 등 소규모 특정소방대상물

032

화재의 예방 및 안전관리에 관한 법령 및 시행규칙상 특정소방대상물의 관계인은 소방교육 및 소방훈련 등을 실시하여야 한다. 다음 중 소방교육 및 훈련에 대한 내용으로 옳은 것은?

2014년 공채

① 아파트로서 지하층 포함 층수가 30층 이상에 해당하는 경우에는 소방기관과 합동으로 소방훈련을 하게 할 수 있다.

② 1급 소방안전관리대상물의 관계인으로 하여금 소방훈련을 소방기관과 합동으로 실시하게 할 수 있다.

③ 소방청장은 특정소방대상물의 관계인이 실시하는 소방훈련을 지도·감독할 수 있다.

④ 소방훈련과 교육의 횟수 및 방법 등에 관하여 필요한 사항은 소방청장이 정한다.

033 소방안전관리자의 실무교육 등에 대한 설명으로 옳지 않은 것은?

2013년 공채

① 교육일정 등 교육에 필요한 계획을 수립하여 소방청장의 승인을 얻어 교육·실시 30일 전까지 실무교육 대상자에게 통보하여야 한다.
② 소방안전관리자는 그 선임된 날부터 6개월 이내에 실무교육을 받아야 하며, 그 후에는 2년마다 1회 이상 실무교육을 받아야 한다.
③ 소방본부장 또는 소방서장은 소방안전관리자 또는 소방안전관리 업무 대행자가 실무교육을 받지 아니한 때에는 자격을 취소하여야 한다.
④ 안전원장은 강습교육을 실시하고자 하는 때에는 강습교육 실시 20일 전까지 일시·장소 그 밖의 강습교육 실시에 필요한 사항을 안전원의 인터넷 홈페이지 및 게시판에 공고하여야 한다.

034 소방안전관리자 교육 중 실무교육 대상자가 아닌 것은?

2012년 공채

① 선임된 소방안전관리자
② 선임된 소방안전관리보조자
③ 소방안전관리 업무를 대행하는 자를 감독하는 자
④ 소방안전관리자의 자격을 인정받으려는 자

035 1급 소방안전관리자 강습과목으로 옳지 않은 것은?

2016년 공채

① 소방관계법령
② 재난관리 일반 및 관련 법령
③ 소방계획 수립 이론·실습·평가
④ 구조 및 응급처치 이론·실습·평가

제6장 특별관리시설물의 소방안전관리

정답 및 해설 p. 42

001 화재의 예방 및 안전관리에 관한 법령상 화재 등 재난이 발생할 경우 사회·경제적으로 피해가 큰 소방
안전 특별관리시설물이 아닌 것은?   2016년 공채

① 하나의 건축물에 10개 이상인 영화상영관
② 천연가스 인수기지 및 공급망
③ 석유비축시설
④ 공항시설 및 항만시설

002 화재의 예방 및 안전관리에 관한 법령상 화재 등 재난이 발생할 경우 사회·경제적으로 피해가 큰 소방
안전 특별관리시설물이 아닌 것은?   기출변형

① 「철도산업발전기본법」 제3조 제2호의 철도시설
② 「산업기술단지 지원에 관한 특례법」 제2조 제1호의 산업기술단지
③ 전력용 및 통신용 지하구
④ 「물류시설의 개발 및 운영에 관한 법률」 제2조 제5의2에 따른 물류창고로서 연면적 20만제곱미터
이상인 것

003 「화재의 예방 및 안전관리에 관한 법률 시행령」상 화재예방안전진단 대상의 시설기준으로 옳지 않은 것은?

2024년 공채·경채

① 발전소 중 연면적이 5천 제곱미터 이상인 발전소
② 항만시설 중 여객이용시설 및 지원시설의 연면적이 5천 제곱미터 이상인 항만시설
③ 철도시설 중 역 시설의 연면적이 5천 제곱미터 이상인 철도시설
④ 가스공급시설 중 가연성 가스 탱크의 저장용량의 합계가 30톤 이상이거나 저장용량이 10톤 이상인 가연성 가스 탱크가 있는 가스공급시설

004 화재의 예방 및 안전관리에 관한 법령상 화재예방안전진단 대상으로 정하는 소방안전 특별관리시설물로 옳지 않은 것은?

2016년 공채

① 공항시설 중 여객터미널이 있는 공항시설
② 철도시설 중 역 시설
③ 운수시설 중 자동차여객터미널
④ 도시철도시설 중 역사 및 역 시설

005 「화재의 예방 및 안전관리에 관한 법률」상 화재예방안전진단의 범위에 해당하는 것만을 <보기>에서 있는 대로 고른 것은?

2023년 공채·경채

〈보기〉
ㄱ. 소방계획 및 피난계획 수립에 관한 사항
ㄴ. 소방시설등의 유지·관리에 관한 사항
ㄷ. 비상대응조직 및 교육훈련에 관한 사항
ㄹ. 화재 위험성 평가에 관한 사항

① ㄱ
② ㄱ, ㄴ
③ ㄱ, ㄴ, ㄷ
④ ㄱ, ㄴ, ㄷ, ㄹ

정답 및 해설 p. 43

001 화재의 예방 및 안전관리에 관한 법령상 소방안전관리자의 자격 취소 시 청문을 실시하는 권한이 있는 자로 옳은 것은? 2016년 공채

① 소방청장
② 시 · 도지사
③ 소방본부장
④ 소방대장

002 화재의 예방 및 안전관리에 관한 법령상 소방대상물의 자율적인 안전관리를 유도하기 위하여 안전관리 상태가 우수한 소방대상물을 선정하여 우수 소방대상물 표지를 발급하고, 소방대상물의 관계인을 포상할 수 있는 자로 옳은 것은? 2016년 공채

① 소방대장
② 시 · 도지사
③ 소방본부장
④ 소방청장

제8장 벌칙

정답 및 해설 p. 43

001 「화재의 예방 및 안전관리에 관한 법률」상 벌칙에서 화재안전조사를 정당한 사유 없이 거부·방해 또는 기피한 자의 벌칙으로 옳은 것은? 　　　　2011년 공채

① 100만원 이하의 벌금에 처한다.
② 200만원 이하의 벌금에 처한다.
③ 300만원 이하의 과태료에 처한다.
④ 300만원 이하의 벌금에 처한다.

002 「화재의 예방 및 안전관리에 관한 법률 시행령」 별표 9의 과태료 부과 개별기준에 대한 내용 중 특수가연물의 저장 및 취급기준을 위반한 경우 과태료 부과처분의 금액으로 옳은 것은? 　　　　2022년 공채 변형

① 20만원
② 50만원
③ 200만원
④ 300만원

003 「화재의 예방 및 안전관리에 관한 법률」상 벌칙에서 과태료를 부과·징수할 수 없는 자는? 　　2011년 공채

① 관할 시·도지사
② 소방청장
③ 소방본부장
④ 행정안전부장관

004 「화재의 예방 및 안전관리에 관한 법률」에서 과태료 처분 대상으로 옳지 않은 것은? 　　2012년 공채

① 피난시설, 방화구획 또는 방화시설의 폐쇄·훼손·변경 등의 행위를 한 자
② 방염성능기준 미만으로 방염처리한 자
③ 특정소방대상물의 화재안전기준에 따른 설치·유지·관리를 위반한 자
④ 소방안전관리자, 총괄소방안전관리자 또는 소방안전관리보조자를 선임하지 아니한 자

제4편

소방시설 설치 및
관리에 관한 법률

001 「소방시설 설치 및 관리에 관한 법률」의 용어의 정의 중 옳은 것은? 　　　2011년 공채
□□□

① "소방시설"이란 소화설비, 경보설비, 피난구조설비, 소화용수설비, 그 밖에 소화활동설비로서 행정안전부령으로 정하는 것을 말한다.
② "소방시설등"이란 소방시설과 비상구, 그 밖에 소방 관련 시설로서 행정안전부령으로 정하는 것을 말한다.
③ "특정소방대상물"이란 소방시설을 설치하여야 하는 소방대상물로서 행정안전부령으로 정하는 것을 말한다.
④ "소방용품"이란 소방시설등을 구성하거나 소방용으로 사용되는 제품 또는 기기로서 대통령령으로 정하는 것을 말한다.

002 「소방시설 설치 및 관리에 관한 법률 시행령」상 무창층의 개구부 요건을 설명한 것으로 옳지 않은 것은? 　　　2023년 경채
□□□

① 도로 또는 차량이 진입할 수 있는 빈터를 향해야 한다.
② 내부 또는 외부에서 쉽게 열리지 않는 구조여야 한다.
③ 크기는 지름 50센티미터 이상의 원이 통과할 수 있어야 한다.
④ 해당 층의 바닥면으로부터 개구부 밑부분까지의 높이가 1.2미터 이내여야 한다.

003 다음 중 무창층의 개구부에 대하여 옳지 않은 것은? 　　　2010년 공채
□□□

① 내부 또는 외부에서 쉽게 부수거나 열 수 있을 것
② 개구부는 도로 또는 차량이 진입할 수 있는 빈터를 향할 것
③ 개구부의 크기가 지름 50cm 이상의 원이 통과할 것
④ 바닥으로부터 개구부 상층까지 높이가 1.2m 이상일 것

004 다음 중 무창층이 되기 위한 요건으로 옳지 않은 것은?
2013년 공채

① 개구부 크기가 지름 50cm 이상의 원이 통과할 수 있을 것

② 내부 또는 외부에서 쉽게 부수거나 열 수 있을 것

③ 개구부는 도로 또는 차량이 진입할 수 있는 빈터를 향할 것

④ 해당 층의 바닥으로부터 개구부 밑부분까지의 높이가 1.5m 이내일 것

005 「소방시설 설치 및 관리에 관한 법률」 및 같은 법 시행령상 소방청장의 형식승인을 받아야 하는 소방용품으로 옳지 않은 것은?
2024년 경채

① 분말자동소화장치

② 주거용 주방자동소화장치

③ 상업용 주방자동소화장치

④ 캐비닛형 자동소화장치

006 「소방시설 설치 및 관리에 관한 법률 시행령」상 소방용품 중 경보설비를 구성하는 제품 또는 기기로 옳지 않은 것은?
2021년 공채

① 수신기

② 감지기

③ 누전차단기

④ 가스누설경보기

007 「소방시설 설치 및 관리에 관한 법률 시행령」상 소방용품으로 옳지 않은 것은?
2009년 공채

① 주거용 주방 자동소화장치

② 가스누설경보기 및 누전경보기

③ 음향장치(경종 제외)

④ 공기호흡기(충전기 포함)

008 다음 중 소방용품에 해당하지 않는 것은?
2008년 공채

① 가스누설경보기

② 방염제

③ 관창

④ 완강기(간이완강기 제외)

009 다음 중 소방청장의 형식승인을 받아야 하는 소방용품이 아닌 것은?

2007년 공채

① 기동용 수압개폐장치
② 소화약제 외의 것을 이용한 간이소화용구
③ 소화약제의 간이소화용구
④ 가스관선택밸브

010 다음 중 피난층에 대한 설명으로 옳은 것은?

2006년 공채

① 곧바로 지상으로 갈 수 있는 출입구가 있는 층을 말한다.
② 직접 1층으로 갈 수 있는 출입구가 있는 층을 말한다.
③ 직접 1층으로 연결되어 피난할 수 있는 층을 말한다.
④ 엘리베이터를 통하여 갈 수 있는 출입구가 있는 층을 말한다.

011 다음 중 소방시설 분류의 설명으로 옳지 않은 것은?

2005년 공채

① 경보설비는 화재발생 사실을 통보하는 기계·기구 또는 설비를 말한다.
② 소화설비는 물 또는 그 밖의 소화약제를 사용하여 소화하는 기계·기구 또는 방화설비를 말한다.
③ 소화용수설비는 화재를 진압하는 데 필요한 물을 공급하거나 저장하는 설비를 말한다.
④ 소화활동설비는 화재를 진압하거나 인명구조활동을 위하여 사용하는 설비를 말한다.

012 「소방시설 설치 및 관리에 관한 법률 시행령」상 특정소방대상물 중 지하구에 관한 설명이다. (   ) 안에 들어갈 내용으로 옳은 것은?

2024년 경채

> 전력·통신용의 전선이나 가스·냉난방용의 배관 또는 이와 비슷한 것을 집합 수용하기 위하여 설치한 지하 인공구조물로서 사람이 점검 또는 보수를 하기 위하여 출입이 가능한 것 중 다음의 어느 하나에 해당하는 것
> 1) 전력 또는 통신사업용 지하 인공구조물로서 전력구(케이블 접속부가 없는 경우는 제외한다) 또는 통신구 방식으로 설치된 것
> 2) 1) 외의 지하 인공구조물로서 폭이 (ㄱ)m 이상이고 높이가 (ㄴ)m 이상이며 길이가 (ㄷ)m 이상인 것

	ㄱ	ㄴ	ㄷ
①	1.2	1.5	50
②	1.2	1.5	100
③	1.8	2	50
④	1.8	2	100

제2장 소방시설등의 설치·관리 및 방염

정답 및 해설 p. 46

001 「소방시설 설치 및 관리에 관한 법률 시행령」상 건축물 등의 신축·증축·개축·재축·이전·용도변경
□□□ 또는 대수선의 허가·협의 및 사용승인을 할 때 미리 소방본부장 또는 소방서장의 동의를 받아야 하는
건축물 등의 범위로 옳지 않은 것은?   2023년 공채·경채

① 연면적 100제곱미터 이상인 특정소방대상물 중 노유자(老幼者) 시설 및 수련시설
② 「학교시설사업 촉진법」에 따라 건축등을 하려는 연면적 100제곱미터 이상의 학교시설
③ 지하층 또는 무창층이 있는 건축물로서 바닥면적이 150제곱미터(공연장의 경우에는 100제곱미터)
   이상인 층이 있는 것
④ 차고·주차장 또는 주차 용도로 사용되는 시설로서 차고·주차장으로 사용되는 바닥면적이 200제
   곱미터 이상인 층이 있는 건축물이나 주차시설

002 다음 중 건축허가 등의 허가동의로 옳은 것은?   2017년 공채
□□□
① 「정신보건법」에 따른 정신의료기관(입원실이 없는 정신건강의학과 의원 포함)으로서 300제곱미터
   이상인 것
② 지하층 또는 무창층이 있는 건축물로서 바닥면적이 100제곱미터 이상인 층이 있는 것
③ 노유자시설(老幼者施設) 및 숙박시설이 있는 수련시설로서 수용인원 100인 이상인 것
④ 차고·주차장으로 사용되는 층 중 바닥면적 150제곱미터 이상인 층이 있는 시설

003 다음 중 건축허가 등의 동의대상물 범위가 아닌 것은?   2009년 공채
□□□
① 항공기격납고
② 차고, 주차장으로 바닥면적 150m² 이상인 층이 있는 시설
③ 노유자시설(老幼者施設) 및 숙박시설이 있는 수련시설로서 수용인원 100인 이상인 것
④ 지하층이 있고 바닥면적 150m² 이상인 층이 있는 시설

004 다음 중 건축허가 등의 동의대상물 범위로 옳은 것은?

2007년 공채

① 노유자시설 및 수련시설의 경우에는 연면적 100m² 이상인 건축물
② 차고·주차장으로 사용되는 층 중 바닥면적이 150m² 이상인 층이 있는 시설
③ 지하층 또는 무창층이 있는 건축물로서 바닥면적이 150m² 이상인 층이 있는 것
④ 승강기 등 기계장치에 의한 주차시설로서 자동차 10대 이상을 주차할 수 있는 시설

005 다음 중 건축허가 등의 동의대상물 범위가 아닌 것은?

2008년 공채

① 연면적 400m² 이상인 건축물
② 승강기 등 주차시설로서 자동차 15대 이상을 주차할 수 있는 시설
③ 지하층 또는 무창층이 있는 건축물로서 바닥면적 150m² 이상인 층이 있는 것
④ 항공기격납고, 항공관제탑, 방송용 송·수신탑

006 「소방시설 설치 및 관리에 관한 법률 시행령」상 건축허가등의 동의대상물에 해당하지 않는 것은?

2024년 공채·경채

① 층수가 6층인 건축물
② 연면적 400제곱미터인 건축물
③ 지하층이 있는 건축물로서 바닥면적이 150제곱미터 이상인 층이 있는 것
④ 특정소방대상물 중 노유자(老幼者)시설로서 연면적 100제곱미터인 건축물

007 다음 중 건축허가 등의 동의 요구 시 첨부서류가 아닌 것은?

2009년 공채

① 소방시설 설치계획표
② 기술인력자의 기술자격증 사본
③ 소방시설공사업 등록증 사본
④ 소방시설의 층별 평면도

008 건축물의 공사 시공지 또는 소재지를 관할하는 소방본부장 또는 소방서장의 동의를 받지 않고는 허가할 수 없는 건축허가동의 대상물은? 2013년 공채

① 지하층이 있는 것으로서 바닥면적이 100m²인 것
② 공연장으로서 바닥면적이 80m²인 것
③ 주차장으로서 바닥면적이 100m²인 것
④ 항공기격납고

009 건축물의 공사 시공지 또는 소재지를 관할하는 소방본부장 또는 소방서장의 동의 허가를 받지 않아도 되는 것은? 2011년 공채

① 차고·주차장으로 사용하는 층의 바닥면적이 200m² 인 층
② 승강기 등 기계장치에 의한 주차시설로서 자동차 10대를 주차할 수 있는 시설
③ 항공기격납고
④ 지하구

010 건축물의 연면적이 20만m²인 경우 건축허가동의 기간으로 옳은 것은? 2012년 공채

① 3일   ② 7일
③ 10일   ④ 14일

011 건축물의 연면적이 5만m²인 경우 건축허가동의 기간으로 옳은 것은? 2011년 공채

① 3일   ② 5일
③ 7일   ④ 10일

012 「건축법」에서 정하는 단독주택의 소유자는 소방시설 중 어떤 설비를 설치하여야 하는가? 2006년 공채

① 소화기   ② 누전경보기
③ 비상경보설비   ④ 피난기구

013 「건축법」에서 정하는 공동주택의 소유자는 소방시설 중 어떤 설비를 설치하여야 하는가? (단, 아파트등 및 기숙사 제외한다)
2008년 공채

① 유도등 ② 유도표지
③ 인명구조기구 ④ 단독경보형감지기

014 주택에 설치하는 소방시설의 설치기준에 관한 사항은 어떻게 정하는가?
2007년 공채

① 화재안전기준으로 정한다. ② 소방청장 고시로 정한다.
③ 시·도 조례로 정한다. ④ 시·도 규칙으로 정한다.

015 특정소방대상물의 관계인이 대통령령으로 정하는 소방시설을 정할 때 적용의 대상으로 옳은 것은?
2005년 공채

① 층수, 면적, 용도 ② 규모, 용도, 수용인원
③ 구조, 위치, 면적 ④ 구조, 위치, 설비

016 특정소방대상물의 바닥면적이 다음과 같을 때 「소방시설 설치 및 관리에 관한 법률 시행령」에 따른 수용인원은 총 몇 명인가? (단, 바닥면적을 산정할 때에는 복도, 계단 및 화장실을 포함하지 않으며, 계산 결과 소수점 이하의 수는 반올림한다)
2023년 공채·경채

- 관람석이 없는 강당 1개, 바닥면적 460m²
- 강의실 10개, 각 바닥면적 57m²
- 휴게실 1개, 바닥면적 38m²

① 380 ② 400
③ 420 ④ 440

017 「소방시설 설치 및 관리에 관한 법률 시행령」상 수용인원 산정 방법으로 옳지 않은 것은? 2019년 공채

① 침대가 있는 숙박시설은 해당 특정소방물의 종사자 수에 침대 수(2인용 침대는 2개로 산정)를 합한 수로 한다.

② 침대가 없는 숙박시설은 해당 특정소방대상물의 종사자 수에 바닥면적의 합계를 3m²로 나누어 얻은 수를 합한 수로 한다.

③ 강의실 용도로 쓰이는 특정소방대상물은 해당 용도로 사용하는 바닥면적의 합계를 1.9m²로 나누어 얻은 수로 한다.

④ 문화 및 집회시설은 해당 용도로 사용하는 바닥면적의 합계를 3m²로 나누어 얻은 수로 한다.

018 「소방시설 설치 및 관리에 관한 법률 시행령」에서 수용인원의 산정 방법으로 옳지 않은 것은?

2008년 공채

① 침대가 없는 숙박시설은 해당 특정소방대상물의 바닥면적의 합계를 3제곱미터로 나누어 얻은 수로 한다.

② 강의실·휴게실 등의 용도로 쓰이는 특정소방대상물은 해당 용도로 사용하는 바닥면적의 합계를 1.9제곱미터로 나누어 얻은 수로 한다.

③ 강당, 종교시설은 해당 용도로 사용하는 바닥면적의 합계를 4.6제곱미터로 나누어 얻은 수로 한다.

④ 바닥면적을 산정하는 때에는 복도, 계단 및 화장실의 바닥면적을 포함하지 않는다. 계산 결과 소수점 이하의 수는 반올림한다.

019 「소방시설 설치 및 관리에 관한 법률 시행령」상 수용인원의 산정방법에 따라 다음의 특정소방대상물에 대한 수용인원을 옳게 산정한 것은? 2022년 경채

> 바닥면적이 95m²인 강의실[단, 바닥면적을 산정할 때에는 복도(「건축법 시행령」 제2조 제11호에 따른 준불연재료 이상의 것을 사용하여 바닥에서 천장까지 벽으로 구획한 것을 말한다), 계단 및 화장실의 바닥면적을 포함하지 않으며, 계산 결과 소수점 이하의 수는 반올림한다]

① 21명　　　　　　　　　　　　　② 32명
③ 50명　　　　　　　　　　　　　④ 60명

020 「소방시설 설치 및 관리에 관한 법률 시행령」상 의료시설에 해당하는 특정소방대상물을 모두 고른 것은?

2020년 공채

ㄱ. 노인의료복지시설	ㄴ. 정신의료기관
ㄷ. 마약진료소	ㄹ. 한방의원

① ㄱ, ㄷ   ② ㄱ, ㄹ
③ ㄴ, ㄷ   ④ ㄷ, ㄹ

021 다음 중 특정소방대상물의 종류가 옳은 것은?

2017년 경채

① 교육연구시설: 도서관, 직업훈련소
② 의료시설: 치과의원, 격리병원, 요양병원
③ 운수시설: 자동차검사장, 여객자동차터미널
④ 묘지 관련 시설: 장례식장, 봉안당

022 특정소방대상물의 동물 및 식물 관련 시설은 모두 몇 개인가?

2011년 공채

ㄱ. 동물원	ㄴ. 도계장
ㄷ. 식물원	ㄹ. 도축장
ㅁ. 수족관	ㅂ. 경마장

① 2개   ② 3개
③ 4개   ④ 5개

023 다음 중 특정소방대상물의 분류에 대하여 옳은 것은?

2012년 공채

① 항공기 및 자동차 관련 시설 - 항공기격납고, 폐차장, 자동차 검사장
② 의료시설 - 치과병원, 유스호스텔, 종합병원, 요양병원, 마약진료소
③ 관광 휴게시설 - 관망탑, 촬영소, 군휴양시설, 유원지 또는 관광지에 부수되는 건축물
④ 묘지 관련 시설 - 화장시설, 봉안당(종교집회장 안에 설치된 봉안당 포함)

024 특정소방대상물 중 소방관서용 청사가 속하는 시설로 옳은 것은? 2005년 공채

① 근린생활시설
② 교육연구시설
③ 운수시설
④ 업무시설

025 「소방시설 설치 및 관리에 관한 법률 시행령」에서 대통령령으로 정하고 있는 특정소방대상물의 분류가 옳은 것은? 2011년 공채

① 자원순환 관련 시설 – 고물상
② 의료시설 – 치과의원
③ 노유자시설 – 요양병원
④ 위락시설 – 안마시술소

026 「소방시설 설치 및 관리에 관한 법률 시행령」에서 전력 또는 통신사업용에 대한 지하구의 기준으로 옳은 것은? 2011년 공채

① 지하 인공구조물로서 폭이 1.8m 이상이고 높이가 2m 이상이며 길이가 500m 이상인 것
② 지하 인공구조물로서 전력구(케이블 접속부가 없는 경우 제외) 또는 통신구 방식으로 설치된 것
③ 지하 인공구조물로서 폭이 1.8m 이상이고 높이가 2m 이상이며 길이가 50m 이하인 것
④ 「국토의 계획 및 이용에 관한 법률」 제2조 제9호에 따른 공동구

027 청소년게임제공업 및 일반게임제공업의 시설로서 같은 건축물에 해당 용도로 쓰는 바닥면적의 합계가 600m²인 것은 어떤 특정소방대상물에 해당하는가? 2014년 공채

① 근린생활시설
② 위락시설
③ 판매시설
④ 업무시설

028 「소방시설 설치 및 관리에 관한 법률 시행령」에서 특정소방대상물에 대한 설명으로 옳지 않은 것은? 2012년 공채

① 근린생활시설 – 안마시술소
② 판매시설 – 마권 장외 발매소
③ 문화 및 집회시설 – 예식장
④ 노유자시설 – 장애인거주시설

029 둘 이상의 특정소방대상물에 복도 또는 통로로 연결된 경우 하나의 특정소방대상물로 보지 아니하는 기준으로 옳은 것은? 2015년 공채

① 자동방화셔터가 설치되지 않은 피트로 연결된 경우
② 연결통로 양쪽에 화재 시 자동으로 방수되는 방식의 드렌처설비 또는 개방형 스프링클러헤드가 설치된 경우
③ 컨베이어로 연결되거나 플랜트설비의 배관 등으로 연결되어 있는 경우
④ 지하보도, 지하상가, 지하가로 연결된 경우

030 다음 중 화재를 진압하거나 인명구조활동을 위하여 사용하는 설비의 종류로 알맞은 것은? 2012년 공채

① 제연설비
② 옥내소화전설비
③ 통합감시시설
④ 인명구조기구

031 「소방시설 설치 및 관리에 관한 법률 시행령」에서 소방시설에 해당하지 않는 것은? 2010년 공채

① 누전차단기
② 캐비닛형 자동소화장치
③ 연소방지설비
④ 통합감시시설

032 「소방시설 설치 및 관리에 관한 법률 시행령」상 피난구조설비로 옳지 않은 것은? 2020년 공채

① 구조대
② 방열복
③ 시각경보기
④ 비상조명등

033 다음 중 피난구조설비에 속하는 것은? 2017년 경채

① 공기호흡기
② 통합감시시설
③ 무선통신보조설비
④ 연결살수설비

034 소방시설의 분류 중 설비의 관계가 옳지 않은 것은?

2007년 공채

① 소화설비 – 소화기구
② 경보설비 – 시각경보기
③ 피난구조설비 – 제연설비
④ 소화활동설비 – 무선통신보조설비

035 「소방시설 설치 및 관리에 관한 법률 시행령」상 피난구조설비의 종류가 아닌 것은?

2011년 공채

① 연소방지설비   ② 방열복
③ 휴대용비상조명등   ④ 공기안전매트

036 「소방시설 설치 및 관리에 관한 법률 시행령」의 소방시설 중 소화설비가 아닌 것은?

2012년 공채

① 옥내소화전설비   ② 옥외소화전설비
③ 미분무소화설비   ④ 상수도소화설비

037 「소방시설 설치 및 관리에 관한 법률 시행령」상 소화설비에 해당하지 않는 것은?

2015년 공채

① 고체에어로졸자동소화장치   ② 캐비닛형 자동소화장치
③ 강화액소화설비   ④ 연소방지설비

038 「소방시설 설치 및 관리에 관한 법률 시행령」에서 물분무등소화설비가 아닌 것은?

2006년 공채

① 이산화탄소소화설비   ② 미분무소화설비
③ 간이스프링클러설비   ④ 할론소화설비

039 「소방시설 설치 및 관리에 관한 법률 시행령」상 소방시설 중 소화활동설비로 옳지 않은 것은?

2022년 공채

① 제연설비, 연결송수관설비
② 비상콘센트설비, 연결살수설비
③ 무선통신보조설비, 연소방지설비
④ 연결송수관설비, 비상조명등설비

040 「소방시설 설치 및 관리에 관한 법률 시행령」상 소화활동설비가 아닌 것은?

2008년 공채

① 무선통신보조설비
② 제연설비
③ 비상콘센트설비
④ 통합감시시설

041 「소방시설 설치 및 관리에 관한 법률 시행령」상 간이스프링클러설비를 설치하여야 하는 특정소방대상물로 옳지 않은 것은?

2021년 공채

① 교육연구시설 내에 합숙소로서 연면적 $100m^2$ 이상인 것
② 근린생활시설 중 의원, 치과의원 및 한의원으로서 입원실이 있는 시설
③ 근린생활시설 중 근린생활시설로 사용하는 부분의 바닥면적의 합계가 1천m^2 이상인 것은 모든 층
④ 숙박시설 중 생활형 숙박시설로서 해당 용도로 사용되는 바닥면적의 합계가 $500m^2$ 이상인 것

042 「소방시설 설치 및 관리에 관한 법률 시행령」상 스프링클러설비를 설치해야 하는 특정소방대상물에 해당하는 것만을 〈보기〉에서 고른 것은?

2023년 공채·경채

〈보기〉
ㄱ. 수련시설 내에 있는 학생 수용을 위한 기숙사로서 연면적 5천m^2인 경우
ㄴ. 교육연구시설 내에 있는 합숙소로서 연면적 $100m^2$인 경우
ㄷ. 숙박시설로 사용되는 바닥면적의 합계가 $500m^2$인 경우
ㄹ. 영화상영관의 용도로 쓰는 4층의 바닥면적이 1천m^2인 경우

① ㄱ, ㄴ
② ㄱ, ㄹ
③ ㄴ, ㄷ
④ ㄷ, ㄹ

043 「소방시설 설치 및 관리에 관한 법률 시행령」상 판매시설에 스프링클러설비를 하여야 하는 것은?

2017년 공채

① 연면적 5천제곱미터 이상이거나 수용인원 300인 이상의 모든 층
② 바닥면적의 합계가 5천제곱미터 이상이거나 수용인원 500인 이상의 모든 층
③ 연면적 1천제곱미터 이상이거나 수용인원 100인 이상의 모든 층
④ 바닥면적의 합계가 1천제곱미터 이상이거나 수용인원 100인 이상의 모든 층

044 「소방시설 설치 및 관리에 관한 법률 시행령」 제11조 별표 5의 특정소방대상물에 설치하는 소방시설 중 단독경보형 감지기에 관한 설치기준으로 옳지 않은 것은?

2022년 경채

① 연면적 $600m^2$ 미만의 숙박시설
② 연면적 $400m^2$ 미만의 어린이회관
③ 연면적 $1,000m^2$ 미만의 아파트 등
④ 교육연구시설 또는 수련시설 내에 있는 합숙소 또는 기숙사로서 연면적 $2,000m^2$ 미만인 것

045 다음 중 「소방시설 설치 및 관리에 관한 법률 시행령」상 특정소방대상물의 관계인이 특정소방대상물의 규모·용도 및 수용인원 등을 고려하여 갖추어야 하는 소방시설의 기준에 대한 내용으로 옳은 것은?

2022년 공채

① 지하가 중 터널로서 길이가 500m인 터널에는 옥내소화전설비를 설치하여야 한다.
② 아파트등 및 30층 이상 오피스텔의 모든 층에는 주거용주방자동소화장치를 설치하여야 한다.
③ 물류터미널을 제외한 창고시설로 바닥면적 합계가 3천m^2인 경우에는 모든 층에 스프링클러설비를 설치하여야 한다.
④ 근린생활시설 중 조산원 및 산후조리원으로서 연면적 $500m^2$ 이상인 시설은 간이스프링클러설비를 설치하여야 한다.

046 「소방시설 설치 및 관리에 관한 법률 시행령」상 연면적 $1,000m^2$ 이상의 지하가(터널 제외)에 설치해야 할 소방시설 중 옳지 않은 것은?

2011년 공채

① 무선통신보조설비
② 제연설비
③ 연소방지설비
④ 스프링클러설비

047 「소방시설 설치 및 관리에 관한 법률 시행령」상 특정소방대상물의 관계인이 특정소방대상물의 규모·용도 및 수용인원 등을 고려하여 갖추어야 하는 소방시설의 종류 중 단독경보형감지기를 설치하여야 하는 특정소방대상물로 옳은 것은? 2020년 공채

① 숙박시설
② 연면적 300m²인 유치원
③ 연면적 1,000m²인 근린생활시설
④ 교육연구시설 또는 수련시설 내에 있는 합숙소 또는 기숙사로서 연면적 3,000m²인 것

048 다음 중 인명구조기구 중 방열복(방화복)의 소방시설 적용기준으로 옳은 것은? 2010년 공채

① 지하층을 포함하는 층수가 7층 이상인 관광호텔 및 5층 이상인 병원 용도로 사용하는 층
② 지하층을 제외하는 층수가 7층 이상인 병원 및 5층 이상인 관광호텔 용도로 사용하는 층
③ 지하층을 제외하는 층수가 7층 이상인 관광호텔 및 5층 이상인 병원 용도로 사용하는 층
④ 지하층을 포함하는 층수가 7층 이상인 병원 및 5층 이상인 관광호텔 용도로 사용하는 층

049 「소방시설 설치 및 관리에 관한 법률 시행령」 제11조 별표 5의 소방시설 중 제연설비를 설치해야 하는 특정소방대상물에 대한 내용이다. (   ) 안에 들어갈 숫자로 옳은 것은? 2022년 경채

가. 지하가(터널은 제외한다)로서 연면적 (ㄱ)m² 이상인 것
나. 문화 및 집회시설, 종교시설, 운동시설로서 무대부의 바닥면적이 (ㄴ)m² 이상 또는 문화 및 집회시설 중 영화상영관으로서 수용인원 (ㄷ)명 이상인 것

	ㄱ	ㄴ	ㄷ
①	1,000	200	100
②	1,000	400	100
③	2,000	200	50
④	2,000	400	50

050 「소방시설 설치 및 관리에 관한 법률 시행령」상 제연설비를 적용하는 기준으로 지하층이나 무창층에 설치된 근린생활시설, 판매시설, 운수시설, 숙박시설, 위락시설 또는 창고시설(물류터미널만 해당)로서 해당 용도로 사용되는 바닥면적의 합계는 얼마 이상인가?

2013년 공채

① 1천m² 이상
② 2천m² 이상
③ 3천m² 이상
④ 4천m² 이상

051 다음 중 특정소방대상물인 지하가 중에서 500m 터널에 적용하여야 할 소방시설이 아닌 것은?

2013년 공채

① 자동화재탐지설비
② 무선통신보조설비
③ 비상경보설비
④ 비상조명등

052 「소방시설 설치 및 관리에 관한 법률」 및 같은 법 시행령상 소방청장이 정하는 내진설계 기준에 맞게 설치해야 하는 소방시설로 옳은 것만을 나열한 것은?

2024년 공채·경채

① 옥내소화전설비, 옥외소화전설비
② 스프링클러설비, 간이스프링클러설비
③ 포소화설비, 이산화탄소소화설비
④ 연결송수관설비, 연결살수설비

053 「소방시설 설치 및 관리에 관한 법률 시행령」 제8조에 따라 특정소방대상물에 지진이 발생할 경우 소방시설이 정상적으로 작동될 수 있도록 소방청장이 정하는 내진설계기준에 맞게 설치하여야 하는 소방시설의 종류로 옳지 않은 것은?

2022년 경채

① 물분무등소화설비
② 스프링클러설비
③ 옥내소화전설비
④ 연결송수관설비

054 특정소방대상물의 내진설계 대상으로 옳은 것은? 2017년 공채

① 제연설비
② 소화용수설비
③ 옥외소화전설비
④ 스프링클러설비

055 다음 중 내진설계 대상이 아닌 것은? 2017년 경채

① 옥내소화전설비
② 옥외소화전설비
③ 스프링클러설비
④ 물분무등소화설비

056 다음 소방시설 중 내진설계를 적용하여야 하는 소방시설로 옳지 않은 것은? 2013년 공채

① 옥내소화전설비
② 스프링클러설비
③ 물분무등소화설비
④ 소화용수설비

057 소방시설, 피난시설, 방화구획 및 방화시설의 유지·관리를 하여야 하는 자는? 2012년 공채

① 산업안전관리자
② 건축설비관리자
③ 소방시설관리사
④ 관계인

058 「소방시설 설치 및 관리에 관한 법률 시행령」상 건설현장의 임시소방시설의 종류로 옳지 않은 것은? 2018년 공채

① 소화기
② 스프링클러설비
③ 비상경보장치
④ 간이소화장치

059 「소방시설 설치 및 관리에 관한 법률 시행령」상 건설현장에 설치하는 임시소방시설이 아닌 것은? 2017년 경채

① 간이소화장치
② 소화기
③ 비상경보장치
④ 호스릴옥내소화전설비

060 다음 설명 중 괄호 안에 들어갈 내용으로 알맞은 것은?

2013년 공채

> 소방본부장이나 소방서장은 기존의 특정소방대상물이 (　가　)되거나, (　나　)되는 경우에는 대통령령으로 정하는 바에 따라 (　가　) 또는 (　나　) 당시의 소방시설등의 설치에 관한 대통령령 또는 화재안전기준을 적용한다.

	가	나
①	신축	증축
②	증축	개축
③	신축	용도변경
④	증축	용도변경

061 「소방시설 설치 및 관리에 관한 법률 시행령」에서 소방서장이 화재안전기준의 변경으로 강화된 기준을 적용하여야 하는 소방시설로 옳은 것을 모두 고르면?

2018년 공채

> ㄱ. 소화기구
> ㄴ. 비상경보설비
> ㄷ. 자동화재탐지설비
> ㄹ. 노유자시설에 설치하는 스프링클러설비 및 자동화재탐지설비
> ㅁ. 의료시설에 설치하는 스프링클러설비, 간이스프링클러설비와 자동화재탐지설비, 자동화재속보설비

① ㄱ, ㄴ
② ㄱ, ㄴ, ㅁ
③ ㄱ, ㄴ, ㄷ, ㅁ
④ ㄴ, ㄷ, ㄹ, ㅁ

062 다음 중 소방시설의 기준 변경 시 기존의 특정소방대상물에 대하여 강화된 화재안전기준을 적용하는 것으로 옳지 않은 것은?

2012년 공채

① 소화기구
② 비상경보설비
③ 자동화재속보설비
④ 옥내소화전설비

063 소방시설기준 적용의 특례 중 의료시설에 대통령령 또는 화재안전기준의 변경으로 강화된 기준을 적용하는 것은?

2010년 공채

① 자동화재속보설비
② 자동소화장치
③ 옥내소화전설비
④ 스프링클러설비

064 행정안전부령으로 정하는 연소 우려가 있는 건축물의 구조이다. ( ) 안에 들어갈 내용으로 옳은 것은?

2012년 공채

동일구내에 2 이상의 건물이 다음의 조건에 해당될 때에는 이를 하나의 소방대상물로 본다. 즉, 건축물대장의 건축물현황도에 표시된 대지경계선 안에 둘 이상의 건축물이 있는 경우로서 각각의 건축물이 다른 건축물과의 외벽과 ( )가 1층 ( )m 이하, 2층 이상의 층은 ( )m 이하로서 개구부가 다른 건축물을 향하여 설치된 구조를 말한다.

① 수평거리, 3, 6
② 수평거리, 3, 10
③ 수평거리, 6, 10
④ 수평거리, 6, 12

065 「소방시설 설치 및 관리에 관한 법률 시행령」상 특정소방대상물의 증축 또는 용도변경 시의 소방시설기준 적용의 특례에 관한 설명으로 옳지 않은 것은?

2022년 경채

① 기존 부분과 증축 부분이 「건축법 시행령」 제46조 제1항 제2호에 따른 방화문 또는 자동방화셔터로 구획되어 있는 경우, 기존 부분에 대해서는 증축 당시의 소방시설의 설치에 관한 대통령령 또는 화재안전기준을 적용하지 않는다.
② 자동차 생산공장 등 화재 위험이 낮은 특정소방대상물에 캐노피(기둥으로 받치거나 매달아 놓은 덮개를 말하며, 3면 이상에 벽이 없는 구조의 것을 말한다)를 설치하는 경우, 기존 부분에 대해서는 증축 당시의 소방시설의 설치에 관한 대통령령 또는 화재안전기준을 적용하지 않는다.
③ 특정소방대상물의 구조·설비가 화재연소 확대 요인이 적어지거나 피난 또는 화재진압활동이 쉬워지도록 변경되는 경우에는 특정소방대상물 전체에 대하여 용도변경 전에 해당 특정소방대상물에 적용되던 소방시설의 설치에 관한 대통령령 또는 화재안전기준을 적용한다.
④ 문화 및 집회시설 중 공연장·집회장·관람장, 판매시설, 운수시설, 창고시설 중 물류터미널이 불특정 다수인이 이용하는 것이 아닌 일정한 근무자가 이용하는 용도로 변경되는 경우에는 용도변경되는 부분에 대해서만 용도변경 당시의 소방시설의 설치에 관한 대통령령 또는 화재안전기준을 적용한다.

066 「소방시설 설치 및 관리에 관한 법률 시행령」상 특정소방대상물이 증축되는 경우, 원칙적으로 소방시설기준 적용에 관한 설명으로 옳은 것은?

2020년 공채

① 기존 부분을 포함한 특정소방대상물의 전체에 대하여 증축 전 소방시설의 설치에 관한 대통령령 또는 화재 안전기준을 적용하여야 한다.
② 기존 부분은 증축 전에 적용되던 소방시설의 설치에 관한 대통령령 또는 화재안전기준을 적용하고 증축 부분은 증축 당시의 소방시설의 설치에 관한 대통령령 또는 화재안전기준을 적용하여야 한다.
③ 증축 부분은 증축 전에 적용되던 소방시설의 설치에 관한 대통령령 또는 화재안전기준을 적용하고 기존 부분은 증축 당시의 소방시설의 설치에 관한 대통령령 또는 화재안전기준을 적용하여야 한다.
④ 기존 부분을 포함한 특정소방대상물의 전체에 대하여 증축 당시의 소방시설의 설치에 관한 대통령령 또는 화재안전기준을 적용하여야 한다.

067 소방시설을 설치하지 아니할 수 있는 특정소방대상물이 아닌 것은? 2013년 공채

① 연소 위험이 작은 특정소방대상물
② 화재안전기준을 적용하기 어려운 특정소방대상물
③ 「위험물안전관리법」의 규정에 의한 자체소방대가 설치된 특정소방대상물
④ 화재안전기준을 다르게 적용하여야 하는 특수한 용도 또는 구조를 가진 특정소방대상물

068 화재위험도가 낮은 특정소방대상물에 설치하지 않아도 되는 소방시설로 옳은 것은? 2014년 공채

① 옥외소화전, 연결살수설비
② 옥외소화전, 연결송수관설비
③ 연결살수설비, 자동화재탐지설비
④ 자동화재탐지설비, 비상방송설비

069 소방시설을 설치하지 아니할 수 있는 특정소방대상물 및 소방시설의 범위에 관한 규정으로 옳지 않은 것은? 2015년 공채

① 주물공장은 옥외소화전 및 연결살수설비를 설치하지 아니할 수 있다.
② 펄프공장의 작업장은 화재 위험도가 낮은 특정소방대상물에 해당된다.
③ 정수장은 자동화재탐지설비를 설치하지 아니할 수 있다.
④ 원자력발전소는 연결송수관설비 및 연결살수설비를 설치하지 아니할 수 있다.

070 「소방시설 설치 및 관리에 관한 법률 시행령」상 특정소방대상물의 간이스프링클러설비 설치면제 기준이다. ( ) 안에 들어갈 설비에 해당하지 않는 것은? 2024년 공채 · 경채

> 간이스프링클러설비를 설치해야 하는 특정소방대상물에 ( ), ( ) 또는 ( )를 화재안전기준에 적합하게 설치한 경우에는 그 설비의 유효범위에서 설치가 면제된다.

① 옥내소화전설비
② 스프링클러설비
③ 물분무소화설비
④ 미분무소화설비

071 「소방시설 설치 및 관리에 관한 법률 시행령」에서 자동화재탐지설비를 면제할 수 있는 요건으로 옳은 것은?

2013년 공채

① 물분무등소화설비를 화재안전기준에 적합하게 설치한 경우
② 자동소화장치를 화재안전기준에 적합하게 설치한 경우
③ 옥외소화전설비를 화재안전기준에 적합하게 설치한 경우
④ 옥내소화전설비를 화재안전기준에 적합하게 설치한 경우

072 「소방시설 설치 및 관리에 관한 법률 시행령」에서 기능과 성능이 유사한 경우 소방시설의 설치를 면제할 수 있다. 다음 중 면제할 수 없는 소화설비는?

2010년 공채

① 스프링클러설비
② 옥내소화전설비
③ 소화기구
④ 물분무등소화설비

073 「소방시설 설치 및 관리에 관한 법률 시행령」상 성능위주설계를 해야 하는 특정소방대상물의 범위로 옳지 않은 것은?

2022년 공채

① 연면적 3만제곱미터 이상인 공항시설에 해당하는 특정소방대상물
② 하나의 건축물에 「영화 및 비디오물의 진흥에 관한 법률」 제2조 제10호에 따른 영화상영관이 10개 이상인 특정소방대상물
③ 50층 이상(지하층은 제외한다)이거나 지상으로부터 높이가 200미터 이상인 아파트등
④ 30층 이상(지하층을 포함한다)이거나 지상으로부터 높이가 100미터 이상인 특정소방대상물(아파트등은 제외한다)

074 다음 중 성능위주설계를 해야 할 특정소방대상물의 범위가 아닌 것은?

2009년 공채

① 연면적 20만㎡인 특정소방대상물의 신축
② 하나의 건축물에 영화상영관이 10개인 특정소방대상물의 신축
③ 연면적 2만5천㎡인 철도 및 도시철도 시설 및 공항시설의 신축
④ 건축물의 높이가 120m인 특정소방대상물 신축

075 다음 중 성능위주설계를 하여야 할 특정소방대상물이 아닌 것은? (단, 신축에 한정한다) 2014년 공채

① 아파트를 제외한 연면적 20만제곱미터 이상인 특정소방대상물
② 하나의 건축물에 「영화 및 비디오물의 진흥에 관한 법률」에 따른 영화상영관이 10개 이상인 특정소방대상물
③ 아파트를 제외한 건축물의 높이가 120미터 이상인 특정소방대상물
④ 연면적 2만제곱미터 이상인 「소방시설 설치 및 관리에 관한 법률 시행령」의 철도 및 도시철도 시설, 공항시설

076 특정소방대상물의 구조, 용도, 수용인원, 위치, 가연물의 종류 및 양 등을 고려하여 설계하는 성능위주설계 대상으로 옳지 않은 것은? (단, 아파트는 제외한다) 2008년 공채

① 연면적 3만제곱미터 이상의 업무시설 신축
② 하나의 건축물에 10개 이상의 영화상영관 신축
③ 연면적 20만제곱미터 이상인 특정소방대상물 신축
④ 건물 지상 높이가 120미터 이상인 특정소방대상물 신축

077 성능위주의 설계를 해야 할 특정소방대상물의 범위 중 옳지 않은 것은? 2015년 공채

① 연면적 20만제곱미터 이상인 특정소방대상물. 다만, 아파트는 제외한다.
② 건축물의 높이가 100m 이상이거나 지하층을 제외한 층수가 30층 이상인 특정소방대상물. 다만, 아파트는 제외한다.
③ 연면적 3만제곱미터 이상인 철도 및 도시철도 시설, 공항시설
④ 하나의 건축물에 영화상영관이 10개 이상인 특정소방대상물

078 「소방시설 설치 및 관리에 관한 법률」 및 같은 법 시행령상 내용연수 설정대상 소방용품에 관한 설명이다. ( ) 안에 들어갈 내용으로 옳은 것은? 2024년 경채

> 특정소방대상물의 관계인은 내용연수가 경과한 소방용품을 교체해야 한다. 이 경우 내용연수를 설정해야 하는 소방용품은 (ㄱ)를 사용하는 소화기로 하며, 내용연수는 (ㄴ)년으로 한다.

	ㄱ	ㄴ
①	분말형태의 소화약제	10
②	강화액 소화약제	10
③	분말형태의 소화약제	7
④	강화액 소화약제	7

다음 중 중앙소방기술심의위원회의 심의 내용으로 옳지 않은 것은? 2017년 경채

① 화재안전기준에 관한 사항
② 소방시설의 구조 및 원리 등에서 공법이 특수한 설계 및 시공에 관한 사항
③ 소방시설의 설계 및 공사감리의 방법에 관한 사항
④ 소방시설에 하자가 있는지의 판단에 관한 사항

「소방시설 설치 및 관리에 관한 법률」상 중앙소방기술심의위원회의 심의사항으로 옳지 않은 것은? 2023년 공채·경채

① 화재안전기준에 관한 사항
② 소방시설에 하자가 있는지의 판단에 관한 사항
③ 소방시설의 설계 및 공사감리의 방법에 관한 사항
④ 소방시설의 구조 및 원리 등에서 공법이 특수한 설계 및 시공에 관한 사항

다음 중 소방기술심의위원회의 심의 내용으로 옳지 않은 것은? 2013년 공채

① 소방시설의 설계 및 공사감리의 방법에 관한 사항
② 소방본부장 또는 소방서장이 화재안전기준 또는 위험물 제조소등의 시설기준의 적용에 관하여 기술검토를 요청하는 사항
③ 소방시설의 구조 및 원리 등에서 공법이 특수한 설계 및 시공에 관한 사항
④ 소방기술 등에 관하여 행정안전부령으로 정하는 사항

다음 중 중앙소방기술심의위원회의 심의사항으로 옳지 않은 것은? 2012년 공채

① 소방시설의 구조 및 원리 등에서 공법이 특수한 설계 및 시공에 관한 사항
② 소방시설에 하자가 있는지의 판단에 관한 사항
③ 연면적 10만제곱미터 이상의 특정소방대상물에 설치된 소방시설의 설계·시공·감리의 하자 유무에 관한 사항
④ 새로운 소방시설과 소방용품 등의 도입 여부에 관한 사항

083 다음 중 중앙소방기술심의위원회에서 심의하여야 하는 사항으로 옳지 않은 것은? 2014년 공채
☐☐☐

① 화재안전기준에 관한 사항
② 소방시설의 구조 및 원리 등에서 공법이 특수한 설계 및 시공에 관한 사항
③ 소방시설의 설계 및 공사감리의 방법에 관한 사항
④ 연면적 5만제곱미터 이상의 특정소방대상물에 설치된 소방시설의 설계·시공·감리의 하자 유무에 관한 사항

084 다음 중 지방소방기술심의위원회의 심의·의결사항으로 옳은 것은? 2010년 공채
☐☐☐

① 화재안전기준에 관한 사항
② 소방시설공사 하자의 판단기준에 관한 사항
③ 소방시설의 설계 및 공사감리의 방법에 관한 사항
④ 소방시설에 하자가 있는지의 판단에 관한 사항

085 「소방시설 설치 및 관리에 관한 법률 시행령」상 방염성능기준 이상의 실내장식물 등을 설치하여야 하는 특정소방대상물로 옳지 않은 것은? 2019년 공채
☐☐☐

① 숙박시설   ② 의료시설
③ 노유자시설   ④ 운동시설 중 수영장

086 「소방시설 설치 및 관리에 관한 법률 시행령」상 방염성능기준으로 옳지 않은 것은? 2022년 공채
☐☐☐

① 불꽃에 의하여 완전히 녹을 때까지 불꽃의 접촉 횟수는 3회 이상일 것
② 탄화(炭化)한 면적은 50제곱센티미터 이내, 탄화한 길이는 20센티미터 이내일 것
③ 소방청장이 정하여 고시한 방법으로 발연량(發煙量)을 측정하는 경우 최대연기밀도는 500 이하일 것
④ 버너의 불꽃을 제거한 때부터 불꽃을 올리며 연소하는 상태가 그칠 때까지 시간은 20초 이내이며, 버너의 불꽃을 제거한 때부터 불꽃을 올리지 아니하고 연소하는 상태가 그칠 때까지 시간은 30초 이내일 것

087 「소방시설 설치 및 관리에 관한 법률 시행령」상 방염성능기준에 대한 설명이다. 빈칸에 알맞은 것을 고르면?

2018년 공채

- 버너에 불꽃을 제거한 때부터 불꽃을 올리며 연소하는 상태가 그칠 때까지 시간은 (ㄱ)초 이내
- 버너에 불꽃을 제거한 때부터 불꽃을 올리지 아니하고 연소하는 상태가 그칠 때까지 시간은 (ㄴ)초 이내
- 탄화한 면적은 (ㄷ)cm² 이내, 탄화된 길이는 (ㄷ)cm 이내
- 불꽃에 의하여 완전히 녹을 때까지 불꽃의 접촉 횟수는 (ㄹ)회 이상
- 소방청장이 정하여 고시하는 방법으로 발연량을 측정하는 경우 최대연기밀도는 (ㅁ) 이하

	(ㄱ)	(ㄴ)	(ㄷ)	(ㄹ)	(ㅁ)
①	30	20	20, 50	3	400
②	20	30	50, 20	3	400
③	20	30	50, 50	3	400
④	30	20	20, 50	2	300

088 다음 중 방염성능기준으로 옳지 않은 것은?

2017년 공채

① 탄화한 면적 50cm² 이내, 탄화한 길이 30cm 이내
② 버너의 불꽃을 제거한 때부터 불꽃을 올리지 아니하고 연소상태가 그칠 때까지 시간은 30초 이내
③ 버너의 불꽃을 제거한 때부터 불꽃을 올리고 연소상태가 그칠 때까지의 시간은 20초 이내
④ 불꽃에 의해 완전히 녹을 때까지 불꽃의 접촉 횟수는 3회 이상

089 방염성능기준 이상의 실내장식물 등을 설치하여야 하는 특정소방대상물이 아닌 것은?

2017년 경채

① 문화 및 집회시설
② 종합병원
③ 노유자시설
④ 옥외에 설치된 운동시설

090 방염성능기준 이상의 방염대상물품을 설치하여야 하는 특정소방대상물이 아닌 것은? 2011년 공채

① 방송국
② 종합병원
③ 연구소의 실험실
④ 다중이용업소

091 다음 중 방염대상 특정소방대상물이 아닌 것은? 2010년 공채

① 방송통신시설 중 방송국 및 촬영소
② 근린생활시설 중 체력단련장
③ 교육연구시설 중 합숙소
④ 옥외에 설치된 운동시설

092 다음 중 방염대상물품이 아닌 것은? (단, 권장 방염대상물품을 제외한다) 2011년 공채

① 커튼류(블라인드 포함)
② 침구류·소파
③ 암막·무대막
④ 전시용 합판 또는 섬유판

093 다음 중 대통령령이 정하는 방염대상물품이 아닌 것은? 2008년 공채

① 암막·무대막
② 커튼류(블라인드 포함)
③ 무대용·전시용 합판 및 섬유판
④ 10cm 이하의 반자돌림대

094 현장에서 방염처리가 가능한 방염대상물품에 해당하는 것은? 2007년 공채

① 공간을 구획하기 위하여 설치하는 간이 칸막이
② 침구류
③ 커튼류(블라인드 포함)
④ 소파 및 의자

095 현장에서 방염처리가 가능한 방염대상물품에 해당하지 않는 것은? 2006년 공채

① 공간을 구획하기 위하여 설치하는 간이 칸막이

② 합판 또는 목재

③ 방음재

④ 두께 2mm 미만의 벽지류

096 다음 중 방염성능기준에 대한 설명으로 옳은 것은? 2010년 공채

① 버너의 불꽃을 제거한 때부터 불꽃을 올리며 연소하는 상태가 그칠 때까지 시간은 10초 이내일 것

② 버너의 불꽃을 제거한 때부터 불꽃을 올리지 아니하고 연소하는 상태가 그칠 때까지 시간은 30초 이내일 것

③ 탄화(炭火)한 면적은 $20cm^2$ 이내, 탄화한 길이는 50cm 이내일 것

④ 소방청장이 정하여 고시한 방법으로 발연량(發煙量)을 측정하는 경우 최대연기밀도는 700 이하일 것

097 방염성능기준으로 옳지 않은 것은? 2011년 공채

① 탄화한 면적 $50cm^2$ 이내, 탄화한 길이 20cm 이내일 것

② 불꽃에 의해 완전히 녹을 때까지 불꽃의 접촉 횟수는 3회 이상일 것

③ 버너의 불꽃을 올리고 연소상태가 그칠 때까지 시간은 30초 이내일 것

④ 발연량을 측정하는 경우 최대연기밀도는 400 이하일 것

제3장 소방시설등의 자체점검

정답 및 해설 p. 64

001 「소방시설 설치 및 관리에 관한 법률 시행령」상 소화펌프 고장 등 대통령령으로 정하는 중대위반사항으로 옳지 않은 것은? 2024년 공채·경채
□□□

① 화재수신기의 고장으로 화재경보음이 자동으로 울리지 않거나 화재수신기와 연동된 소방시설의 작동이 불가능한 경우
② 소화배관 등이 폐쇄·차단되어 소화수(消火水) 또는 소화약제가 자동 방출되지 않는 경우
③ 소화용수설비 주변 불법 주정차로 인하여 화재를 진압하는 데 필요한 물을 공급하기 어려운 경우
④ 방화문 또는 자동방화셔터가 훼손되거나 철거되어 본래의 기능을 못 하는 경우

002 「소방시설 설치 및 관리에 관한 법률 시행규칙」상 종합점검에 대한 설명으로 옳은 것은? 2021년 공채
□□□

① 소방시설관리업자만 할 수 있다.
② 소방시설등의 작동점검은 포함하지 않는다.
③ 건축물의 사용승인일이 속하는 다음 달에 실시한다.
④ 스프링클러설비가 설치된 특정소방대상물은 종합점검을 받아야 한다.

003 「소방시설 설치 및 관리에 관한 법률 시행규칙」상 종합점검대상으로 옳은 것은? 2018년 공채
□□□

① 물분무등소화설비가 설치된 연면적 4천m²인 특정소방대상물
② 연면적 1천m²인 노래연습장
③ 제연설비가 설치된 터널
④ 소방대가 근무하는 공공기관으로 연면적이 2천m²이고 자동화재탐지설비가 설치된 것

소방시설의 작동점검 및 종합점검에 대하여 옳지 않은 것은?

2013년 공채

① 작동점검의 점검횟수는 연 1회 이상 실시한다.
② 작동점검은 소방시설을 인위적으로 조작하여 정상적으로 작동하는지를 점검하는 것을 말한다.
③ 종합점검은 특급 소방안전관리대상물을 포함하여 연 2회 이상 실시한다.
④ 종합점검은 소방시설의 작동점검을 포함하여 실시한다.

다음 중 종합점검대상으로 옳은 것은?

2012년 공채

① 물분무소화설비가 설치된 연면적 3천제곱미터 이상인 특정소방대상물
② 미분무소화설비가 설치된 연면적 3천제곱미터 이상인 특정소방대상물
③ 이산화탄소소화설비가 설치된 연면적 5천제곱미터 이상인 특정소방대상물
④ 옥내소화전소화설비가 설치된 연면적 5천제곱미터 이상인 특정소방대상물

다음 중 종합점검대상이 아닌 것은?

2011년 공채

① 스프링클러설비가 설치된 아파트
② 이산화탄소소화설비가 설치된 연면적 5천제곱미터인 공연장
③ 다중이용업의 영업장이 설치된 특정소방대상물로서 연면적 3천제곱미터인 것
④ 연면적 5천제곱미터인 119안전센터로서 자동화재탐지설비 및 옥내소화전설비가 설치된 것

007 특급 소방안전관리대상물의 자체점검으로 옳은 것은?　　　　　　　　　　2010년 공채

① 연 1회 이상 작동점검을 실시하여야 한다.
② 종합점검을 받은 달로부터 6월이 되는 달에 작동점검을 실시하여야 한다.
③ 작동점검은 소방안전관리자가 실시할 수 있다.
④ 종합점검은 반기별로 1회 이상 실시한다.

008 소방시설등의 자체점검 시 점검인력 배치기준에서 점검인력 1단위가 하루 동안 점검할 수 있는 작동점검의 점검한도 면적으로 옳은 것은?　　　　2016년 공채

① 5,000m²
② 10,000m²
③ 12,000m²
④ 15,000m²

009 소방시설등에 실시하는 자체점검에 대한 사항으로 옳지 않은 것은?　　　　2016년 공채

① 작동점검의 점검자는 해당 특정소방대상물의 소방안전관리자·소방시설관리업자 또는 소방시설공사업자이다.
② 종합점검의 점검횟수는 연 1회 이상(특급 소방안전관리대상물의 경우에는 반기에 1회 이상) 실시하여야 하며, 소방청장이 소방안전관리가 우수하다고 인정한 특정소방대상물에 대해서는 3년의 범위에서 소방청장이 고시하거나 정한 기간 동안 종합점검을 면제할 수 있다.
③ 다중이용업인 안마시술소로서 연면적이 2,000m² 이상인 것은 종합점검대상에 해당된다.
④ 공공기관 중 연면적이 1,000m² 이상인 것으로서 옥내소화전설비 또는 자동화재탐지설비가 설치된 것은 종합점검대상에 해당된다.

제4장 소방시설관리사 및 소방시설관리업

정답 및 해설 p. 66

001 소방시설관리사의 자격시험을 실시하는 자는? 2013년 공채

① 시·도지사
② 소방본부장 또는 소방서장
③ 소방청장
④ 「국가기술자격법」에 의하여 실시

002 「소방시설 설치 및 관리에 관한 법률」상 소방시설관리사의 자격의 취소·정지 사유로 옳지 않은 것은? 2019년 공채

① 동시에 둘 이상의 업체에 취업한 경우
② 등록사항의 변경신고를 하지 아니한 경우
③ 소방시설관리사증을 다른 자에게 빌려준 경우
④ 소방안전관리 업무를 하지 아니하거나 거짓으로 한 경우

003 소방시설관리사의 자격을 1차 행정처분 시 취소하여야 하는 사유로 옳지 않은 것은? 2012년 공채

① 소방시설관리사증을 다른 자에게 빌려준 경우
② 거짓이나 그 밖의 부정한 방법으로 시험에 합격한 경우
③ 점검을 하지 아니하거나 거짓으로 점검한 경우
④ 동시에 둘 이상의 업체에 취업한 경우

004 「소방시설 설치 및 관리에 관한 법률」에서 소방시설관리사 자격을 반드시 취소하지 않아도 되는 것은? 2011년 공채

① 소방시설관리사증을 다른 자에게 빌려준 경우
② 거짓이나 그 밖의 부정한 방법으로 시험에 합격한 경우
③ 소방시설등의 자체점검을 하지 않은 경우
④ 동시에 둘 이상 업체에 취업한 경우

005 「소방시설 설치 및 관리에 관한 법률 시행령」상 전문소방시설관리업의 보조 기술인력 등록기준으로 옳은 것은?

2023년 공채·경채

① 특급점검자 이상의 기술인력: 2명 이상

② 중급·고급점검자 이상의 기술인력: 각 1명 이상

③ 초급·중급점검자 이상의 기술인력: 각 1명 이상

④ 초급·중급·고급점검자 이상의 기술인력: 각 2명 이상

006 「소방시설 설치 및 관리에 관한 법률」에서 소방시설관리업의 업무 내용이 아닌 것은?

2010년 공채

① 소방시설의 설치　　　　　　　　　② 소방시설의 점검

③ 소방시설의 관리　　　　　　　　　④ 소방시설의 유지

007 소방시설관리업의 등록사항 중 변경신고사항이 아닌 것은?

2017년 공채

① 자본금　　　　　　　　　　　　　　② 기술인력

③ 대표자　　　　　　　　　　　　　　④ 상호(명칭)

008 일반소방시설관리업의 등록기준으로 옳은 것은?

2011년 공채

① 주된 기술인력으로 소방기술사 1명 이상을 갖출 것

② 주된 기술인력으로 소방시설관리사 1명 이상을 갖출 것

③ 보조 기술인력 1명 이상을 갖출 것

④ 소방시설별 점검 장비를 확보할 것

009 다음 중 시·도지사가 반드시 소방시설관리업 등록을 취소하여야 하는 경우는?

2009년 공채

① 점검을 행하지 아니하고도 점검을 행한 것처럼 관계인에게 통보한 때

② 등록기준에 미달하게 된 때

③ 등록증 또는 등록수첩을 빌려준 경우

④ 등록사항 변경신고를 하지 아니한 때

010 시·도지사에게 소방시설관리업을 등록한 사항 중 중요사항 변경이 있는 때에는 변경일로부터 며칠 이내에 신고하여야 하는가? 2008년 공채

① 10일 이내
② 14일 이내
③ 20일 이내
④ 30일 이내

011 소방시설관리업의 중요변경사항 중 대표자 변경 시 제출하여야 할 서류로 옳은 것은? 2014년 공채

① 소방시설관리업등록증 및 등록수첩
② 소방시설관리업등록증 및 기술인력연명부
③ 소방시설관리업등록수첩 및 기술인력연명부
④ 소방시설관리업등록수첩 및 변경된 기술인력의 기술자격증

012 「소방시설 설치 및 관리에 관한 법률」에서 소방시설관리업의 점검능력 및 평가 공시자로 옳은 것은? 2007년 공채

① 시·도지사
② 소방청장
③ 소방본부장 또는 소방서장
④ 한국소방안전원장

013 「소방시설 설치 및 관리에 관한 법률」에서 소방시설관리업의 점검능력 평가항목으로 옳지 않은 것은? 2006년 공채

① 대행실적
② 기술력
③ 신인도
④ 점검 장비

014 소방시설관리업의 1차 행정처분이 등록 취소 사유에 해당하지 않는 것은?

2005년 공채

① 거짓이나 그 밖의 부정한 방법으로 등록을 한 경우
② 등록의 결격사유에 해당하게 된 경우
③ 다른 자에게 등록증이나 등록수첩을 빌려준 경우
④ 점검을 하지 아니하거나 점검 결과를 거짓으로 보고한 경우

015 「소방시설 설치 및 관리에 관한 법률 시행규칙」상 행정처분 시 감경사유로 옳지 않은 것은?

2023년 공채 · 경채

① 경미한 위반사항으로, 유도등이 일시적으로 점등되지 않는 경우
② 경미한 위반사항으로, 스프링클러설비 헤드가 살수반경에 미치지 못하는 경우
③ 위반행위가 사소한 부주의나 오류가 아닌 고의에 의한 것으로 인정되는 경우
④ 위반 행위자가 처음 해당 위반행위를 한 경우로서 5년 이상소방시설관리사의 업무, 소방시설관리업 등을 모범적으로 해 온 사실이 인정되는 경우

016 소방시설관리업의 영업정지처분에 갈음하여 과징금은 얼마까지 부과할 수 있는가?

2007년 공채

① 1천만원 이하
② 2천만원 이하
③ 3천만원 이하
④ 4천만원 이하

017 다음 중 과징금을 부과하는 위반행위의 종류와 위반 정도 등에 따른 과징금의 금액, 그 밖의 필요한 사항을 정하고 있는 것은?

2009년 공채

① 법률
② 대통령령
③ 행정안전부령
④ 시 · 도 조례

정답 및 해설 p. 68

001 소방용품 중에서 소방청장의 형식승인 대상 등으로 옳지 않은 것은?　　　　2013년 공채
□□□

① 소화기구 중 소화약제 외의 것을 이용한 간이소화용구는 소방청장의 형식승인을 받아야 한다.

② 소화약제의 형식승인을 얻고자 하는 자는 행정안전부령이 정하는 기준에 따라 형식승인을 위한 시험시설을 갖추고 소방청장의 심사를 받아야 한다.

③ 기동용수압개폐장치의 형식승인을 얻은 자는 그 소방용품에 대하여 소방청장이 실시하는 제품검사를 받아야 한다.

④ 자동소화장치의 형상·구조·재질·성분·성능 등의 형식승인 및 제품검사의 기술기준 등에 관한 사항은 소방청장이 정하여 고시한다.

002 다음 중 소방용품에 대한 형식승인의 권한이 있는 자는?　　　　2011년 공채
□□□

① 소방청장

② 시·도지사

③ 행정안전부장관

④ 소방본부장·소방서장

003 누구든지 소방용품을 판매하거나 판매 목적으로 진열하거나 소방시설공사에 사용할 수 없는 경우에 해당하는 기준으로 옳지 않은 것은?　　　　2012년 공채
□□□

① 시험시설을 갖추지 않은 것

② 형식승인을 받지 아니한 것

③ 제품검사를 받지 아니하거나 합격표시를 하지 아니한 것

④ 형상 등을 임의로 변경한 것

004 다음 중 소방용품의 형식승인 등에 대한 설명으로 옳지 않은 것은?　　　　2010년 공채
□□□

① 소방용품을 제조하거나 수입하려는 자는 소방청장의 형식승인을 받아야 한다.

② 소방청장, 소방본부장 또는 소방서장은 법을 위반한 소방용품에 대하여는 그 제조자·수입자·판매자 또는 시공자에게 수거·폐기 또는 교체 등 행정안전부령으로 정하는 필요한 조치를 명할 수 있다.

③ 형식승인을 받은 자는 그 소방용품에 대하여 소방청장이 실시하는 제품검사를 받아야 한다.

④ 형식승인의 방법·절차 등과 제품검사의 구분·방법·순서·합격표시 등에 관한 사항은 대통령령으로 정한다.

정답 및 해설 p. 69

001 제품검사의 전문적·효율적인 실시를 위하여 제품검사를 전문적으로 수행하는 기관을 제품검사 전문기관으로 지정할 수 있다. 다음 중 지정권자가 옳은 것은?   2010년 공채

□□□

① 소방청장
② 시·도지사
③ 소방서장
④ 소방본부장

002 시·도지사가 행정처분을 하려고 했을 때 청문을 하여야 하는 경우는?   2008년 공채

□□□

① 소방시설관리사의 자격취소
② 소방시설관리업의 등록취소
③ 소방용품의 형식승인 취소
④ 소방용품 지정기관 지정취소

003 「소방시설 설치 및 관리에 관한 법률」에서 청문 실시권자가 다른 것은?   2016년 공채

□□□

① 소방시설관리사 자격의 취소 및 정지
② 소방시설관리업의 등록취소 및 영업정지
③ 소방용품의 형식승인 취소 및 제품검사 중지
④ 제품검사 전문기관의 지정취소 및 업무정지

004 소방청장의 업무 중 「소방산업의 진흥에 관한 법률」에 따른 한국소방산업기술원에만 위탁할 수 있는 것으로 옳지 않은 것은?   2009년 공채

□□□

① 소방용품의 형식승인
② 형식승인의 변경승인
③ 소방용품의 제품검사
④ 우수품질인증

제**7**장 벌칙

정답 및 해설 p. 70

001 다음 중 벌칙의 종류가 다른 것은? 2013년 공채

☐☐☐

① 방염성능물품에 대한 조치명령을 위반한 자
② 피난시설·방화시설, 방화구획의 유지·관리 조치명령을 위반한 자
③ 특정소방대상물의 소방시설이 화재안전기준에 따른 소방서장 등의 조치명령을 위반한 자
④ 소방시설에 폐쇄·차단 등의 행위를 한 자

002 소방시설관리업의 등록을 하지 아니하고 영업을 한 자의 벌칙으로 옳은 것은? 2008년 공채

☐☐☐

① 5년 이하의 징역 또는 5천만원 이하의 벌금에 처한다.
② 3년 이하의 징역 또는 3천만원 이하의 벌금에 처한다.
③ 1년 이하의 징역 또는 1천만원 이하의 벌금에 처한다.
④ 300만원 이하의 벌금에 처한다.

003 소방시설관리업의 등록증이나 등록수첩을 다른 자에게 빌려준 자의 벌칙으로 옳은 것은? 2009년 공채

☐☐☐

① 5년 이하의 징역 또는 5천만원 이하의 벌금에 처한다.
② 3년 이하의 징역 또는 3천만원 이하의 벌금에 처한다.
③ 1년 이하의 징역 또는 1천만원 이하의 벌금에 처한다.
④ 300만원 이하의 벌금에 처한다.

004 「소방시설 설치 및 관리에 관한 법률」상 벌칙에서 과태료를 부과·징수할 수 없는 자는? 2011년 공채

① 시·도지사
② 소방청장
③ 소방본부장
④ 행정안전부장관

005 「소방시설 설치 및 관리에 관한 법률 시행령」 별표 10의 과태료 부과 개별기준으로 옳은 것은? 2022년 경채

① 소방시설을 설치하지 않은 경우: 과태료 200만원
② 법 제15조 제1항을 위반하여 임시소방시설을 설치·유지·관리하지 않은 경우: 과태료 200만원
③ 수신반, 동력(감시)제어반 또는 소방시설용 비상전원을 차단하거나, 고장난 상태로 방치하거나, 임의로 조작하여 자동으로 작동이 되지 않도록 한 경우: 과태료 200만원
④ 소방시설이 작동하는 경우 소화배관을 통하여 소화수가 방수되지 않는 상태 또는 소화약제가 방출되지 않는 상태로 방치한 경우: 과태료 300만원

006 「소방시설 설치 및 관리에 관한 법률」에서 과태료 벌칙 대상으로 옳지 않은 것은? 2012년 공채

① 피난시설, 방화구획 또는 방화시설의 폐쇄·훼손·변경 등의 행위를 한 자
② 방염성능기준 미만으로 방염처리한 자
③ 특정소방대상물의 화재안전기준에 따른 설치·유지·관리를 위반한 자
④ 방염성능검사에 합격하지 아니한 물품에 합격표시를 하거나 합격표시를 위조하거나 변조하여 사용한 자

제5편
위험물안전관리법

정답 및 해설 p. 72

001 「위험물안전관리법」상 위험물에 대한 정의이다. (   ) 안에 들어갈 용어로 옳은 것은?   2020년 공채

☐☐☐

> "위험물"이라 함은 (가) 또는 (나) 등의 성질을 가지는 것으로서 (다)이 정하는 물품을 말한다.

	(가)	(나)	(다)
①	인화성	가연성	대통령령
②	인화성	발화성	대통령령
③	휘발성	가연성	행정안전부령
④	인화성	휘발성	행정안전부령

002 다음 중 「위험물안전관리법」의 용어 정의로 옳지 않은 것은?   2013년 공채

☐☐☐

① "위험물"이란 어떠한 환경의 조건이라도 위험한 물질을 말한다.
② "제조소"란 위험물을 제조할 목적으로 지정수량 이상의 위험물을 취급하기 위하여 규정에 따른 허가를 받은 장소를 말한다.
③ "저장소"란 지정수량 이상의 위험물을 저장하기 위한 대통령령이 정하는 장소로서 규정에 따른 허가를 받은 장소를 말한다.
④ "지정수량"이란 위험물의 종류별로 위험성을 고려하여 대통령령이 정하는 수량으로서 규정에 의한 제조소등의 설치허가 등에 있어서 최저의 기준이 되는 수량을 말한다.

003 「위험물안전관리법」상 용어의 정의에 관한 내용으로 옳지 않은 것은?   2020년 공채

☐☐☐

① "취급소"라 함은 지정수량 이상의 위험물을 제조외의 목적으로 취급하기 위한 대통령령이 정하는 장소로서 「위험물안전관리법」에 따른 허가를 받은 장소를 말한다.
② "지정수량"이라 함은 위험물의 종류별로 위험성을 고려하여 대통령령이 정하는 수량으로서 제조소등의 설치허가 등에 있어서 최대의 기준이 되는 수량을 말한다.
③ "제조소등"이라 함은 제조소 · 저장소 및 취급소를 말한다.
④ "저장소"라 함은 지정수량 이상의 위험물을 저장하기 위하여 대통령령이 정하는 장소로서 「위험물안전관리법」에 따른 허가를 받은 장소를 말한다.

004 「위험물안전관리법」에서 정하는 위험물의 정의로 옳은 것은? 2012년 공채

① 인화성 또는 발화성 등의 성질을 가지는 것으로서 대통령령이 정하는 물품
② 인화성 또는 발화성 등의 성질을 가지는 것으로서 행정안전부령이 정하는 물품
③ 가연성 또는 폭발성 등의 성질을 가지는 것으로서 대통령령이 정하는 물품
④ 가연성 또는 폭발성 등의 성질을 가지는 것으로서 행정안전부령이 정하는 물품

005 위험물을 제조할 목적으로 지정수량 이상의 위험물을 취급하기 위하여 규정에 따른 허가를 받은 장소의 용어로 옳은 것은? 2011년 공채

① 위험물취급소 ② 위험물저장소
③ 위험물제조소 ④ 일반취급소

006 다음 중 위험물의 유별에 따른 공통적 성질이 바르게 짝지어진 것은? 2010년 공채

① 제1류 위험물 – 산화성액체
② 제2류 위험물 – 가연성액체
③ 제3류 위험물 – 자연발화성물질 및 금수성물질
④ 제4류 위험물 – 인화성고체

007 다음 중 「위험물안전관리법」에서 정하고 있는 유별에 따른 공통적 성질의 분류방식으로 옳지 않은 것은? 2014년 공채

① 가연성액체 ② 산화성액체
③ 인화성액체 ④ 산화성고체

008 「위험물안전관리법 시행령」상 제1류 위험물의 품명으로 옳은 것은? 2023년 경채

① 질산 ② 과염소산
③ 과산화수소 ④ 과염소산염류

009 「위험물안전관리법 시행령」 및 같은 법 시행규칙상 위험물의 성질과 품명이 옳지 않은 것은?

2021년 공채

① 가연성고체: 적린, 금속분
② 산화성액체: 과염소산, 질산
③ 산화성고체: 아이오딘산염류, 과요오드산
④ 자연발화성 및 금수성물질: 황린, 아조화합물

010 다음 중 위험물의 유별과 품명이 잘못 짝지어진 것은?

2013년 공채

① 제1류 위험물 – 유기과산화물
② 제2류 위험물 – 인화성고체
③ 제3류 위험물 – 칼륨 및 칼슘
④ 제5류 위험물 – 질산에스터류

011 다음 중 위험물에 대한 설명으로 옳지 않은 것은?

2012년 공채

① 하이드록실아민염류는 제1류 위험물로서 산화성고체이다.
② 황화인은 제2류 위험물로서 가연성고체이다.
③ 알킬알루미늄은 제3류 위험물로서 자연발화성물질 및 금수성물질이다.
④ 알코올류는 제4류 위험물로서 인화성액체이다.

012 다음 중 「위험물안전관리법」에서 분류하는 그 유별의 성질이 다른 하나는?

2011년 공채

① 과염소산
② 염소산염류
③ 질산염류
④ 무기과산화물

013 「위험물안전관리법 시행령」 별표 1에서 규정한 내용으로 옳지 않은 것은? 2022년 공채

① 황: 순도가 60중량퍼센트 이상인 것을 말한다.
② 인화성고체: 고형알코올 그 밖에 1기압에서 인화점이 섭씨 40도 미만인 고체를 말한다.
③ 철분: 철의 분말로서 53마이크로미터의 표준체를 통과하는 것이 50중량퍼센트 미만인 것을 말한다.
④ 가연성고체: 고체로서 화염에 의한 발화의 위험성 또는 인화의 위험성을 판단하기 위하여 고시로 정하는 시험에서 고시로 정하는 성질과 상태를 나타내는 것을 말한다.

014 「위험물안전관리법」상 위험물에 속하지 않는 경우는? 2015년 공채

① 황은 순도가 60중량퍼센트 이상인 것을 말한다.
② 마그네슘은 2밀리미터의 체를 통과하지 아니하는 덩어리 상태의 것을 말한다.
③ 철분이라 함은 철의 분말로서 53마이크로미터의 표준체를 통과하는 것이 50중량퍼센트 미만인 것은 제외한다.
④ 알코올류라 함은 1분자를 구성하는 탄소원자의 수가 1개부터 3개까지인 포화1가 알코올(변성알코올 포함)을 말한다.

015 다음 중 제4류 위험물 중에서 동식물유류의 인화점으로 옳은 것은? 2010년 공채

① 인화점 21℃ 이상 70℃ 미만인 것
② 인화점 70℃ 이상 200℃ 미만인 것
③ 인화점 200℃ 이상 250℃ 미만인 것
④ 인화점 250℃ 미만인 것

016 다음 중 제5류 위험물이 아닌 것은? 2008년 공채

① 나이트로화합물
② 하이드라진 유도체
③ 알킬알루미늄
④ 하이드록실아민염류

017 위험물을 제조할 목적으로 지정수량 이상의 위험물을 취급하기 위하여 규정에 따른 허가를 받은 장소를 무엇이라고 하는가? 2009년 공채

① 제조소
② 저장소
③ 취급소
④ 제조소등

018 다음 중 「위험물안전관리법」에서 정하는 취급소의 종류로 옳지 않은 것은? 2013년 공채

① 일반취급소   ② 특수취급소
③ 주유취급소   ④ 판매취급소

019 고정된 주유설비에 의하여 자동차·항공기 또는 선박 등의 연료탱크에 주유하기 위하여 위험물을 취급하는 장소는? 2012년 공채

① 판매취급소   ② 주유취급소
③ 이송취급소   ④ 일반취급소

020 다음 중 「위험물안전관리법」에서 취급소의 종류에 해당하지 않는 것은? 2011년 공채

① 저장탱크취급소   ② 주유취급소
③ 판매취급소   ④ 일반취급소

021 「위험물안전관리법 시행령」상 위험물의 지정수량이 가장 큰 것은? 2019년 공채

① 브로민산염류   ② 아염소산염류
③ 과염소산염류   ④ 다이크로뮴산염류

022 「위험물안전관리법 시행령」상 위험물 지정수량으로 옳은 것은? 2023년 경채

① 유기과산화물: 10kg   ② 아염소산염류: 20kg
③ 황린: 30kg   ④ 황: 50kg

023 위험물 품명에 따른 지정수량이 바르게 연결된 것이 아닌 것은? 2017년 공채

① 유기과산화물, 질산에스터류 – 10kg
② 특수인화물, 알코올류 – 100리터
③ 철분, 마그네슘 – 500kg
④ 무기과산화물, 과염소산염류 – 50kg

024 「위험물안전관리법」에서 제5류 위험물 중 하이드라진 유도체의 지정수량은?　2010년 공채

① 100kg

② 200kg

③ 300kg

④ 400kg

025 위험물의 종류 중 제2류 위험물에 해당하는 것은?　2011년 공채

① 적린, 황린

② 철분, 금속분

③ 마그네슘, 칼슘

④ 황화인, 황린

026 「위험물안전관리법」에서 정하는 제3류 위험물의 품명 중 지정수량이 다른 하나는?　2014년 공채

① 칼륨

② 나트륨

③ 알킬알루미늄

④ 알칼리금속

027 다음 중 위험물의 지정품목 등에 대한 설명으로 옳지 않은 것은?　2013년 공채

① 제3석유류로 지정된 품명은 경유와 등유이다.

② 제1석유류 중 휘발유의 지정수량은 200리터이다.

③ 황은 순도가 60중량퍼센트 이상이다.

④ 동식물유류는 제4류 위험물이다.

028 「위험물안전관리법」 중 특수인화물에 대하여 옳지 않은 것은?　2012년 공채

① 특수인화물은 제4류 위험물에 해당된다.

② 특수인화물의 지정품명으로서 이황화탄소와 디에틸에테르 등이 있다.

③ 특수인화물은 지정수량이 50리터이다.

④ 특수인화물은 인화점 및 발화점이 높아 위험하다.

029 다음 중 위험물의 성질 및 상태의 설명으로 옳지 않은 것은? 2010년 공채

① "인화성고체"라 함은 고형알코올, 그 밖에 1기압에서 인화점이 섭씨 40도 미만인 고체를 말한다.

② "알코올류"라 함은 1분자를 구성하는 탄소원자의 수가 1개부터 3개까지인 포화1가 알코올(변성알코올 포함)을 말한다.

③ "황"은 순도가 50중량퍼센트 이상인 것을 말한다. 이 경우 순도측정에 있어서 불순물은 활석 등 불연성물질과 수분에 한한다.

④ "산화성고체"라 함은 고체로서 산화력의 잠재적인 위험성 또는 충격에 대한 민감성을 판단하기 위하여 소방청장이 정하여 고시하는 시험에서 고시로 정하는 성질과 상태를 나타내는 것을 말한다.

030 「위험물안전관리법 시행규칙」상 위험물 제조소등(이동탱크저장소 제외)에 설치하는 경보설비로 옳지 않은 것은? 2020년 공채

① 확성장치

② 비상방송설비

③ 비상경보설비

④ 단독경보형감지기

031 「위험물안전관리법 시행규칙」상 제조소등에 설치하는 소방시설 설치에 대한 내용으로 옳지 않은 것은? 2021년 공채

① 제조소등에는 화재발생 시 소화가 곤란한 정도에 따라 그 소화에 적응성이 있는 소화설비를 설치하여야 한다.

② 제조소등에는 화재발생 시 소방공무원이 화재를 진압하거나 인명구조 활동을 할 수 있도록 소화활동설비를 설치하여야 한다.

③ 주유취급소 중 건축물의 2층 이상의 부분을 점포·휴게음식점 또는 전시장의 용도로 사용하는 것과 옥내주유취급소에는 피난설비를 설치하여야 한다.

④ 지정수량의 10배 이상의 위험물을 저장 또는 취급하는 제조소등(이동탱크저장소 제외)에는 화재발생 시 이를 알릴 수 있는 경보설비를 설치하여야 한다.

032 다음 중 위험물을 저장하는 탱크용량 산정기준으로 옳은 것은? 2009년 공채

① 탱크내용적 - 공간용적

② 탱크내용적 + 공간용적

③ 탱크내용적 × 공간용적

④ 탱크내용적 ÷ 공간용적

033 위험물의 저장·취급 및 운반에 있어서 「위험물안전관리법」에 적용을 받는 것은? 2008년 공채

① 항공기
② 선박
③ 차량
④ 철도

034 「위험물안전관리법」에서 지정수량 미만인 위험물의 저장 또는 취급에 관한 기술상의 기준은 어디에 적용을 받는가? 2007년 공채

① 시·도의 규정
② 「위험물안전관리법」 행정안전부령
③ 시·도의 조례
④ 「위험물안전관리법 시행령」

035 「위험물안전관리법」에서 정하고 있는 위험물의 저장 및 취급에 대한 사항으로 옳지 않은 것은? 2012년 공채

① 지정수량 미만인 위험물의 저장 또는 취급에 관한 기술상의 기준은 시·도의 조례로 정한다.
② 지정수량 이상의 위험물을 저장소가 아닌 장소에서 저장하거나 제조소등이 아닌 장소에서 취급하여서는 아니 된다.
③ 군부대가 지정수량 이상의 위험물을 군사목적으로 임시로 저장 또는 취급하는 경우에는 관할소방서장의 승인을 받아야 한다.
④ 항공기·선박·철도 및 궤도에 의한 위험물의 저장·취급 및 운반에 있어서는 「위험물안전관리법」을 적용하지 아니한다.

036 지정수량 이상의 위험물을 관할소방서장의 승인을 받아 허가 받지 않은 장소에서 임시로 저장 또는 취급할 수 있는 기간은? 2013년 공채

① 30일
② 60일
③ 90일
④ 120일

037 시·도의 조례가 정하는 바에 따라 지정수량 이상의 위험물을 90일 이내의 기간 동안 임시로 저장 또는 취급하는 경우의 행정절차로 옳은 것은? 2014년 공채

① 관할소방서장의 허가를 받아야 한다.
② 관할소방서장의 승인을 받아야 한다.
③ 관할소방서장에게 신고를 하여야 한다.
④ 관할소방서장에게 통보하여야 한다.

제5편 해커스소방 김진성 소방관계법규 단원별 기출문제집

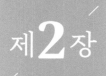

제2장 위험물시설의 설치 및 변경

정답 및 해설 p. 78

001 「위험물안전관리법」상 위험물시설의 설치 및 변경 등에 대한 설명으로 옳지 않은 것은? 2018년 공채
□□□

① 제조소등을 설치하고자 하는 자는 시·도지사의 허가를 받아야 한다.
② 제조소등의 위치, 구조 또는 설비를 변경하고자 하는 때에는 시·도지사에게 신고하여야 한다.
③ 위험물의 품명, 수량, 지정수량의 배수를 변경하고자 하는 때에는 시·도지사에게 신고하여야 한다.
④ 수산용으로 필요한 난방시설을 위한 지정수량 10배의 저장소는 신고를 하지 않을 수 있다.

002 「위험물안전관리법」상 신고를 하지 아니하고 위험물의 품명·수량 또는 지정수량의 배수를 변경할 수
□□□ 있는 경우로 옳은 것은? 2019년 공채

① 농예용으로 필요한 건조시설을 위한 지정수량 20배 이하의 취급소
② 축산용으로 필요한 난방시설을 위한 지정수량 20배 이하의 저장소
③ 수산용으로 필요한 건조시설을 위한 지정수량 30배 이하의 저장소
④ 공동주택의 중앙난방시설을 위한 지정수량 30배 이하의 취급소

003 허가를 받지 아니하고 당해 제조소등을 설치하거나 그 위치·구조 또는 설비를 변경할 수 있으며, 신고
□□□ 를 하지 아니하고 위험물의 품명·수량 또는 지정수량의 배수를 변경할 수 있는 경우가 아닌 것은? 2011년 공채

① 주택의 난방시설을 위한 지정수량 40배의 저장소
② 농예용의 난방시설 또는 건조시설을 위한 지정수량 30배의 저장소
③ 축산용의 난방시설 또는 건조시설을 위한 지정수량 20배의 저장소
④ 수산용의 난방시설 또는 건조시설을 위한 지정수량 10배의 저장소

004 위험물시설의 설치 및 변경 등에 관한 설명으로 옳지 않은 것은? 2012년 공채

① 제조소등을 설치하고자 하는 자는 대통령령이 정하는 바에 따라 그 설치장소를 관할하는 시·도지사의 허가를 받아야 한다.

② 위험물의 품명·수량 또는 지정수량의 배수를 변경하고자 하는 자는 변경하고자 하는 날의 1일 전까지 행정안전부령이 정하는 바에 따라 시·도지사에게 신고하여야 한다.

③ 주택의 난방시설(공동주택의 중앙난방시설 제외)을 위한 저장소 또는 취급소는 허가 및 신고에서 제외되는 대상이다.

④ 농예용·축산용 또는 수산용으로 필요한 난방시설 또는 건조시설을 위한 지정수량 40배의 저장소는 허가 및 신고에서 제외되는 대상이다.

005 위험물시설의 설치 및 변경 등에 관한 설명으로 옳지 않은 것은? 2013년 공채

① 제조소등을 설치하고자 하는 자는 대통령령이 정하는 바에 따라 그 설치장소를 관할하는 시·도지사의 허가를 받아야 한다.

② 당해 제조소등에서 저장하거나 취급하는 위험물의 품명·수량 또는 지정수량의 배수를 변경하고자 하는 자는 변경하고자 하는 날의 1일 전까지 행정안전부령이 정하는 바에 따라 시·도지사에게 신고하여야 한다.

③ 주택의 난방시설(공동주택의 중앙난방시설 포함)을 위한 저장소 또는 취급소는 위험물의 품명·수량 또는 지정수량의 배수를 변경하고자 하는 경우에는 시·도지사에게 신고하지 않아도 된다.

④ 농예용·축산용 또는 수산용으로 필요한 난방시설 또는 건조시설을 위한 지정수량 20배 이하의 저장소의 경우에는 신고를 하지 아니하고 위험물의 품명·수량 또는 지정수량의 배수를 변경할 수 있다.

006 위험물시설의 설치 및 변경 시 제조소등의 위치·구조 또는 설비의 변경 없이 당해 제조소등에서 저장하거나 취급하는 위험물의 품명·수량 또는 지정수량의 배수를 변경하고자 하는 자는 변경하고자 하는 날의 며칠 전까지 행정안전부령이 정하는 바에 따라 누구에게 신고하여야 하는가? 2016년 공채

① 1일 전까지 시·도지사에게 ② 1일 전까지 소방서장에게

③ 3일 전까지 시·도지사에게 ④ 3일 전까지 소방서장에게

군용 위험물시설의 설치 및 변경 등에 관한 설명으로 옳은 것은?
2010년 공채

① 위험물 시설을 설치하고자하는 경우에는 시·도지사의 허가를 받아야 한다.

② 제조소등의 위치, 구조 및 설비를 변경하고자 하는 경우에는 시·도지사의 허가를 받아야 한다.

③ 제조소등의 완공검사를 자체적으로 실시한 후 시·도지사에게 지체 없이 통보하여야 한다.

④ 저장탱크는 한국소방산업기술원의 탱크안전성능 시험을 받아야 한다.

위험물 탱크안전성능검사의 신청 등에 관하여 옳지 않은 것은?
2011년 공채

① 기초·지반검사: 위험물탱크의 기초 및 지반에 관한 공사의 개시 전

② 충수·수압검사: 위험물을 저장 또는 취급하는 탱크에 배관, 그 밖의 부속설비를 부착하기 전

③ 유류탱크검사: 탱크본체에 관한 공사의 개시 전

④ 암반탱크검사: 암반탱크의 본체에 관한 공사의 개시 전

탱크안전성능검사의 대상이 되는 탱크 등에 있어서 기초·지반 검사의 대상인 것은?
2010년 공채

① 옥외탱크저장소의 액체위험물탱크 중 그 용량이 100만리터 이상인 탱크

② 옥외탱크저장소의 고체위험물탱크 중 그 용량이 100만리터 이상인 탱크

③ 옥외탱크저장소의 액체위험물탱크 중 그 용량이 200만리터인 지하탱크저장소

④ 옥외탱크저장소의 고체위험물탱크 중 그 용량이 200만리터인 지하탱크저장소

010

다음 중 위험물 탱크안전성능검사의 종류로 옳지 않은 것은?
2011년 공채

① 기초·지반검사

② 용접부검사

③ 충수·수압검사

④ 재질·강도검사

011 「위험물안전관리법 시행규칙」상 탱크안전성능시험자가 변경사항을 신고해야 하는 중요사항으로 옳지 않은 것은?
2024년 경채

① 영업소 소재지의 변경
② 기술능력의 변경
③ 보유장비의 변경
④ 상호 또는 명칭의 변경

012 「위험물안전관리법 시행규칙」상 완공검사 신청시기에 대한 설명으로 옳지 않은 것은? 2018년 공채

① 지하탱크가 있는 제조소의 경우: 당해 지하탱크를 매설하기 전
② 이동탱크저장소의 경우: 이동저장탱크의 공사를 완료한 후
③ 이송취급소의 경우: 이송배관 공사의 전체 또는 일부를 완료한 후. 다만, 지하·하천 등에 매설하는 이송배관 공사의 경우에는 이송배관을 매설하기 전
④ 전체 공사가 완료된 후에 실시하기 곤란한 경우: 위험물 설비 또는 배관의 설치가 완료되어 기밀시험 또는 내압시험을 실시하는 시기

013 제조소등의 설치를 마친 경우에 실시하는 완공검사자로 옳은 것은? 2010년 공채

① 소방본부장
② 소방서장
③ 행정안전부장관
④ 시·도지사

014 위험물 제조소등의 설치를 마쳤거나 그 위치·구조 또는 설비의 변경을 마친 때 완공검사를 받아야 한다. 지하탱크가 있는 제조소등의 경우 완공검사 신청시기로 옳은 것은? 2014년 공채

① 당해 지하탱크를 매설한 후
② 당해 지하탱크의 공사를 마친 후
③ 당해 지하탱크를 매설하기 전
④ 당해 지하탱크를 완공한 후

015 위험물 제조소등의 설치자의 지위를 승계한 사람은 며칠 이내에 누구에게 신고하여야 하는가?

2013년 공채

① 시 · 도지사에게 7일 이내
② 시 · 도지사에게 30일 이내
③ 소방본부장 · 소방서장에게 7일 이내
④ 소방본부장 · 소방서장에게 30일 이내

016 위험물 제조소등의 관계인이 제조소등을 폐지할 경우 조치사항으로 옳은 것은?

2008년 공채

① 폐지한 날부터 7일 이내에 시 · 도지사에게 신고한다.
② 폐지한 날부터 10일 이내에 시 · 도지사에게 신고한다.
③ 폐지한 날부터 14일 이내에 시 · 도지사에게 신고한다.
④ 폐지한 날부터 30일 이내에 시 · 도지사에게 신고한다.

017 위험물 제조소등에서 일반적으로 사용정지처분에 갈음하여 과징금은 얼마까지 부과할 수 있는가?

2007년 공채

① 1천만원 이하
② 3천만원 이하
③ 1억원 이하
④ 2억원 이하

제**3**장 위험물시설의 안전관리

정답 및 해설 p. 81

001 「위험물안전관리법」상 1인의 위험물안전관리자를 중복하여 선임할 수 있는 저장소등으로 옳은 것을 모두
□□□ 고르면?
2018년 공채

> ㄱ. 보일러, 버너로 되어 있는 위험물을 소비하는 장치로 이루어진 5개의 일반취급소
> ㄴ. 동일구내에 있거나 상호 100m 이내에 있는 11개의 옥외저장소
> ㄷ. 동일구내에 있거나 상호 100m 이내에 있는 11개의 옥내저장소
> ㄹ. 동일구내에 있거나 상호 100m 이내에 있는 31개의 옥외탱크저장소

① ㄱ   ② ㄱ, ㄴ

③ ㄱ, ㄹ   ④ ㄱ, ㄷ, ㄹ

002 다음 중 위험물취급자격자에 대한 설명으로 옳지 않은 것은?
□□□
2013년 공채

① 안전교육을 받은 자를 안전관리자의 대리자로 지정할 수 있다.
② 관계인은 위험물의 안전관리에 관한 직무를 수행하게 하기 위하여 제조소등마다 안전관리 교육 이
수자를 위험물안전관리자로 선임하여야 한다.
③ 소방공무원으로서 근무경력이 3년 이상인 자에게는 제4류 위험물을 취급할 자격이 있다.
④ 위험물기능사의 국가기술자격을 갖춘 자는 모든 위험물을 취급할 자격이 있다.

003 위험물안전관리자에 대하여 옳지 않은 것은?
□□□
2017년 공채

① 대리자를 지정 시 소방본부장 또는 소방서장에게 신고를 하지 않아도 된다.
② 위험물취급자격자가 아닌 자는 안전관리자 또는 대리자가 참여한 상태에서 위험물을 취급하여야
한다.
③ 대리자는 안전관리자를 선임하지 못할 시에만 지정할 수 있다.
④ 대리자는 경력이 없어도 위험물의 취급에 관한 자격취득자를 지정할 수 있다.

004 「위험물안전관리법」상 위험물안전관리자의 선임 등에 관한 사항이다. (   ) 안에 들어갈 숫자로 옳은 것은?

2020년 공채

- 위험물안전관리자를 선임한 제조소등의 관계인은 그 위험물안전관리자를 해임하거나 위험물안전관리자가 퇴직한 때에는 해임하거나 퇴직한 날부터 (가)일 이내에 다시 위험물안전관리자를 선임하여야 한다.
- 제조소등의 관계인은 위험물안전관리자를 선임한 경우에는 선임한 날부터 (나)일 이내에 행정안전부령으로 정하는 바에 따라 소방본부장 또는 소방서장에게 신고하여야 한다.

	(가)	(나)
①	15	14
②	15	30
③	30	14
④	30	30

005 다음 중 위험물안전관리자를 선임하지 않아도 되는 제조소등은?

2010년 공채

① 옥내저장소
② 일반취급소
③ 옥외탱크저장소
④ 이동탱크저장소

006 다음 중 위험물안전관리자의 책무로 옳지 않은 것은?

2011년 공채

① 위험물의 취급 작업에 참여하여 해당 작업자에 대하여 지시 및 감독하는 업무
② 화재 등의 재난이 발생한 경우 응급조치 및 소방관서 등에 대한 연락업무
③ 화재 등의 재해의 방지에 관하여 인접하는 제조소등과 그 밖의 관련되는 시설의 관계자와 협조체제의 유지
④ 소방안전관리에 관한 일지의 작성·기록

007 탱크시험자의 등록을 하고자 하는 사람은 누구에게 신청하여야 하는가? 2008년 공채
□□□

① 소방본부장 · 소방서장   ② 행정안전부장관
③ 시 · 도지사   ④ 시장 · 군수 · 구청장

008 「위험물안전관리법」 및 같은 법 시행령상 관계인이 예방규정을 정하여야 하는 제조소등에 해당하지 않
□□□ 는 것은?   2023년 공채 · 경채

① 4,000L의 알코올류를 취급하는 제조소
② 30,000kg의 황을 저장하는 옥외저장소
③ 2,500kg의 질산에스터류를 저장하는 옥내저장소
④ 150,000L의 경유를 저장하는 옥외탱크저장소

009 「위험물안전관리법 시행규칙」상 관계인이 예방규정을 정하여야 하는 제조소등에 대한 기준이다. (　　)
□□□ 안에 들어갈 내용으로 옳은 것은?   2022년 공채

• 지정수량의 (ㄱ)배 이상의 위험물을 취급하는 제조소
• 지정수량의 (ㄴ)배 이상의 위험물을 저장하는 옥내저장소
• 지정수량의 (ㄷ)배 이상의 위험물을 저장하는 옥외저장소
• 지정수량의 (ㄹ)배 이상의 위험물을 저장하는 옥외탱크저장소

	ㄱ	ㄴ	ㄷ	ㄹ
①	10	150	100	200
②	50	150	100	200
③	10	100	150	200
④	50	100	150	250

010 제조소등의 관계인은 해당 제조소등의 화재예방과 화재 등 재해발생 시의 비상조치를 위하여 예방규정을 정하여 당해 제조소등의 사용을 시작하기 전에 시·도지사에게 제출하여야 한다. 예방규정을 두어야 하는 시설은? 2017년 공채

① 지정수량 150배 이상의 위험물을 취급하는 옥내탱크저장소
② 지정수량 150배 이상의 위험물을 취급하는 옥외탱크저장소
③ 지정수량 100배 이상의 위험물을 취급하는 옥내저장소
④ 지정수량 10배 이상의 위험물을 취급하는 제조소

011 다음 중 예방규정을 정하여야 하는 제조소등이 아닌 것은? 2007년 공채

① 지정수량의 10배 이상의 제조소
② 지정수량의 100배 이상의 옥내탱크저장소
③ 지정수량의 150배 이상의 옥내저장소
④ 지정수량의 200배 이상의 옥외탱크저장소

012 다음 중 관계인이 예방규정을 정하여야 하는 제조소등이 아닌 것은? 2009년 공채

① 지정수량의 10배 이상의 제조소
② 지정수량의 100배 이상의 옥외저장소
③ 지정수량의 150배 이상의 위험물 저장하는 지하탱크저장소
④ 지정수량의 200배 이상의 위험물 저장하는 옥외탱크저장소

013 다음 중 관계인이 예방규정을 작성하여야 하는 제조소등의 기준이 아닌 것은? 2015년 공채

① 지정수량의 10배 이상을 취급하는 제조소
② 지정수량의 100배 이상의 위험물을 저장하는 옥내저장소
③ 지정수량의 200배 이상의 위험물을 저장하는 옥외탱크저장소
④ 암반탱크저장소

014 관계인은 제조소등의 화재예방과 화재 등 재해발생 시의 비상조치를 위하여 행정안전부령이 정하는 바에 따라 예방규정을 정하여 당해 제조소등의 사용을 시작하기 전에 시·도지사에게 제출하여야 한다. 다음 중 대통령령으로 정하는 예방규정 작성대상으로 옳지 않은 것은? 2016년 공채

① 지정수량의 100배 이상의 위험물을 저장하는 옥외저장소
② 지정수량의 150배 이상의 위험물을 저장하는 옥내저장소
③ 지정수량의 200배 이상의 위험물을 저장하는 옥외탱크저장소
④ 지정수량의 200배 이상의 위험물을 저장하는 암반탱크저장소

015 「위험물안전관리법 시행령」상 정기점검 대상인 저장소로 옳지 않은 것은? 2021년 공채

① 옥내탱크저장소   ② 지하탱크저장소
③ 이동탱크저장소   ④ 암반탱크저장소

016 위험물 제조소등에서 정기점검 대상으로 옳은 것은? 2013년 공채

① 지정수량의 50배 이상의 위험물을 저장하는 옥외저장소
② 지정수량의 100배 이상의 위험물을 저장하는 옥외탱크저장소
③ 지정수량의 150배 이상의 위험물을 저장하는 옥내저장소
④ 지정수량 이상의 제조소

017 특정옥외탱크저장소로서 탱크용량 50만리터 이상인 경우에는 소방본부장 또는 소방서장으로부터 정밀정기검사를 받아야 한다. 정밀정기검사는 완공검사합격확인증을 발급받은 날부터 몇 년 이내에 받아야 하는가? 2012년 공채

① 2년   ② 3년
③ 10년   ④ 12년

018
☐☐☐ 「위험물안전관리법 시행규칙」상 화학소방자동차에 갖추어야 하는 소화능력 또는 설비의 기준으로 옳은 것은? 2023년 공채·경채

① 포수용액 방사차: 포수용액의 방사능력이 매분 1,000L 이상일 것
② 분말 방사차: 1,000kg 이상의 분말을 비치할 것
③ 할로겐화합물 방사차: 할로겐화합물의 방사능력이 매초 40kg 이상일 것
④ 이산화탄소 방사차: 1,000kg 이상의 이산화탄소를 비치할 것

019
☐☐☐ 「위험물안전관리법 시행령」상 다량의 위험물을 저장·취급하는 제조소등에서 자체소방대를 설치하여야 하는 사업소로 옳지 않은 것은? 2022년 공채

① 최대수량의 합이 지정수량의 3천배 이상인 제4류 위험물을 취급하는 제조소
② 최대수량의 합이 지정수량의 3천배 이상인 제4류 위험물을 취급하는 일반취급소
③ 최대수량이 지정수량의 50만배 이상인 제4류 위험물을 저장하는 옥내탱크저장소
④ 최대수량이 지정수량의 50만배 이상인 제4류 위험물을 저장하는 옥외탱크저장소

020
☐☐☐ 자체소방대를 두어야 하는 제조소등의 기준으로 옳은 것은? 2011년 공채

① 지정수량의 3천배 이상의 제4류 위험물을 저장, 취급하는 제조소 또는 일반취급소
② 지정수량의 2천배 이상의 제4류 위험물을 저장, 취급하는 제조소
③ 지정수량의 2천배 이상의 제4류 위험물을 저장, 취급하는 일반취급소
④ 지정수량의 1천배 이상의 제4류 위험물을 저장, 취급하는 일반취급소

제4장 위험물의 운반 등

정답 및 해설 p. 84

001 위험물을 운반할 때는 중요기준과 세부기준에 따라야 하는데 그 사항이 아닌 것은?
□□□

2010년 공채

① 운반용기
② 저장방법
③ 적재방법
④ 운반방법

002 「위험물안전관리법 시행규칙」상 위험물의 운반에 관한 기준 중 적재방법에 대한 내용으로 옳지 않은 것
□□□ 은? (다만, 덩어리 상태의 황을 운반하기 위하여 적재하는 경우 또는 위험물을 동일구내에 있는 제조소
등의 상호간에 운반하기 위하여 적재하는 경우는 제외한다)

2023년 공채·경채

① 하나의 외장용기에는 다른 종류의 위험물을 수납하지 아니할 것
② 고체 위험물은 운반용기 내용적의 95% 이하의 수납율로 수납할 것
③ 액체 위험물은 운반용기 내용적의 98% 이하의 수납율로 수납하되, 55℃의 온도에서 누설되지 아니
하도록 충분한 공간용적을 유지하도록 할 것
④ 자연발화물질 중 알킬알루미늄등은 운반용기 내용적의 95% 이하의 수납율로 수납하되, 55℃의 온
도에서 10% 이상의 공간용적을 유지하도록 할 것

003 「위험물안전관리법」 및 같은 법 시행령상 운송책임자의 감독 및 지원을 받아 운송해야 하는 위험물로
□□□ 옳은 것은?

2024년 공채·경채

① 아세트알데히드
② 유기과산화물
③ 알킬리튬
④ 질산염류

004
□□□
위험물을 이동탱크저장소에 운송할 때 운송책임자의 감독·지원을 받아야 하는 위험물로 옳은 것은?

2012년 공채

① 과염소산염
② 유기금속화합물
③ 알킬알루미늄
④ 마그네슘

005
□□□
위험물 운송자가 운송책임자의 감독·지원을 받아 운송하여야 하는 위험물은?

2010년 공채

① 유기과산화물
② 질산에스터류
③ 알킬알루미늄
④ 칼륨 및 나트륨

006
□□□
이동탱크저장소에 의하여 위험물을 운송하는 경우 운송책임자의 감독·지원을 받아야 하는 위험물은?

2015년 공채

① 알킬알루미늄
② 아세트알데히드
③ 산화프로필렌
④ 질산메틸

제5장 감독 및 조치명령

정답 및 해설 p. 85

001
□□□

위험물의 누출·화재·폭발 등의 사고가 발생한 경우 위험물 누출 등의 사고 조사를 하여야 하는 조사자로 옳지 않은 것은?

2010년 공채

① 소방청장
② 시·도지사
③ 소방본부장
④ 소방서장

002
□□□

탱크시험자가 당해 업무를 적정하게 실시하기 위하여 감독상 필요한 명령의 권한이 있는 자로 옳지 않은 것은?

2013년 공채

① 소방청장
② 시·도지사
③ 소방본부장
④ 소방서장

제6장 보칙

정답 및 해설 p. 86

001 위험물 안전교육대상자가 아닌 것은? 2007년 공채

① 안전관리자로 선임된 자
② 탱크시험자의 기술인력으로 종사하는 자
③ 위험물 운송자로 종사하는 자
④ 자체소방대원

002 다음 중 위험물 안전교육을 받아야 하는 대상자가 아닌 것은? 2008년 공채

① 안전관리자로 선임된 자
② 대리자 및 보조자
③ 위험물 운송자로 종사하는 자
④ 탱크시험자의 기술인력으로 종사하는 자

003 탱크시험자의 등록을 취소하고자 할 때 청문을 실시하는 청문권자로 옳지 않은 것은? 2013년 공채

① 소방청장
② 시 · 도지사
③ 소방본부장
④ 소방서장

제7장 벌칙

정답 및 해설 p. 86

001 제조소등에서 위험물을 유출·방출 또는 확산시켜 사람의 생명·신체 또는 재산에 대하여 위험을 발생시킨 자의 벌칙으로 옳은 것은? 2012년 공채

① 7년 이하의 금고 또는 7천만원 이하의 벌금
② 1년 이상 10년 이하의 징역
③ 3년 이상의 징역 또는 무기징역
④ 5년 이상의 징역 또는 무기징역

002 제조소등의 설치허가를 받지 아니하고 제조소등을 설치한 자의 벌칙으로 옳은 것은? 2011년 공채

① 1년 이하의 징역 또는 1천만원 이하의 벌금
② 5년 이하의 징역 또는 1억원 이하의 벌금
③ 1천5백만원 이하의 벌금
④ 1천만원 이하의 벌금

003 「위험물안전관리법」상 벌칙 기준이 다른 것은? 2020년 공채

① 제조소등의 사용정지명령을 위반한 자
② 변경허가를 받지 아니하고 제조소등을 변경한 자
③ 위험물의 저장 또는 취급에 관한 중요기준에 따르지 아니한 자
④ 위험물안전관리자 또는 그 대리자가 참여하지 아니한 상태에서 위험물을 취급한 자

004 위험물안전관리자를 선임하지 아니한 제조소등의 관계인의 벌칙으로 옳은 것은?

2009년 공채

① 1백만원 이하의 벌금

② 2백만원 이하의 벌금

③ 3백만원 이하의 벌금

④ 1천5백만원 이하의 벌금

005 「위험물안전관리법」에서 과태료 부과자로서 옳지 않은 것은?

2013년 공채

① 소방서장

② 시 · 도지사

③ 소방본부장

④ 소방청장

제**8**장 제조소등 및 운반 등의 기술기준

제**8**장 제조소등 및 운반 등의 기술기준

정답 및 해설 p. 87

001 위험물 제조소의 건축물 구조로 옳지 않은 것은?

2011년 공채

① 지하층은 없도록 한다.

② 지붕은 가벼운 불연재료로 한다.

③ 연소의 우려가 있는 외벽에 설치하는 출입구에는 60분+방화문 또는 60분방화문을 설치한다.

④ 위험물을 취급하는 건축물의 창 및 출입구 유리는 망입유리로 한다.

002 다음 중 위험물 제조소의 구조 및 설비의 기준으로 옳지 않은 것은?

2013년 공채

① 지붕은 폭발력이 위로 방출될 정도의 가벼운 불연재료로 덮어야 한다.

② 출입구와 비상구에는 60분+방화문·60분방화문 또는 30분방화문을 설치하되, 연소의 우려가 있는 외벽에 설치하는 출입구에는 수시로 열 수 있는 자동폐쇄식의 60분+방화문 또는 60분방화문을 설치하여야 한다.

③ 액체의 위험물을 취급하는 건축물의 바닥은 위험물이 스며들지 못하는 재료를 사용하고, 적당한 경사를 두어 그 최저부에 집유설비를 하여야 한다.

④ 공기 중의 상대습도가 70% 이상인 경우에는 건조설비를 설치하여야 한다.

003 다음 중 제조소의 안전거리로 옳지 않은 것은?

2012년 공채

① 주거용: 10m

② 가스저장 및 취급시설: 20m

③ 병원 및 학교: 20m

④ 문화재: 50m

004 「위험물안전관리법 시행규칙」상 제조소의 위치·구조 및 설비의 기준에 근거하여 취급하는 위험물의 최대수량이 지정수량의 20배인 경우, 제조소 주위에 보유하여야 하는 공지의 너비는?

2023년 공채·경채

① 2m 이상

② 3m 이상

③ 4m 이상

④ 5m 이상

005 다음 중 제조소의 보유공지에 대한 설명으로 옳은 것은? 2010년 공채

① 지정수량의 10배 이하의 위험물을 취급하는 경우에는 3m 이상
② 지정수량의 10배 이상의 위험물을 취급하는 경우에는 5m 이상
③ 지정수량의 20배 미만의 위험물을 취급하는 경우에는 10m 이상
④ 지정수량의 20배 이상의 위험물을 취급하는 경우에는 10m 이상

006 위험물 제조소의 보유공지에 대한 시설기준으로 옳지 않은 것은? 2014년 공채

① 위험물을 취급하는 건축물, 그 밖의 시설의 주위에는 그 취급하는 위험물의 최대수량에 따라 공지를 보유하여야 한다.
② 보유공지는 제조소의 구성요소에 해당하지 않으므로 도로를 포함하여도 된다.
③ 도로는 위험물을 취급하는 건축물에 해당하지 않으므로 보유공지를 확보하지 않아도 된다.
④ 위험물을 이송하기 위한 배관, 그 밖에 이와 유사한 시설은 보유공지를 확보하지 않아도 된다.

007 「위험물안전관리법」상 제조소등의 제조소에서 정전기를 제거하는 방법으로 옳지 않은 것은? 2013년 공채

① 접지를 한다.　　　　　　　　　② 상대습도를 70% 이상으로 한다.
③ 공기를 이온화한다.　　　　　　④ 배풍기로 강제배기 시킨다.

008 「위험물안전관리법 시행규칙」상 제조소의 위치·구조 및 설비의 기준에 대한 설명으로 옳지 않은 것은?
2019년 공채

① 환기설비는 자연배기방식으로 하여야 한다.
② 제6류 위험물을 취급하는 제조소는 안전거리 적용제외 대상이다.
③ "위험물제조소"라는 표시를 한 표지의 바탕은 흑색으로, 문자는 백색으로 하여야 한다.
④ 제5류 위험물을 저장 또는 취급하는 제조소에는 "화기엄금"을 표시한 게시판을 설치하여야 한다.

009 「위험물안전관리법 시행규칙」상 제조소의 설치기준에 대한 설명으로 옳지 않은 것은? 2018년 공채

① 채광설비는 불연재료로 하고 연소 우려가 없는 장소에 설치한다.
② 조명설비의 전선은 내화·내열전선으로 한다.
③ 환기설비의 급기구의 크기는 800cm² 이상으로 한다.
④ 환기설비의 급기구는 높은 곳에 설치한다.

010 다음 중 위험물 제조소의 채광·조명 및 환기설비의 기준으로 옳지 않은 것은? 2012년 공채

① 환기는 강제배기방식으로 할 것
② 채광설비는 불연재료로 하고, 연소의 우려가 없는 장소에 설치하되 채광면적을 최소로 할 것
③ 가연성가스 등이 체류할 우려가 있는 장소의 점멸스위치는 출입구 바깥부분에 설치할 것
④ 가연성가스 등이 체류할 우려가 있는 장소의 조명등은 방폭등으로 할 것

011 제6류 위험물 취급 장소가 아닌 위험물 제조소에 주위상황이 낙뢰 위험이 있을 때 피뢰침을 설치하여야 하는 수량으로 옳은 것은? 2011년 공채

① 지정수량의 3배 이상　　　　　② 지정수량의 5배 이상
③ 지정수량의 10배 이상　　　　④ 지정수량의 20배 이상

012 다음 중 방화상 유효한 격벽의 규정으로 옳지 않은 것은? 2010년 공채

① 방화벽은 내화구조로 할 것
② 제6류 위험물인 방화벽의 경우에는 난연재료로 할 것
③ 방화벽에 설치하는 출입구 및 창 등의 개구부는 가능한 한 최소로 하고, 출입구 및 창에는 자동폐쇄식의 60분+방화문 또는 60분방화문을 설치할 것
④ 방화벽의 양단 및 상단이 외벽 또는 지붕으로부터 50cm 이상 돌출하도록 할 것

013 「위험물안전관리법 시행규칙」상 위험물 제조소의 표지 및 게시판에 대한 내용으로 옳지 않은 것은?

2022년 공채

① 게시판은 한변의 길이가 0.3m 이상, 다른 한변의 길이가 0.6m 이상인 직사각형으로 한다.
② 제4류 위험물에 있어서는 적색바탕에 백색문자로, "화기엄금"을 표시한다.
③ 알칼리금속의 과산화물은 청색바탕에 백색문자로, "물기엄금"을 표시한다.
④ 인화성고체에 있어서는 적색바탕에 백색문자로, "화기주의"를 표시한다.

014 제조소에 설치하는 게시판의 기준으로 옳지 않은 것은?

2008년 공채

① 게시판의 바탕은 백색으로, 문자는 흑색으로 할 것
② 게시판은 한변의 길이가 0.3m 이상, 다른 한변의 길이가 0.6m 이상인 직사각형으로 할 것
③ 게시판에는 저장 또는 취급하는 위험물의 유별·품명 및 저장최대수량 또는 취급최대수량, 지정수량의 배수 및 안전관리자의 성명 또는 직명을 기재할 것
④ 알칼리금속의 과산화물과 이를 함유한 것 또는 제3류 위험물 중 금수성물질에 있어서는 "물기주의" 표시를 할 것

015 「위험물안전관리법 시행규칙」상 위험물제조소에 저장 또는 취급하는 위험물에 따라 설치해야 하는 주의사항을 표시한 게시판의 내용으로 옳지 않은 것은?

2024년 공채·경채

① 제1류 위험물 중 알칼리금속의 과산화물 – 물기주의
② 제2류 위험물(인화성고체 제외) – 화기주의
③ 제3류 위험물 중 자연발화성물질 – 화기엄금
④ 제5류 위험물 – 화기엄금

016 제조소등의 게시판에 주의사항을 게시할 때 제2류 위험물(인화성고체 제외)에 있어서의 게시할 내용으로 옳은 것은?

2007년 공채

① "화기엄금" ② "화기주의"
③ "물기엄금" ④ "물기주의"

017 게시판에 주의사항을 게시할 때 "화기엄금"이라고 하지 않아도 되는 것은? 2006년 공채

① 제2류 위험물(인화성고체 제외)
② 제2류 위험물 중 인화성고체
③ 제4류 위험물
④ 제5류 위험물

018 주의사항을 게시하는 게시판의 색으로 옳지 않은 것은? 2005년 공채

① "물기엄금"을 표시하는 것에 있어서는 청색바탕에 백색문자
② "화기주의"를 표시하는 것에 있어서는 적색바탕에 백색문자
③ "화기엄금"을 표시하는 것에 있어서는 적색바탕에 백색문자
④ "물기엄금"을 표시하는 것에 있어서는 적색바탕에 백색문자

019 위험물을 취급하는 제조소 건축물의 환기설비로 옳지 않은 것은? 2007년 공채

① 환기는 강제배기방식으로 할 것
② 급기구는 당해 급기구가 설치된 실의 바닥면적 150m²마다 1개 이상으로 하되, 급기구의 크기는 800cm² 이상으로 할 것
③ 환기구는 지붕위 또는 지상 2m 이상의 높이에 회전식 고정벤틸레이터 또는 루프팬 방식으로 설치할 것
④ 급기구는 낮은 곳에 설치하고 가는 눈의 구리망 등으로 인화방지망을 설치할 것

020 「위험물안전관리법 시행규칙」상 제조소의 환기설비의 기준에 대한 설명으로 옳지 않은 것은? 2021년 공채

① 환기는 기계배기방식으로 할 것
② 환기구는 지상 2m 이상의 높이에 루프팬 방식으로 설치할 것
③ 바닥면적이 90m²일 경우 급기구의 면적은 450cm² 이상으로 할 것
④ 급기구는 낮은 곳에 설치하고 가는 눈의 구리망 등으로 인화방지망을 설치할 것

021 다음 중 위험물 제조소의 설비에 대한 설명으로 옳지 않은 것은? 2015년 공채

① 채광설비는 불연재료로 하고, 연소의 우려가 없는 장소에 설치하되 채광면적을 최대로 할 것
② 환기설비의 급기구는 낮은 곳에 설치할 것
③ 가연성가스가 체류할 우려가 있는 조명설비의 점멸스위치는 출입구 바깥부분에 설치할 것
④ 환기설비는 자연배기방식으로 할 것

022 가연성의 증기 또는 미분이 체류할 우려가 있는 제조소 건축물의 배출설비 기준으로 옳지 않은 것은? 2013년 공채

① 배출설비는 전역방식으로 하는 것을 원칙으로 한다.
② 배출설비는 배풍기·배출덕트·후드 등을 이용하여 강제적으로 배출하는 것으로 하여야 한다.
③ 배출능력은 1시간당 배출장소 용적의 20배 이상인 것으로 하여야 한다.
④ 급기구는 높은 곳에 설치하고, 가는 눈의 구리망 등으로 인화방지망을 설치하여야 한다.

023 제조소의 옥외에서 액체위험물을 취급하는 설비의 바닥기준으로 옳지 않은 것은? 2012년 공채

① 바닥의 둘레에 높이 0.2m 이상의 턱을 설치하는 등 위험물이 외부로 흘러나가지 아니하도록 할 것
② 바닥의 최저부에 집유설비를 할 것
③ 위험물을 취급하는 설비에 있어서는 당해 위험물이 직접 배수구에 흘러들어가지 아니하도록 집유 설비에 유분리장치를 설치할 것
④ 바닥은 콘크리트 등 위험물이 스며들지 아니하는 재료로 하고, 턱이 있는 쪽이 낮게 경사지게 할 것

024 제조소에서 피뢰설비를 설치하지 않아도 되는 것은? 2011년 공채

① 제1류 위험물을 지정수량의 10배 이상 취급하는 제조소
② 제3류 위험물을 지정수량의 10배 이상 취급하는 제조소
③ 제4류 위험물을 지정수량의 10배 이상 취급하는 제조소
④ 제6류 위험물을 지정수량의 10배 이상 취급하는 제조소

025 「위험물안전관리법 시행규칙」상 고인화점위험물을 상온에서 취급하는 경우 제조소의 시설기준 중 일부 완화된 시설기준을 적용할 수 있는데, 고인화점위험물의 정의로 옳은 것은? 2019년 공채

① 인화점이 250℃ 이상인 인화성액체
② 인화점이 100℃ 이상인 제4류 위험물
③ 인화점이 70℃ 이상 200℃ 미만인 제4류 위험물
④ 인화점이 70℃ 이상이고 가연성 액체량이 40중량퍼센트 이상인 제4류 위험물

026 「위험물안전관리법 시행규칙」상 지하저장탱크의 주위에는 당해 탱크로부터의 액체위험물의 누설을 검사하기 위한 누유검사관을 설치하여야 한다. 누유검사관에 대한 설명으로 옳지 않은 것은? 2018년 공채

① 이중관으로 할 것, 다만 소공이 없는 상부는 단관으로 할 수 있다.
② 재료는 금속관 또는 경질합성수지관으로 할 것
③ 관은 탱크전용실의 바닥 또는 탱크의 기초까지 닿게 할 것
④ 상부는 물이 침투하지 아니하는 구조로 하고, 뚜껑은 검사 시 쉽게 열리지 않도록 할 것

027 다음 중 지하탱크저장소의 제반사항으로 옳지 않은 것은? 2010년 공채

① 탱크전용실은 지하의 가장 가까운 벽·피트·가스관 등의 시설물 및 대지경계선으로부터 0.1m 이상 떨어진 곳에 설치한다.
② 지하저장탱크와 탱크전용실의 안쪽과의 사이는 0.1m 이상의 간격을 유지하도록 한다.
③ 탱크의 주위에 마른 모래 또는 습기 등에 의하여 응고되지 아니하는 입자지름 10mm 이하의 마른 자갈분을 채워야 한다.
④ 위험물을 저장 또는 취급하는 지하탱크는 지면하에 설치된 탱크전용실에 설치하여야 한다.

028 「위험물안전관리법 시행령」상 지정수량 이상의 위험물을 옥외저장소에 저장할 수 있는 것으로 옳지 않은 것은? [다만, 「국제해사기구에 관한 협약」에 의하여 설치된 국제해사기구가 채택한 「국제해상위험물규칙」(IMDG Code)에 적합한 용기에 수납된 위험물은 제외한다] 2023년 공채·경채

① 제1류 위험물 중 염소산염류
② 제2류 위험물 중 황
③ 제4류 위험물 중 알코올류
④ 제6류 위험물

029

옥외저장소 중 위험물을 용기에 수납하여 저장 시 선반을 설치하는 기준으로 옳지 않은 것은?

2013년 공채

① 선반의 높이는 4m를 초과하지 아니할 것
② 선반에는 위험물을 수납한 용기가 쉽게 낙하하지 아니하는 조치를 강구할 것
③ 선반은 당해 선반 및 그 부속설비의 자중·저장하는 위험물의 중량·풍하중·지진의 영향 등에 의하여 생기는 응력에 대하여 안전할 것
④ 선반은 불연재료로 만들고 견고한 지반면에 고정할 것

030

「위험물안전관리법 시행규칙」상 옥외탱크저장소의 위치·구조 및 설비 기준에 대한 설명으로 옳지 않은 것은?

2022년 공채

① 저장 또는 취급하는 위험물의 최대수량이 지정수량의 500배 이하인 경우 보유 공지너비는 5m 이상으로 해야 한다.
② 옥외탱크저장소 중 그 저장 또는 취급하는 액체위험물의 최대수량이 100만ℓ 이상의 것을 특정옥외탱크라 한다.
③ 밸브 없는 통기관의 지름은 30mm 이상으로 하고 끝부분은 수평면보다 45도 이상 구부려 빗물 등의 침투를 막는 구조로 한다.
④ 압력탱크(최대상용압력이 대기압을 초과하는 탱크를 말한다) 외의 탱크는 충수시험, 압력탱크는 최대상용압력의 1.5배의 압력으로 10분간 실시하는 수압시험에서 각각 새거나 변형되지 아니하여야 한다.

031

「위험물안전관리법 시행규칙」상 옥외저장탱크의 위치·구조 및 설비 기준에 대한 설명으로 옳지 않은 것은?

2019년 공채

① 옥외저장탱크는 위험물의 폭발 등에 의하여 탱크 내의 압력이 비정상적으로 상승하는 경우에 내부의 가스 또는 증기를 상부로 방출할 수 있는 구조로 하여야 한다.
② 이황화탄소의 옥외저장탱크는 벽 및 바닥의 두께가 0.2m 이상이고 누수가 되지 아니하는 철근콘크리트의 수조에 넣어 보관하여야 한다.
③ 옥외저장탱크의 배수관은 탱크의 밑판에 설치하여야 한다. 다만, 탱크와 배수관과의 결합부분이 지진 등에 의하여 손상을 받을 우려가 없는 방법으로 배수관을 설치하는 경우에는 탱크의 옆판에 설치할 수 있다.
④ 제3류 위험물 중 금수성물질(고체에 한정)의 옥외저장탱크에는 방수성의 불연재료로 만든 피복설비를 설치하여야 한다.

032 「위험물안전관리법 시행규칙」상 옥외탱크저장소의 위치·구조 및 설비의 기준에 관한 내용이다. 빈칸에 들어갈 숫자로 옳은 것은? 2021년 공채

> • 지정수량의 650배를 저장하는 옥외탱크저장소의 보유공지는 (ㄱ)m 이상이다.
> • 펌프설비의 주위에는 너비 (ㄴ)m 이상의 공지를 보유해야 한다. 다만, 방화상 유효한 격벽을 설치하는 경우와 제6류 위험물 또는 지정수량의 (ㄷ)배 이하 위험물의 옥외저장탱크의 펌프설비에 있어서는 그러하지 아니하다.

	(ㄱ)	(ㄴ)	(ㄷ)
①	3	3	20
②	3	5	10
③	5	3	10
④	5	5	20

033 옥외탱크저장소에 저장·취급하는 위험물의 최대수량이 지정수량의 600배인 경우 보유공지는 몇 미터 이상으로 하여야 하는가? 2011년 공채

① 3미터 이상
② 5미터 이상
③ 9미터 이상
④ 12미터 이상

034 옥외탱크저장소의 통기관에 대하여 가장 옳지 않은 것은? 2013년 공채

① 밸브 없는 통기관의 직경은 45mm 이상일 것
② 끝부분은 수평면보다 45도 이상 구부려 빗물 등의 침투를 막는 구조로 할 것
③ 가는 눈의 구리망 등으로 인화방지장치를 할 것
④ 대기밸브부착 통기관은 5kPa 이하의 압력차이로 작동할 수 있을 것

035 「위험물안전관리법 시행규칙」상 인화성액체 위험물(이황화탄소를 제외한다)을 저장하는 옥외탱크저장소의 주위에 설치하는 방유제의 설치기준으로 옳지 않은 것은?

2024년 공채·경채

① 방유제는 높이 0.3m 이상 3m 이하로 할 것
② 방유제 내의 면적은 8만㎡ 이하로 할 것
③ 방유제 내의 간막이 둑은 흙 또는 철근콘크리트로 할 것
④ 높이가 1m를 넘는 방유제 및 간막이 둑의 안팎에는 방유제 내에 출입하기 위한 계단 또는 경사로를 약 50m마다 설치할 것

036 인화성액체위험물의 옥외탱크저장소의 탱크 주위에는 방유제를 설치하여야 한다. 방유제의 기술기준으로 옳지 않은 것은?

2016년 공채

① 방유제 내의 면적은 8만㎡ 이하로 할 것
② 방유제에는 그 내부에 고인 물을 외부로 배출하기 위한 배수구를 설치하고 이를 개폐하는 밸브 등을 방유제의 외부에 설치할 것
③ 방유제 내에는 당해 방유제 내에 설치하는 옥외저장탱크를 위한 배관, 조명설비 및 계기시스템과 이들에 부속하는 설비, 그 밖의 안전확보에 지장이 없는 부속설비 외에는 다른 설비를 설치하지 아니할 것
④ 높이가 1m를 넘는 방유제 및 간막이 둑의 안팎에는 방유제 내에 출입하기 위한 계단 또는 경사로를 약 70m마다 설치할 것

037 「위험물안전관리법 시행규칙」상 이동탱크저장소의 이동저장탱크 구조에 관한 설명이다. (   ) 안에 들어갈 내용으로 옳은 것은?

2024년 공채·경채

> 이동저장탱크는 그 내부에 (ㄱ)L 이하마다 (ㄴ)mm 이상의 강철판 또는 이와 동등 이상의 강도·내열성 및 내식성이 있는 금속성의 것으로 칸막이를 설치하여야 한다.

	ㄱ	ㄴ
①	3,000	1.6
②	4,000	1.6
③	3,000	3.2
④	4,000	3.2

038 「위험물안전관리법 시행규칙」상 주유취급소의 고정주유설비 설치기준이다. (   ) 안에 들어갈 내용으로 옳은 것은?

2024년 경채

> 고정주유설비는 고정주유설비의 중심선을 기점으로 하여 도로경계선까지 (   )m 이상의 거리를 유지할 것

① 1　　　　　　　　　　　　　　　　② 2

③ 3　　　　　　　　　　　　　　　　④ 4

039 주유취급소에 대하여 옳은 것은?

2017년 공채

① 고정주유설비 또는 고정급유설비의 주유관의 길이는 5m 이내로 한다.

② 주유취급소의 주위에는 자동차 등이 출입하는 쪽 외의 부분에 높이 3m 이상의 내화구조 또는 불연재료의 담 또는 벽을 설치하여야 한다.

③ 흑색바탕에 황색문자로 "주유중엔진정지"라는 표시를 한 게시판을 설치하여야 한다.

④ 주유를 받으려는 자동차 등이 출입할 수 있도록 너비 10m 이상, 길이 5m 이상의 콘크리트 등으로 포장한 공지를 보유하여야 한다.

040 다음 중 주유취급소의 위치·구조·설비의 기준으로 옳지 않은 것은?

2009년 공채

① 주유공지는 너비 15m, 길이 6m 이상이다.

② "주유중엔진정지"는 적색바탕에 황색문자로 게시한다.

③ 주유원의 간이대기실은 바닥면적 2.5m² 이하이어야 한다.

④ 고정주유설비와 고정급유설비의 사이는 4m 이상의 거리를 유지하여야 한다.

041 다음 중 주유취급소에 대하여 옳지 않은 것은?

2008년 공채

① 고정주유설비와 고정급유설비의 사이에는 4m 이상의 거리를 유지할 것

② 주유원 간이대기실의 바닥면적은 2.5m² 이하일 것

③ 주유취급소의 고정주유설비의 주위에는 주유를 받으려는 자동차 등이 출입할 수 있도록 너비 3m 이상, 길이 5m 이상의 콘크리트 등으로 포장한 공지를 보유할 것

④ 자동차 등에 주유하기 위한 고정주유설비에 직접 접속하는 전용탱크는 50,000ℓ 이하로 할 것

042 주유취급소에는 보기 쉬운 곳에 "위험물 주유취급소"라는 표시를 한 표지 기준에 준하여 (   )로 "주유중엔진정지"라는 표시를 한 게시판을 설치하여야 한다. 괄호 안에 들어갈 내용으로 옳은 것은?

2011년 공채

① 흑색바탕에 황색문자
② 황색바탕에 흑색문자
③ 백색바탕에 흑색문자
④ 흑색바탕에 백색문자

043 주유취급소에는 게시판을 설치하여야 한다. "주유중엔진정지" 게시판에 대한 설명 중 옳은 것은?

2012년 공채

① 게시판 각 변의 길이가 0.3m 이상으로 한다.
② 게시판 각 변의 길이가 0.6m 이상으로 한다.
③ 게시판의 바탕색은 황색, 문자색은 흑색으로 한다.
④ 게시판의 바탕색은 백색, 문자색은 흑색으로 한다.

044 다음 중 주유취급소의 주유공지의 기준으로 옳은 것은?

2010년 공채

① 너비 16m 이상, 길이 5m 이상
② 너비 15m 이상, 길이 6m 이상
③ 너비 8m 이상, 길이 15m 이상
④ 너비 12m 이상, 길이 6m 이상

045 다음 중 주유취급소에 설치할 수 있는 시설로 옳지 않은 것은?

2007년 공채

① 볼링장 등과 같이 다수가 이용하는 시설
② 자동차 세정 작업장
③ 자동차 등의 간이정비를 위한 작업장
④ 주유취급 업무를 위한 사무소

046 주유취급소의 위치·구조 및 설비의 기술기준으로 옳지 않은 것은? 2016년 공채

① 고정주유설비의 주위에는 주유를 받으려는 자동차 등이 출입할 수 있도록 너비 15m 이상, 길이 6m 이상의 콘크리트 등으로 포장한 공지를 보유할 것

② 주유공지 및 급유공지의 바닥은 주위 지면보다 낮게 하고, 그 표면을 적당하게 경사지게 하여 새어 나온 기름, 그 밖의 액체가 공지의 외부로 유출되지 아니하도록 배수구·집유설비 및 유분리장치를 설치할 것

③ 황색바탕에 흑색문자로 "주유중엔진정지"라는 표시를 한 게시판을 설치할 것

④ 주유취급소의 주위에는 자동차 등이 출입하는 쪽외의 부분에 높이 2m 이상의 내화구조 또는 불연 재료의 담 또는 벽을 설치할 것

047 「위험물안전관리법 시행규칙」상 위험물의 저장기준에 관한 내용으로 옳지 않은 것은? 2024년 공채·경채

① 제3류 위험물 중 황린 그 밖에 물속에 저장하는 물품과 금수성물질은 동일한 저장소에서 저장하지 아니하여야 한다.

② 옥내저장소에서는 용기에 수납하여 저장하는 위험물의 온도가 55 ℃를 넘지 아니하도록 필요한 조치를 강구하여야 한다.

③ 옥외저장소에서 위험물을 수납한 용기를 선반에 저장하는 경우에는 10m 이하의 높이로 저장하여야 한다.

④ 보냉장치가 있는 이동저장탱크에 저장하는 아세트알데히드등 또는 디에틸에테르등의 온도는 당해 위험물의 비점 이하로 유지하여야 한다.

048 「위험물안전관리법 시행규칙」상 제조소등에서의 위험물의 저장 및 취급에 관한 기준 중 위험물의 유별 저장·취급의 공통기준으로 옳은 것은? 2023년 공채·경채

① 제1류 위험물은 가연물과의 접촉·혼합이나 분해를 촉진하는 물품과의 접근 또는 과열·충격·마찰 등을 피하는 한편, 알카리금속의 과산화물 및 이를 함유한 것에 있어서는 물과의 접촉을 피하여야 한다.

② 제2류 위험물 중 자연발화성물질에 있어서는 불티·불꽃 또는 고온체와의 접근·과열 또는 공기와의 접촉을 피하고, 금수성물질에 있어서는 물과의 접촉을 피하여야 한다.

③ 제3류 위험물은 산화제와의 접촉·혼합이나 불티·불꽃·고온체와의 접근 또는 과열을 피하는 한편, 철분·금속분·마그네슘 및 이를 함유한 것에 있어서는 물이나 산과의 접촉을 피하고 인화성 고체에 있어서는 함부로 증기를 발생시키지 아니하여야 한다.

④ 제4류 위험물은 가연물과의 접촉·혼합이나 분해를 촉진하는 물품과의 접근 또는 과열을 피하여야 한다.

049 다음 중 위험물을 저장·취급 시 위험물별 주의사항을 표시한 게시판 내용으로 옳지 않은 것은?

2006년 공채

① 제2류 위험물: 가연성고체 – "화기주의"
② 제2류 위험물: 인화성고체 – "화기엄금"
③ 제3류 위험물: 자연발화성물질 – "물기엄금"
④ 제4류 위험물: 인화성액체 – "화기엄금"

050 다음 중 위험물 주의게시판의 내용으로 옳지 않은 것은?

2005년 공채

① 제2류 위험물 – "화기주의"
② 제4류 위험물 – "화기엄금"
③ 제5류 위험물 – "화기엄금"
④ 제6류 위험물 – "화기주의"

051 다음 중 위험물의 혼재가 가능한 것으로 옳은 것은?

2008년 공채

① 제1류 위험물과 제2류 위험물
② 제3류 위험물과 제4류 위험물
③ 제4류 위험물과 제6류 위험물
④ 제5류 위험물과 제1류 위험물

052 유별을 달리하는 위험물의 혼재기준에서 제4류 위험물과 혼재할 수 없는 위험물은?

2010년 공채

① 제1류 위험물, 제6류 위험물
② 제2류 위험물, 제3류 위험물
③ 제3류 위험물, 제5류 위험물
④ 제2류 위험물, 제5류 위험물

053 「위험물안전관리법」에서 제2류 위험물의 철분을 수납하는 위험물의 표시사항으로 옳은 것은?

2013년 공채

① "화기엄금" 및 "공기접촉엄금"
② "화기주의" 및 "물기엄금"
③ "충격주의" 및 "화기엄금"
④ "물기주의" 및 "화기주의"

054 다음 중 위험물 운반용기 외부에 표시하는 주의사항으로 옳지 않은 것은?

2015년 공채

① 제4류 위험물: "화기주의"
② 제3류 위험물 중 금수성물질: "물기엄금"
③ 제2류 위험물 중 인화성고체: "화기엄금"
④ 제5류 위험물: "화기엄금", "충격주의"

055 위험물을 운반용기에 운반 시 운반용기 외부에 주의사항 게시 내용으로 옳지 않은 것은?

2013년 공채

① 알칼리금속의 과산화물은 "화기엄금", "충격주의", "물기엄금", "가연물접촉주의"를 게시하여야 한다.
② 금속분, 철분 마그네슘은 "화기주의", "물기엄금"을 게시하여야 한다.
③ 황린은 "화기엄금", "공기접촉엄금"을 게시하여야 한다.
④ 제6류 위험물은 "가연물접촉주의"를 게시하여야 한다.

056 다음은 화학소방자동차의 소화능력에 대한 설명이다. 옳지 않은 것은?

2013년 공채

① 포말을 방사하는 차에 있어서는 포수용액의 방사능력이 매분 2천ℓ 이상
② 분말을 방사하는 차에 있어서는 분말의 방사능력이 매초 35kg 이상
③ 할로겐화합물을 방사하는 차에 있어서는 할로겐화합물의 방사능력이 매초 40kg 이상
④ 이산화탄소를 방사하는 차에 있어서는 이산화탄소의 방사능력이 매초 50kg 이상

057 위험물 제조소등의 옥외탱크저장소에 있는 액체위험물탱크 주위에 방유제 설치를 제외하는 위험물은?

2012년 공채

① 이황화탄소
② 중유
③ 알코올
④ 등유

058 간이탱크저장소의 간이저장탱크의 용량은 몇 ℓ 이하인가?

2011년 공채

① 600ℓ
② 1,000ℓ
③ 2,000ℓ
④ 3,000ℓ

059 제5류 위험물의 저장소에 설치하는 소방시설은?

2010년 공채

① 이산화탄소소화설비
② 할로겐화합물소화설비
③ 스프링클러설비
④ 분말소화설비

060 다음 시설 중 보유공지의 거리규정을 적용받지 않는 것은?

2010년 공채

① 옥내저장소
② 옥외탱크저장소
③ 옥내탱크저장소
④ 옥외저장소

061 판매취급소의 배합실의 시설기준으로 옳지 않은 것은?

2011년 공채

① 바닥면적은 6m² 이상 15m² 이하로 할 것
② 내화구조로된 벽으로 구획할 것
③ 바닥은 평평하게 할 것
④ 출입구에는 자동폐쇄식의 60분＋방화문 또는 60분방화문을 설치할 것

062 위험물을 운반용기에 운반하기 위하여 적재하는 경우의 수납률로 옳지 않은 것은?

2012년 공채

① 고체위험물은 운반용기 내용적의 95% 이하의 수납률로 수납할 것
② 액체위험물은 운반용기 내용적의 98% 이하의 수납률로 수납할 것
③ 알킬알루미늄등은 운반용기 내용적의 90% 이하의 수납률로 수납할 것
④ 기체위험물은 운반용기 내용적의 90% 이하의 수납률로 수납할 것

063 「위험물안전관리법 시행규칙」상 위험등급 Ⅱ의 위험물에 해당하는 것은?

2023년 경채

① 제3류 위험물 중 칼륨
② 제2류 위험물 중 적린
③ 제4류 위험물 중 특수인화물
④ 제1류 위험물 중 무기과산화물

064 다음 중 위험등급 Ⅰ에 해당하지 않는 위험물은?

2012년 공채

① 무기과산화물
② 유기과산화물
③ 질산
④ 휘발유

065 「위험물안전관리법 시행규칙」상 소화설비의 설치기준으로 옳지 않은 것은?

2024년 공채·경채

① 위험물은 지정수량의 10배를 1소요단위로 할 것
② 저장소의 건축물은 외벽이 내화구조인 것은 연면적 100m²를 1소요단위로 할 것
③ 제조소등에 전기설비(전기배선, 조명기구 등은 제외한다)가 설치된 경우에는 당해 장소의 면적 100m² 마다 소형수동식소화기를 1개 이상 설치할 것
④ 옥내소화전은 제조소등의 건축물의 층마다 당해 층의 각 부분에서 하나의 호스접속구까지의 수평거리가 25m 이하가 되도록 설치할 것

제6편

소방시설공사업법

제1장 총칙

정답 및 해설 p. 100

001 다음은 「소방시설공사업법」 제1조의 조문이다. (   )에 들어갈 내용으로 가장 옳은 것은? 2015년 공채
□□□

> 이 법은 소방시설공사 및 소방기술의 관리에 필요한 사항을 규정함으로써 소방시설업을 건전하게 발전시키고 (   )시켜 화재로부터 (   )하고 국민경제에 이바지함을 목적으로 한다.

① 소방기술을 혁신, 공공의 안전을 확보
② 소방기술을 혁신, 국민의 생명 · 신체를 보호
③ 소방기술을 진흥, 공공의 안전을 확보
④ 소방기술을 진흥, 국민의 생명 · 신체를 보호

002 다음 중 「소방시설공사업법」의 목적에 해당하지 않는 것은? 2016년 공채
□□□
① 소방시설업을 건전하게 발전시키고 소방기술을 진흥시킴
② 화재로부터 공공의 안전을 확보함
③ 국민경제에 이바지함
④ 화재의 예방 및 안전관리에 관한 국가와 지방자치단체의 책무

003 「소방시설공사업법」에서 규정한 용어의 정의로 옳지 않은 것은? 2022년 공채
□□□
① "소방시설공사업"이란 설계도서에 따라 소방시설을 신설, 증설, 개설, 이전 및 정비하는 영업을 말한다.
② "소방시설설계업"이란 소방시설공사에 기본이 되는 공사계획, 설계도면, 설계 설명서, 기술계산서 및 이와 관련된 서류를 작성하는 영업을 말한다.
③ "발주자"란 소방시설의 설계, 시공, 감리 및 방염을 소방시설업자에게 도급한 자 및 도급받은 공사를 하도급하는 자를 말한다.
④ "소방공사감리업"이란 소방시설공사에 관한 발주자의 권한을 대행하여 소방시설공사가 설계도서와 관계법령에 따라 적법하게 시공되는지를 확인하고, 품질 · 시공 관리에 대한 기술지도를 하는 영업을 말한다.

004 「소방시설공사업법」상 용어에 대한 설명으로 옳지 않은 것은? 2018년 공채

① "감리원"이란 소방공사감리업자에 소속된 소방기술자로서 해당 소방시설공사를 감리하는 사람을 말한다.

② "발주자"란 소방시설공사 등을 소방시설업자에게 도급하는 자를 말한다. 다만, 수급인으로서 도급받은 공사를 하도급하는 자는 제외한다.

③ "소방시설공사업"이란 설계도서에 따라 소방시설을 신설, 증설, 개설, 이전 및 정비하는 영업을 말한다.

④ "소방시설설계업"이란 소방시설공사에 관한 발주자의 권한을 대행하여 소방시설공사가 설계도서와 관계 법령에 따라 적법하게 시공되는지를 확인하는 영업을 말한다.

005 「소방시설공사업법」에서 사용하는 용어의 뜻으로 옳지 않은 것은? 2013년 공채

① 소방시설설계업은 공사의 기본이 되는 설계도서를 작성한다.

② 소방시설공사업은 설계도서에 따라 소방시설을 시공한다.

③ 소방시설업자는 시설업 경영을 위하여 소방시설업에 등록한 자이다.

④ 감리원은 공사에 관한 발주자 권한을 대행하여 감리한다.

006 소방시설공사에 관한 발주자의 권한을 대행하여 소방시설공사가 설계도서와 관계 법령에 따라 적법하게 시공되는지를 확인하고, 품질 · 시공관리에 대한 기술지도를 하는 영업을 무엇이라 하는가? 2012년 공채

① 소방시설설계업

② 소방시설공사업

③ 소방공사감리업

④ 소방시설관리업

제2장 소방시설업

정답 및 해설 p. 101

001 「소방시설공사업법」상 소방시설업의 종류로 옳은 것을 모두 고르면?   2018년 공채

> ㄱ. 소방공사감리업   ㄴ. 방염처리업
> ㄷ. 소방시설공사업   ㄹ. 소방시설점검업
> ㅁ. 소방시설설계업   ㅂ. 소방시설관리업

① ㄱ, ㄴ, ㄹ   ② ㄱ, ㄷ, ㅂ
③ ㄱ, ㄴ, ㄷ, ㅁ   ④ ㄱ, ㄴ, ㄷ, ㄹ, ㅁ

002 다음 중 소방시설업이 아닌 것은?   2011년 공채

① 소방시설설계업
② 소방시설공사업
③ 소방시설관리업
④ 소방공사감리업

003 「소방시설공사업법 시행령」상 소방시설공사업의 등록기준으로 옳은 것은?   2018년 공채

① 기술인력, 장비, 시설
② 기술인력, 자본금(개인: 자산평가액)
③ 자본금, 도급실적
④ 기술인력, 장비, 도급실적

004 다음 중 전문 소방시설공사업의 등록기준으로 옳은 것은?   2010년 공채

① 개인은 자산평가액 1억원 이상
② 법인은 자본금 5천만원 이상
③ 주된 기술인력 1명 이상, 보조 기술인력 1명 이상
④ 개인은 자산평가액 2억원 이상

005 다음 중 소방관계법령에서 신고일이 옳지 않은 것은?

① 소방시설업자는 등록의 변경신고를 변경한 날부터 30일 이내에 하여야 한다.
② 소방시설업의 지위를 승계한 자는 지위승계신고를 지위를 승계한 날부터 30일 이내에 하여야 한다.
③ 소방시설공사업자는 착공신고의 변경사유가 발생하면 변경한 날부터 변경신고를 30일 이내에 하여야 한다.
④ 소방시설업자는 휴업·폐업 또는 재개업 신고를 하려면 휴업·폐업 또는 재개업일부터 14일 이내에 소방시설업 휴업·폐업·재개업 신고를 하여야 한다.

006 다음 (   ) 안에 들어갈 내용을 순서대로 옳게 나열한 것은?

> 특정소방대상물의 소방시설을 설계·시공하거나 감리하려는 자는 (   )로 대통령령으로 정하는 (   ) 및 (   )을 갖추어 시·도지사에게 소방시설업을 등록하여야 한다.

① 업종별, 자본금, 기술인력 등
② 시설별, 자본금, 기술인력 등
③ 업종별, 사무실, 장비와 기술인력 등
④ 업종별, 자본금, 장비와 기술인력 등

007 다음 중 소방시설업의 설명으로 옳지 않은 것은?

① 소방시설업을 하려는 자는 시·도지사에게 등록하여야 한다.
② 소방기술사는 전문 소방시설설계업의 주된 기술인력이다.
③ 법인으로서 전문 소방시설공사업의 자본금은 1억원 이상이다.
④ 파산선고를 받고 복권되지 않은 자는 등록할 수 없다.

008 소방공사감리업에 대한 설명으로 옳지 않은 것은?

① 전문 소방공사감리업의 영업의 범위는 기계분야 및 전기분야를 모두 할 수 있다.
② 일반 소방공사감리업은 기계분야 및 전기분야 중 하나의 분야로서 연면적 3만제곱미터 미만의 것만 가능하다.
③ 감리기간은 착공일부터 완공검사증명서가 나올 때까지로 한다.
④ 일반공사감리는 월 1회 이상 방문하여 감리한다.

009 다음 중 방염처리업의 종류가 아닌 것은?

2008년 공채

① 섬유류방염업

② 합성수지류방염업

③ 합판·목재류방염업

④ 종이류방염업

010 다음 중 방염처리업의 등록은 누구에게 하는가?

2009년 공채

① 시·도지사

② 소방본부장

③ 소방청장

④ 행정안전부장관

011 방염처리업의 종류, 영업의 범위, 등록기준 등 필요사항을 정하고 있는 것은?

2006년 공채

① 소방청장 고시

② 행정안전부령

③ 대통령령

④ 행정안전부 예규

012 정부투자기관 및 지방공사 또는 지방공단은 소방시설업의 등록에 필요한 자본금과 기술인력을 갖춘 경우 시·도지사에게 등록을 하지 않고 소방시설업을 할 수 있다. 영업범위로 옳지 않은 것은?

2013년 공채

① 주택의 건설·공급을 목적으로 설립되었을 것

② 설계업무를 주요업무로 규정하고 있을 것

③ 공사업무를 주요업무로 규정하고 있을 것

④ 감리업무를 주요업무로 규정하고 있을 것

전문 소방시설공사업만이 할 수 있는 영업의 범위는 연면적 몇 m² 이상인가?

2012년 공채

① 5,000m² 이상
② 10,000m² 이상
③ 15,000m² 이상
④ 30,000m² 이상

일반 소방시설설계업에서 할 수 있는 영업의 범위로 옳은 것은?

2011년 공채

① 연면적 30,000m² 이상의 특정소방대상물
② 연면적 10,000m² 이상의 공장
③ 제연설비가 설치되는 특정소방대상물
④ 아파트에 설치되는 소방시설의 설계(제연설비 제외)

「소방시설공사업법」상 소방시설업 등록의 결격사유에 해당하지 않는 사람은?

2022년 공채

① 피성년후견인
② 등록하려는 소방시설업 등록이 취소된 날부터 3년이 지난 사람
③ 「소방기본법」에 따른 금고 이상의 형의 집행유예를 선고받고 그 유예기간 중에 있는 사람
④ 「위험물안전관리법」에 따른 금고 이상의 실형을 선고받고, 그 집행이 끝나거나(집행이 끝난 것으로 보는 경우를 포함한다) 면제된 날부터 1년이 지난 사람

016

소방시설업 등록의 결격사유에 해당하지 않는 것은?

2008년 공채

① 피성년후견인
② 소방관계법에 의한 금고 이상의 실형을 선고받고 그 집행이 끝났거나 집행이 면제된 날로부터 2년이 지나지 아니한 사람
③ 소방관계법에 따른 금고 이상의 형의 집행유예를 선고받고 그 유예기간이 지난 사람
④ 소방시설업 등록이 취소된 날부터 2년이 지나지 아니한 사람

017 방염처리업에 대한 등록의 결격사유에 해당하지 않는 것은? 2007년 공채

① 소방관계법을 위반하여 금고 이상의 실형을 선고받고 그 집행이 끝난 후 1년이 지난 사람
② 소방관계법을 위반하여 금고 이상의 형의 집행유예를 선고받고 그 유예기간이 끝난 사람
③ 방염처리업의 등록이 취소된 날부터 2년이 지나지 아니한 사람
④ 임원 중에 등록의 결격사유에 해당하는 사람이 있는 법인

018 소방시설업의 등록에 관한 사항의 변경신고에 해당하지 않는 것은? 2009년 공채

① 명칭   ② 영업소 소재지
③ 기술인력   ④ 소방시설업을 재개업하였을 때

019 소방시설업자가 등록사항의 변경으로 시·도지사에게 신고하여야 할 사항으로 옳지 않은 것은?
2010년 공채

① 명칭과 상호   ② 자본금
③ 대표자   ④ 기술인력

020 「소방시설공사업법」상 소방시설업자가 소방시설공사 등을 맡긴 특정소방대상물의 관계인에게 지체 없이 그 사실을 알려야 하는 사항으로 옳지 않은 것은? 2019년 공채

① 소방시설업을 휴업한 경우
② 소방시설업자의 지위를 승계한 경우
③ 소방시설업에 대한 행정처분 중 등록취소처분을 받은 경우
④ 소방시설업에 대한 행정처분 중 영업정지 또는 경고처분을 받은 경우

021 방염업의 등록증 및 등록수첩에 대한 중요사항 변경으로 재교부신청서를 제출받았을 때 며칠 이내로 재교부하여야 하는가? 2011년 공채

① 시·도지사는 3일 이내에 교부한다.
② 시·도지사는 5일 이내에 교부한다.
③ 시·도지사는 10일 이내에 교부한다.
④ 시·도지사는 14일 이내에 교부한다.

022 소방시설업자는 설계, 시공 또는 감리를 맡긴 특정소방대상물의 관계인에게 지체 없이 그 사실을 알려야 하는 경우로 옳지 않은 것은?　　　　　　　　　　　　　　　　　　　　　　　　2014년 공채

① 지위승계
② 영업정지
③ 휴업 또는 폐업
④ 기술인력 교체

023 「소방시설공사업법」상 소방시설업의 등록, 휴·폐업과 소방시설업자의 지위승계에 대한 내용으로 옳지 않은 것은?　　　　　　　　　　　　　　　　　　　　　　　　　　　2022년 공채

① 특정소방대상물의 소방시설공사 등을 하려는 자는 업종별로 자본금, 기술인력 등 행정안전부령으로 정하는 요건을 갖추어 시·도지사에게 소방시설업을 등록하여야한다.
② 소방시설업자가 사망하여 그 상속인이 종전의 소방시설업자의 지위를 승계하려는 경우에는 그 상속일, 양수일 또는 합병일부터 30일 이내에 행정안전부령으로 정하는 바에 따라 그 사실을 시·도지사에게 신고하여야한다.
③ 소방시설업자는 소방시설업을 폐업하는 때에는 행정안전부령으로 정하는 바에 따라 시·도지사에게 신고하여야 하고 폐업신고를 받은 시·도지사는 소방시설업 등록을 말소하고 그 사실을 행정안전부령으로 정하는 바에 따라 공고하여야 한다.
④ 「민사집행법」에 따른 경매에 따라 소방시설업자의 소방시설의 전부를 인수한 자가 종전의 소방시설업자의 지위를 승계하려는 경우에는 그 인수일부터 30일 이내에 행정안전부령으로 정하는 바에 따라 그 사실을 시·도지사에게 신고하여야 한다.

024 방염업자의 지위를 승계한 자는 행정안전부령이 정하는 바에 따라 누구에게 신고하여야 하는가?　　　　　　　　　　　　　　　　　　　　　　　　　　　　　　2012년 공채

① 14일 이내에 소방서장에게
② 14일 이내에 시·도지사에게
③ 30일 이내에 소방서장에게
④ 30일 이내에 시·도지사에게

025 다음 중 소방시설업의 운영에서 관계 서류의 보관기간으로 옳은 것은?　　　　2011년 공채

① 1년
② 2년
③ 3년
④ 하자보수의 보증기간 동안

026 다음 중 소방시설업의 등록이 1차 행정처분으로 취소되는 경우는? 2010년 공채

① 거짓이나 그 밖의 부정한 방법으로 등록한 때
② 등록기준에 미달한 때
③ 등록증 또는 등록수첩을 빌려준 때
④ 동일인이 공사 및 감리를 한 때

027 「소방시설공사업법」상 (   ) 안에 들어갈 내용으로 옳은 것은? 2019년 공채

> 시·도지사는 소방시설공사업자가 소방시설 공사현장에 감리원 배치기준을 위반한 경우로서 영업정지
> 가 그 이용자에게 불편을 주거나 그 밖에 공익을 해칠 우려가 있을 때에는 영업정지처분을 갈음하여
> (   ) 이하의 과징금을 부과할 수 있다.

① 3천만원 ② 5천만원
③ 2억원 ④ 3억원

028 방염업의 행정처분기준 중 1차 행정처분이 등록 취소에 해당하는 것은? 2009년 공채

① 다른 자에게 등록증이나 등록수첩을 빌려준 경우
② 등록을 한 후 정당한 사유 없이 1년이 지날 때까지 영업을 시작하지 아니하거나 계속하여 1년 이상
  휴업한 경우
③ 등록기준에 미달하게 된 경우
④ 등록 결격사유에 해당하게 된 경우

029 소방시설업자의 등록을 영업정지 없이 1차에 등록 취소의 행정처분을 하여야 하는 대상으로 옳은 것은? 2016년 공채

① 등록기준에 미달하게 된 후 30일이 경과한 경우
② 다른 자에게 등록증 또는 등록수첩을 빌려준 경우
③ 영업정지 기간 중에 소방시설공사 등을 한 경우
④ 소방기술자를 공사현장에 배치하지 아니하거나 거짓으로 한 경우

제3장 소방시설공사

001 「소방시설공사업법」 및 같은 법 시행령상 소방시설 설계에 관한 내용으로 옳지 않은 것은? 2024년 경채

① 소방시설설계업을 등록한 자는 이 법이나 이 법에 따른 명령과 화재안전기준에 맞게 소방시설을 설계하여야 한다.
② 지방소방기술심의위원회의 심의를 거쳐 소방시설의 구조와 원리 등에서 특수한 특정소방대상물로 인정된 경우는 화재안전기준을 따르지 아니할 수 있다.
③ 소방기술사 2명을 기술인력으로 보유한 전문소방시설설계업을 등록한 자는 성능위주설계를 할 수 있다.
④ 일반소방시설설계업(기계분야)을 등록한 자는 위험물제조소등에 설치되는 기계분야 소방시설을 설계할 수 있다.

002 소방시설 시공에 대한 설명으로 옳지 않은 것은? 2013년 공채

① 소방시설공사업에 등록한 자가 시공을 하여야 한다.
② 소방시설의 구조와 원리 등에서 공법이 특수한 시공에 관하여는 지방소방기술심의위원회의 심의를 거쳐 시공한다.
③ 책임시공 및 기술관리를 위하여 소방기술자를 공사현장에 배치한다.
④ 연면적 5천제곱미터 미만의 공사현장인 경우에는 2개를 초과하는 공사현장에 소방기술자 1명을 배치할 수 있다.

003 「소방시설공사업법 시행규칙」상 소방기술과 관련된 자격·학력 및 경력의 인정범위에 관한 내용으로 옳은 것은? 2021년 공채

① 소방공무원으로서 3년간 근무한 경력이 있는 사람은 중급감리원의 업무를 수행할 수 있다.
② 학사학위를 취득한 후 소방 관련 업무를 10년간 수행한 사람은 특급기술자 업무를 수행할 수 있다.
③ 소방시설관리사 자격을 취득한 후 소방 관련 업무를 3년간 수행한 사람은 특급기술자 업무를 수행할 수 있다.
④ 소방설비기사 기계분야 자격을 취득한 후 소방 관련 업무를 8년간 수행한 사람은 해당 분야 특급감리원의 업무를 수행할 수 있다.

004 「소방시설공사업법 시행령」상 소방기술자의 배치기준을 설명한 것으로 옳지 않은 것은? 2023년 경채

① 연면적 20만제곱미터 이상인 특정소방대상물의 공사 현장에는 행정안전부령으로 정하는 특급기술자인 소방기술자(기계분야 및 전기분야)를 배치하여야 한다.

② 지하층을 포함한 층수가 16층 이상 40층 미만인 특정소방대상물의 공사 현장에는 행정안전부령으로 정하는 고급기술자 이상의 소방기술자(기계분야 및 전기분야)를 배치하여야 한다.

③ 연면적 5천제곱미터 이상 3만제곱미터 미만인 특정소방대상물(아파트는 제외)의 공사 현장에는 행정안전부령으로 정하는 중급기술자 이상의 소방기술자(기계분야 및 전기분야)를 배치하여야 한다.

④ 물분무등소화설비(호스릴 방식의 소화설비는 제외) 또는 제연설비가 설치되는 특정소방대상물의 공사 현장에는 행정안전부령으로 정하는 초급기술자 이상의 소방기술자(기계분야 및 전기분야)를 배치하여야 한다.

005 「소방시설공사업법」 및 같은 법 시행령상 소방공사업자는 소방기술자를 소방공사현장에 배치하는 것이 원칙이지만, 발주자가 서면으로 승낙하는 경우에는 해당 공사가 중단된 기간 동안 소방기술자를 공사현장에 배치하지 않을 수 있도록 되어 있는 예외사항이 있다. 다음 중 예외사항으로 옳지 않은 것은? 2021년 공채

① 발주자가 공사 중단을 요청하는 경우

② 소방공사감리원이 공사 중단을 요청하는 경우

③ 민원 또는 계절적 요인 등으로 해당 공정의 공사가 일정 기간 중단된 경우

④ 예산 부족 등 발주자의 책임 있는 사유 또는 천재지변 등 불가항력으로 공사가 일정 기간 중단된 경우

006 공사업자는 소방시설공사를 하려면 착공신고를 누구에게 하는가? 2012년 공채

① 소방서장 ② 국무총리

③ 소방청장 ④ 시·도지사

007 「소방시설공사업법 시행령」상 소방시설공사의 착공신고 대상으로 옳지 않은 것은? 2022년 공채

① 창고시설에 스프링클러설비의 방호구역을 증설하는 공사

② 공동주택에 자동화재탐지설비의 경계구역을 증설하는 공사

③ 위험물 제조소에 할로겐화합물 및 불활성기체 소화설비를 신설하는 공사

④ 업무시설에 옥내소화전설비(호스릴옥내소화전설비를 포함한다)를 신설하는 공사

008 다음 중 착공신고 대상에 대하여 옳은 것은? 2017년 공채

① 비상방송설비(소방용 외의 용도와 겸용되는 정보통신공사업자가 공사하는 경우 포함)의 신설공사
② 자동화재탐지설비의 경계구역 증설
③ 대형피난구유도등의 신설공사
④ 비상방송설비의 증설공사

009 소방시설공사의 착공신고 대상에서 소방시설을 구성하는 전부 또는 일부를 교체하거나 보수하는 공사가 아닌 것은? 2011년 공채

① 수신반   ② 소화펌프
③ 제어반   ④ 제연설비

010 소방시설공사 착공신고 중 소방시설 등을 구성하는 전부 또는 일부를 교체하거나 보수하는 공사로서 소방본부장이나 소방서장에게 신고하지 않는 것은? 2012년 공채

① 수신반   ② 비상경보설비
③ 동력(감시)제어반   ④ 소화펌프

011 다음 중 소방시설공사의 착공신고 대상이 아닌 것은? 2015년 공채

① 비상콘센트설비의 전용회로 증설공사
② 소화펌프 일부를 보수하는 공사
③ 감시제어반 일부를 교체하는 공사
④ 「정보통신공사업법」에 의한 정보통신공사업자가 행하는 무선통신보조설비를 신설하는 공사

012 소방시설공사업자는 대통령령으로 정하는 소방시설공사를 하려면 행정안전부령으로 정하는 바에 따라 그 공사의 내용, 시공 장소, 그 밖에 필요한 사항을 소방본부장이나 소방서장에게 착공신고를 하여야 한다. 다음 중 착공신고 대상으로 옳지 않은 것은? 2013년 공채

① 수신반 및 소화펌프를 교체하는 공사
② 연결살수설비의 살수구역을 증설하는 공사
③ 자동화재탐지설비를 신설하는 공사
④ 피난기구 및 유도등 5개를 각각 증설하는 공사

013 「소방시설공사업법 시행령」상 완공검사를 위한 현장확인 대상 특정소방대상물의 범위로 옳지 않은 것은? 2024년 공채·경채

① 스프링클러설비등이 설치되는 특정소방대상물
② 지하상가 및 「다중이용업소의 안전관리에 관한 특별법」에 따른 다중이용업소
③ 물분무등소화설비(호스릴 방식의 소화설비 제외)가 설치되는 특정소방대상물
④ 연면적 5천 제곱미터 이상이거나 10층 이상인 특정소방대상물(아파트는 제외)

014 「소방시설공사업법 시행령」상 소방본부장 또는 소방서장의 소방시설공사 완공검사를 위한 현장확인 대상 특정소방대상물로 옳지 않은 것은? 2020년 공채

① 창고시설
② 스프링클러설비등이 설치되는 특정소방대상물
③ 연면적 1만제곱미터 이상이거나 11층 이상인 아파트
④ 가연성가스를 제조·저장 또는 취급하는 시설 중 지상에 노출된 가연성가스탱크의 저장용량 합계가 1천톤 이상인 시설

015 「소방시설공사업법 시행령」상 소방시설공사가 공사감리결과보고서대로 완공되었는지를 현장에서 확인할 수 있는 대상으로 옳은 것은? 2019년 공채

① 창고시설 또는 수련시설
② 호스릴 방식의 물분무등소화설비를 설치하는 소방시설공사
③ 연면적 1만제곱미터 이상의 아파트에 설치하는 소방시설공사
④ 가연성 가스를 제조·저장 또는 취급하는 시설 중 지하에 매립된 가연성 가스탱크의 저장용량 합계가 1천톤 이상인 시설

016 공사업자가 소방대상물의 일부분의 소방시설공사를 마친 경우로서 전체시설이 준공되기 전에 부분적으로 사용할 필요가 있는 경우에는 그 일부분에 대하여 소방본부장, 소방서장에게 부분완공검사를 신청할 수 있다. 완공검사를 위한 현장확인 대상 특정소방대상물이 아닌 것은?　　　2017년 공채

① 11층 이상의 고층 건축물 중 아파트
② 스프링클러설비등을 설치하는 소방시설공사
③ 문화 및 집회시설, 다중이용업소
④ 아파트를 제외한 연면적 1만m² 이상 특정소방대상물

017 완공검사를 위한 현장확인 대상 특정소방대상물을 모두 고르면?　　　2012년 공채

ㄱ. 다중이용업소	ㄴ. 노유자시설
ㄷ. 지하상가	ㄹ. 판매시설
ㅁ. 창고시설	ㅂ. 운동시설

① ㄱ, ㄴ, ㄷ
③ ㄱ, ㄴ, ㄷ, ㄹ, ㅁ
② ㄱ, ㄴ, ㄷ, ㄹ
④ ㄱ, ㄴ, ㄷ, ㄹ, ㅁ, ㅂ

018 소방본부장 또는 소방서장이 소방시설공사가 공사감리결과보고서대로 완공되었는지를 현장에서 확인한 후 완공검사증명서를 교부하여야 할 특정소방대상물로 옳지 않은 것은?　　　2011년 공채

① 11층 이상의 아파트
② 이산화탄소소화설비가 설치된 것
③ 가연성가스를 제조·저장 또는 취급하는 시설 중 지상에 노출된 가연성가스탱크의 저장용량 합계가 1천톤 이상인 시설
④ 창고시설

019 소방본부장 또는 소방서장은 소방시설공사가 공사감리결과보고서에 맞게 완공되었는지 현장에서 확인할 수 있다. 완공검사를 위한 현장확인 대상이 아닌 것은?　　　2015년 공채

① 다중이용업소
② 지하상가
③ 연면적 3천제곱미터 이상이거나 10층 이상인 특정소방대상물(아파트 제외)
④ 가연성가스를 제조·저장 또는 취급하는 시설 중 지상에 노출된 가연성가스탱크의 저장용량 합계가 1천톤 이상인 시설

020 「소방시설공사업법」에서 완공검사를 위한 현장확인 대상 특정소방대상물의 범위로 옳지 않은 것은?

2016년 공채

① 문화 및 집회시설, 종교시설, 의료시설, 노유자(老幼者)시설, 수련시설, 운동시설, 숙박시설, 창고시설, 지하상가 및 「다중이용업소의 안전관리에 관한 특별법」에 따른 다중이용업소
② 이산화탄소소화설비(호스릴 방식 제외)가 설치되는 것
③ 연면적 1만제곱미터 이상이거나 11층 이상인 특정소방대상물(아파트 제외)
④ 가연성가스를 제조·저장 또는 취급하는 시설 중 지상에 노출된 가연성가스탱크의 저장용량 합계가 1천톤 이상인 시설

021 신축으로 자동화재탐지설비와 옥내소화전설비를 신설해야 하는 연면적 1,500m²인 특정소방대상물(업무시설)의 경우 소방시설 설치에서 완공검사까지의 절차 중 순서가 가장 옳은 것은? (단, 감리자 지정 및 감리원 배치 등 감리결과에 관한 절차는 제외한다)

2015년 공채

① 착공신고 → 시공 및 공사완료 → 완공검사 신청 → 감리결과보고서 갈음 → 완공검사 필증 발급
② 시공 → 착공신고 → 공사완료 → 완공검사 신청 → 감리결과보고서 갈음 → 완공검사 필증 발급
③ 착공신고 → 시공 및 공사완료 → 완공검사 신청 → 완공검사(현장확인) → 완공검사 필증 발급
④ 시공 → 착공신고 → 공사완료 → 완공검사 신청 → 완공검사(현장확인) → 완공검사 필증 발급

022 「소방시설공사업법」에 규정한 내용으로 옳지 않은 것은?

2021년 공채

① 특정소방대상물의 관계인 또는 발주자는 소방시설공사 등을 도급할 때에는 해당 소방시설업자에게 도급하여야 한다.
② 소방본부장이나 소방서장은 완공검사나 부분완공검사를 하였을 때에는 완공검사증명서나 부분완공검사증명서를 발급하여야 한다.
③ 관계인은 하자보수기간에 소방시설의 하자가 발생하였을 때에는 공사업자에게 그 사실을 알려야 하며, 통보를 받은 공사업자는 7일 이내에 하자를 보수하거나 보수 일정을 기록한 하자보수계획을 관계인에게 서면으로 알려야 한다.
④ 소방시설업의 등록을 한 후 정당한 사유 없이 1년이 지날 때까지 영업을 시작하지 아니하거나 계속하여 1년 이상 휴업함으로써 그 이용자에게 불편을 줄 때에는 영업정지처분을 갈음하여 2억원 이하의 과징금을 부과할 수 있다.

023 「소방시설공사업법」상 소방시설공사의 하자보수에 관한 설명이다. (   ) 안에 들어갈 내용으로 옳은 것은?

2024년 경채

> (ㄱ)은/는 정해진 기간에 소방시설의 하자가 발생하였을 때에는 공사업자에게 그 사실을 알려야 하며, 통보를 받은 공사업자는 (ㄴ)일 이내에 하자를 보수하거나 보수 일정을 기록한 하자보수계획을 (ㄱ)에게 (ㄷ)(으)로 알려야 한다.

	ㄱ	ㄴ	ㄷ
①	소방본부장 또는 소방서장	5	서면
②	감리업자	3	서면
③	관계인	5	구두
④	관계인	3	서면

024 「소방시설공사업법 시행령」상 하자보수 대상 소방시설과 하자보수 보증기간으로 옳지 않은 것은?

2023년 경채

① 피난기구, 유도등, 유도표지: 2년
② 비상경보설비, 비상조명등, 비상방송설비 및 무선통신보조설비: 2년
③ 옥내소화전설비, 스프링클러설비, 간이스프링클러설비, 자동화재탐지설비: 3년
④ 상수도소화용수설비 및 소화활동설비(무선통신보조설비는 제외한다): 4년

025 「소방시설공사업법」상 하자보수 대상 소방시설 중 하자보수 보증기간이 다른 것은?

2020년 공채

① 비상조명등
② 비상방송설비
③ 비상콘센트설비
④ 무선통신보조설비

026 「소방시설공사업법 시행령」상 소방시설공사 결과 하자보수 대상과 하자보수 보증기간의 연결이 옳은 것은? 2019년 공채

	하자보수 대상 소방시설 하자보수	보증기간
①	비상경보설비, 자동소화장치	2년
②	무선통신보조설비, 비상조명등	2년
③	피난기구, 소화활동설비	3년
④	비상방송설비, 간이스프링클러설비	3년

027 소방시설에 대한 하자보수 보증기간을 같은 것끼리 묶은 것은? 2017년 공채

① 자동화재탐지설비, 옥내소화전설비, 무선통신보조설비, 비상조명등
② 무선통신보조설비, 자동소화장치, 상수도소화용수설비, 물분무등소화설비
③ 옥내소화전설비, 제연설비, 비상콘센트설비, 비상방송설비
④ 유도표지, 비상경보설비, 비상조명등, 피난기구

028 다음 중 하자보수 보증기간이 다른 것은? 2011년 공채

① 비상경보설비
② 피난기구
③ 자동화재탐지설비
④ 비상방송설비

029 다음 중 소방시설공사에서 하자보수 보증기간으로 옳은 것은? 2009년 공채

① 2년 - 무선통신보조설비
② 2년 - 자동소화장치
③ 3년 - 비상조명등
④ 3년 - 비상방송설비

030 소방시설공사업자는 소방시설 공사 결과 소방시설에 하자가 있을 때에는 하자를 보수하여야 한다. 하자 보수 보증기간이 같은 것끼리 올바르게 연결된 것은? 2014년 공채

ㄱ. 자동화재탐지설비	ㄴ. 피난기구
ㄷ. 자동확산소화기	ㄹ. 비상콘센트설비
ㅁ. 간이스프링클러설비	ㅂ. 무선통신보조설비

① ㄱ, ㄴ   ② ㄱ, ㅁ

③ ㄹ, ㄷ   ④ ㄹ, ㅂ

031 「소방시설공사업법」상 소방공사감리업자의 업무 범위로 옳지 않은 것은? 2021년 공채

① 완공된 소방시설등의 성능시험

② 소방시설등의 설치계획표의 적법성 검토

③ 소방시설등 설계 변경사항의 적합성 검토

④ 설계업자가 작성한 시공 상세 도면의 적합성 검토

032 감리업자의 업무로 옳은 것은? 2008년 공채

① 방염물품의 적합성 검토

② 소방시설의 설치계획표의 적합성 검토

③ 소방용품의 위치·규격 및 사용 자재에 대한 적합성 검토

④ 설계업자가 한 소방시설 등의 시공이 설계도서와 화재안전기준에 맞는지에 대한 지도·감독

033 다음 중 소방공사감리업자의 업무로 옳지 않은 것은? 2006년 공채

① 소방시설의 설치계획표의 적법성 검토

② 완공된 소방시설등의 성능검사

③ 공사업자가 작성한 시공 상세 도면의 적합성 검토

④ 실내장식물의 불연화와 방염물품의 적법성 검토

034 「소방시설공사업법」상 감리업자가 감리를 할 때 위반사항에 대하여 조치하여야 할 사항이다. (   ) 안에 들어갈 용어로 옳은 것은? 2020년 공채

> 감리업자는 감리를 할 때 소방시설공사가 설계도서나 화재안전기준에 맞지 아니할 때에는 (가   )에게 알리고, (나   )에게 그 공사의 시정 또는 보완 등을 요구하여야 한다.

	(가)	(나)		(가)	(나)
①	관계인	공사업자	②	관계인	소방서장
③	소방본부장	공사업자	④	소방본부장	소방서장

035 소방공사감리업자가 감리할 때 소방시설공사가 설계도서나 화재안전기준에 맞지 아니할 경우 취할 수 있는 조치에 해당하지 않는 것은? 2013년 공채

① 공사감리자를 지정한 특정소방대상물의 관계인에게 알린다.
② 공사업자에게 공사의 시정 또는 보완을 요구한다.
③ 공사업자가 시정 또는 보완을 하지 않을 경우 공사를 중지시킨다.
④ 공사업자가 시정 또는 보완을 하지 않고 그 공사를 계속할 경우 소방본부장 또는 소방서장에게 그 사실을 보고한다.

036 공사감리자 지정대상 특정소방대상물이 아닌 것은? 2017년 공채

① 캐비닛형 간이스프링클러설비를 신설·개설하거나 방호·방수구역을 증설할 때
② 옥내·외소화전설비를 신설·개설·증설할 때
③ 소화용수설비·통합감시시설을 신설·개설할 때
④ 자동화재탐지설비를 신설 또는 개설할 때

037 관계인이 공사감리자를 지정하여야 하는 특정소방대상물이 아닌 것은? 2012년 공채

① 구조, 용도변경으로 추가 설치하는 가스누설경보기
② 옥내소화전설비를 신설하는 특정소방대상물
③ 연소방지설비를 신설하는 지하구
④ 제연설비, 자동화재탐지설비를 설치해야 하는 특정소방대상물

038 공사감리자를 지정하여야 하는 특정소방대상물로 옳지 않은 것은? 2011년 공채

① 비상경보설비를 설치하는 특정소방대상물
② 자동화재탐지설비를 설치하는 특정소방대상물
③ 연소방지설비를 설치하는 지하구
④ 제연설비를 설치하는 특정소방대상물

039 소방시설공사에 있어서 공사감리자 지정대상 특정소방대상물이 아닌 것은? 2009년 공채

① 비상경보설비를 신설 또는 개설할 때
② 옥내소화전설비를 신설·개설 또는 증설할 때
③ 스프링클러설비를 신설·개설 또는 증설할 때
④ 연소방지설비를 신설 또는 개설하는 지하구

040 소방시설공사의 감리를 위하여 감리업자를 공사감리자로 지정하여야 하는 특정소방대상물로 옳지 않은 것은? 2016년 공채

① 소화용수설비의 신설·개설
② 비상경보설비의 신설·개설 또는 증설
③ 무선통신보조설비의 신설·개설
④ 옥내소화전설비의 신설·개설 또는 증설

041 「소방시설공사업법」 및 같은 법 시행령, 시행규칙상 공사감리에 관한 내용으로 옳은 것은? 2021년 공채

① 감리업자가 감리원을 배치하였을 때에는 소방본부장 또는 소방서장의 동의를 받아야 한다.
② 소방본부장 또는 소방서장은 특정소방대상물에 대해서 감리업자를 공사감리자로 지정하여야 한다.
③ 지하층을 포함한 층수가 16층 이상으로서 300세대 이상인 아파트에 대한 소방시설 공사는 상주공사감리 대상이다.
④ 상주공사감리 대상인 경우 소방시설용 배관을 설치하거나 매립하는 때부터 완공검사증명서를 발급받을 때까지 소방공사감리현장에 감리원을 배치하여야 한다.

042 다음 중 감리원의 세부배치기준에 대하여 옳지 않은 것은? 2010년 공채

① 상주공사감리는 공사착공일로부터 소방시설 완공검사증명서를 교부받는 때까지 소방공사감리현장에 책임감리원을 배치하여야 한다.

② 상주공사감리는 연면적 3만㎡ 이상의 공사현장을 감리하여야 한다.

③ 일반공사감리는 월 1회 이상 소방공사감리현장을 방문하여 감리하여야 한다.

④ 일반공사감리는 지하층을 포함한 층수가 16층 미만인 아파트의 경우에는 연면적에 관계없이 1명의 책임감리원이 5개 이내의 공사현장을 감리할 수 있다.

043 「소방시설공사업법 시행령」상 상주 공사감리를 해야 하는 대상으로 옳은 것만을 <보기>에서 고른 것은? 2024년 공채·경채

<보기>

ㄱ. 연면적 3만 제곱미터인 의료시설

ㄴ. 지하층을 포함한 층수가 20층이고 1,000세대인 아파트

ㄷ. 연면적 1만 제곱미터인 복합건축물

ㄹ. 연면적 2만 제곱미터인 판매시설

① ㄱ, ㄴ 　　　　　　　② ㄱ, ㄷ
③ ㄴ, ㄹ 　　　　　　　④ ㄷ, ㄹ

044 일반공사감리에 관한 사항으로 옳지 않은 것은? 2016년 공채

① 감리원은 행정안전부령으로 정하는 기간 중에는 주 1회 이상 공사현장을 방문하여 감리의 업무를 수행하고 감리일지에 기록할 것

② 감리업자는 감리원이 부득이한 사유로 14일 이내의 범위에서 감리의 업무를 수행할 수 없는 경우에는 업무대행자를 지정하여 그 업무를 수행하게 할 것

③ 1명의 감리원이 담당하는 소방공사감리현장은 6개 이하로서 감리현장 연면적의 총 합계가 10만제곱미터 이하일 것

④ 기계분야의 감리원 자격을 취득한 사람과 전기분야의 감리원 자격을 취득한 사람 각 1명 이상을 감리원으로 배치할 것

045 「소방시설공사업법 시행령」상 상주 공사감리 대상을 설명한 것이다. (   ) 안에 들어갈 내용으로 옳은 것은?

2023년 경채

> • 연면적 (ㄱ) 이상의 특정소방대상물(아파트는 제외한다)에 대한 소방시설의 공사
> • 지하층을 포함한 층수가 (ㄴ) 이상인 아파트에 대한 소방시설의 공사

	ㄱ	ㄴ
①	3만제곱미터	16층 이상으로서 300세대
②	3만제곱미터	16층 이상으로서 500세대
③	5만제곱미터	16층 이상으로서 300세대
④	5만제곱미터	16층 이상으로서 500세대

046 다음 중 상주공사감리 대상 현장기준으로 옳은 것은?

2010년 공채

① 아파트를 제외한 연면적 1만제곱미터 이상의 특정소방대상물에 대한 소방시설의 공사
② 아파트를 제외한 연면적 2만제곱미터 이상의 특정소방대상물에 대한 소방시설의 공사
③ 아파트를 제외한 연면적 3만제곱미터 이상의 특정소방대상물에 대한 소방시설의 공사
④ 아파트를 제외한 연면적 5만제곱미터 이상의 특정소방대상물에 대한 소방시설의 공사

047 「소방시설공사업법 시행령」 별표 4 소방공사 감리원의 배치기준 및 배치기간에 따라 복합건축물(지하 5층, 지상 35층 규모)인 특정소방대상물 소방시설 공사현장의 소방공사 책임감리원으로 옳은 것은?

2022년 공채

① 특급감리원 중 소방기술사
② 특급감리원 이상의 소방공사 감리원(기계분야 및 전기분야)
③ 고급감리원 이상의 소방공사 감리원(기계분야 및 전기분야)
④ 중급감리원 이상의 소방공사 감리원(기계분야 및 전기분야)

048 「소방시설공사업법」상 책임감리원으로 고급감리원 이상을 배치할 수 있는 공사현장으로 옳은 것은?

2018년 공채

① 지하층을 포함한 층수가 40층 이상인 특정소방대상물의 공사현장
② 연면적 20만m² 이상인 특정소방대상물의 공사현장
③ 제연설비가 설치되는 특정소방대상물의 공사현장
④ 지하층을 포함한 층수가 16층 이상 40층 미만인 특정소방대상물의 공사현장

049 아파트를 제외한 연면적 3만m² 이상 20만m² 미만인 특정소방대상물 또는 지하층을 포함한 층수가 16층 이상 40층 미만인 특정소방대상물의 공사현장의 경우 배치해야 할 소방공사감리원으로 옳은 것은?

2008년 공채

① 초급감리원 이상 1명 이상
② 중급감리원 이상 1명 이상
③ 특급감리원 이상 1명 이상
④ 고급감리원 이상 1명 이상

050 물분무등소화설비 또는 제연설비가 설치되는 특정소방대상물이나 연면적이 3만m² 이상 20만m² 미만인 아파트 공사현장의 경우 배치해야 할 소방공사감리원으로 옳은 것은?

2009년 공채

① 초급감리원 이상 1명 이상
② 중급감리원 이상 1명 이상
③ 특급감리원 이상 1명 이상
④ 고급감리원 이상 1명 이상

051 「소방시설공사업법 시행규칙」상 감리업자가 소방공사의 감리를 마쳤을 때 소방공사감리 결과보고(통보)서에 첨부하는 서류가 아닌 것은?

2023년 경채

① 착공신고 후 변경된 건축설계도면 1부
② 소방청장이 정하여 고시하는 소방시설 성능시험조사표 1부
③ 소방공사 감리일지(소방본부장 또는 소방서장에게 보고하는 경우에만 첨부) 1부
④ 특정소방대상물의 사용승인 신청서 등 사용승인 신청을 증빙할 수 있는 서류 1부

052 공사감리를 마쳤을 때에는 공사감리 결과를 통보하여야 한다. 다음 중 통보대상이 아닌 것은?

2010년 공채

① 관계인
② 도급인
③ 건축사
④ 행정기관

053 「소방시설공사업법 시행령」상 소방시설공사 분리 도급의 예외에 해당하는 것만을 〈보기〉에서 고른 것은?

2023년 경채

〈보기〉
ㄱ. 「재난 및 안전관리 기본법」에 따른 재난의 발생으로 긴급하게 착공해야 하는 공사인 경우
ㄴ. 국방 및 국가안보 등과 관련하여 기밀을 유지해야 하는 공사인 경우
ㄷ. 연면적이 3천제곱미터 이하인 특정소방대상물에 비상경보설비를 설치하는 공사인 경우
ㄹ. 「국가를 당사자로 하는 계약에 관한 법률 시행령」 및 「지방자치단체를 당사자로 하는 계약에 관한 법률 시행령」에 따른 원안입찰 또는 일부입찰
ㅁ. 「국가를 당사자로 하는 계약에 관한 법률 시행령」 및 「지방자치단체를 당사자로 하는 계약에 관한 법률 시행령」에 따른 실시설계기술제안입찰 또는 기본설계기술제안입찰
ㅂ. 문화재수리 및 재개발·재건축 등의 공사로서 공사의 성질상 분리하여 도급하는 것이 곤란하다고 시·도지사가 인정하는 경우

① ㄱ, ㄴ, ㄷ
② ㄱ, ㄴ, ㅁ
③ ㄴ, ㄷ, ㅁ
④ ㄹ, ㅁ, ㅂ

054 「소방시설공사업법」상 특정소방대상물의 관계인 또는 발주자가 도급을 하는 경우 도급과 관계가 없는 것은? 2011년 공채

① 소방시설설계업자
② 소방시설공사업자
③ 소방공사감리업자
④ 소방시설관리업자

055 「소방시설공사업법」상 공사의 도급에 관한 사항으로 옳지 않은 것은? 2020년 공채

① 특정소방대상물의 관계인 또는 발주자는 소방시설공사 등을 도급할 때에는 해당 소방시설업자에게 도급하여야 한다.
② 공사업자가 도급받은 소방시설공사의 도급금액 중 그 공사(하도급한 공사 포함)의 근로자에게 지급하여야 할 노임(勞賃)에 해당하는 금액은 압류할 수 없다.
③ 도급을 받은 자는 소방시설공사의 전부를 한 번만 제3자에게 하도급할 수 있다.
④ 도급을 받은 자가 해당 소방시설공사 등을 하도급할 때에는 행정안전부령으로 정하는 바에 따라 미리 관계인과 발주자에게 알려야 한다.

056 소방시설공사업의 도급을 받은 자는 몇 번에 한하여 소방시설공사의 일부를 하도급할 수 있는가? 2009년 공채

① 한 번
② 두 번
③ 세 번
④ 회차에 관계없다.

057 정당한 사유 없이 (   )일 이상 소방시설공사를 계속하지 않은 경우 관계인은 수급인에게 도급계약을 해지할 수 있다. (   ) 안에 들어갈 내용으로 옳은 것은? 2017년 공채

① 60일
② 30일
③ 15일
④ 7일

058 「소방시설공사업법」상 도급계약의 해지 기준으로 옳지 않은 것은? 2007년 공채

① 소방시설업의 등록이 취소되거나 영업이 정지된 경우
② 소방시설업을 휴업하거나 폐업한 경우
③ 정당한 사유 없이 30일 이상 소방시설공사를 계속하지 않는 경우
④ 경고를 받은 경우

059 「소방시설공사업법」상 동일한 특정소방대상물의 소방시설에 대한 공사현장에서 동일인이 함께 하여서는 아니 되는 소방시설업의 영업으로 옳은 것은? 2010년 공채

① 소방시설에 대한 설계와 감리를 함께 할 수 없다.
② 소방시설에 대한 설계와 시공을 함께 할 수 없다.
③ 소방시설에 대한 시공과 설계를 함께 할 수 없다.
④ 소방시설에 대한 시공과 감리를 함께 할 수 없다.

060 다음 중 시공능력평가 및 공시의 설명으로 옳지 않은 것은? 2012년 공채

① 소방시설공사업자의 신청이 있으면 소방청장이 평가 및 공시를 한다.
② 시공능력의 평가, 공시방법 및 수수료 등은 행정안전부령으로 정한다.
③ 공사업자가 첨부하여야 할 서류를 갖추지 못한 경우에는 15일의 보완기간을 부여한다.
④ 평가항목에는 실적, 기술력, 경력 및 신인도 등이 해당되며, 자본금은 평가항목에 없다.

061 관계인 또는 발주자가 적절한 공사업자를 선정할 수 있도록 하기 위하여 공사업자의 신청이 있으면 그 공사업자의 소방시설공사 실적, 자본금 등에 따라 시공능력을 평가하여 공시하는 자로 옳은 것은? 2016년 공채

① 소방본부장
② 소방시설업자협회장
③ 시·도지사
④ 소방청장

제4장 소방기술자

정답 및 해설 p. 116

001 다음 중 소방기술 경력 등을 인정하여 소방기술 인정 자격수첩을 발급하는 자는? 2013년 공채

① 소방청장 ② 시 · 도지사
③ 소방본부장 ④ 소방서장

002 「소방시설공사업법」상 소방기술 경력 등의 인정 등에 관한내용으로 옳은 것은? 2023년 경채

① 소방본부장, 소방서장은 소방기술의 효율적인 활용과 소방기술의 향상을 위하여 소방기술과 관련된 자격 · 학력 및 경력을 가진 사람을 소방기술자로 인정할 수 있다.
② 소방본부장, 소방서장은 소방기술과 관련된 자격 · 학력 및 경력을 인정받은 사람에게 소방기술 인정 자격수첩과 경력수첩을 발급할 수 있다.
③ 소방기술과 관련된 자격 · 학력 및 경력의 인정 범위와 자격수첩 및 경력수첩의 발급 절차 등에 관하여 필요한 사항은 대통령령으로 정한다.
④ 소방청장은 자격수첩 또는 경력수첩을 발급받은 사람이 거짓이나 그 밖의 부정한 방법으로 자격수첩 또는 경력수첩을 발급받은 경우에 그 자격을 취소하여야 한다.

003 「소방시설공사업법 시행규칙」상 소방기술자 양성 · 인정 교육훈련기관의 지정 요건으로 옳지 않은 것은? 2023년 경채

① 교육과목별 교재 및 강사 매뉴얼을 갖출 것
② 소방기술자 양성 · 인정 교육훈련을 실시할 수 있는 전담인력을 6명 이상 갖출 것
③ 전국 2개 이상의 시 · 도에 이론교육과 실습교육이 가능한 교육 · 훈련장을 갖출 것
④ 교육훈련의 신청 · 수료, 성과측정, 경력관리 등에 필요한 교육훈련 관리시스템을 구축 · 운영할 것

004 다음 중 소방기술자가 받아야 하는 실무교육 횟수로 옳은 것은? 2007년 공채

① 1년마다 1회 이상 ② 2년마다 1회 이상
③ 3년마다 1회 이상 ④ 2년마다 2회 이상

정답 및 해설 p. 117

001
□□□

「소방시설공사업법」에서 소방시설업자협회의 설립으로 옳지 않은 것은?   기출변형

① 소방기술과 안전관리기술의 향상 및 홍보, 그 밖의 교육·훈련 등 행정기관이 위탁하는 업무의 수행과 소방 관계 종사자의 기술 향상을 위하여 소방시설업자협회를 설립할 수 있다.
② 협회는 법인으로 한다.
③ 협회는 소방청장의 인가를 받아 주된 사무소의 소재지에 설립등기를 함으로써 성립한다.
④ 협회의 설립인가 절차, 정관의 기재사항 및 협회에 대한 감독에 관하여 필요한 사항은 대통령령으로 정한다.

002
□□□

「소방시설공사업법 시행령」상 시·도지사가 소방시설업자협회에 위탁하는 업무로 옳은 것만을 <보기>에서 고른 것은?   2024년 공채·경채

<보기>
ㄱ. 소방시설업 등록신청의 접수 및 신청내용의 확인
ㄴ. 소방시설업 등록사항 변경신고의 접수 및 신고내용의 확인
ㄷ. 시공능력 평가 및 공시에 관한 업무
ㄹ. 소방시설업자의 지위승계 신고의 접수 및 신고내용의 확인
ㅁ. 소방시설업 휴업·폐업 또는 재개업 신고의 접수 및 신고내용의 확인
ㅂ. 방염처리능력 평가 및 공시에 관한 업무

① ㄱ, ㄴ, ㄹ, ㅁ
② ㄱ, ㄴ, ㅁ, ㅂ
③ ㄱ, ㄷ, ㄹ, ㅁ
④ ㄴ, ㄷ, ㄹ, ㅂ

003
□□□

「소방시설공사업법」에서 소방시설업자협회의 업무로 옳지 않은 것은?   기출변형

① 소방기술과 안전관리에 관한 교육 및 조사·연구
② 소방시설업의 기술발전과 소방기술의 진흥을 위한 조사·연구·분석 및 평가
③ 소방산업의 발전 및 소방기술의 향상을 위한 지원
④ 소방시설업의 기술발전과 관련된 국제교류·활동 및 행사의 유치

001 「소방시설공사업법 시행령」상 시·도지사가 소방시설업자협회에 위탁하는 업무로 옳은 것만을 <보기>에서 고른 것은?

2024년 공채·경채

<보기>
ㄱ. 소방시설업 등록신청의 접수 및 신청내용의 확인
ㄴ. 소방시설업 등록사항 변경신고의 접수 및 신고내용의 확인
ㄷ. 시공능력 평가 및 공시에 관한 업무
ㄹ. 소방시설업자의 지위승계 신고의 접수 및 신고내용의 확인
ㅁ. 소방시설업 휴업·폐업 또는 재개업 신고의 접수 및 신고내용의 확인
ㅂ. 방염처리능력 평가 및 공시에 관한 업무

① ㄱ, ㄴ, ㄹ, ㅁ
② ㄱ, ㄴ, ㅁ, ㅂ
③ ㄱ, ㄷ, ㄹ, ㅁ
④ ㄴ, ㄷ, ㄹ, ㅂ

002 「소방시설공사업법」상 행정처분 전에 청문을 하여야 하는 대상으로 옳지 않은 것은?

2019년 공채

① 소방시설업의 등록취소처분
② 소방기술 인정 자격취소처분
③ 소방시설업의 영업정지처분
④ 소방기술 인정 자격정지처분

003 다음 중 청문 대상으로 옳지 않은 것은?

2013년 공채

① 소방기술 인정 자격취소처분
② 소방시설공사업의 영업정지처분
③ 소방시설설계업의 등록취소처분
④ 소방기술 인정 자격정지처분

004 소방기술 인정 자격을 취소하는 경우 청문권자로 옳은 것은?

2008년 공채

① 시 · 도지사
② 국무총리
③ 소방청장
④ 소방본부장 또는 소방서장

005 「소방시설공사업법」상 소방시설업에 대한 행정처분에 대한 설명이다. (   ) 안에 들어갈 단어를 고르면?

2018년 공채

> 위반행위의 차수에 따른 행정처분기준은 최근 (   ) 같은 위반행위로 행정처분을 받은 경우에 적용한
> 다. 이 경우 기준 적용일은 위반사항에 대한 (   )과 그 처분 후 다시 적발한 날을 기준으로 한다.

① 6개월간, 위반일
② 1년간, 위반일
③ 6개월간, 행정처분일
④ 1년간, 행정처분일

제**7**장 벌칙

정답 및 해설 p. 119

001 다음 벌칙 중 그 성격이 다른 것은?   2010년 공채
□□□
① 소방시설공사현장에 감리원을 배치하지 아니한 자
② 거짓으로 감리한 자 또는 공사감리업자를 지정하지 아니한 관계인
③ 공사업자가 아닌 자에게 소방시설공사를 도급한 자
④ 화재안전기준을 위반하여 설계나 시공을 한 자

002 「소방시설공사업법」상 벌칙 중 1년 이하의 징역 또는 1천만원 이하의 벌금에 해당하는 자로 옳지 않은
□□□ 것은?   2020년 공채
① 소방시설업 등록을 하지 아니하고 영업을 한 자
② 영업정지처분을 받고 그 영업정지 기간에 영업을 한 자
③ 소방시설업자가 아닌 자에게 소방시설공사 등을 도급한 자
④ 공사감리 결과의 통보 또는 공사감리 결과보고서의 제출을 거짓으로 한 자

003 「소방시설공사업법」에서 소방시설공사업자가 소방시설의 완공검사를 받지 않았을 때 벌칙은?
□□□   2009년 공채
① 500만원 이하의 벌금
② 300만원 이하의 과태료
③ 200만원 이하의 벌금
④ 200만원 이하의 과태료

004 다음 벌칙 중 그 성격이 다른 것은?
2012년 공채

① 감리업자의 보완 요구에 따르지 아니한 자
② 자격수첩 또는 경력수첩을 빌려 준 사람
③ 동시에 둘 이상의 업체에 취업한 사람
④ 하자보수 내용을 알리지 아니하거나 거짓으로 알린 자

005 「소방시설공사업법」에서 1년 이하의 징역 또는 1천만원 이하의 벌금에 해당하지 않는 벌칙은?
2014년 공채

① 영업정지처분을 받고 그 영업정지 기간에 영업한 자
② 공사감리자를 지정하지 아니한 관계인
③ 제3자에게 소방시설공사 시공을 하도급한 자
④ 동시에 둘 이상의 업체에 취업한 사람

006 다음 벌칙 중 그 성격이 다른 것은?
2010년 공채

① 하자보수 보증기간 동안 관계 서류를 보관하지 아니한 자
② 소방기술자를 공사현장에 배치하지 아니한 자
③ 완공검사를 받지 아니한 자
④ 공사감리 계약을 해지하거나 대가 지급을 거부하거나 지연시키거나 불이익을 준 자

2025 대비 최신개정판

해커스소방
김진성
소방관계법규 단원별 기출문제집

개정 6판 1쇄 발행 2024년 7월 29일

지은이	김진성 편저
펴낸곳	해커스패스
펴낸이	해커스소방 출판팀
주소	서울특별시 강남구 강남대로 428 해커스소방
고객센터	1588-4055
교재 관련 문의	gosi@hackerspass.com
	해커스소방 사이트(fire.Hackers.com) 교재 Q&A 게시판
학원 강의 및 동영상강의	fire.Hackers.com
ISBN	979-11-7244-261-3 (13350)
Serial Number	06-01-01

소방공무원 1위,
해커스소방 fire.Hackers.com

ᵀᵀᵀ 해커스 소방

· 해커스 스타강사의 **소방관계법규 무료 특강**

· **해커스소방 학원 및 인강**(교재 내 인강 할인쿠폰 수록)

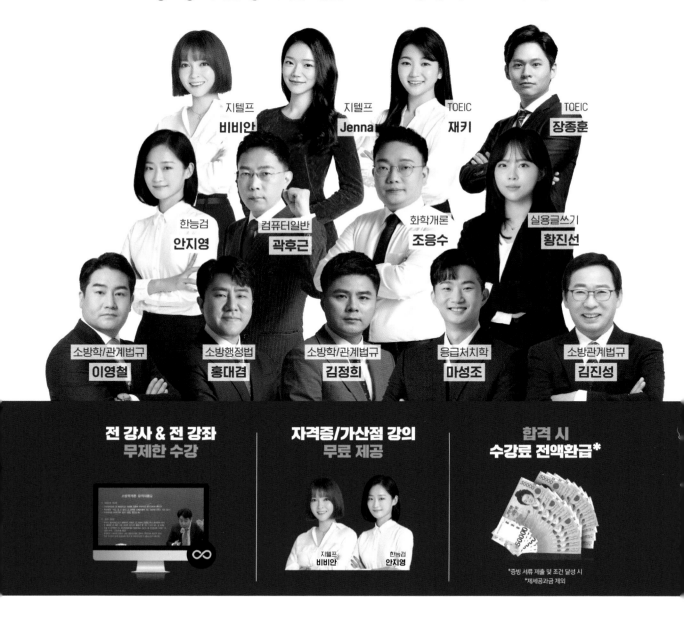

2025 대비 최신개정판

해커스소방
김진성
소방관계법규
단원별 기출문제집

약점 보완 해설집

해커스소방

해커스소방

김진성
소방관계법규 단원별 기출문제집

약점 보완 해설집

해커스소방

제1편 소방기본법

제1장 | 총칙

정답 p. 12

001	①	002	③	003	②	004	③	005	②
006	④	007	②	008	③	009	③	010	③
011	①	012	①	013	①	014	①	015	③
016	①	017	④	018	②	019	②	020	①
021	①	022	①	023	①	024	③	025	①
026	①	027	①	028	④	029	③	030	③
031	①	032	④	033	①	034	②	035	②
036	③	037	③							

001 　소방기본법의 제정 목적 　　답 ①

소방교육을 통한 국민의 안전의식을 높이기 위한 것은 소방박물관과 소방체험관 및 소방의 날 제정에 관한 목적이다.

(선지분석)

②③④ 화재를 예방·경계하거나 진압하고 화재, 재난·재해, 그 밖의 위급한 상황에서의 구조·구급 활동 등을 통하여 국민의 생명·신체 및 재산을 보호함으로써 공공의 안녕 및 질서 유지와 복리증진에 이바지함을 목적으로 한다.

002 　소방기본법의 제정 목적 　　답 ③

화재의 예방 및 안전관리에 관한 국가와 지방자치단체의 책무는 「소방시설 설치 및 관리에 관한 법률」의 제정 목적이다.

003 　소방대의 구성원 　　답 ②

옳은 것은 ㄴ, ㄹ이다.

(선지분석)

ㄱ. 소방안전관리자는 소방안전관리대상물에서 안전관리 업무를 행하는 자이다.
ㄷ. 자체소방대원은 소방대의 구성원이 아니다.
ㅁ. 자위소방대원은 소방안전관리대상물의 관계인으로 구성된 대원이다.

📄 개념플러스 **소방대(消防隊)**

화재를 진압하고 화재, 재난·재해, 그 밖의 위급한 상황에서 구조·구급 활동 등을 하기 위하여 구성된 조직체이다.
1. 「소방공무원법」에 따른 소방공무원
2. 「의무소방대설치법」에 따라 임용된 의무소방원(義務消防員)
3. 의용소방대원(義勇消防隊員)

004 　소방기본법 용어 　　답 ③

소방대상물이란 건축물, 차량, 항구에 매어둔 선박, 선박 건조 구조물, 산림, 그 밖의 인공 구조물 또는 물건을 말한다.

(선지분석)

① 관계인이란 소방대상물의 소유자·관리자 또는 점유자를 말한다.
② 관계지역이란 소방대상물이 있는 장소 및 그 이웃 지역으로서 화재의 예방·경계·진압, 구조·구급 등의 활동에 필요한 지역을 말한다.
④ 소방대장(消防隊長)이란 소방본부장 또는 소방서장 등 화재, 재난·재해, 그 밖의 위급한 상황이 발생한 현장에서 소방대를 지휘하는 사람을 말한다.

005 　소방기본법 용어 　　답 ②

소방대는 소방공무원뿐만 아니라 의무소방원과 의용소방대원을 포함한다.

📄 개념플러스 **소방대**

화재를 진압하고 화재, 재난·재해, 그 밖의 위급한 상황에서 구조·구급 활동 등을 하기 위하여 구성된 조직체이다.
1. 「소방공무원법」에 따른 소방공무원
2. 「의무소방대설치법」에 따라 임용된 의무소방원(義務消防員)
3. 의용소방대원(義勇消防隊員)

006 　소방대 　　답 ④

자위소방대원은 특정소방대상물의 근무자로 구성된 대원을 말한다.

📄 개념플러스 **소방대**

화재를 진압하고 화재, 재난·재해, 그 밖의 위급한 상황에서 구조·구급 활동 등을 하기 위하여 구성된 조직체이다.

1. 「소방공무원법」에 따른 소방공무원
2. 「의무소방대설치법」에 따라 임용된 의무소방원(義務消防員)
3. 의용소방대원(義勇消防隊員)

007 소방대상물   답 ②

옳은 것은 ㄱ, ㄴ, ㄷ, ㄹ이다. 소방대상물이란 건축물, 차량, 선박(「선박법」에 따른 선박으로서 항구에 매어둔 선박만 해당), 선박 건조 구조물, 산림, 그 밖의 인공 구조물 또는 물건을 말한다.

(선지분석)

ㅁ. 항공기가 소방대상물이 되려면 활주로에 있거나 헬리포트장에 있는 것이어야 한다.
ㅂ. 선박이 소방대상물이 되려면 항구 안에 매어둔 경우이어야 한다.

008 소방대상물   답 ③

항공기가 소방대상물이 되려면 운항 중이 아닌 활주로에 있거나 헬리포트장에 있는 것이어야 한다.

(선지분석)

①②④ 소방대상물이란 건축물, 차량, 선박(「선박법」에 따른 선박으로서 항구에 매어둔 선박만 해당), 선박 건조 구조물, 산림, 그 밖의 인공 구조물 또는 물건을 말한다.

009 소방기본법 용어   답 ③

소방대장이란 소방본부장 또는 소방서장 등 화재, 재난·재해, 그 밖의 위급한 상황이 발생한 현장에서 소방대를 지휘하는 사람을 말한다.

010 관계인의 정의   답 ③

관계인이란 소방대상물의 소유자·관리자 또는 점유자를 말한다.

011 관계지역   답 ①

관계지역이란 소방대상물이 있는 장소 및 그 이웃 지역으로서 화재의 예방·경계·진압, 구조·구급 등의 활동에 필요한 지역을 말한다.

(선지분석)

②③④ 소방지역, 방화지역 및 화재지역으로 정하고 있는 용어의 뜻을 법으로 정한 것이 없다.

012 소방기본법 용어   답 ①

소방대상물이란 건축물, 차량, 선박(항구에 매어둔 선박만 해당), 선박 건조 구조물, 산림, 그 밖의 인공 구조물 또는 물건을 말한다. 특정소방대상물이란 소방시설을 설치하여야 하는 소방대상물로서 대통령령으로 정하는 것을 말한다.

> 📄 개념플러스 **특정소방대상물**
>
> 공동주택, 근린생활시설, 공장, 교육연구시설, 관광휴게시설, 교정 및 군사시설, 노유자시설, 동물 및 식물 관련시설, 문화 및 집회시설, 문화재, 묘지관련시설, 발전시설, 복합건축물, 방송통신시설, 수련시설, 숙박시설, 운동시설, 위락시설, 의료시설, 운수시설, 업무시설, 위험물저장 및 처리시설, 종교시설, 지하가, 지하구, 장례시설, 자원순환관련시설, 창고시설, 판매시설, 항공기 및 자동차관련시설

013 소방대상물   답 ①

(선지분석)

② 특정소방대상물은 소방시설을 설치하여야 하는 소방대상물로서 대통령령으로 정하는 것이다.
③ 방염대상물품은 대통령령으로 정하는 특정소방대상물에 실내장식 등의 목적으로 설치 또는 부착하는 물품으로서 대통령령으로 정하는 물품을 말한다.
④ 소방안전특별관리시설물은 화재 등 재난이 발생할 경우 사회적, 경제적으로 피해가 큰 시설로서 소방청장이 관리하여야 하는 것이다.

014 소방기관의 설치 등   답 ①

1. 시·도의 화재 예방·경계·진압 및 조사, 소방안전교육·홍보와 화재, 재난·재해, 그 밖의 위급한 상황에서의 구조·구급 등의 업무를 수행하는 소방기관의 설치에 필요한 사항은 대통령령으로 정한다.
2. 소방업무를 수행하는 소방본부장 또는 소방서장은 그 소재지를 관할하는 시·도지사의 지휘와 감독을 받는다.
3. 소방청장은 화재 예방 및 대형 재난 등 필요한 경우 시·도 소방본부장 및 소방서장을 지휘·감독할 수 있다.
4. 시·도에서 소방업무를 수행하기 위하여 시·도지사 직속으로 소방본부를 둔다.

소방업무 답 ③

소방업무에 관한 응원 협약은 시·도지사의 업무이다.

016 **소방업무** 답 ①

소방업무를 수행하는 소방본부장 또는 소방서장은 그 소재지를 관할하는 특별시장·특별자치시장·광역시장·도지사 또는 특별자치도지사의 지휘와 감독을 받는다. 또한 화재예방 및 대형재난에 관하여는 소방청장이 지휘와 감독을 할 수 있다.

017 **소방업무** 답 ④

자치구장인 시장·군수 및 구청장은 소방에 관한 지휘와 감독의 권한이 없다. 소방업무를 수행하는 소방본부장 또는 소방서장은 그 소재지를 관할하는 특별시장·특별자치시장·광역시장·도지사 또는 특별자치도지사의 지휘와 감독을 받는다.

018 **119종합상황실** 답 ②

상급 119종합상황실에 지체 없이 보고하여야 하는 내용은 이재민이 100명 이상 발생한 화재이다.

> 📄 **개념플러스** **상급 119종합상황실 보고대상인 화재**
> 1. 관공서·학교·정부미도정공장·문화재·지하철 또는 지하구의 화재
> 2. 관광호텔, 층수가 11층 이상인 건축물에서 발생한 화재
> 3. 지하상가, 시장, 백화점에서 발생한 화재
> 4. 지정수량의 3천배 이상의 위험물의 제조소·저장소·취급소에서 발생한 화재
> 5. 층수가 5층 이상이거나 객실이 30실 이상인 숙박시설에서 발생한 화재
> 6. 층수가 5층 이상이거나 병상이 30개 이상인 종합병원·정신병원·한방병원·요양소에서 발생한 화재
> 7. 연면적 1만5천제곱미터 이상인 공장에서 발생한 화재
> 8. 화재예방강화지구에서 발생한 화재
> 9. 철도차량, 항구에 매어둔 총 톤수가 1천톤 이상인 선박, 항공기, 발전소 또는 변전소에서 발생한 화재
> 10. 가스 및 화약류의 폭발에 의한 화재
> 11. 다중이용업소의 화재

019 **119종합상황실** 답 ②

상급 119종합상황실에 지체 없이 보고하여야 하는 내용은 이재민이 100명 이상 발생한 화재이다.

020 **소방기술민원센터의 설치·운영** 답 ①

1. 소방청장 또는 소방본부장은 소방시설, 소방공사 및 위험물 안전관리 등과 관련된 법령해석 등의 민원을 종합적으로 접수하여 처리할 수 있는 기구를 설치·운영할 수 있다.
2. 소방청장 또는 소방본부장은 소방기술민원센터를 소방청 또는 소방본부에 각각 설치·운영한다.
3. 소방기술민원센터는 센터장을 포함하여 18명 이내로 구성한다.
4. 소방기술민원센터의 업무
   ① 소방시설, 소방공사와 위험물 안전관리 등과 관련된 법령해석 등의 민원의 처리
   ② 소방기술민원과 관련된 질의회신집 및 해설서 발간
   ③ 소방기술민원과 관련된 정보시스템의 운영·관리
   ④ 소방기술민원과 관련된 현장 확인 및 처리
   ⑤ 그 밖에 소방기술민원과 관련된 업무로서 소방청장 또는 소방본부장이 필요하다고 인정하여 지시하는 업무

021 **소방기술민원센터의 설치·운영** 답 ③

1. 소방청장 또는 소방본부장은 소방시설, 소방공사 및 위험물 안전관리 등과 관련된 법령해석 등의 민원을 종합적으로 접수하여 처리할 수 있는 기구를 설치·운영할 수 있다.
2. 소방청장 또는 소방본부장은 소방기술민원센터를 소방청 또는 소방본부에 각각 설치·운영한다.
3. 소방기술민원센터는 센터장을 포함하여 18명 이내로 구성한다.
4. 소방청장 또는 소방본부장은 소방기술민원센터의 업무수행을 위하여 필요하다고 인정하는 경우에는 관계 기관의 장에게 소속 공무원 또는 직원의 파견을 요청할 수 있다.
5. 소방기술민원센터의 설치·운영에 필요한 사항은 소방청에 설치하는 경우에는 소방청장이 정하고, 소방본부에 설치하는 경우에는 시·도의 규칙으로 정한다.

022 **소방박물관** 답 ④

1. 소방의 역사와 안전문화를 발전시키고 국민의 안전의식을 높이기 위하여 소방청장은 소방박물관을, 시·도지사는 소방체험관을 설립하여 운영할 수 있다.
2. 소방박물관의 설립과 운영에 필요한 사항은 행정안전부령으로 정하고, 소방체험관의 설립과 운영에 필요한 사항은 행정안전부령으로 정하는 기준에 따라 시·도의 조례로 정한다.

023　소방박물관　답 ①

소방박물관은 소방청장이 설립하여 운영하여야 하고, 소방체험관은 시·도지사가 설립하여 운영하여야 한다.

📄 **개념플러스　소방박물관 등의 설립과 운영**

1. 소방의 역사와 안전문화를 발전시키고 국민의 안전의식을 높이기 위하여 소방청장은 소방박물관을, 시·도지사는 소방체험관을 설립하여 운영할 수 있다.
2. 소방박물관의 설립과 운영에 필요한 사항은 행정안전부령으로 정하고, 소방체험관의 설립과 운영에 필요한 사항은 행정안전부령으로 정하는 기준에 따라 시·도의 조례로 정한다.

024　소방체험관　답 ③

소방청장이 소방박물관을 설치하여야 하며, 시·도지사가 소방체험관을 설치하여야 한다.

025　소방박물관　답 ①

소방의 역사와 안전문화를 발전시키고 국민의 안전의식을 높이기 위하여 소방청장은 소방박물관을, 시·도지사는 소방체험관을 운영할 수 있다.

📄 **개념플러스　소방박물관 등의 설립과 운영**

1. 소방의 역사와 안전문화를 발전시키고 국민의 안전의식을 높이기 위하여 소방청장은 소방박물관을, 시·도지사는 소방체험관을 설립하여 운영할 수 있다.
2. 소방박물관의 설립과 운영에 필요한 사항은 행정안전부령으로 정하고, 소방체험관의 설립과 운영에 필요한 사항은 행정안전부령으로 정하는 기준에 따라 시·도의 조례로 정한다.

026　소방업무에 관한 종합계획의 수립·시행 등　답 ②

1. 소방청장은 화재, 재난·재해, 그 밖의 위급한 상황으로부터 국민의 생명·신체 및 재산을 보호하기 위하여 소방업무에 관한 종합계획을 5년마다 수립·시행하여야 하고, 이에 필요한 재원을 확보하도록 노력하여야 한다.
2. 소방청장은 수립한 종합계획을 관계 중앙행정기관의 장, 시·도지사에게 통보하여야 한다.
3. 시·도지사는 관할 지역의 특성을 고려하여 종합계획의 시행에 필요한 세부계획을 매년 수립하여 소방청장에게 제출하여야 하며, 세부계획에 따른 소방업무를 성실히 수행하여야 한다.

027　소방업무　답 ②

소방청장은 화재, 재난·재해, 그 밖의 위급한 상황으로부터 국민의 생명·신체 및 재산을 보호하기 위하여 소방업무에 관한 종합계획을 5년마다 수립·시행하여야 하고, 이에 필요한 재원을 확보하도록 노력하여야 한다.

📄 **개념플러스　소방업무에 대한 종합계획의 수립·시행 등**

1. 소방청장은 화재, 재난·재해, 그 밖의 위급한 상황으로부터 국민의 생명·신체 및 재산을 보호하기 위하여 소방업무에 관한 종합계획을 5년마다 수립·시행하여야 하고, 이에 필요한 재원을 확보하도록 노력하여야 한다.
2. 소방청장은 수립한 종합계획을 관계 중앙행정기관의 장, 시·도지사에게 통보하여야 한다.
3. 시·도지사는 관할 지역의 특성을 고려하여 종합계획의 시행에 필요한 세부계획을 매년 수립하여 소방청장에게 제출하여야 하며, 세부계획에 따른 소방업무를 성실히 수행하여야 한다.

028　소방업무　답 ④

시장·군수·구청장과 소방업무에 관한 종합계획과는 관련성이 없다.

(선지분석)

① 소방청장은 「소방기본법」에 따른 소방업무에 관한 종합계획을 관계 중앙행정기관의 장과의 협의를 거쳐 계획 시행 전년도 10월 31일까지 수립하여야 한다.
②③ 법에서 대통령령으로 정하는 사항이란 재난·재해 환경 변화에 따른 소방업무에 필요한 대응 체계 마련, 장애인, 노인, 임산부, 영유아 및 어린이 등 이동이 어려운 사람을 대상으로 한 소방활동에 필요한 조치 등을 말한다.

029　소방업무　답 ③

소방청장은 화재, 재난·재해, 그 밖의 위급한 상황으로부터 국민의 생명·신체 및 재산을 보호하기 위하여 소방업무에 관한 종합계획을 5년마다 수립·시행하여야 하고, 이에 필요한 재원을 확보하도록 노력하여야 한다.

030　소방업무　답 ③

소방청장은 화재, 재난·재해, 그 밖의 위급한 상황으로부터 국민의 생명·신체 및 재산을 보호하기 위하여 소방업무에 관한 종합계획을 5년마다 수립·시행하여야 하고, 이에 필요한 재원을 확보하도록 노력하여야 한다.

소방업무에 대한 종합계획의 수립·시행 등

1. 소방청장은 화재, 재난·재해, 그 밖의 위급한 상황으로부터 국민의 생명·신체 및 재산을 보호하기 위하여 소방업무에 관한 종합계획을 5년마다 수립·시행하여야 하고, 이에 필요한 재원을 확보하도록 노력하여야 한다.
2. 소방청장은 수립한 종합계획을 관계 중앙행정기관의 장, 시·도지사에게 통보하여야 한다.
3. 시·도지사는 관할 지역의 특성을 고려하여 종합계획의 시행에 필요한 세부계획을 매년 수립하여 소방청장에게 제출하여야 하며, 세부계획에 따른 소방업무를 성실히 수행하여야 한다.

---

031 소방박물관 답 ①

소방박물관은 소방청장이, 소방체험관은 시·도지사가 설립하여 운영하고, 매년 11월 9일은 소방의 날로 정한다.

소방박물관 등의 설립과 운영

1. 소방의 역사와 안전문화를 발전시키고 국민의 안전의식을 높이기 위하여 소방청장은 소방박물관을, 시·도지사는 소방체험관을 설립하여 운영할 수 있다.
2. 소방박물관의 설립과 운영에 필요한 사항은 행정안전부령으로 정하고, 소방체험관의 설립과 운영에 필요한 사항은 행정안전부령으로 정하는 기준에 따라 시·도의 조례로 정한다.

소방의 날 제정과 운영

1. 국민의 안전의식과 화재에 대한 경각심을 높이고 안전문화를 정착시키기 위하여 매년 11월 9일을 소방의 날로 정하여 기념행사를 한다.
2. 소방의 날 행사에 관하여 필요한 사항은 소방청장 또는 시·도지사가 따로 정하여 시행할 수 있다.
3. 소방청장은 다음에 해당하는 사람을 명예직 소방대원으로 위촉할 수 있다.
   ① 「의사상자 등 예우 및 지원에 관한 법률」 제2조에 따른 의사상자(義死傷者)로서 같은 법 제3조 제3호 또는 제4호에 해당하는 사람
   ② 소방행정 발전에 공로가 있다고 인정되는 사람

---

032 소방활동 답 ④

국무총리실은 소방기관에 해당하지 않으므로 설치대상이 아니니다.

(선지분석)
①②③ 소방청장, 소방본부장 및 소방서장은 화재, 재난·재해, 그 밖에 구조·구급이 필요한 상황이 발생하였을 때에 신속한 소방활동을 위한 정보의 수집·분석과 판단·전파, 상황관리, 현장 지휘 및 조정·통제 등의 업무를 수행하기 위하여 119종합상황실을 설치·운영하여야 한다.

---

033 119종합상황실 답 ①

이상기상 상황의 예보 및 특보에 관한 사항은 소방본부장 또는 소방서장의 위험경보 발령 대상이다.

119종합상황실의 실장의 업무 등

1. 화재, 재난·재해, 그 밖에 구조·구급이 필요한 상황(이하 "재난상황"이라 한다)의 발생의 신고접수
2. 접수된 재난상황을 검토하여 가까운 소방서에 인력 및 장비의 동원을 요청하는 등의 사고수습
3. 하급소방기관에 대한 출동지령 또는 동급 이상의 소방기관 및 유관기관에 대한 지원요청
4. 재난상황의 전파 및 보고
5. 재난상황이 발생한 현장에 대한 지휘 및 피해현황의 파악
6. 재난상황의 수습에 필요한 정보수집 및 제공

---

034 119종합상황실 답 ②

소방청장, 소방본부장 및 소방서장은 화재, 재난·재해, 그 밖에 구조·구급이 필요한 상황이 발생하였을 때에 신속한 소방활동을 위한 정보의 수집·분석과 판단·전파, 상황관리, 현장지휘 및 조정·통제 등의 업무를 수행하기 위하여 119종합상황실을 설치·운영하여야 한다.

119종합상황실의 설치 및 운영목적

1. 119종합상황실은 소방청, 소방본부 및 소방서에 설치하여 화재, 재난·재해, 그 밖에 구조·구급이 필요한 상황을 발견한 자가 신고를 한 경우 그 신고를 접수하고 신속한 소방활동을 하기 위하여 소방대를 현장에 출동시키며 필요한 경우 지원을 요청한다.
2. 현장에 도착하여서는 상황 파악 및 정보를 수집하고, 수집된 정보를 분석·판단·전파하며, 필요 시 현장을 지휘 및 조정·통제한다.

---

035 119종합상황실 답 ②

119종합상황실의 설치·운영에 관하여 필요한 사항은 행정안전부령으로 정한다.

---

036 소방박물관 답 ③

소방박물관에는 그 운영에 관한 중요한 사항을 심의하기 위하여 7인 이내의 위원으로 구성된 운영위원회를 둔다.

(선지분석)
① 소방의 역사와 안전문화를 발전시키고 국민의 안전의식을 높이기 위하여 소방청장이 설립·운영한다.

② 소방박물관장 1인과 부관장 1인을 두되, 소방박물관장은 소방공무원 중에서 소방청장이 임명한다.
④ 소방박물관의 관광업무·조직·운영위원회의 구성 등에 관하여 필요한 사항은 소방청장이 정한다.

📄 개념플러스 **소방박물관의 설립과 운영**

1. 소방청장은 소방박물관을 설립·운영하는 경우에는 소방박물관에 소방박물관장 1인과 부관장 1인을 두되, 소방박물관장은 소방공무원 중에서 소방청장이 임명한다.
2. 소방박물관은 국내·외의 소방의 역사, 소방공무원의 복장 및 소방장비 등의 변천 및 발전에 관한 자료를 수집·보관 및 전시한다.
3. 소방박물관에는 그 운영에 관한 중요한 사항을 심의하기 위하여 7인 이내의 위원으로 구성된 운영위원회를 둔다.
4. 소방박물관의 관광업무·조직·운영위원회의 구성 등에 관하여 필요한 사항은 소방청장이 정한다.

---

037 소방업무 답 ③

시·도지사는 관할 지역의 특성을 고려하여 소방업무에 관한 종합계획의 시행에 필요한 세부계획을 매년 수립하고 이에 따른 소방업무를 성실히 수행하여야 한다.

제2장 | 소방장비 및 소방용수시설 등

정답
p. 22

001	①	002	①	003	④	004	③	005	②
006	①	007	④	008	②	009	④	010	④
011	①	012	②	013	③	014	②	015	④
016	③	017	④	018	②	019	②	020	①
021	②	022	①	023	②	024	④	025	③
026	④	027	①	028	③	029	①	030	②

---

001 소방력의 기준 답 ①

(선지분석)
② 소방자동차 등 소방장비의 분류·표준화와 그 관리 등에 필요한 사항은 따로 법률에서 정한다.
③ 국고보조 대상사업과 기준보조율은 대통령령으로 정한다.
④ 소방활동장비 및 설비의 종류와 규격은 행정안전부령으로 정한다.

📄 개념플러스 **소방력의 기준 등**

1. 소방기관이 소방업무를 수행하는 데에 필요한 인력과 장비 등[이하 "소방력"(消防力)이라 한다]에 관한 기준은 행정안전부령으로 정한다.
2. 시·도지사는 소방력의 기준에 따라 관할구역의 소방력을 확충하기 위하여 필요한 계획을 수립하여 시행하여야 한다.
3. 소방자동차 등 소방장비의 분류·표준화와 그 관리 등에 필요한 사항은 따로 법률에서 정한다.

📄 개념플러스 **소방장비 등에 대한 국고보조**

1. 국가는 소방장비의 구입 등 시·도의 소방업무에 필요한 경비의 일부를 보조한다.
2. 보조 대상사업의 범위와 기준보조율은 대통령령으로 정한다.

---

002 소방활동장비의 종류와 규격 답 ①

구조정: 30톤급

📄 개념플러스 **국고보조의 대상이 되는 소방활동장비의 종류와 규격**

종류			규격
소방자동차	펌프차	대형	240마력 이상
		중형	170마력 이상 240마력 미만
		소형	120마력 이상 170마력 미만
	물탱크 소방차	대형	240마력 이상
		중형	170마력 이상 240마력 미만
	화학 소방차	비활성가스를 이용한 소방차	
		고성능	340마력 이상
		내폭	340마력 이상
		일반 · 대형	240마력 이상
		일반 · 중형	170마력 이상 240마력 미만
	사다리 소방차	고가(사다리의 길이가 33m 이상인 것에 한한다)	330마력 이상
		굴절 · 27m 이상급	330마력 이상
		굴절 · 18m 이상 27m 미만급	240마력 이상
	조명차	중형	70마력
	배연차	중형	170마력 이상
	구조차	대형	240마력 이상
		중형	170마력 이상 240마력 미만

	특수	90마력 이상
구급차	일반	85마력 이상 90마력 미만
소방정	소방정	100톤 이상급, 50톤급
	구조정	30톤급
소방헬리콥터		5~17인승

---

003   국고보조   답 ④

특정소방대상물의 소방시설은 관계인이 규모·용도 및 수용인원 등을 고려하여 설치하여야 한다.

> 📄 **개념플러스**   **국고보조 대상사업의 범위**
>
> 1. **소방활동장비 및 설비**
>   ① 소방자동차
>   ② 소방헬리콥터 및 소방정
>   ③ 소방전용통신설비 및 전산설비
>   ④ 그 밖에 방화복 등 소방활동에 필요한 소방장비
> 2. **소방관서용 청사의 건축**

---

004   국고보조   답 ③

해외시장의 시가는 수입물품에 대한 기준가격이다.

> 📄 **개념플러스**   **국고보조산정을 위한 기준가격**
>
> 1. **국내조달품**: 정부고시가격
> 2. **수입물품**: 조달청에서 조사한 해외시장의 시가
> 3. **정부고시가격 또는 조달청에서 조사한 해외시장의 시가가 없는 물품**: 2 이상의 공신력 있는 물가조사기관에서 조사한 가격의 평균가격

---

005   국고보조   답 ②

옳은 것은 ㄱ, ㄴ이다.

ㄷ. 소방기관이 소방업무를 수행하는 데에 필요한 인력과 장비 등에 관한 기준은 행정안전부령으로 정한다.

---

006   국고보조   답 ①

소방관서용 청사는 건축물에 해당하므로 장비나 설비라 할 수 없다.

> 📄 **개념플러스**   **국고보조 대상사업의 범위**
>
> 1. **소방활동장비 및 설비**
>   ① 소방자동차
>   ② 소방헬리콥터 및 소방정
>   ③ 소방전용통신설비 및 전산설비
>   ④ 그 밖에 방화복 등 소방활동에 필요한 소방장비
> 2. **소방관서용 청사의 건축**

---

007   국고보조   답 ④

소방장비에 대한 국고보조 대상사업의 범위와 기준보조율은 대통령령으로 정한다.

① 신속한 소방활동을 위한 정보를 수집·전파하기 위한 119 종합상황실의 설치·운영에 관한 기준은 행정안전부령으로 정한다.
② 소방의 역사와 안전문화를 발전시키고 국민의 안전의식을 높이기 위한 소방청장의 소방박물관 설립·운영에 관한 기준은 행정안전부령으로 정한다.
③ 소방기관이 소방업무를 수행하는 데에 필요한 인력과 장비 등에 관한 기준은 행정안전부령으로 정한다.

> 📄 **개념플러스**   **소방장비 등에 대한 국고보조**
>
> 1. 국가는 소방장비의 구입 등 시·도의 소방업무에 필요한 경비의 일부를 보조한다.
> 2. 국고보조 대상사업의 범위와 기준보조율은 대통령령으로 정한다.

---

008   소방용수시설 및 비상소화장치의 설치기준   답 ②

1. 시·도지사는 규정에 의하여 설치된 소방용수시설에 대하여 소방용수표지를 보기 쉬운 곳에 설치하여야 한다.
2. 비상소화장치의 설치기준은 다음과 같다.
   ① 비상소화장치는 비상소화장치함, 소화전, 소방호스, 관창을 포함하여 구성할 것
   ② 소방호스 및 관창은 소방청장이 정하여 고시하는 형식승인 및 제품검사의 기술기준에 적합한 것으로 설치할 것
   ③ 비상소화장치함은 소방청장이 정하여 고시하는 성능인증 및 제품검사의 기술기준에 적합한 것으로 설치할 것
3. 비상소화장치의 설치기준에 관한 세부 사항은 소방청장이 정한다.

009　비상소화장치의 설치대상 지역　답 ④

1. 화재예방강화지구
   ① 시장지역
   ② 공장·창고가 밀집한 지역
   ③ 목조건물이 밀집한 지역
   ④ 위험물의 저장 및 처리 시설이 밀집한 지역
   ⑤ 석유화학제품을 생산하는 공장이 있는 지역
   ⑥ 「산업입지 및 개발에 관한 법률」 제2조 제8호에 따른 산업단지
   ⑦ 소방시설·소방용수시설 또는 소방출동로가 없는 지역
   ⑧ 노후·불량건축물이 밀집한 지역
   ⑨ 「물류시설의 개발 및 운영에 관한 법률」 제2조 제6호에 따른 물류단지
   ⑩ 소방청장·소방본부장 또는 소방서장이 화재예방강화지구로 지정할 필요가 있다고 인정하는 지역
2. 시·도지사가 비상소화장치의 설치가 필요하다고 인정하는 지역

010　소방용수시설　답 ④

상수도소화용수설비는 관계인이 설치하는 것으로 소방시설 중 소화용수설비에 속한다.

📄 개념플러스　**소방용수시설의 설치 및 관리 등**

1. 시·도지사는 소방활동에 필요한 소화전(消火栓)·급수탑(給水塔)·저수조(貯水槽)를 설치하고 유지·관리하여야 한다. 다만, 「수도법」 제45조에 따라 소화전을 설치하는 일반수도사업자는 관할 소방서장과 사전협의를 거친 후 소화전을 설치하여야 하며, 설치 사실을 관할 소방서장에게 통지하고, 그 소화전을 유지·관리하여야 한다.
2. 시·도지사는 소방자동차의 진입이 곤란한 지역 등 화재 발생 시 초기 대응이 필요한 대통령령으로 정하는 지역에 소방호스 또는 호스릴 등을 소방용수시설에 연결하여 화재를 진압하는 시설이나 장치(이하 "비상소화장치"라 한다)를 설치하고 유지·관리할 수 있다.
3. 소방용수시설과 비상소화장치의 설치기준은 행정안전부령으로 정한다.

011　소방용수시설　답 ①

일반수도사업자가 설치한 경우에는 일반수도사업자가 유지·관리를 하여야 한다.

📄 개념플러스　**소방용수시설의 설치 및 관리 등**

1. 시·도지사는 소방활동에 필요한 소화전(消火栓)·급수탑(給水塔)·저수조(貯水槽)를 설치하고 유지·관리하여야 한다. 다만, 「수도법」 제45조에 따라 소화전을 설치하는 일반수도사업자는 관할 소방서장과 사전협의를 거친 후 소화전을 설치하여야 하며, 설치 사실을 관할 소방서장에게 통지하고, 그 소화전을 유지·관리하여야 한다.

2. 시·도지사는 소방자동차의 진입이 곤란한 지역 등 화재 발생 시 초기 대응이 필요한 대통령령으로 정하는 지역에 소방호스 또는 호스릴 등을 소방용수시설에 연결하여 화재를 진압하는 시설이나 장치(이하 "비상소화장치"라 한다)를 설치하고 유지·관리할 수 있다.
3. 소방용수시설과 비상소화장치의 설치기준은 행정안전부령으로 정한다.

012　소방용수시설　답 ②

(선지분석)

① 소방용호스와 연결하는 소화전의 연결금속구의 구경은 65mm로 할 것
③ 저수조에 물을 공급하는 방법은 상수도에 연결하여 자동으로 급수되는 구조일 것
④ 급수탑의 개폐밸브는 지상에서 1.5m 이상 1.7m 이하의 위치에 설치하도록 할 것

📄 개념플러스　**소방용수시설의 설치기준**

1. 소방용수시설은 화재진압용 소방자동차에 소화약제인 물을 빠르게 확보하기 위한 시설로서 소화전의 연결금속구의 구경은 65밀리미터이다.
2. 저수조방식은 수조의 특성상 물을 사용할 경우에는 자동으로 수조에 물을 공급하는 방식이어야 한다.
3. 급수탑의 방식에서는 개폐밸브의 설치 높이를 1.5미터 이상 1.7미터 이하의 위치에 설치하도록 하고 있다.

013　소방용수시설　답 ③

시·도지사가 설치한 경우에는 시·도지사가 유지와 관리를 하여야 하고, 일반수도사업자가 설치한 경우에는 일반수도사업자가 유지와 관리를 하여야 한다.

📄 개념플러스　**소방용수시설의 설치 및 관리 등**

1. 시·도지사는 소방활동에 필요한 소화전(消火栓)·급수탑(給水塔)·저수조(貯水槽)를 설치하고 유지·관리하여야 한다. 다만, 「수도법」 제45조에 따라 소화전을 설치하는 일반수도사업자는 관할 소방서장과 사전협의를 거친 후 소화전을 설치하여야 하며, 설치 사실을 관할 소방서장에게 통지하고, 그 소화전을 유지·관리하여야 한다.
2. 시·도지사는 소방자동차의 진입이 곤란한 지역 등 화재 발생 시 초기 대응이 필요한 대통령령으로 정하는 지역에 소방호스 또는 호스릴 등을 소방용수시설에 연결하여 화재를 진압하는 시설이나 장치(이하 "비상소화장치"라 한다)를 설치하고 유지·관리할 수 있다.
3. 소방용수시설과 비상소화장치의 설치기준은 행정안전부령으로 정한다.

014 소방용수표지　　　답 ①

- 맨홀 뚜껑은 지름 (648)밀리미터 이상의 것으로 할 것. 단, 승하강식 소화전의 경우에는 이를 적용하지 않는다.
- 맨홀 뚜껑 부근에는 (노란색) 반사도료로 폭 (15)센티미터의 선을 그 둘레를 따라 칠할 것

015 소방용수시설　　　답 ④

투입구가 600mm(60cm)이므로 맨홀 뚜껑은 그보다 커야 덮어씌울 수 있다. 따라서 지하의 설치하는 소화전 또는 저수조의 경우 소방용수표지의 맨홀 뚜껑은 지름 648mm 이상의 것이어야 한다.

📄 개념플러스　**지하에 설치하는 소화전 또는 저수조의 경우**

1. 맨홀 뚜껑은 지름 648밀리미터 이상의 것으로 할 것. 다만, 승하강식 소화전의 경우에는 이를 적용하지 아니한다.
2. 맨홀 뚜껑에는 '소화전·주정차금지' 또는 '저수조·주정차금지'의 표시를 할 것
3. 맨홀 뚜껑 부근에는 노란색 반사도료로 폭 15센티미터의 선을 그 둘레를 따라 칠할 것

016 소방용수시설　　　답 ③

원칙적으로 시·도지사가 소방활동에 필요한 소화전, 급수탑, 저수조를 설치·유지하는 것이지만 예외적으로 일반수도사업자가 설치하는 것을 인정하고 있다.

📄 개념플러스　**소방용수시설의 설치 및 관리 등**

1. 시·도지사는 소방활동에 필요한 소화전(消火栓)·급수탑(給水塔)·저수조(貯水槽)를 설치하고 유지·관리하여야 한다. 다만, 「수도법」 제45조에 따라 소화전을 설치하는 일반수도사업자는 관할 소방서장과 사전협의를 거친 후 소화전을 설치하여야 하며, 설치 사실을 관할 소방서장에게 통지하고, 그 소화전을 유지·관리하여야 한다.
2. 시·도지사는 소방자동차의 진입이 곤란한 지역 등 화재 발생 시 초기 대응이 필요한 대통령령으로 정하는 지역에 소방호스 또는 호스릴 등을 소방용수시설에 연결하여 화재를 진압하는 시설이나 장치(이하 "비상소화장치"라 한다)를 설치하고 유지·관리할 수 있다.
3. 소방용수시설과 비상소화장치의 설치기준은 행정안전부령으로 정한다.

017 소방용수시설　　　답 ④

(선지분석)

① 주거지역·상업지역 및 공업지역에 설치하는 경우에는 소방대상물과의 수평거리를 100m 이하가 되도록 하여야 한다.
② 그 밖의 지역에 설치하는 경우에는 소방대상물과의 수평거리를 140m 이하가 되도록 하여야 한다.
③ 급수탑의 방식에서 급수배관의 구경은 100mm 이상으로 하여야 한다.

📄 개념플러스　**소방용수시설별 설치기준**

1. **소화전의 설치기준**: 상수도와 연결하여 지하식 또는 지상식의 구조로 하고, 소방용호스와 연결하는 소화전의 연결금속구의 구경은 65밀리미터로 할 것
2. **급수탑의 설치기준**: 급수배관의 구경은 100밀리미터 이상으로 하고, 개폐밸브는 지상에서 1.5미터 이상 1.7미터 이하의 위치에 설치하도록 할 것
3. **저수조의 설치기준**
   ① 지면으로부터의 낙차가 4.5미터 이하일 것
   ② 흡수부분의 수심이 0.5미터 이상일 것
   ③ 소방펌프자동차가 쉽게 접근할 수 있도록 할 것
   ④ 흡수에 지장이 없도록 토사 및 쓰레기 등을 제거할 수 있는 설비를 갖출 것
   ⑤ 흡수관의 투입구가 사각형의 경우에는 한 변의 길이가 60센티미터 이상, 원형의 경우에는 지름이 60센티미터 이상일 것
   ⑥ 저수조에 물을 공급하는 방법은 상수도에 연결하여 자동으로 급수되는 구조일 것

018 소방용수시설의 설치기준　　　답 ②

(선지분석)

① 급수탑 방식인 경우 개폐밸브는 지상에서 1.5m 이상 1.7m 이하의 범위 내에 설치되어야 한다.
③ 소방용호스와 연결하는 소화전의 연결금속구의 구경은 65mm로 하여야 한다.
④ 저수조 흡수부분의 수심은 0.5m 이상으로 하여야 한다.

📄 개념플러스　**소방용수시설별 설치기준**

1. **소화전의 설치기준**: 상수도와 연결하여 지하식 또는 지상식의 구조로 하고, 소방용호스와 연결하는 소화전의 연결금속구의 구경은 65밀리미터로 할 것
2. **급수탑의 설치기준**: 급수배관의 구경은 100밀리미터 이상으로 하고, 개폐밸브는 지상에서 1.5미터 이상 1.7미터 이하의 위치에 설치하도록 할 것

3. 저수조의 설치기준
   ① 지면으로부터의 낙차가 4.5미터 이하일 것
   ② 흡수부분의 수심이 0.5미터 이상일 것
   ③ 소방펌프자동차가 쉽게 접근할 수 있도록 할 것
   ④ 흡수에 지장이 없도록 토사 및 쓰레기 등을 제거할 수 있는 설비를 갖출 것
   ⑤ 흡수관의 투입구가 사각형의 경우에는 한 변의 길이가 60센티미터 이상, 원형의 경우에는 지름이 60센티미터 이상일 것
   ⑥ 저수조에 물을 공급하는 방법은 상수도에 연결하여 자동으로 급수되는 구조일 것

019　소방용수시설 및 지리조사　　답 ②

지리조사는 소방대상물에 인접한 도로의 폭·교통상황, 도로주변의 토지의 고저·건축물의 개황 그 밖의 소방활동에 필요한 사항이다.

020　소방업무 및 소방활동　　답 ①

(선지분석)

② 소방활동에 종사한 관계인은 시·도지사로부터 비용을 지급받을 수 없다.
③ 화재조사는 소방공무원만이 할 수 있는 업무로서 소방활동 종사명령의 대상이 될 수 없다.
④ 관계인이 소방활동 업무를 돕다가 사망하거나 부상을 입은 경우에는 소방청장 및 시·도지사가 보상하여야 한다.

021　소방업무　　답 ②

시·도지사는 소방업무의 응원을 요청하는 경우를 대비하여 출동 대상지역 및 규모와 필요한 경비의 부담 등에 관하여 필요한 사항을 행정안전부령으로 정하는 바에 따라 이웃하는 시·도지사와 협의하여 미리 규약(規約)으로 정하여야 한다.

022　소방업무의 상호응원협정사항　　답 ①

소방업무의 응원을 위하여 파견된 소방대원은 응원을 요청한 소방본부장 또는 소방서장의 지휘에 따라야 한다.

023　소방업무의 상호응원협정사항　　답 ③

지휘권은 응원을 요청한 소방본부장 또는 소방서장에게 있으므로 이는 규약을 정할 때 협의대상이 아니다.

📄 **개념플러스**　소방업무의 상호응원협정

1. 다음의 소방활동에 관한 사항
   ① 화재의 경계·진압활동
   ② 구조·구급업무의 지원
   ③ 화재조사활동
2. 응원출동대상지역 및 규모
3. 다음의 소요경비의 부담에 관한 사항
   ① 출동대원의 수당·식사 및 의복의 수선
   ② 소방장비 및 기구의 정비와 연료의 보급
   ③ 그 밖의 경비
4. 응원출동의 요청방법
5. 응원출동훈련 및 평가

024　소방업무의 상호응원협정사항　　답 ④

출동대원의 수당·식사 및 의복의 수선은 소요경비의 부담에 대한 사항이다.

📄 **개념플러스**　소방업무의 상호응원협정 체결 시 포함사항

1. 다음의 소방활동에 관한 사항
   ① 화재의 경계·진압활동
   ② 구조·구급업무의 지원
   ③ 화재조사활동
2. 응원출동대상지역 및 규모
3. 다음의 소요경비의 부담에 관한 사항
   ① 출동대원의 수당·식사 및 의복의 수선
   ② 소방장비 및 기구의 정비와 연료의 보급
   ③ 그 밖의 경비
4. 응원출동의 요청방법
5. 응원출동훈련 및 평가

025　소방력　　답 ③

소방청장은 해당 시·도의 소방력만으로는 소방활동을 효율적으로 수행하기 어려운 화재, 재난·재해, 그 밖의 구조·구급이 필요한 상황이 발생하거나 특별히 국가적 차원에서 소방활동을 수행할 필요가 인정될 때에는 각 시·도지사에게 행정안전부령으로 정하는 바에 따라 소방력을 동원할 것을 요청할 수 있다.

(선지분석)

② 동원은 소방청장이, 응원은 이웃하고 있는 소방본부장 또는 소방서장이 요청한다.

026　소방력의 기준　　　답 ④

시·도지사는 소방력의 기준에 따라 관할구역의 소방력을 확충하기 위하여 필요한 계획을 수립하여 시행하여야 한다.

027　소방용수시설　　　답 ①

선지분석

② 흡수부분의 수심이 낮으면 흡수에 지장이 있으므로 0.5m 이상으로 하여야 한다.
③ 지면으로부터의 낙차가 4.5m 초과되면 물이 유입이 되지 않을 수 있으므로 4.5m 이하로 하여야 한다.
④ 저수조의 물을 사용하여 물을 공급하는 경우에는 수위가 낮아져 보이지 않기 때문에 상수도에 연결하여 자동으로 급수되는 구조여야 한다.

> 📄 개념플러스　**소방용수시설별 설치기준**
>
> 1. **소화전의 설치기준**: 상수도와 연결하여 지하식 또는 지상식의 구조로 하고, 소방용호스와 연결하는 소화전의 연결금속구의 구경은 65밀리미터로 할 것
> 2. **급수탑의 설치기준**: 급수배관의 구경은 100밀리미터 이상으로 하고, 개폐밸브는 지상에서 1.5미터 이상 1.7미터 이하의 위치에 설치하도록 할 것
> 3. **저수조의 설치기준**
>   ① 지면으로부터의 낙차가 4.5미터 이하일 것
>   ② 흡수부분의 수심이 0.5미터 이상일 것
>   ③ 소방펌프자동차가 쉽게 접근할 수 있도록 할 것
>   ④ 흡수에 지장이 없도록 토사 및 쓰레기 등을 제거할 수 있는 설비를 갖출 것
>   ⑤ 흡수관의 투입구가 사각형의 경우에는 한 변의 길이가 60센티미터 이상, 원형의 경우에는 지름이 60센티미터 이상일 것
>   ⑥ 저수조에 물을 공급하는 방법은 상수도에 연결하여 자동으로 급수되는 구조일 것

028　소방용수 및 지리조사　　　답 ①

소방본부장 또는 소방서장은 원활한 소방활동을 위하여 소방용수 및 지리조사를 월 1회 이상 실시하여야 한다.

029　지리조사　　　답 ①

지리조사는 소방대상물에 인접한 도로의 폭·교통상황, 도로주변의 토지의 고저·건축물의 개황, 그 밖의 소방활동에 필요한 지리에 대한 조사이다. 소방용수의 조사는 지리조사와는 구별되어야 한다.

030　소방력의 동원　　　답 ②

소방활동을 수행하는 과정에서 발생하는 경비 부담에 관한 사항, 소방활동을 수행한 민간 소방 인력이 사망하거나 부상을 입었을 경우의 보상주체·보상기준 등에 관한 사항, 그 밖에 동원된 소방력의 운용과 관련하여 필요한 사항은 대통령령으로 정한다.

제3장 | 소방활동 등

정답　　　　　　　　　　　　　　　　p. 30

001	①	002	①	003	②	004	③	005	①
006	③	007	④	008	③	009	②	010	④
011	②	012	①	013	①	014	②	015	④
016	④	017	④	018	②	019	①	020	①
021	②	022	①	023	②	024	④	025	④
026	②	027	①	028	④	029	②	030	①
031	③	032	①	033	③	034	②	035	③
036	④	037	①	038	③	039	①	040	①
041	②	042	③	043	②	044	②	045	②
046	②	047	④	048	②	049	④	050	①
051	①	052	③						

001　소방활동　　　답 ①

시·도지사는 소방활동에 필요한 소화전(消火栓)·급수탑(給水塔)·저수조(貯水槽)를 설치하고 유지·관리하여야 한다.

002　소방활동　　　답 ①

소방대는 화재, 재난·재해, 그 밖의 위급한 상황이 발생한 현장에 신속하게 출동하기 위하여 긴급할 때에는 일반적인 통행에 쓰이지 아니하는 도로·빈터 또는 물 위로 통행할 수 있다. 화재현장에 신속하게 도착하기 위해서 우선통행, 강제처분, 긴급통행 등을 법으로 정하였다.

003 소방지원활동 및 생활안전활동   답 ②

생활 안전활동	• 붕괴, 낙하 등이 우려되는 고드름, 나무, 위험 구조물 등의 제거활동 • 위해동물, 벌 등의 포획 및 퇴치 활동 • 끼임, 고립 등에 따른 위험제거 및 구출 활동 • 단전사고 시 비상전원 또는 조명의 공급 • 그 밖에 방치하면 급박해질 우려가 있는 위험을 예방하기 위한 활동
소방 지원활동	• 산불에 대한 예방·진압 등 지원활동 • 자연재해에 따른 급수·배수 및 제설 등 지원활동 • 집회·공연 등 각종 행사 시 사고에 대비한 근접대기 등 지원활동 • 화재, 재난·재해로 인한 피해복구 지원활동

004 소방지원활동   답 ③

단전사고 시 비상전원 또는 조명의 공급은 소방지원활동이 아닌 생활안전활동에 해당된다.

📄 개념플러스 **소방지원활동**

1. 소방청장·소방본부장 또는 소방서장은 공공의 안녕질서 유지 또는 복리증진을 위하여 필요한 경우 소방활동 외에 소방지원활동을 하게 할 수 있다.
  ① 산불에 대한 예방·진압 등 지원활동
  ② 자연재해에 따른 급수·배수 및 제설 등 지원활동
  ③ 집회·공연 등 각종 행사 시 사고에 대비한 근접대기 등 지원활동
  ④ 화재, 재난·재해로 인한 피해복구 지원활동
  ⑤ 그 밖에 행정안전부령으로 정하는 활동
2. 소방지원활동은 소방활동 수행에 지장을 주지 아니하는 범위에서 할 수 있다.
3. 유관기관·단체 등의 요청에 따른 소방지원활동에 드는 비용은 지원요청을 한 유관기관·단체 등에게 부담하게 할 수 있다. 다만, 부담금액 및 부담방법에 관하여는 지원요청을 한 유관기관·단체 등과 협의하여 결정한다.

005 소방지원활동   답 ①

붕괴, 낙하 등이 우려되는 고드름, 나무, 위험 구조물 등의 제거활동은 소방지원활동이 아닌 생활안전활동에 해당된다.

006 소방지원활동   답 ③

유관기관·단체 등의 요청에 따른 소방지원활동에 드는 비용은 지원요청을 한 유관기관·단체 등에게 부담하게 할 수 있다. 다만, 부담금액 및 부담방법에 관하여는 지원요청을 한 유관기관·단체 등과 협의하여 결정한다.

📄 개념플러스 **소방지원활동**

1. 소방청장·소방본부장 또는 소방서장은 공공의 안녕질서 유지 또는 복리증진을 위하여 필요한 경우 소방활동 외에 소방지원활동을 하게 할 수 있다.
  ① 산불에 대한 예방·진압 등 지원활동
  ② 자연재해에 따른 급수·배수 및 제설 등 지원활동
  ③ 집회·공연 등 각종 행사 시 사고에 대비한 근접대기 등 지원활동
  ④ 화재, 재난·재해로 인한 피해복구 지원활동
  ⑤ 그 밖에 행정안전부령으로 정하는 활동
2. 소방지원활동은 소방활동 수행에 지장을 주지 아니하는 범위에서 할 수 있다.
3. 유관기관·단체 등의 요청에 따른 소방지원활동에 드는 비용은 지원요청을 한 유관기관·단체 등에게 부담하게 할 수 있다. 다만, 부담금액 및 부담방법에 관하여는 지원요청을 한 유관기관·단체 등과 협의하여 결정한다.

007 소방지원활동   답 ④

화재, 재난·재해, 그 밖의 위급한 상황에서의 구조·구급 지원활동은 소방활동에 속하는 소방사무이다.

📄 개념플러스 **소방지원활동**

1. 산불에 대한 예방·진압 등 지원활동
2. 자연재해에 따른 급수·배수 및 제설 등 지원활동
3. 집회·공연 등 각종 행사 시 사고에 대비한 근접대기 등 지원활동
4. 화재, 재난·재해로 인한 피해복구 지원활동
5. 그 밖에 행정안전부령으로 정하는 활동

📄 개념플러스 **행정안전부령**

1. 군·경찰 등 유관기관에서 실시하는 훈련지원활동
2. 소방시설 오작동 신고에 따른 조치활동
3. 방송제작 또는 촬영 관련 지원활동

008 생활안전활동과 소방지원활동   답 ③

생활 안전활동	• 붕괴, 낙하 등이 우려되는 고드름, 나무, 위험 구조물 등의 제거활동 • 위해동물, 벌 등의 포획 및 퇴치 활동 • 끼임, 고립 등에 따른 위험제거 및 구출 활동 • 단전사고 시 비상전원 또는 조명의 공급 • 그 밖에 방치하면 급박해질 우려가 있는 위험을 예방하기 위한 활동
소방 지원활동	• 산불에 대한 예방·진압 등 지원활동 • 자연재해에 따른 급수·배수 및 제설 등 지원활동 • 집회·공연 등 각종 행사 시 사고에 대비한 근접대기 등 지원활동 • 화재, 재난·재해로 인한 피해복구 지원활동

009 생활안전활동　　　　답 ②

소방시설 오작동 신고에 따른 조치활동은 생활안전활동이 아닌 소방지원활동에 해당된다.

📄 개념플러스　**생활안전활동**

1. 소방청장·소방본부장 또는 소방서장은 신고가 접수된 생활안전 및 위험제거 활동(화재, 재난·재해, 그 밖의 위급한 상황에 해당하는 것 제외)에 대응하기 위하여 소방대를 출동시켜 생활안전활동을 하게 하여야 한다.
   ① 붕괴, 낙하 등이 우려되는 고드름, 나무, 위험 구조물 등의 제거활동
   ② 위해동물, 벌 등의 포획 및 퇴치 활동
   ③ 끼임, 고립 등에 따른 위험제거 및 구출 활동
   ④ 단전사고 시 비상전원 또는 조명의 공급
   ⑤ 그 밖에 방치하면 급박해질 우려가 있는 위험을 예방하기 위한 활동
2. 누구든지 정당한 사유 없이 1.에 따라 출동하는 소방대의 생활안전활동을 방해하여서는 아니 된다.

010 소방훈련의 종류　　　　답 ④

소방대원이 실시하는 소방훈련의 종류는 인명대피훈련·인명구조훈련·화재진압훈련·응급처치훈련 및 현장지휘훈련 등이다.

📄 개념플러스　**교육·훈련의 종류 및 교육·훈련을 받아야 할 대상자**

종류	교육·훈련을 받아야 할 대상자
화재진압 훈련	• 화재진압업무를 담당하는 소방공무원 • 「의무소방대설치법 시행령」에 따른 임무를 수행하는 의무소방원 • 「의용소방대 설치 및 운영에 관한 법률」에 따라 임명된 의용소방대원
인명구조 훈련	• 구조업무를 담당하는 소방공무원 • 「의무소방대설치법 시행령」에 따른 임무를 수행하는 의무소방원 • 「의용소방대 설치 및 운영에 관한 법률」에 따라 임명된 의용소방대원
응급처치 훈련	• 구급업무를 담당하는 소방공무원 • 「의무소방대설치법」에 따라 임용된 의무소방원 • 「의용소방대 설치 및 운영에 관한 법률」에 따라 임명된 의용소방대원
인명대피 훈련	• 소방공무원 • 「의무소방대설치법」에 따라 임용된 의무소방원 • 「의용소방대 설치 및 운영에 관한 법률」에 따라 임명된 의용소방대원
현장지휘 훈련	소방공무원 중 다음의 계급에 있는 사람 • 소방위 • 소방경 • 소방령 • 소방정

011 현장지휘훈련　　　　답 ②

현장지휘 훈련	소방공무원 중 다음의 계급에 있는 사람 • 소방위 • 소방경 • 소방령 • 소방정

012 소방훈련　　　　답 ②

인명대피훈련은 소방공무원·의무소방원·의용소방대원 모두에게 실시한다.

선지분석

① 현장지휘훈련은 소방공무원 중 지방소방정, 지방소방령, 지방소방경, 지방소방위 계급에 있는 사람에게 실시하는 교육·훈련이다.
③ 응급처치훈련은 소방공무원 중 구급업무를 담당하는 구성원과 의무소방원, 의용소방대원에게 실시하는 교육·훈련이다.
④ 화재진압훈련은 소방공무원 중 화재진압업무를 담당하는 구성원과 의무소방원, 의용소방대원에게 실시하는 교육·훈련이다.

013 소방교육·훈련　　　　답 ①

소방청장, 소방본부장 또는 소방서장은 화재를 예방하고 화재 발생 시 인명과 재산피해를 최소화하기 위하여 다음에 해당하는 사람을 대상으로 행정안전부령으로 정하는 바에 따라 소방안전에 관한 교육과 훈련을 실시할 수 있다. 이 경우 소방청장, 소방본부장 또는 소방서장은 해당 어린이집·유치원·학교의 장과 교육일정 등에 관하여 협의하여야 한다.
1. 「영유아보육법」 제2조에 따른 어린이집의 영유아
2. 「유아교육법」 제2조에 따른 유치원의 유아
3. 「초·중등교육법」 제2조에 따른 학교의 학생

014 소방안전교육사시험　　　　답 ②

옳은 것은 ㄴ, ㄹ, ㅂ이다.

선지분석

ㄱ. 「영유아보육법」에 따라 어린이집의 원장 또는 보육교사의 자격을 취득한 사람은 소방안전교육사시험의 응시자격이 있다. 단, 보육교사 자격을 취득한 사람은 보육교사 자격을 취득한 후 3년 이상의 보육업무 경력이 있는 사람만 해당한다.
ㄷ. 「의료법」에 따라 간호사 면허를 취득한 후 간호업무 분야에 1년 이상 종사한 사람은 소방안전교육사시험의 응시자격이 있다. 그러나 간호조무사는 응시자격이 없다.

ㅁ. 소방공무원으로 3년 이상 근무한 경력이 있는 사람은 소방안전교육사시험의 응시자격이 있다.

📄 개념플러스 **소방안전교육사시험의 응시자격**

1. **소방공무원으로서 다음의 어느 하나에 해당하는 사람**
   ① 소방공무원으로 3년 이상 근무한 경력이 있는 사람
   ② 중앙소방학교 또는 지방소방학교에서 2주 이상의 소방안전교육사 관련 전문교육과정을 이수한 사람
2. 「초·중등교육법」에 따라 교원의 자격을 취득한 사람
3. 「유아교육법」에 따라 교원의 자격을 취득한 사람
4. 「영유아보육법」에 따라 어린이집의 원장 또는 보육교사의 자격을 취득한 사람(보육교사 자격을 취득한 사람은 보육교사 자격을 취득한 후 3년 이상의 보육업무 경력이 있는 사람만 해당)
5. 다음의 어느 하나에 해당하는 기관에서 소방안전교육 관련 교과목(응급구조학과, 교육학과 또는 소방청장이 정하여 고시하는 소방 관련 학과에 개설된 전공과목)을 총 6학점 이상 이수한 사람
   ① 「고등교육법」의 어느 하나에 해당하는 학교
   ② 「학점인정 등에 관한 법률」에 따라 학습과정의 평가인정을 받은 교육훈련기관
6. 「국가기술자격법」에 따른 국가기술자격의 직무분야 중 안전관리 분야(국가기술자격의 직무분야 및 국가기술자격의 종목 중 중직무분야의 안전관리)의 기술사 자격을 취득한 사람
7. 「소방시설 설치 및 관리에 관한 법률」에 따른 소방시설관리사 자격을 취득한 사람
8. 「국가기술자격법」에 따른 국가기술자격의 직무분야 중 안전관리 분야의 기사 자격을 취득한 후 안전관리 분야에 1년 이상 종사한 사람
9. 「국가기술자격법」에 따른 국가기술자격의 직무분야 중 안전관리 분야의 산업기사 자격을 취득한 후 안전관리 분야에 3년 이상 종사한 사람
10. 「의료법」에 따라 간호사 면허를 취득한 후 간호업무 분야에 1년 이상 종사한 사람
11. 「응급의료에 관한 법률」에 따라 1급 응급구조사 자격을 취득한 후 응급의료 업무 분야에 1년 이상 종사한 사람
12. 「응급의료에 관한 법률」에 따라 2급 응급구조사 자격을 취득한 후 응급의료 업무 분야에 3년 이상 종사한 사람
13. 「소방시설 설치 및 관리에 관한 법률 시행령」의 특급 소방안전관리자에 해당하는 사람
14. 「소방시설 설치 및 관리에 관한 법률 시행령」의 1급 소방안전관리자에 해당하는 자격을 갖춘 후 소방안전관리대상물의 소방안전관리에 관한 실무경력이 1년 이상 있는 사람
15. 「소방시설 설치 및 관리에 관한 법률 시행령」의 2급 소방안전관리자에 해당하는 자격을 갖춘 후 소방안전관리대상물의 소방안전관리에 관한 실무경력이 3년 이상 있는 사람
16. 「의용소방대 설치 및 운영에 관한 법률」에 따라 의용소방대원으로 임명된 후 5년 이상 의용소방대 활동을 한 경력이 있는 사람

015 소방안전교육사 답 ④

소방청장은 소방안전교육사시험 응시자격 심사, 출제, 채점 및 실기·면접시험을 위하여 소방경이 아닌 소방위 이상의 소방공무원을 응시 자격심사위원 및 시험위원으로 임명 또는 위촉해야 한다.

📄 개념플러스 **소방안전교육사 시험위원**

1. 소방 관련 학과·교육학과 또는 응급구조학과 박사학위 취득자
2. 「고등교육법」의 규정 중 어느 하나에 해당하는 학교에서 소방관련 학과·교육학과·응급구조학과에서 조교수 이상으로 2년 이상 재직한 자
3. 소방위 이상의 소방공무원
4. 소방안전교육사 자격을 취득한 자

016 소방안전교육사 답 ④

제1차 시험과목은 소방학개론, 구급·응급처치론, 재난관리론, 교육학개론이며, 4개 과목 중 3개 과목을 선택하여 응시한다. 제2차 시험과목은 국민안전교육실무이다.

017 소방안전교육사 답 ④

1인 이상의 소방안전교육사를 배치하여야 하는 대상은 소방서, 한국소방안전원의 시·도지부이며, 2인 이상의 소방안전교육사를 배치하여야 하는 대상은 소방청, 소방본부, 한국소방안전원의 본원, 한국소방산업기술원이다.

018 소방안전교육사 답 ②

소방청과 한국소방산업기술원 모두 2명 이상의 소방안전교육사를 배치하여야 한다.

(선지분석)

① 소방본부는 2명 이상의 소방안전교육사를 배치하여야 한다.
③ 소방서는 1명 이상의 소방안전교육사를 배치하여야 한다.
④ 한국소방안전원의 본원은 2명 이상의 소방안전교육사를 배치하여야 한다.

📄 개념플러스 **소방안전교육사의 배치대상별 배치기준**

배치대상	배치기준(단위: 명)
소방청	2 이상
소방본부	2 이상
소방서	1 이상
한국소방안전원	• 본회: 2 이상 • 시·도지부: 1 이상
한국소방산업기술원	2 이상

019 소방안전교육사 답 ①

소방서는 1명 이상의 소방안전교육사를 배치하여야 한다.

> **개념플러스** **소방안전교육사의 배치대상별 배치기준**
>
> | 배치대상 | 배치기준(단위: 명) |
> |---|---|
> | 소방청 | 2 이상 |
> | 소방본부 | 2 이상 |
> | 소방서 | 1 이상 |
> | 한국소방안전원 | • 본회: 2 이상
• 시·도지부: 1 이상 |
> | 한국소방산업기술원 | 2 이상 |

020 소방안전교육사 답 ①

금고 이상의 실형을 선고받고 그 집행이 끝나거나(집행이 끝난 것으로 보는 경우 포함) 집행이 면제된 날부터 2년이 지난 사람은 결격사유에 해당하지 않으므로 시험에 응시할 수 있다.

> **개념플러스** **소방안전교육사 결격사유**
>
> 1. 피성년후견인
> 2. 금고 이상의 실형을 선고받고 그 집행이 끝나거나(집행이 끝난 것으로 보는 경우 포함) 집행이 면제된 날부터 2년이 지나지 아니한 사람
> 3. 금고 이상의 형의 집행유예를 선고받고 그 유예기간 중에 있는 사람
> 4. 법원의 판결 또는 다른 법률에 따라 자격이 정지되거나 상실된 사람

021 소방신호 답 ②

종류	타종신호	사이렌신호
경계신호	1타와 연2타 반복	5초 간격을 두고 30초씩 3회
발화신호	난타	5초 간격을 두고 5초씩 3회
해제신호	상당한 간격을 두고 1타씩 반복	1분간 1회
훈련신호	연3타 반복	10초 간격을 두고 1분씩 3회

022 소방신호 답 ①

(선지분석)

② 발화신호의 타종신호는 난타이다.

③ 해제신호의 타종신호는 상당한 간격을 두고 1타씩 반복이다.
④ 훈련신호의 사이렌신호 간격은 10초이다.

> **개념플러스** **소방신호의 종류**
>
> | 종류 | 타종신호 | 사이렌신호 |
> |---|---|---|
> | 경계신호 | 1타와 연2타 반복 | 5초 간격을 두고 30초씩 3회 |
> | 발화신호 | 난타 | 5초 간격을 두고 5초씩 3회 |
> | 해제신호 | 상당한 간격을 두고 1타씩 반복 | 1분간 1회 |
> | 훈련신호 | 연3타 반복 | 10초 간격을 두고 1분씩 3회 |

023 소방신호 답 ②

소방신호는 경계·발화·해제·훈련신호가 있다. 발화신호는 화재가 발생한 때 발령하는 신호이다. 훈련신호는 훈련상 필요하다고 인정되는 때 또는 비상소집 시 발령하는 신호이다.

(선지분석)

① 「소방기본법」 제18조에 대한 내용이다.
③ 경계신호는 화재예방상 필요하다고 인정되거나 화재위험경보 시 발령하는 신호이다.
④ 해제신호는 소화활동이 필요 없다고 인정되는 때 발령하는 신호이다.

024 소방신호 답 ④

훈련신호는 소방훈련 및 소방대의 비상소집을 하는 경우에 사용된다.

> **개념플러스** **소방신호의 종류**
>
> | 종별 \ 신호방법 | 타종신호 | 사이렌신호 |
> |---|---|---|
> | 경계신호 | 1타와 연2타를 반복 | 5초 간격을 두고 30초씩 3회 |
> | 발화신호 | 난타 | 5초 간격을 두고 5초씩 3회 |
> | 해제신호 | 상당한 간격을 두고 1타씩 반복 | 1분간 1회 |
> | 훈련신호 | 연3타 반복 | 10초 간격을 두고 1분씩 3회 |
>
> 1. 소방신호의 방법은 그 전부 또는 일부를 함께 사용할 수 있다.
> 2. 게시판을 철거하거나 통풍대 또는 기를 내리는 것으로 소방활동이 해제되었음을 알린다.
> 3. 소방대의 비상소집을 하는 경우에는 훈련신호를 사용할 수 있다.

025 소방신호 답 ④

훈련신호의 사이렌신호는 10초 간격을 두고 1분씩 3회 신호를 보내는 것이다.

026 연막소독 답 ②

시장지역, 공장·창고가 밀집한 지역, 목조건물이 밀집한 지역, 위험물의 저장 및 처리시설이 밀집한 지역, 석유화학제품을 생산하는 공장이 있는 지역, 그 밖에 시·도의 조례로 정하는 지역 또는 장소에서 화재로 오인할 만한 우려가 있는 불을 피우거나 연막(煙幕)소독 등을 하려는 자는 시·도의 조례로 정하는 바에 따라 관할 소방본부장 또는 소방서장에게 신고하여야 한다.

027 소방대의 긴급통행 답 ①

소방대는 화재, 재난·재해, 그 밖의 위급한 상황이 발생한 현장에 신속하게 출동하기 위하여 긴급할 때에는 일반적인 통행에 쓰이지 아니하는 도로·빈터 또는 물 위로 통행할 수 있다.

선지분석

②③④ 우선통행에 대한 사항이다.

028 소방활동구역 답 ④

의용소방대장은 소방대의 소방대장에 해당하지 않기 때문에 의용소방대장이 정하는 자는 소방활동구역을 출입할 수 있는 사람이 아니다.

선지분석

①②③ 소방활동구역의 출입자는 소방활동구역 안에 있는 소방대상물의 소유자·관리자 또는 점유자, 전기·가스·수도·통신·교통의 업무에 종사하는 사람으로서 원활한 소방활동을 위하여 필요한 사람, 의사·간호사, 그 밖의 구조·구급업무에 종사하는 사람, 취재인력 등 보도업무에 종사하는 사람, 수사업무에 종사하는 사람, 소방대장이 소방활동을 위하여 출입을 허가한 사람이다.

029 소방활동구역 답 ②

경찰서장은 소방활동구역의 출입허가를 할 수 없기 때문에 경찰서장이 소방활동을 위하여 출입을 허가한 자는 소방활동구역의 출입자가 아니다.

선지분석

①③④ 소방활동구역의 출입자는 소방활동구역 안에 있는 소방대상물의 소유자·관리자 또는 점유자, 전기·가스·수도·통신·교통의 업무에 종사하는 사람으로서 원활한 소방활동을 위하여 필요한 사람, 의사·간호사, 그 밖의 구조·구급업무에 종사하는 사람, 취재인력 등 보도업무에 종사하는 사람, 수사업무에 종사하는 사람, 소방대장이 소방활동을 위하여 출입을 허가한 사람이다.

030 소방활동구역 답 ①

기계설비 종사자는 소방활동에 필요한 종사자가 아니다.

031 소방활동 종사 명령 답 ③

소방활동에 종사할 것을 명령하는 자는 소방본부장 또는 소방서장이나, 종사한 사람에게 비용 지급하는 사람은 시·도지사이다.

📄 개념플러스 **소방활동 종사 명령**

1. 소방본부장, 소방서장 또는 소방대장은 화재, 재난·재해, 그 밖의 위급한 상황이 발생한 현장에서 소방활동을 위하여 필요할 때에는 그 관할구역에 사는 사람 또는 그 현장에 있는 사람으로 하여금 사람을 구출하는 일 또는 불을 끄거나 불이 번지지 아니하도록 하는 일을 하게 할 수 있다. 이 경우 소방본부장, 소방서장 또는 소방대장은 소방활동에 필요한 보호장구를 지급하는 등 안전을 위한 조치를 하여야 한다.
2. 명령에 따라 소방활동에 종사한 사람은 시·도지사로부터 소방활동의 비용을 지급받을 수 있다. 단, 다음의 어느 하나에 해당하는 사람의 경우에는 제외된다.
   ① 소방대상물에 화재, 재난·재해, 그 밖의 위급한 상황이 발생한 경우 그 관계인
   ② 고의 또는 과실로 화재 또는 구조·구급 활동이 필요한 상황을 발생시킨 사람
   ③ 화재 또는 구조·구급 현장에서 물건을 가져간 사람

032 소방활동 처분권자 답 ①

옳은 것은 ㄱ, ㄴ, ㄷ이다.

선지분석

ㄹ, ㅁ. 소방청장과 시·도지사에게는 강제처분의 권한이 없다.

📄 개념플러스 **강제처분 등**

1. 소방본부장, 소방서장 또는 소방대장은 사람을 구출하거나 불이 번지는 것을 막기 위하여 필요할 때에는 화재가 발생하거나 불이 번질 우려가 있는 소방대상물 및 토지를 일시적으로 사용하거나 그 사용의 제한 또는 소방활동에 필요한 처분을 할 수 있다.

2. 소방본부장, 소방서장 또는 소방대장은 사람을 구출하거나 불이 번지는 것을 막기 위하여 긴급하다고 인정할 때에는 화재현장 외의 소방대상물과 토지에 대하여 일시적으로 사용하거나 그 사용의 제한 또는 소방활동에 필요한 처분을 할 수 있다.
3. 소방본부장, 소방서장 또는 소방대장은 소방활동을 위하여 긴급하게 출동할 때에는 소방자동차의 통행과 소방활동에 방해가 되는 주차 또는 정차된 차량 및 물건 등을 제거하거나 이동시킬 수 있다.
4. 소방본부장, 소방서장 또는 소방대장은 소방활동에 방해가 되는 주차 또는 정차된 차량의 제거나 이동을 위하여 관할 지방자치단체 등 관련 기관에 견인차량과 인력 등에 대한 지원을 요청할 수 있고, 요청을 받은 관련 기관의 장은 정당한 사유가 없으면 이에 협조하여야 한다.
5. 시·도지사는 견인차량과 인력 등을 지원한 자에게 시·도의 조례로 정하는 바에 따라 비용을 지급할 수 있다.

---

033 강제처분 답 ③

선지분석

① 소방본부장, 소방서장 또는 소방대장은 사람을 구출하거나 불이 번지는 것을 막기 위하여 필요할 때에는 화재가 발생하거나 불이 번질 우려가 있는 소방대상물 및 토지를 일시적으로 사용하거나 그 사용의 제한 또는 소방활동에 필요한 처분을 할 수 있다(「소방기본법」 제25조 제1항).
② 소방본부장, 소방서장 또는 소방대장은 소방활동을 위하여 긴급하게 출동할 때에는 소방자동차의 통행과 소방활동에 방해가 되는 주차 또는 정차된 차량 및 물건 등을 제거하거나 이동시킬 수 있다(「소방기본법」 제25조 제3항). 이 때 보상할 필요는 없다.
④ 소방본부장, 소방서장 또는 소방대장은 사람을 구출하거나 불이 번지는 것을 막기 위하여 긴급하다고 인정할 때에는 화재현장 외의 소방대상물과 토지에 대하여 일시적으로 사용하거나 그 사용의 제한 또는 소방활동에 필요한 처분을 할 수 있다(「소방기본법」 제25조 제2항).

---

034 긴급조치 답 ②

선지분석

① 댐, 저수지 등의 수문의 개폐장치를 조작하는 것이 아니라 댐, 저수지의 물을 사용하여 화재진압 차량에 물을 채수하는 것이다. 소방본부장, 소방서장 또는 소방대장은 화재 진압 등 소방활동을 위하여 필요할 때에는 소방용수 외에 댐·저수지 또는 수영장 등의 물을 사용하거나 수도(水道)의 개폐장치 등을 조작할 수 있다(「소방기본법」 제27조 제1항).
③ 소방본부장, 소방서장 또는 소방대장은 화재 발생을 막거나 폭발 등으로 화재가 확대되는 것을 막기 위하여 가스·전기 또는 유류 등의 시설에 대하여 위험물질의 공급을 차단하는 등 필요한 조치를 할 수 있다(「소방기본법」 제27조 제2항).

---

④ 주차 또는 정차된 차량이 법령을 위반하여 소방자동차의 통행과 소방활동에 방해가 된 경우에는 강제처분으로 인한 손실을 보상하지 않는다.

---

035 소방활동 답 ③

화재진압 및 구조·구급활동을 마치고 소방서로 돌아올 때에는 사이렌을 사용하지 않고 「도로교통법」을 지켜야 한다.

📄 개념플러스 **소방자동차의 우선 통행 등**

1. 모든 차와 사람은 소방자동차(지휘를 위한 자동차와 구조·구급차 포함)가 화재진압 및 구조·구급 활동을 위하여 출동을 할 때에는 이를 방해하여서는 아니 된다.
2. 소방자동차가 화재진압 및 구조·구급 활동을 위하여 출동하거나 훈련을 위하여 필요할 때에는 사이렌을 사용할 수 있다.
3. 모든 차와 사람은 소방자동차가 화재진압 및 구조·구급 활동을 위하여 사이렌을 사용하여 출동하는 경우에는 다음의 행위를 하여서는 아니 된다.
   ① 소방자동차에 진로를 양보하지 아니하는 행위
   ② 소방자동차 앞에 끼어들거나 소방자동차를 가로막는 행위
   ③ 그 밖에 소방자동차의 출동에 지장을 주는 행위
4. 소방자동차의 우선 통행에 관하여는 「도로교통법」에서 정하는 바에 따른다.

---

036 소방지원활동 답 ④

화재, 재난·재해로 인한 피해복구 지원활동은 법으로 정하는 소방지원활동이다. 행정안전부령으로 정하는 소방지원활동은 군·경찰 등 유관기관에서 실시하는 훈련지원활동, 소방시설 오작동 신고에 따른 조치활동, 방송제작 또는 촬영 관련 지원활동이다.

---

037 소방안전교육사의 배치대상 및 배치기준 답 ①

소방안전교육사의 배치대상 및 배치기준, 그 밖에 필요한 사항은 대통령령으로 정한다(「소방기본법」 제17조의5 제2항).

📄 개념플러스 **소방안전교육사**

1. 소방청장은 소방안전교육을 위하여 소방청장이 실시하는 시험에 합격한 사람에게 소방안전교육사 자격을 부여한다.
2. 소방안전교육사는 소방안전교육의 기획·진행·분석·평가 및 교수업무를 수행한다.
3. 소방안전교육사 시험의 응시자격, 시험방법, 시험과목, 시험위원, 그 밖에 소방안전교육사 시험의 실시에 필요한 사항은 대통령령으로 정한다.
4. 소방안전교육사 시험에 응시하려는 사람은 대통령령으로 정하는 바에 따라 수수료를 내야 한다.

038 소방신호의 사용목적   답 ③

보수는 고장 시 수리 등을 말하므로 신호와는 관련성이 없다.

(선지분석)

①②④ 화재예방, 소방활동 또는 소방훈련을 위하여 사용되는 소방신호의 종류와 방법은 행정안전부령으로 정한다.

039 소방신호의 방법   답 ①

훈련신호 시 타종신호는 연3타를 반복한다.

📄 개념플러스 **타종신호와 사이렌신호의 구분**

종류	타종신호	사이렌신호
경계신호	1타와 연2타 반복	5초 간격을 두고 30초씩 3회
발화신호	난타	5초 간격을 두고 5초씩 3회
해제신호	상당한 간격을 두고 1타씩 반복	1분간 1회
훈련신호	연3타 반복	10초 간격을 두고 1분씩 3회

040 연막소독   답 ①

화재예방강화지구에 해당하는 지역 또는 장소에서 화재로 오인할 만한 우려가 있는 불을 피우거나 연막(煙幕)소독을 하려는 자는 시·도의 조례로 정하는 바에 따라 관할 소방본부장 또는 소방서장에게 신고하여야 한다.

041 화재오인 우려 시 신고   답 ②

노후·불량 건축물이 밀집한 지역은 화재예방강화지구 선정대상이나 화재 오인 시 신고대상은 아니다.

📄 개념플러스 **화재오인 신고 대상**

1. 시장지역
2. 공장·창고가 밀집한 지역
3. 목조건물이 밀집한 지역
4. 위험물의 저장 및 처리시설이 밀집한 지역
5. 석유화학제품을 생산하는 공장이 있는 지역
6. 그 밖에 시·도의 조례로 정하는 지역 또는 장소

042 소방자동차의 우선통행   답 ③

소방자동차의 우선통행에 관하여는 「소방기본법」으로 정하는 것이 아니라 「도로교통법」으로 정한다.

📄 개념플러스 **소방자동차의 우선통행 등**

1. 모든 차와 사람은 소방자동차(지휘를 위한 자동차와 구조·구급차 포함)가 화재진압 및 구조·구급 활동을 위하여 출동을 할 때에는 이를 방해하여서는 아니 된다.
2. 소방자동차가 화재진압 및 구조·구급 활동을 위하여 출동하거나 훈련을 위하여 필요할 때에는 사이렌을 사용할 수 있다.
3. 모든 차와 사람은 소방자동차가 화재진압 및 구조·구급 활동을 위하여 사이렌을 사용하여 출동하는 경우에는 다음의 행위를 하여서는 아니 된다.
   ① 소방자동차에 진로를 양보하지 아니하는 행위
   ② 소방자동차 앞에 끼어들거나 소방자동차를 가로막는 행위
   ③ 그 밖에 소방자동차의 출동에 지장을 주는 행위

043 소방자동차 전용구역   답 ③

• 전용구역 노면표지의 외곽선은 빗금무늬로 표시하되, 빗금은 두께를 (30)센티미터로 하여 (50)센티미터 간격으로 표시한다.
• 전용구역 노면표지 도료의 색채는 (황색)을 기본으로 하되, 문자(P, 소방차 전용)는 백색으로 표시한다.

044 벌칙   답 ②

전용구역에 주차하거나 전용구역에의 진입을 가로막는 등의 방해행위를 한 자에게는 100만원 이하의 과태료를 부과한다.

045 소방자동차 전용구역 방해 행위 기준   답 ②

전용구역의 앞면, 뒷면 또는 양 측면에 물건 등을 쌓거나 주차하는 행위. 단, 「주차장법」 제19조에 따른 부설주차장의 주차구획 내에 주차하는 행위 제외

(선지분석)

③ 전용구역 진입로에 물건 등을 쌓거나 주차하여 전용구역으로의 진입을 가로막는 행위
④ 전용구역 노면표지를 지우거나 훼손하는 행위

046 소방활동구역 답 ②

소방대를 지휘하는 소방대장이 소방활동구역을 설정한다. 소방대장은 화재, 재난·재해, 그 밖의 위급한 상황이 발생한 현장에 소방활동구역을 정하여 소방활동에 필요한 사람으로서 대통령령으로 정하는 사람 외에는 그 구역에 출입하는 것을 제한할 수 있다.

047 비용지급 답 ④

소방활동 종사명령으로 화재현장 및 관계지역에 있는 사람이 종사한 경우에는 비용을 지급하여야 한다.

📄 개념플러스 **소방활동 종사 후 비용을 지급받을 수 없는 경우**

1. 소방대상물에 화재, 재난·재해, 그 밖의 위급한 상황이 발생한 경우 그 관계인
2. 고의 또는 과실로 화재 또는 구조·구급 활동이 필요한 상황을 발생시킨 사람
3. 화재 또는 구조·구급 현장에서 물건을 가져간 사람

048 소방활동 답 ②

소방본부장·소방서장 또는 소방대장은 소방활동을 위하여 긴급하게 출동하는 때에는 소방자동차의 통행과 소방활동에 방해가 되는 주차 또는 정차된 차량 및 물건 등을 제거 또는 이동과 같은 강제처분을 할 수 있다.

📄 개념플러스 **소방활동**

1. 소방활동에 종사한 자는 시·도지사로부터 소방활동의 비용을 지급받을 수 있다.
2. 소방활동에 종사한 자가 이로 인하여 사망하거나 부상을 입은 경우에는 소방청장 등은 이를 보상하여야 한다.
3. 소방대장, 소방본부장·소방서장은 화재, 재난·재해, 그 밖의 위급한 상황의 발생으로 인하여 사람의 생명에 위험이 미칠 것으로 인정하는 때에는 일정한 구역을 지정하여 그 구역 안에 있는 사람에 대하여 그 구역 밖으로 피난할 것을 명할 수 있다.

049 긴급조치 답 ④

위험시설 등에 대한 긴급조치자는 소방대의 지휘권이 있는 소방본부장, 소방서장 또는 소방대장이다.

📄 개념플러스 **위험시설 등의 긴급조치**

1. 소방본부장, 소방서장 또는 소방대장은 화재 진압 등 소방활동을 위하여 필요할 때에는 소방용수 외에 댐·저수지 또는 수영장 등의 물을 사용하거나 수도(水道)의 개폐장치 등을 조작할 수 있다.
2. 소방본부장, 소방서장 또는 소방대장은 화재 발생을 막거나 폭발 등으로 화재가 확대되는 것을 막기 위하여 가스·전기 또는 유류 등의 시설에 대하여 위험물질의 공급을 차단하는 등 필요한 조치를 할 수 있다.

050 강제처분 등 답 ①

1. 소방본부장, 소방서장 또는 소방대장은 사람을 구출하거나 불이 번지는 것을 막기 위하여 필요할 때에는 화재가 발생하거나 불이 번질 우려가 있는 소방대상물 및 토지를 일시적으로 사용하거나 그 사용의 제한 또는 소방활동에 필요한 처분을 할 수 있다.
2. 소방본부장, 소방서장 또는 소방대장은 소방활동을 위하여 긴급하게 출동할 때에는 소방자동차의 통행과 소방활동에 방해가 되는 주차 또는 정차된 차량 및 물건 등을 제거하거나 이동시킬 수 있다.
3. 소방본부장, 소방서장 또는 소방대장은 소방활동에 방해가 되는 주차 또는 정차된 차량의 제거나 이동을 위하여 관할 지방자치단체 등 관련 기관에 견인차량과 인력 등에 대한 지원을 요청할 수 있고, 요청을 받은 관련 기관의 장은 정당한 사유가 없으면 이에 협조하여야 한다.
4. 시·도지사는 견인차량과 인력 등을 지원한 자에게 시·도의 조례로 정하는 바에 따라 비용을 지급할 수 있다.

051 강제처분의 권한 답 ①

소방본부장, 소방서장 또는 소방대장은 사람을 구출하거나 불이 번지는 것을 막기 위하여 필요할 때에는 화재가 발생하거나 불이 번질 우려가 있는 소방대상물 및 토지를 일시적으로 사용하거나 그 사용의 제한 또는 소방활동에 필요한 처분을 할 수 있다.

052 피난명령 답 ③

소방본부장, 소방서장 또는 소방대장은 피난명령을 할 때 필요하면 관할 경찰서장 또는 자치경찰단장에게 협조를 요청할 수 있다.

정답

p. 44

001	②	002	①

001   소방산업의 육성·진흥 및 지원   답 ②

국가는 소방산업과 관련된 기술의 개발을 촉진하기 위하여 기술개발을 실시하는 자에게 그 기술개발에 드는 자금의 전부 또는 일부를 출연하거나 보조할 수 있다.

002   소방산업의 육성·진흥 및 지원   답 ①

소방기술 및 소방산업의 국제경쟁력과 국제적 통용성을 높이는 국제화사업은 국가사무이다. 단, 국제화사업의 사업추진자는 소방청장이다.

> 📄 개념플러스 **소방산업의 육성·진흥 및 지원**
>
> 1. 국가는 소방산업(소방용 기계·기구의 제조, 연구·개발 및 판매 등에 관한 일련의 산업)의 육성·진흥을 위하여 필요한 계획의 수립 등 행정상·재정상의 지원시책을 마련하여야 한다.
> 2. 국가는 소방기술 및 소방산업의 국제경쟁력과 국제적 통용성을 높이는 데에 필요한 기반 조성을 촉진하기 위한 시책을 마련하여야 한다.

정답

p. 45

001	④	002	④	003	③	004	①	005	④
006	①	007	②	008	①	009	④	010	②

001   안전원의 업무   답 ④

1. 소방기술과 안전관리에 관한 교육 및 조사·연구
2. 소방기술과 안전관리에 관한 각종 간행물 발간
3. 화재 예방과 안전관리의식 고취를 위한 대국민 홍보
4. 소방업무에 관하여 행정기관이 위탁하는 업무
5. 소방안전에 관한 국제협력
6. 그 밖에 회원에 대한 기술지원 등 정관으로 정하는 사항

002   안전원의 업무   답 ④

소방기술과 소방산업의 국외시장 개척에 관한 사업추진은 '기술원'의 업무이다.

003   한국소방안전원   답 ③

한국소방안전원은 비영리법인이기는 하지만 국가가 운영경비를 보조하지 않는다.

> 📄 개념플러스 **한국소방안전원의 설립 등**
>
> 1. 소방기술과 안전관리기술의 향상 및 홍보, 그 밖의 교육·훈련 등 행정기관이 위탁하는 업무의 수행과 소방 관계 종사자의 기술 향상을 위하여 한국소방안전원(이하 "안전원"이라 한다)을 소방청장의 인가를 받아 설립한다.
> 2. 설립되는 안전원은 법인으로 한다.
> 3. 안전원에 관하여 「소방기본법」에 규정된 것을 제외하고는 「민법」 중 재단법인에 관한 규정을 준용한다.

> 📄 개념플러스 **한국소방안전원의 운영경비**
>
> 안전원의 운영 및 사업에 소요되는 경비는 다음의 재원으로 충당한다.
> 1. 업무 수행에 따른 수입금
> 2. 자산운영수익금
> 3. 회원의 회비
> 4. 그 밖의 부대수입

004   한국소방안전원   답 ①

소방기술과 안전관리에 관한 인허가 업무는 한국소방안전원의 업무에 해당하지 않는다. 한국소방안전원은 「소방기본법」으로 정하고 있는 비영리법인으로서 특수법인의 성격을 가지고 있는데, 특히 소방청장이 가지고 있는 교육의 권한을 위탁받고 있는 단체이며 재단법인으로 설립된 단체이다.

> 📄 개념플러스 **한국소방안전원의 업무**
>
> 1. 소방기술과 안전관리에 관한 교육 및 조사·연구
> 2. 소방기술과 안전관리에 관한 각종 간행물 발간
> 3. 화재 예방과 안전관리의식 고취를 위한 대국민 홍보
> 4. 소방업무에 관하여 행정기관이 위탁하는 업무
> 5. 소방안전에 관한 국제협력
> 6. 회원에 대한 기술지원 등 정관이 정하는 사항

005 한국소방안전원 답 ④

소방시설에 대한 업무는 위탁업무에 해당되지 않는다.

📄 개념플러스 **한국소방안전원의 업무**

1. 소방기술과 안전관리에 관한 교육 및 조사·연구
2. 소방기술과 안전관리에 관한 각종 간행물 발간
3. 화재 예방과 안전관리의식 고취를 위한 대국민 홍보
4. 소방업무에 관하여 행정기관이 위탁하는 업무
5. 소방안전에 관한 국제협력
6. 회원에 대한 기술지원 등 정관으로 정하는 사항

006 한국소방안전원의 정관 답 ①

설립 시에도 소방청장의 인가를 받아 설립하며, 정관 변경 시에도 소방청장의 인가를 받아야 한다.

📄 개념플러스 **한국소방안전원의 정관**

1. 안전원의 정관에는 다음의 사항이 포함되어야 한다.
   ① 목적
   ② 명칭
   ③ 주된 사무소의 소재지
   ④ 사업에 관한 사항
   ⑤ 이사회에 관한 사항
   ⑥ 회원과 임원 및 직원에 관한 사항
   ⑦ 재정 및 회계에 관한 사항
   ⑧ 정관의 변경에 관한 사항
2. 안전원의 정관을 변경하려면 소방청장의 인가를 받아야 한다.

007 한국소방안전원의 사업계획 및 예산 답 ②

사업계획 및 예산에 관한 사항은 소방청장의 승인사항이다.

📄 개념플러스 **한국소방안전원의 감독 등**

1. 소방청장은 법에 따라 안전원의 업무를 감독하여야 한다.
   ① 이사회의 중요의결 사항
   ② 회원의 가입·탈퇴 및 회비에 관한 사항
   ③ 사업계획 및 예산에 관한 사항
   ④ 기구 및 조직에 관한 사항
   ⑤ 그 밖에 소방청장이 위탁한 업무의 수행 또는 정관에서 정하고 있는 업무의 수행에 관한 사항
2. 사업계획 및 예산에 관하여는 소방청장의 승인을 얻어야 한다.
3. 소방청장은 안전원의 업무감독을 위하여 필요한 자료의 제출을 명하거나 「소방시설 설치 및 관리에 관한 법률」, 「소방시설공사업법」 및 「위험물안전관리법」의 규정에 의하여 위탁된 업무와 관련된 규정의 개선을 명할 수 있다. 이 경우 안전원은 정당한 사유가 없는 한 이에 따라야 한다.

008 한국소방안전원의 감독기관 답 ①

한국소방안전원의 감독기관은 소방청장이다.

📄 개념플러스 **소방청장의 한국소방안전원 업무 감독**

1. 이사회의 중요의결 사항
2. 회원의 가입·탈퇴 및 회비에 관한 사항
3. 사업계획 및 예산에 관한 사항
4. 기구 및 조직에 관한 사항
5. 그 밖에 소방청장이 위탁한 업무의 수행 또는 정관에서 정하고 있는 업무의 수행에 관한 사항

009 한국소방안전원의 정관 답 ④

정관은 법인 설립 시 제출되는 서류이므로 이사장을 정관으로 정하지 않는다.

📄 개념플러스 **한국소방안전원의 정관**

1. 목적
2. 명칭
3. 주된 사무소의 소재지
4. 사업에 관한 사항
5. 이사회에 관한 사항
6. 회원과 임원 및 직원에 관한 사항
7. 재정 및 회계에 관한 사항
8. 정관의 변경에 관한 사항

010 교육평가심의위원회의 구성 및 운영 답 ②

소방공무원으로서 교육평가심의위원회의 위원은 소방안전교육 업무 담당자로 하고, 시험위원은 소방위 이상으로 한다.

📄 개념플러스 **교육평가심의위원회의 구성·운영**

1. 안전원장은 다음의 사항을 심의하기 위하여 교육평가심의위원회를 둔다.
   ① 교육평가 및 운영에 관한 사항
   ② 교육결과 분석 및 개선에 관한 사항
   ③ 다음 연도의 교육계획에 관한 사항
2. 평가위원회는 위원장 1명을 포함하여 9명 이하의 위원으로 성별을 고려하여 구성한다.
3. 평가위원회의 위원장은 위원 중에서 호선(互選)한다.
4. **평가위원회의 위원(안전원장이 임명 또는 위촉)**
   ① 소방안전교육 업무 담당 소방공무원 중 소방청장이 추천하는 사람
   ② 소방안전교육 전문가
   ③ 소방안전교육 수료자
   ④ 소방안전에 관한 학식과 경험이 풍부한 사람
5. 평가위원회에 참석한 위원에게는 예산의 범위에서 수당을 지급할 수 있다. 다만, 공무원인 위원이 소관 업무와 직접 관련되어 참석하는 경우에는 수당을 지급하지 아니한다.

001   손실보상   답 ①

(가) ~ (마)에 들어갈 내용으로 옳은 것은 3, 5, 60, 10, 30이다.

> 📄 개념플러스 **손실보상의 지급절차 및 방법**
>
> 1. 소방기관 또는 소방대의 적법한 소방업무 또는 소방활동으로 인하여 발생한 손실을 보상받으려는 자는 행정안전부령으로 정하는 보상금지급청구서에 손실내용과 손실금액을 증명할 수 있는 서류를 첨부하여 소방청장 또는 시·도지사에게 제출하여야 한다.
> 2. 소방청장 등은 손실보상심의위원회의 심사·의결을 거쳐 특별한 사유가 없으면 보상금 지급 청구서를 받은 날부터 60일 이내에 보상금 지급 여부 및 보상금액을 결정하여야 한다.
> 3. 소방청장 등은 다음에 해당하는 경우에는 그 청구를 각하(却下)하는 결정을 하여야 한다.
>   ① 청구인이 같은 청구 원인으로 보상금 청구를 하여 보상금 지급 여부 결정을 받은 경우. 다만, 기각 결정을 받은 청구인이 손실을 증명할 수 있는 새로운 증거가 발견되었음을 소명(疏明)하는 경우는 제외한다.
>   ② 손실보상 청구가 요건과 절차를 갖추지 못한 경우. 다만, 그 잘못된 부분을 시정할 수 있는 경우는 제외한다.
> 4. 소방청장 등은 결정일부터 10일 이내에 행정안전부령으로 정하는 바에 따라 결정 내용을 청구인에게 통지하고, 보상금을 지급하기로 결정한 경우에는 특별한 사유가 없으면 통지한 날부터 30일 이내에 보상금을 지급하여야 한다.
> 5. 소방청장 등은 보상금을 지급받을 자가 지정하는 예금계좌에 입금하는 방법으로 보상금을 지급한다. 다만, 보상금을 지급받을 자가 체신관서 또는 은행이 없는 지역에 거주하는 등 부득이한 사유가 있는 경우에는 그 보상금을 지급받을 자의 신청에 따라 현금으로 지급할 수 있다.
> 6. 보상금은 일시불로 지급하되, 예산 부족 등의 사유로 일시불로 지급할 수 없는 특별한 사정이 있는 경우에는 청구인의 동의를 받아 분할하여 지급할 수 있다.
> 7. 보상금의 청구 및 지급에 필요한 사항은 소방청장이 정한다.

002   손실보상   답 ②

손실보상심의위원회는 위원장 1명을 포함하여 5명 이상 7명 이하의 위원으로 구성한다.

001   벌칙   답 ①

정당한 사유 없이 소방대가 현장에 도착할 때까지 사람을 구출하는 조치 또는 불을 끄거나 불이 번지지 아니하도록 하는 조치를 하지 아니한 관계인은 100만원 이하의 벌금을 내야 한다.

> 📄 개념플러스 **5년 이하의 징역 또는 5천만원 이하의 벌금**
>
> 1. 소방활동을 위반하여 다음의 어느 하나에 해당하는 행위를 한 사람
>   ① 위력(威力)을 사용하여 출동한 소방대의 화재진압·인명구조 또는 구급활동을 방해하는 행위
>   ② 소방대가 화재진압·인명구조 또는 구급활동을 위하여 현장에 출동하거나 현장에 출입하는 것을 고의로 방해하는 행위
>   ③ 출동한 소방대원에게 폭행 또는 협박을 행사하여 화재진압·인명구조 또는 구급활동을 방해하는 행위
>   ④ 출동한 소방대의 소방장비를 파손하거나 그 효용을 해하여 화재진압·인명구조 또는 구급활동을 방해하는 행위
> 2. 소방자동차의 출동을 방해한 사람
> 3. 화재, 재난·재해, 그 밖의 위급한 상황이 발생한 현장에서 사람을 구출하는 일 또는 불을 끄거나 불이 번지지 아니하도록 하는 일을 방해한 사람
> 4. 정당한 사유 없이 소방용수시설 또는 비상소화장치를 사용하거나 소방용수시설 또는 비상소화장치의 효용을 해치거나 그 정당한 사용을 방해한 사람

002   벌금   답 ③

정당한 사유 없이 물의 사용이나 수도의 개폐장치의 사용 또는 조작을 하지 못하게 한 자의 벌칙은 100만원 이하의 벌금이다.

003   벌금   답 ②

소방자동차의 출동을 방해한 자는 5년 이하의 징역 또는 5천만원 이하의 벌금에 처한다.

---

004 벌칙 답 ④

화재, 재난·재해, 그 밖의 위급한 상황이 발생하여 사람의 생명을 위험하게 할 것으로 인정할 때에는 일정한 구역을 지정하여 그 구역에 있는 사람에게 그 구역 밖으로 피난할 것에 대한 명령을 위반한 사람: 100만원 이하의 벌금

---

005 벌칙 답 ②

5년 이하의 징역 또는 5천만원 이하의 벌금: 화재진압 및 구조·구급 활동을 위하여 출동하는 소방자동차의 출동을 방해한 사람

(선지분석) 벌금 100만원 이하의 벌금

① 정당한 사유 없이 소방대의 생활안전활동을 방해한 자
③ 정당한 사유 없이 화재진압 등 소방활동을 위하여 필요할 때 물의 사용이나 수도의 개폐장치의 사용 또는 조작을 하지 못하게 하거나 방해한 자
④ 정당한 사유 없이 소방대가 현장에 도착할 때까지 사람을 구출하는 조치 또는 불을 끄거나 불이 번지지 아니하도록 하는 조치를 하지 아니한 관계인

---

006 벌칙 답 ③

화재 또는 구조·구급의 상황을 거짓으로 알린 자는 500만원 이하의 과태료를 부과한다. 신고, 보고, 보관 등을 위반 시 통상 과태료의 벌칙이 주어진다.

---

007 벌칙 답 ②

소방자동차 전용구역에 차를 주차하거나 전용구역에의 진입을 가로막는 등의 방해행위를 한 자에게는 100만원 이하의 과태료를 부과한다.

---

008 연막소독 답 ②

소방용수가 없는 지역은 화재오인 우려 행위 시 사전 신고 대상이 아니다.

---

009 과태료 답 ④

과태료는 대통령령으로 정하는 바에 따라 관할 시·도지사, 소방본부장 또는 소방서장이 부과·징수한다.

제1장 | 총칙

정답　　　　　　　　　　　　　　　　　　　p. 54

| 001 | ① |

001　정의　　　　　　　　　　답 ①

"화재"란 사람의 의도에 반하거나 고의 또는 과실에 의하여 발생하는 연소 현상으로서 소화할 필요가 있는 현상 또는 사람의 의도에 반하여 발생하거나 확대된 화학적 폭발현상을 말한다.

제2장 | 화재조사의 실시 등

정답　　　　　　　　　　　　　　　　　　　p. 55

| 001 | ③ | 002 | ② | 003 | ① | 004 | ④ |

001　화재조사 절차　　　　　　답 ③

화재조사는 다음 절차에 따라 실시한다.
1. 현장출동 중 조사: 화재발생 접수, 출동 중 화재상황 파악 등
2. 화재현장 조사: 화재의 발화(發火)원인, 연소상황 및 피해상황 조사 등
3. 정밀조사: 감식·감정, 화재원인 판정 등
4. 화재조사 결과 보고

002　화재조사전담부서　　　　답 ②

1. 소방관서장은 화재조사전담부서에 화재조사관을 2명 이상 배치해야 한다.
2. 전담부서에는 화재조사를 위한 감식·감정 장비 등 행정안전부령으로 정하는 장비와 시설을 갖추어 두어야 한다.
3. 전담부서의 구성·운영에 필요한 사항은 행정안전부령으로 정한다.

003　화재조사전담부서에서 갖추어야 할 장비와 시설　　답 ①

금속현미경: 감정기기

(선지분석)

② 절연저항계, ③ 내시경현미경, ④ 휴대용디지털현미경은 감식기기에 해당한다.

📋 개념플러스　**전담부서에 갖추어야 할 장비와 시설**

구분	기자재명 및 시설규모
발굴용구 (8종)	공구세트, 전동 드릴, 전동 그라인더(절삭·연마기), 전동 드라이버, 이동용 진공청소기, 휴대용 열풍기, 에어컴프레서(공기압축기), 전동 절단기
기록용기기 (13종)	디지털카메라(DSLR)세트, 비디오카메라세트, TV, 적외선거리측정기, 디지털온도·습도측정시스템, 디지털풍향풍속기록계, 정밀저울, 버니어캘리퍼스(아들자가 달려 두께나 지름을 재는 기구), 웨어러블캠, 3D스캐너, 3D카메라(AR), 3D캐드시스템, 드론
감식기기 (16종)	절연저항계, 멀티테스터기, 클램프미터, 정전기측정장치, 누설전류계, 검전기, 복합가스측정기, 가스(유증)검지기, 확대경, 산업용실체현미경, 적외선열상카메라, 접지저항계, 휴대용디지털현미경, 디지털탄화심도계, 슈미트해머(콘크리트 반발 경도 측정기구), 내시경현미경
감정용기기 (21종)	가스크로마토그래피, 고속카메라세트, 화재시뮬레이션시스템, X선 촬영기, 금속현미경, 시편(試片)절단기, 시편성형기, 시편연마기, 접점저항계, 직류전압전류계, 교류전압전류계, 오실로스코프(변화가 심한 전기 현상의 파형을 눈으로 관찰하는 장치), 주사전자현미경, 인화점측정기, 발화점측정기, 미량융점측정기, 온도기록계, 폭발압력측정기세트, 전압조정기(직류, 교류), 적외선 분광광도계, 전기단락흔실험장치[1차 용융흔(鎔融痕), 2차 용융흔(鎔融痕), 3차 용융흔(鎔融痕) 측정 가능]

004　출입 조사　　　　　　　답 ④

소방청장, 소방본부장 또는 소방서장이 화재원인, 피해상황, 대응활동 등을 파악하기 위하여 자료의 수집, 감정 및 실험을 하는 행위를 화재조사라 한다.

해커스소방 김진성 소방관계법규 단원별 기출문제집

제4장 | 화재조사 기반구축 등

정답
p. 56

001	④	002	②

---

001 화재감정기관의 전문인력 답 ④

주된 기술인력	2명 이상 보유할 것 • 화재감식평가 분야의 기사 자격 취득 후 화재조사 관련 분야에서 5년 이상 근무한 사람 • 화재조사관 자격 취득 후 화재조사 관련 분야에서 5년 이상 근무한 사람 • 이공계 분야의 박사학위 취득 후 화재조사 관련 분야에서 2년 이상 근무한 사람
보조 기술인력	3명 이상 보유할 것 • 화재감식평가 분야의 기사 또는 산업기사 자격을 취득한 사람 • 화재조사관 자격을 취득한 사람 • 소방청장이 인정하는 화재조사 관련 국제자격증 소지자 • 이공계 분야의 석사 이상 학위 취득 후 화재조사 관련 분야에서 1년 이상 근무한 사람

---

002 국가화재정보시스템의 운영 답 ②

소방청장은 국가화재정보시스템을 활용하여 화재정보를 수집·관리해야 한다.
1. 화재원인
2. 화재피해상황
3. 대응활동에 관한 사항
4. 소방시설 등의 설치·관리 및 작동 여부에 관한 사항
5. 화재발생건축물과 구조물, 화재유형별 화재위험성 등에 관한 사항
6. 화재예방 관계 법령 등의 이행 및 위반 등에 관한 사항
7. 관계인의 보험가입 정보 등에 관한 사항
8. 그 밖에 화재예방과 소방활동에 활용할 수 있는 정보

제5장 | 벌칙

정답
p. 57

001	②

---

001 벌칙 답 ②

200만원 이하의 과태료: 보고 또는 자료 제출을 하지 아니하거나 거짓으로 보고 또는 자료를 제출한 사람

제**3**편 화재의 예방 및 안전관리에 관한 법률

제1장 | 총칙

정답   p. 60

001	①	002	④

---

001 총칙   답 ①

「화재의 예방 및 안전관리에 관한 법률」은 화재의 예방과 안전관리에 필요한 사항을 규정함으로써 화재로부터 국민의 생명·신체 및 재산을 보호하고 공공의 안전과 복리 증진에 이바지함을 목적으로 한다.

---

002 용어의 정의   답 ④

소방청장, 소방본부장 또는 소방서장이 화재원인, 피해상황, 대응활동 등을 파악하기 위하여 자료의 수집, 관계인등에 대한 질문, 현장 확인, 감식, 감정 및 실험 등을 하는 일련의 행위는 "화재조사"를 말한다.

📄 **개념플러스 정의(용어의 뜻)**

1. **예방**: 화재의 위험으로부터 사람의 생명·신체 및 재산을 보호하기 위하여 화재발생을 사전에 제거하거나 방지하기 위한 모든 활동을 말한다.
2. **안전관리**: 화재로 인한 피해를 최소화하기 위한 예방, 대비, 대응 등의 활동을 말한다.
3. **화재예방안전진단**: 화재가 발생할 경우 사회·경제적으로 피해 규모가 클 것으로 예상되는 소방대상물에 대하여 화재위험요인을 조사하고 그 위험성을 평가하여 개선대책을 수립하는 것을 말한다.
4. **화재안전조사**: 소방청장, 소방본부장 또는 소방서장이 소방대상물, 관계지역 또는 관계인에 대하여 소방시설등이 소방관계 법령에 적합하게 설치·관리되고 있는지, 소방대상물에 화재의 발생 위험이 있는지 등을 확인하기 위하여 실시하는 현장조사·문서열람·보고요구 등을 하는 활동을 말한다.

제2장 | 화재의 예방 및 안전관리 기본계획의 수립·시행

정답   p. 61

001	①	002	①

---

001 화재의 예방 및 안전관리에 관한 기본계획의 수립·시행   답 ①

1. 소방청장은 화재예방정책을 체계적·효율적으로 추진하고 이에 필요한 기반 확충을 위하여 화재의 예방 및 안전관리에 관한 기본계획(이하 "기본계획"이라 한다)을 5년마다 수립·시행하여야 한다.
2. 기본계획은 대통령령으로 정하는 바에 따라 소방청장이 관계 중앙행정기관의 장과 협의하여 수립한다.
3. 소방청장은 기본계획을 시행하기 위하여 매년 시행계획을 수립·시행하여야 한다.
4. 소방청장은 수립된 기본계획 및 시행계획을 관계 중앙행정기관의 장, 시·도지사에게 통보한다.
5. 기본계획과 시행계획을 통보받은 관계 중앙행정기관의 장 또는 시·도지사는 소관 사무의 특성을 반영한 세부 시행계획을 수립하여 시행하여야 하고, 시행결과를 소방청장에게 통보하여야 한다.
6. 소방청장은 기본계획 및 시행계획을 수립하기 위하여 필요한 경우에는 관계 중앙행정기관의 장 또는 시·도지사에게 관련 자료의 제출을 요청할 수 있다.
7. 기본계획, 시행계획 및 세부시행계획 등의 수립·시행에 관하여 필요한 사항은 대통령령으로 정한다.

---

002 화재안전정책기본계획   답 ①

(선지분석)

② 소방청장은 기본계획을 시행하기 위하여 매년 시행계획을 수립·시행하여야 한다.
③ 기본계획은 대통령령으로 정하는 바에 따라 소방청장이 관계 중앙행정기관의 장과 협의하여 수립한다.
④ 국가는 화재안전 기반 확충을 위하여 화재안전정책에 관한 기본계획을 5년마다 수립·시행하여야 한다.

제**3**편

해커스소방 김진성 소방관계법규 단원별 기출문제집

📖 개념플러스 **화재안전정책기본계획 등의 수립 · 시행**

1. 국가는 화재안전 기반 확충을 위하여 화재안전정책에 관한 기본계획을 5년마다 수립 · 시행하여야 한다.
2. 기본계획은 대통령령으로 정하는 바에 따라 소방청장이 관계 중앙행정기관의 장과 협의하여 수립한다.
3. **기본계획 포함사항**
   ① 화재안전정책의 기본목표 및 추진방향
   ② 화재안전을 위한 법령 · 제도의 마련 등 기반 조성에 관한 사항
   ③ 화재예방을 위한 대국민 홍보 · 교육에 관한 사항
   ④ 화재안전 관련 기술의 개발 · 보급에 관한 사항
   ⑤ 화재안전분야 전문인력의 육성 · 지원 및 관리에 관한 사항
   ⑥ 화재안전분야 국제경쟁력 향상에 관한 사항
   ⑦ 그 밖에 대통령령으로 정하는 화재안전 개선에 필요한 사항
4. 소방청장은 기본계획을 시행하기 위하여 매년 시행계획을 수립 · 시행하여야 한다.
5. 소방청장은 수립된 기본계획 및 시행계획을 관계 중앙행정기관의 장, 시 · 도지사에게 통보한다.
6. 기본계획과 시행계획을 통보받은 관계 중앙행정기관의 장 또는 시 · 도지사는 소관 사무의 특성을 반영한 세부 시행계획을 수립하여 시행하여야 하고, 시행결과를 소방청장에게 통보하여야 한다.
7. 소방청장은 기본계획 및 시행계획을 수립하기 위하여 필요한 경우에는 관계 중앙행정기관의 장 또는 시 · 도지사에게 관련 자료의 제출을 요청할 수 있다.
8. 기본계획, 시행계획 및 세부시행계획 등의 수립 · 시행에 관하여 필요한 사항은 대통령령으로 정한다.

제3장 | 화재안전조사

정답

p. 62

001	①	002	②	003	①	004	②	005	③
006	②	007	④	008	③	009	①	010	③
011	①	012	①	013	①	014	④	015	②
016	②	017	④	018	②	019	②	020	④
021	①	022	①						

001 화재안전조사의 방법 · 절차 등   답 ①

1. 소방관서장은 화재안전조사를 조사의 목적에 따라 화재안전조사의 항목 전체에 대하여 종합적으로 실시하거나 특정 항목에 한정하여 실시할 수 있다.

2. 소방관서장은 화재안전조사를 실시하려는 경우 사전에 관계인에게 조사대상, 조사기간 및 조사사유 등을 우편, 전화, 전자메일 또는 문자전송 등을 통하여 통지하고 이를 대통령령으로 정하는 바에 따라 인터넷 홈페이지나 전산시스템 등을 통하여 공개하여야 한다.
3. 화재안전조사는 관계인의 승낙 없이 소방대상물의 공개시간 또는 근무시간 이외에는 할 수 없다.
4. 통지를 받은 관계인은 천재지변이나 그 밖에 대통령령으로 정하는 사유로 화재안전조사를 받기 곤란한 경우에는 화재안전조사를 통지한 소방관서장에게 대통령령으로 정하는 바에 따라 화재안전조사를 연기하여 줄 것을 신청할 수 있다. 이 경우 소방관서장은 연기신청 승인 여부를 결정하고 그 결과를 조사 시작 전까지 관계인에게 알려 주어야 한다.
5. 화재안전조사의 방법 및 절차 등에 필요한 사항은 대통령령으로 정한다.

002 화재안전조사의 연기   답 ②

화재안전조사의 연기를 신청하려는 자는 화재안전조사 시작 3일 전까지 소방청장, 소방본부장, 소방서장에게 연기 신청할 수 있다.

📖 개념플러스 **화재안전조사의 연기**

1. **연기 사유**
   ① 태풍, 홍수 등 재난이 발생하여 소방대상물을 관리하기가 매우 어려운 경우
   ② 관계인이 질병, 장기출장 등으로 소방특별조사에 참여할 수 없는 경우
   ③ 권한 있는 기관에 자체점검기록부, 교육 · 훈련일지 등 소방특별조사에 필요한 장부 · 서류 등이 압수되거나 영치(領置)되어 있는 경우
2. 화재안전조사의 연기를 신청하려는 관계인은 행정안전부령으로 정하는 연기신청서에 연기의 사유 및 기간 등을 적어 소방청장, 소방본부장 또는 소방서장에게 제출하여야 한다.
3. 소방청장, 소방본부장 또는 소방서장은 화재안전조사의 연기를 승인한 경우라도 연기기간이 끝나기 전에 연기사유가 없어졌거나 긴급히 조사를 하여야 할 사유가 발생하였을 때에는 관계인에게 통보하고 화재안전조사를 할 수 있다.

003 화재안전조사   답 ①

소방관서장은 화재안전조사를 실시하려는 경우 사전에 관계인에게 조사대상, 조사기간 및 조사사유 등을 우편, 전화, 전자메일 또는 문자전송 등을 통하여 통지하고 이를 인터넷 홈페이지나 전산시스템 등을 통하여 공개하여야 한다.

📄 **개념플러스** **화재안전조사**

1. 소방관서장은 화재안전조사를 실시할 수 있다. 다만, 개인의 주거(실제 주거용도로 사용되는 경우에 한정한다)에 대한 화재안전조사는 관계인의 승낙이 있거나 화재발생의 우려가 뚜렷하여 긴급한 필요가 있는 때에 한정한다.
2. 화재안전조사의 항목은 대통령령으로 정한다. 이 경우 화재안전조사의 항목에는 화재의 예방조치 상황, 소방시설등의 관리 상황 및 소방대상물의 화재 등의 발생 위험과 관련된 사항이 포함되어야 한다.
3. 소방관서장은 화재안전조사를 실시하는 경우 다른 목적을 위하여 조사권을 남용하여서는 아니 된다.
4. 화재안전조사의 대상
   ① 「소방시설 설치 및 관리에 관한 법률」에 따른 자체점검이 불성실하거나 불완전하다고 인정되는 경우
   ② 화재예방강화지구 등 법령에서 화재안전조사를 하도록 규정되어 있는 경우
   ③ 화재예방안전진단이 불성실하거나 불완전하다고 인정되는 경우
   ④ 국가적 행사 등 주요 행사가 개최되는 장소 및 그 주변의 관계 지역에 대하여 소방안전관리 실태를 조사할 필요가 있는 경우
   ⑤ 화재가 자주 발생하였거나 발생할 우려가 뚜렷한 곳에 대한 조사가 필요한 경우
   ⑥ 재난예측정보, 기상예보 등을 분석한 결과 소방대상물에 화재의 발생 위험이 크다고 판단되는 경우

004　　**화재안전조사자**　　　　　답 ②

소방관서장은 화재안전조사를 실시할 수 있다. 여기서 "소방관서장"이라 함은 소방청장, 소방본부장, 소방서장을 말한다.

005　　**화재안전조사자**　　　　　답 ③

소방관서장은 화재안전조사를 실시할 수 있다. 여기서 "소방관서장"이라 함은 소방청장, 소방본부장, 소방서장을 말한다.

006　　**화재안전조사**　　　　　답 ②

화재안전조사는 관계인의 승낙 없이 소방대상물의 공개시간 또는 근무시간 이외에는 할 수 없다. 단, 화재가 발생할 우려가 뚜렷하여 긴급하게 조사할 필요가 있는 경우 또는 화재안전조사의 실시를 사전에 통지하거나 공개하면 조사목적을 달성할 수 없다고 인정되는 경우에는 그러하지 아니하다.

007　　**화재안전조사의 실시대상**　　　　　답 ④

「소방시설 설치 및 관리에 관한 법률」에 따른 자체점검이 불성실하거나 불완전하다고 인정되는 경우에 조사대상이다.

📄 **개념플러스** **화재안전조사대상**

1. 「소방시설 설치 및 관리에 관한 법률」에 따른 자체점검이 불성실하거나 불완전하다고 인정되는 경우
2. 화재예방강화지구 등 법령에서 화재안전조사를 하도록 규정되어 있는 경우
3. 화재예방안전진단이 불성실하거나 불완전하다고 인정되는 경우
4. 국가적 행사 등 주요 행사가 개최되는 장소 및 그 주변의 관계 지역에 대하여 소방안전관리 실태를 조사할 필요가 있는 경우
5. 화재가 자주 발생하였거나 발생할 우려가 뚜렷한 곳에 대한 조사가 필요한 경우
6. 재난예측정보, 기상예보 등을 분석한 결과 소방대상물에 화재의 발생 위험이 크다고 판단되는 경우

008　　**화재안전조사의 조사대상**　　　　　답 ③

화재안전조사는 조사대상에 해당하는 경우에 한하여 정기적으로 정하지 않고 실시할 수 있다. 단, 화재예방강화지구는 연 1회 이상 실시하도록 되어있다.

009　　**화재안전조사**　　　　　답 ①

소방청장, 소방본부장 또는 소방서장은 필요하면 소방기술사, 소방시설관리사, 그 밖에 소방·방재 분야에 관한 전문지식을 갖춘 사람을 화재안전조사에 참여하게 할 수 있다. 가스기술사, 건축설비기계기술사, 건축사 등의 자격증은 소방과 직접적인 관계는 없는 자격증이다.

010　　**화재안전조사위원회 구성·운영**　　　　　답 ③

1. 소방관서장은 화재안전조사의 대상을 객관적이고 공정하게 선정하기 위하여 필요한 경우 화재안전조사위원회를 구성하여 화재안전조사의 대상을 선정할 수 있다.
2. 화재안전조사위원회의 구성·운영 등에 필요한 사항은 대통령령으로 정한다.

011　　**화재안전조사위원회의 위원장**　　　　　답 ①

화재안전조사위원회는 위원장 1명을 포함한 7명 이내의 위원으로 성별을 고려하여 구성하고, 위원장은 소방관서장이 된다.

012 화재안전조사단 편성 · 운영   답 ①

중앙화재안전조사단 및 지방화재안전조사단은 단장을 포함하여 50명 이내의 단원으로 성별을 고려하여 구성한다.

013 화재안전조사   답 ①

화재안전조사위원회는 위원장 1명을 포함한 7명 이내의 위원으로 구성하고, 위원장은 소방본부장이 된다.

014 화재안전조사위원회   답 ④

소방 관련 법인 또는 단체에서 소방 관련 업무에 5년 이상 종사한 사람은 위원의 자격이 된다. 또한 소방공무원 교육기관, 「고등교육법」의 학교 또는 연구소에서 소방과 관련한 교육 또는 연구에 5년 이상 종사한 사람도 위원의 자격이 된다.

📄 개념플러스 **화재안전조사위원회의 위원 자격**

1. 과장급 직위 이상의 소방공무원
2. 소방기술사
3. 소방시설관리사
4. 소방 관련 분야의 석사학위 이상을 취득한 사람
5. 소방 관련 법인 또는 단체에서 소방 관련 업무에 5년 이상 종사한 사람
6. 소방공무원 교육기관, 「고등교육법」의 학교 또는 연구소에서 소방과 관련한 교육 또는 연구에 5년 이상 종사한 사람

015 화재안전조사위원회   답 ②

화재안전조사에서 조사에 대한 세부 항목, 화재안전조사위원회의 구성 및 운영에 필요한 사항은 대통령령으로 정한다.

016 화재안전조사위원회   답 ②

위원의 임기는 2년이며, 위원의 수는 위원장 포함 7명 이내로 하며 소방본부장이 임명 또는 위촉한다.

📄 개념플러스 **화재안전조사위원회의 구성 등**

1. 소방특별조사위원회는 위원장 1명을 포함한 7명 이내의 위원으로 성별을 고려하여 구성하고, 위원장은 소방관서장이 된다.
2. 위원회의 위원은 다음에 해당하는 사람 중에서 소방관서장이 임명하거나 위촉한다.
   ① 과장급 직위 이상의 소방공무원
   ② 소방기술사
   ③ 소방시설관리사
   ④ 소방 관련 분야의 석사학위 이상을 취득한 사람
   ⑤ 소방 관련 법인 또는 단체에서 소방 관련 업무에 5년 이상 종사한 사람
   ⑥ 소방공무원 교육기관, 「고등교육법」의 학교 또는 연구소에서 소방과 관련한 교육 또는 연구에 5년 이상 종사한 사람
3. 위촉위원의 임기는 2년으로 하고, 한 차례만 연임할 수 있다.
4. 위원회에 출석한 위원에게는 예산의 범위에서 수당, 여비, 그 밖에 필요한 경비를 지급할 수 있다. 다만, 공무원인 위원이 그 소관 업무와 직접적으로 관련하여 위원회에 출석하는 경우는 그러하지 아니하다.

017 화재안전조사위원회   답 ④

제척은 심의, 의결에서 배제되는 것을 말하며, 위원과 관계가 있는 경우 해당된다.

📄 개념플러스 **화재안전조사위원회 위원**

위원회의 위원이 다음에 해당하는 경우 위원회의 심의 · 의결에서 제척(除斥)된다.

1. 위원, 그 배우자나 배우자였던 사람 또는 위원의 친족이거나 친족이었던 사람이 다음에 해당하는 경우
   ① 해당 안건의 소방대상물 등의 관계인이거나 그 관계인과 공동권리자 또는 공동의무자인 경우
   ② 소방대상물 등의 설계, 공사, 감리 등을 수행한 경우
   ③ 소방대상물 등에 대하여 업무를 수행한 경우 등 소방대상물 등과 직접적인 이해관계가 있는 경우
2. 위원이 소방대상물 등에 관하여 자문, 연구, 용역(하도급 포함), 감정 또는 조사를 한 경우
3. 위원이 임원 또는 직원으로 재직하고 있거나 최근 3년 내에 재직하였던 기업 등이 소방대상물 등에 관하여 자문, 연구, 용역(하도급 포함), 감정 또는 조사를 한 경우

018 화재안전조사위원회   답 ②

위원이 제척사유에 해당하는 경우에는 스스로 해당 안건의 심의 · 의결에서 회피(回避)하여야 한다.

019 화재안전조사 결과에 따른 조치명령, 손실보상   답 ②

화재안전조사 결과에 따른 조치명령으로 소방청장 또는 시 · 도지사가 손실을 보상하는 경우에는 시가(時價)로 보상해야 한다.

020　화재안전조사 조치명령　　　답 ④

화재안전조사자(소방청장, 소방본부장 또는 소방서장)가 조치명령권자가 된다.

> 📄 개념플러스　**화재안전조사 조치명령**
>
> 소방청장, 소방본부장 또는 소방서장은 화재안전조사 결과 소방대상물의 위치·구조·설비 또는 관리의 상황이 화재나 재난·재해 예방을 위하여 보완될 필요가 있거나 화재가 발생하면 인명 또는 재산의 피해가 클 것으로 예상되는 때에는 행정안전부령으로 정하는 바에 따라 관계인에게 그 소방대상물의 개수(改修)·이전·제거, 사용의 금지 또는 제한, 사용폐쇄, 공사의 정지 또는 중지, 그 밖의 필요한 조치를 명할 수 있다.

021　화재안전조사 조치명령　　　답 ①

조치명령권자는 소방청장, 소방본부장 또는 소방서장이다.

> 📄 개념플러스　**화재안전조사 결과에 따른 조치명령**
>
> 1. 소방청장, 소방본부장 또는 소방서장은 화재안전조사 결과 소방대상물의 위치·구조·설비 또는 관리의 상황이 화재나 재난·재해 예방을 위하여 보완될 필요가 있거나 화재가 발생하면 인명 또는 재산의 피해가 클 것으로 예상되는 때에는 행정안전부령으로 정하는 바에 따라 관계인에게 그 소방대상물의 개수(改修)·이전·제거, 사용의 금지 또는 제한, 사용폐쇄, 공사의 정지 또는 중지, 그 밖의 필요한 조치를 명할 수 있다.
> 2. 소방청장, 소방본부장 또는 소방서장은 화재안전조사 결과 소방대상물이 법령을 위반하여 건축 또는 설비되었거나 소방시설등, 피난시설·방화구획, 방화시설 등이 법령에 적합하게 설치·유지·관리되고 있지 아니한 경우에는 관계인에게 조치를 명하거나 관계 행정기관의 장에게 필요한 조치를 하여 줄 것을 요청할 수 있다.
> 3. 소방청장, 소방본부장 또는 소방서장은 관계인이 조치명령을 받고도 이를 이행하지 아니한 때에는 그 위반사실 등을 인터넷 등에 공개할 수 있다.
> 4. 위반사실 등의 공개 절차, 공개 기간, 공개 방법 등 필요한 사항은 대통령령으로 정한다.

022　손실보상권자　　　답 ①

소방청장, 시·도지사는 화재안전조사에 따른 명령으로 인하여 손실을 입은 자가 있는 경우에는 대통령령으로 정하는 바에 따라 보상하여야 한다. 조치명령권자가 소방청장인 경우에는 소방청장이 보상을 하여야 하고, 조치명령권자가 소방본부장 또는 소방서장인 경우에는 시·도지사가 보상을 하여야 한다.

제4장 | 화재의 예방조치 등

정답　　　　　　　　　　　p. 69

001	①	002	④	003	①	004	③	005	③
006	②	007	④	008	①	009	③	010	③
011	③	012	③	013	③	014	③	015	③
016	③	017	③	018	③	019	①	020	④
021	③	022	③	023	①	024	③	025	④
026	④	027	③	028	④	029	④	030	②
031	①	032	④	033	④					

001　화재의 예방　　　답 ①

화재의 예방조치명령은 소방관서장이 할 수 있다.

> 📄 개념플러스　**화재의 예방조치 등**
>
> 소방관서장은 화재의 예방상 위험하다고 인정되는 행위를 하는 사람이나 소화활동에 지장이 있다고 인정되는 물건의 관계인에 대하여 다음의 명령을 할 수 있다.
> 1. 모닥불, 흡연 등 화기의 취급
> 2. 풍등 등 소형열기구 날리기
> 3. 용접·용단 등 불꽃을 발생시키는 행위
> 4. 화재발생 위험이 있는 가연성·폭발성 물질을 안전조치 없이 방치하는 행위

002　화재예방조치　　　답 ④

소방관서장은 매각되거나 폐기된 옮긴 물건의 소유자가 보상을 요구하는 경우에는 보상금액에 대하여 소유자와 협의를 거쳐 이를 보상하여야 한다.

> 📄 개념플러스　**화재의 예방조치명령**
>
> 화재의 예방조치명령은 현장에서 화재발생의 우려가 있는 상황을 발견한 즉시 명령을 내리는 것을 의미하며, 보상의 협의 대상은 소방관서장과 관계인이다.

003　화재예방조치　　　답 ①

관계인이 없는 목재, 플라스틱 등 가연성이 큰 물건 등을 보관할 때 14일간 소방관서의 홈페이지 또는 게시판에 공고한다. 공고기간이 종료되면 그 다음 날부터 7일간 더 보관기간을 갖는다.

004 화재예방조치   답 ③

소방관서장은 보관하던 목재, 플라스틱 등 가연성이 큰 물건 등을 매각한 경우에는 지체 없이 「국가재정법」에 의하여 세입조치를 하여야 한다.

> 📄 **개념플러스 화재의 예방조치 등**
>
> 1. 조치권자: 소방관서장
> 2. 화재예방강화지구 행위 금지
>   ① 모닥불, 흡연 등 화기의 취급
>   ② 풍등 등 소형열기구 날리기
>   ③ 용접 · 용단 등 불꽃을 발생시키는 행위
> 3. 관계인을 알 수 없는 경우
>   ① 대상
>   ㉠ 목재, 플라스틱 등 가연성이 큰 물건의 제거, 이격, 적재 금지 등
>   ㉡ 소방차량의 통행이나 소화 활동에 지장을 줄 수 있는 물건의 이동
>   ② 절차
>   ㉠ 소방관서장은 물건을 보관하는 경우에는 그 날부터 14일 동안 소방관서의 인터넷 홈페이지 또는 게시판에 그 사실을 공고하여야 한다.
>   ㉡ 소방관서장은 물건의 보관기간 및 보관기간 경과 후 처리 등에 대하여 대통령령으로 정한다.

005 화재예방강화지구   답 ③

전력용 및 통신용 지하구가 있는 지역은 화재예방강화지구와 관계가 없다.

> 📄 **개념플러스 화재예방강화지구 대상**
>
> 1. 시장지역
> 2. 공장 · 창고가 밀집한 지역
> 3. 목조건물이 밀집한 지역
> 4. 위험물의 저장 및 처리 시설이 밀집한 지역
> 5. 석유화학제품을 생산하는 공장이 있는 지역
> 6. 「산업입지 및 개발에 관한 법률」 제2조 제8호에 따른 산업단지
> 7. 소방시설 · 소방용수시설 또는 소방출동로가 없는 지역
> 8. 노후 · 불량건축물이 밀집한 지역
> 9. 「물류시설의 개발 및 운영에 관한 법률」 제2조 제6호에 따른 물류단지
> 10. 소방청장 · 소방본부장 또는 소방서장이 화재예방강화지구로 지정할 필요가 있다고 인정하는 지역

006 화재예방강화지구의 관리   답 ②

ㄱ. 소방관서장은 화재예방강화지구 안의 소방대상물의 위치 · 구조 및 설비 등에 대한 화재안전조사를 연 1회 이상 실시하여야 한다.

ㄴ. 소방관서장은 화재예방강화지구 안의 관계인에 대하여 소방상 필요한 훈련 및 교육을 연 1회 이상 실시할 수 있다.

ㄷ. 소방관서장은 소방상 필요한 훈련 및 교육을 실시하고자 하는 때에는 화재예방강화지구 안의 관계인에게 훈련 또는 교육 10일 전까지 그 사실을 통보하여야 한다.

007 화재예방강화지구   답 ④

화재예방강화지구를 시 · 도지사가 지정하여야 함에도 불구하고 화재예방강화지구로 지정할 필요가 있는 지역을 화재예방강화지구로 지정하지 아니하는 경우 소방청장은 해당 시 · 도지사에게 해당 지역의 화재예방강화지구 지정을 요청할 수 있다.

008 화재예방강화지구   답 ①

시 · 도지사가 화재예방강화지구로 지정할 필요가 있는 지역을 화재예방강화지구로 지정하지 아니하는 경우 소방청장은 해당 시 · 도지사에게 해당 지역의 화재예방강화지구 지정을 요청할 수 있다.

009 화재예방강화지구   답 ③

고층 건축물은 주요구조부를 내화구조로 하여야 하는 대상으로 화재에 매우 강한 구조이므로 화재예방강화지구 대상이 될 수 없다.

> 📄 **개념플러스 화재예방강화지구 대상**
>
> 1. 시장지역
> 2. 공장 · 창고가 밀집한 지역
> 3. 목조건물이 밀집한 지역
> 4. 위험물의 저장 및 처리 시설이 밀집한 지역
> 5. 석유화학제품을 생산하는 공장이 있는 지역
> 6. 「산업입지 및 개발에 관한 법률」 제2조 제8호에 따른 산업단지
> 7. 소방시설 · 소방용수시설 또는 소방출동로가 없는 지역
> 8. 노후 · 불량건축물이 밀집한 지역
> 9. 「물류시설의 개발 및 운영에 관한 법률」 제2조 제6호에 따른 물류단지
> 10. 소방청장 · 소방본부장 또는 소방서장이 화재예방강화지구로 지정할 필요가 있다고 인정하는 지역

010 화재예방강화지구   답 ③

시장지역과 상가지역을 구별하여 시장지역이 화재예방강화지구로 지정되어 있다.

011   화재예방강화지구   답 ③

소방관서장은 소방상 필요한 훈련 및 교육을 실시하고자 하는 때에는 화재예방강화지구 안의 관계인에게 훈련 또는 교육 10일 전까지 그 사실을 통보하여야 한다. 단, 소방안전관리자 실무교육은 30일 전까지, 소방안전관리자 강습교육은 20일 전까지 그 사실을 통보하여야 한다.

012   이상기상의 예보   답 ④

소방본부장이나 소방서장은 「기상법」에 따른 이상기상(異常氣象)의 예보 또는 특보가 있을 시 화재에 관한 경보를 발령하고 그에 따른 조치를 할 수 있다. 즉, 이상기상의 예보 또는 특보 시 화재에 관한 경보는 지방소방업무이므로 소방본부장 또는 소방서장이 행한다.

013   특수가연물의 저장 및 취급 기준   답 ①

실외에 쌓아 저장하는 경우 쌓는 부분이 대지경계선, 도로 및 인접 건축물과 최소 6미터 이상 간격을 둘 것. 다만, 쌓는 높이보다 0.9미터 이상 높은 내화구조 벽체를 설치한 경우는 그렇지 않다.

> 📄 **개념플러스   특수가연물의 저장 및 취급 기준**
>
> 1. 실외에 쌓아 저장하는 경우 쌓는 부분이 대지경계선, 도로 및 인접 건축물과 최소 6미터 이상 간격을 둘 것. 다만, 쌓는 높이보다 0.9미터 이상 높은 내화구조 벽체를 설치한 경우는 그렇지 않다.
> 2. 실내에 쌓아 저장하는 경우 주요구조부는 내화구조이면서 불연재료로 하고, 다른 종류의 특수가연물과 같은 공간에 보관하지 않을 것. 다만, 내화구조의 벽으로 분리하는 경우는 그렇지 않다.
> 3. 쌓는 부분 바닥면적의 사이는 실내의 경우 1.2미터 또는 쌓는 높이의 1/2 중 큰 값 이상으로 간격을 둘 것
> 4. 쌓는 부분 바닥면적의 사이는 실외의 경우 3미터 또는 쌓는 높이 중 큰 값 이상으로 간격을 둘 것

014   특수가연물 표지   답 ③

특수가연물 표지의 바탕은 흰색으로, 문자는 검은색으로 할 것. 다만, "화기엄금" 표시 부분은 제외한다.

① 특수가연물 표지 중 화기엄금 표시 부분의 바탕은 붉은색으로, 문자는 백색으로 할 것
② 특수가연물 표지는 한 변의 길이가 0.3미터 이상, 다른 한 변의 길이가 0.6미터 이상인 직사각형으로 할 것

④ 특수가연물을 저장 또는 취급하는 장소에는 품명, 최대저장수량, 단위부피당 질량 또는 단위체적당 질량, 관리책임자 성명 · 직책, 연락처 및 화기취급의 금지표시가 포함된 특수가연물 표지를 설치해야 한다.

015   특수가연물   답 ③

350kg의 나무껍질은 기준인 400kg 이상에 해당하지 않으므로 특수가연물로 정할 수 없다.

①②④ 면화류 200kg, 볏짚류 1,000kg, 넝마 1,000kg 이상이라면 특수가연물의 종류에 해당한다.

016   특수가연물   답 ③

①④ 발전용의 석탄 · 목탄류는 특수가연물의 저장 및 취급기준을 따르지 않는다.
② 쌓는 부분의 바닥면적 사이는 1m 이상 되도록 하여야 한다.

> 📄 **개념플러스   특수가연물의 저장 및 취급의 기준**
>
> 1. 특수가연물을 저장 또는 취급하는 장소에는 품명 · 최대수량 · 단위체적당 질량(또는 단위질량당 체적) · 관리책임자 성명 · 직책, 연락처 및 화기취급의 금지표시가 포함된 특수가연물 표지를 설치할 것
> 2. 다음의 기준에 따라 쌓아 저장할 것. 다만, 석탄 · 목탄류를 발전(發電)용으로 저장하는 경우에는 그러하지 아니하다.
>   ① 품명별로 구분하여 쌓을 것
>   ② 쌓는 높이는 10미터 이하가 되도록 하고, 쌓는 부분의 바닥면적은 50제곱미터(석탄 · 목탄류의 경우에는 200제곱미터) 이하가 되도록 하되, 쌓는 최대 체적은 150세제곱미터 이하가 되도록 할 것. 다만, 살수설비를 설치하거나, 방사능력 범위에 해당 특수가연물이 포함되도록 대형수동식소화기를 설치하는 경우에는 쌓는 높이를 15미터 이하, 쌓는 부분의 바닥면적을 200제곱미터(석탄 · 목탄류의 경우에는 300제곱미터) 이하, 쌓는 최대 체적 900세제곱미터 이하로 할 수 있다.
>   ③ 실외에 쌓아 저장하는 경우 쌓는 부분과 대지경계선 또는 도로, 인접 건축물과 최소 6미터 이상 이격하되, 쌓은 높이보다 0.9미터 이상 높은 내화구조 벽체 설치 시 그러지 아니할 수 있다.
>   ④ 실내에 쌓아 저장하는 경우 주요구조부는 내화구조의 건축물이면서 불연재료이어야 한다. 또한, 인접 건축물과는 최소 3미터 이상 이격되어야 하며, 다른 종류의 특수가연물과 동일 공간 내에서의 보관은 불가하다. 다만, 내화구조의 벽으로 분리하는 경우 그러하지 아니하다.
>   ⑤ 쌓는 부분의 바닥면적 사이는 실내의 경우 1.2미터 또는 쌓는 높이의 1/2 중 큰 값 이상으로 이격해야 하며, 실외의 경우 3미터 또는 쌓는 높이 중 큰 값 이상으로 이격해야 한다.

017 특수가연물 답 ①

특수가연물을 저장 또는 취급하는 장소에는 품명·최대수량·단위체적당 질량(또는 단위질량당 체적)·관리책임자 성명·직책, 연락처 및 화기취급의 금지표시를 기재하여 설치하는 것으로 소방안전관리자의 성명은 기재대상이 아니다.

018 특수가연물 답 ③

발전용의 석탄·목탄류는 특수가연물의 저장 및 취급기준을 따르지 않는다.

019 특수가연물 답 ①

발전용의 석탄·목탄류는 특수가연물의 저장 및 취급기준을 따르지 않는다.

020 특수가연물 답 ④

쌓는 부분의 바닥면적 사이는 안전을 고려하여 실내인 경우 3m 이상이 되어야 한다.

021 불을 사용하는 설비의 관리 답 ③

📄 개념플러스 **불을 사용하는 설비의 관리**

1. 경유·등유 등 액체 연료탱크는 보일러 본체로부터 수평거리 1미터 이상의 간격을 두어 설치한다.
2. 화목(火木) 등 고체연료를 사용하는 연통의 배출구는 보일러 본체보다 2미터 이상 높게 설치한다.
3. 음식조리를 위하여 설치하는 설비의 경우, 열을 발생하는 조리기구로부터 0.15미터 이내의 거리에 있는 가연성 주요구조부는 단열성이 있는 불연재료로 덮어 씌운다.
4. 대통령령에서 규정한 사항 외에 화재 발생 우려가 있는 설비 또는 기구의 종류, 해당 설비 또는 기구의 위치·구조 및 관리와 화재 예방을 위하여 불을 사용할 때 지켜야 하는 사항은 대통령령으로 정한다.

022 불을 사용하는 설비의 관리기준 답 ③

건조설비: 실내에 설치하는 경우에 벽·천장 및 바닥은 불연재료로 해야 한다.

023 용접 또는 용단 답 ①

(가)에 들어갈 내용은 반경 5m, (나)는 반경 10m이다.

📄 개념플러스 **불꽃을 사용하는 용접·용단기구**

1. 용접 또는 용단 작업자로부터 반경 5m 이내에 소화기를 갖추어 둘 것
2. 용접 또는 용단 작업장 주변 반경 10m 이내에는 가연물을 쌓아두거나 놓아두지 말 것. 다만, 가연물의 제거가 곤란하여 방지포 등으로 방호조치를 한 경우는 제외한다.

024 불을 사용하는 설비 답 ②

안전을 고려하여 보일러, 난로, 음식조리를 위하여 설치하는 설비를 떨어뜨리는 거리는 0.6m 이상, 건조설비는 0.5m 이상이 되도록 하여야 한다.

📄 개념플러스 **보일러**

1. 가연성 벽·바닥 또는 천장과 접촉하는 증기기관 또는 연통의 부분은 규조토·석면 등 난연성 단열재로 덮어 씌워야 한다.
2. 경유·등유 등 액체연료를 사용하는 경우
   ① 연료탱크는 보일러본체로부터 수평거리 1미터 이상의 간격을 두어 설치할 것
   ② 연료탱크에는 화재 등 긴급상황이 발생하는 경우 연료를 차단할 수 있는 개폐밸브를 연료탱크로부터 0.5미터 이내에 설치할 것
   ③ 연료탱크 또는 연료를 공급하는 배관에는 여과장치를 설치할 것
   ④ 사용이 허용된 연료 외의 것을 사용하지 아니할 것
   ⑤ 연료탱크에는 불연재료로 된 받침대를 설치하여 연료탱크가 넘어지지 아니하도록 할 것
3. 기체연료를 사용하는 경우
   ① 보일러를 설치하는 장소에는 환기구를 설치하는 등 가연성가스가 머무르지 아니하도록 할 것
   ② 연료를 공급하는 배관은 금속관으로 할 것
   ③ 화재 등 긴급 시 연료를 차단할 수 있는 개폐밸브를 연료용기 등으로부터 0.50미터 이내에 설치할 것
   ④ 보일러가 설치된 장소에는 가스누설경보기를 설치할 것
4. 화목 등 고체연료를 사용하는 경우
   ① 고체연료는 별도의 실 또는 보일러와 수평거리 2미터 이상 이격하여 보관할 것
   ② 연통은 천장으로부터 0.6미터 이상, 건물 밖으로 0.6미터 이상 나오도록 설치할 것
   ③ 연통은 보일러보다 2미터 이상 높게 연장하여 설치할 것
   ④ 연통이 관통하는 벽면, 지붕 등은 불연재료로 처리할 것
   ⑤ 연통재질은 불연재료로 사용하고 연결부에 청소구를 설치할 것
5. 보일러와 벽·천장 사이의 거리는 0.6미터 이상 되도록 하여야 한다.
6. 보일러를 실내에 설치하는 경우에는 콘크리트바닥 또는 금속 외의 불연재료로 된 바닥 위에 설치하여야 한다.

1. 연통은 천장으로부터 0.6미터 이상 떨어지고, 건물 밖으로 0.6미터 이상 나오게 설치하여야 한다.
2. 가연성 벽·바닥 또는 천장과 접촉하는 연통의 부분은 규조토·석면 등 난연성 단열재로 덮어씌워야 한다.
3. 이동식난로는 사용하여서는 아니 된다. 다만, 난로가 쓰러지지 아니하도록 받침대를 두어 고정시키거나 쓰러지는 경우 즉시 소화되고 연료의 누출을 차단할 수 있는 장치가 부착된 경우에는 그러하지 아니하다.

📄 개념플러스 **건조설비**

1. 건조설비와 벽·천장 사이의 거리는 0.5미터 이상 되도록 하여야 한다.
2. 건조물품이 열원과 직접 접촉하지 아니하도록 하여야 한다.
3. 실내에 설치하는 경우에 벽·천장 또는 바닥은 불연재료로 하여야 한다.

📄 개념플러스 **음식조리를 위하여 설치하는 설비**

1. 주방설비에 부속된 배출덕트는 0.5밀리미터 이상의 아연도금강판 또는 이와 동등 이상의 내식성 불연재료로 설치하여야 한다.
2. 주방시설에는 동물 또는 식물의 기름을 제거할 수 있는 필터 등을 설치하여야 한다.
3. 열을 발생하는 조리기구는 반자 또는 선반으로부터 0.6미터 이상 떨어지게 하여야 한다.
4. 열을 발생하는 조리기구로부터 0.15미터 이내의 거리에 있는 가연성 주요구조부는 석면판 또는 단열성이 있는 불연재료로 덮어 씌워야 한다.

---

025 액체연료를 사용하는 보일러   답 ④

액체연료가 아닌 기체연료를 사용하는 보일러가 설치된 장소의 경우 가스누설경보기를 설치하여야 한다.

📄 개념플러스 **액체연료를 사용하는 보일러**

1. 연료탱크는 보일러본체로부터 수평거리 1미터 이상의 간격을 두어 설치할 것
2. 연료탱크에는 화재 등 긴급상황이 발생하는 경우 연료를 차단할 수 있는 개폐밸브를 연료탱크로부터 0.5미터 이내에 설치할 것
3. 연료탱크 또는 연료를 공급하는 배관에는 여과장치를 설치할 것
4. 사용이 허용된 연료 외의 것을 사용하지 아니할 것
5. 연료탱크에는 불연재료로 된 받침대를 설치하여 연료탱크가 넘어지지 아니하도록 할 것

---

026 기체연료를 사용하는 보일러   답 ④

연료를 공급하는 배관은 금속관으로 하여야 한다.

📄 개념플러스 **기체연료를 사용하는 보일러**

1. 보일러를 설치하는 장소에는 환기구를 설치하는 등 가연성 가스가 머무르지 아니하도록 할 것
2. 연료를 공급하는 배관은 금속관으로 할 것
3. 화재 등 긴급 시 연료를 차단할 수 있는 개폐밸브를 연료용기 등으로부터 0.5미터 이내에 설치할 것
4. 보일러가 설치된 장소에는 가스누설경보기를 설치할 것

---

027 건조설비   답 ②

안전을 고려하여 보일러, 난로, 음식조리를 위하여 설치하는 설비를 떨어뜨리는 거리는 0.6m 이상, 건조설비는 0.5m 이상이 되도록 하여야 한다.

📄 개념플러스 **건조설비**

1. 건조설비와 벽·천장 사이의 거리는 0.5미터 이상 되도록 하여야 한다.
2. 건조물품이 열원과 직접 접촉하지 아니하도록 하여야 한다.
3. 실내에 설치하는 경우에 벽·천장 또는 바닥은 불연재료로 하여야 한다.

---

028 노 또는 화덕 설비   답 ④

(선지분석)

① 용접 또는 용단 작업자로부터 반경 5미터 이내에 소화기를 갖추어 두어야 한다.
② 보일러와 벽·천장 사이의 거리는 0.6m 이상이 되도록 하여야 한다.
③ 보일러의 연료탱크에는 화재 등 긴급상황이 발생하는 경우 연료를 차단할 수 있는 개폐밸브를 연료탱크로부터 0.5m 이내에 설치하여야 한다.

📄 개념플러스 **노·화덕설비**

1. 실내에 설치하는 경우에는 흙바닥 또는 금속 외의 불연재료로 된 바닥이나 흙바닥에 설치하여야 한다.
2. 노 또는 화덕을 설치하는 장소의 벽·천장은 불연재료로 된 것이어야 한다.
3. 노 또는 화덕의 주위에는 녹는 물질이 확산되지 아니하도록 높이 0.1미터 이상의 턱을 설치하여야 한다.
4. 시간당 열량이 30만킬로칼로리 이상인 노를 설치하는 경우
   ① 주요구조부는 불연재료로 할 것
   ② 창문과 출입구는 60분+방화문·60분방화문 또는 30분방화문으로 설치할 것
   ③ 노 주위에는 1미터 이상 공간을 확보할 것

029 노   답 ④

불을 사용하는 설비 중 시간당 방출열량이 30만kcal 이상의 노를 설치하는 경우에는 1미터 이상의 공간을 확보하여야 한다.

> 📄 **개념플러스 시간당 열량이 30만킬로칼로리 이상인 노를 설치하는 경우**
>
> 1. 주요구조부는 불연재료로 할 것
> 2. 창문과 출입구는 60분+방화문 또는 60분방화문으로 설치할 것
> 3. 노 주위에는 1미터 이상 공간을 확보할 것

030 화재 발생 우려가 있는 설비   답 ②

보일러, 난로, 건조설비, 가스·전기시설, 그 밖에 화재 발생 우려가 있는 설비 또는 기구 등의 위치·구조 및 관리와 화재 예방을 위하여 불을 사용할 때 지켜야 하는 사항은 대통령령으로 정한다.

031 화재예방   답 ①

게시판 공고기간은 14일이나, 보관기간은 공고하는 기간의 종료일 다음 날부터 7일이다.

032 화재예방강화지구   답 ④

소방상 필요한 훈련 및 교육을 실시하고자 하는 때에는 화재예방강화지구 안의 관계인에게 훈련 또는 교육 10일 전까지 그 사실을 통보하여야 한다.

> 📄 **개념플러스 화재예방강화지구의 관리**
>
> 1. 소방관서장은 화재예방강화지구 안의 소방대상물의 위치·구조 및 설비 등에 대한 소방특별조사를 연 1회 이상 실시하여야 한다.
> 2. 소방관서장은 화재예방강화지구 안의 관계인에 대하여 소방상 필요한 훈련 및 교육을 연 1회 이상 실시할 수 있다.
> 3. 소방관서장은 소방상 필요한 훈련 및 교육을 실시하고자 하는 때에는 화재예방강화지구 안의 관계인에게 훈련 또는 교육 10일 전까지 그 사실을 통보하여야 한다.
> 4. 시·도지사는 행정안전부령으로 정하는 화재예방강화지구 관리대장을 작성하고 관리하여야 한다.

033 신호의 종류   답 ④

경계신호는 화재 위험 또는 화재 예방 시 발령하는 소방신호이다.

> 📄 **개념플러스 신호의 종류**
>
> | | |
> |---|---|
> | 발화신호 | 화재 발생 시 발령하는 소방신호 |
> | 해제신호 | 소화활동 종료 시 발령하는 소방신호 |
> | 훈련신호 | 훈련 시, 비상소집 시 발령하는 소방신호 |
> | 경계신호 | 화재 위험 또는 화재 예방 시 발령하는 소방신호 |

제5장 | 소방대상물의 소방안전관리

정답   p. 80

001	①	002	①	003	③	004	③	005	①
006	②	007	①	008	②	009	④	010	①
011	②	012	③	013	④	014	④	015	③
016	②	017	②	018	④	019	③	020	②
021	③	022	③	023	①	024	①	025	①
026	①	027	③	028	①	029	②	030	③
031	④	032	②	033	③	034	④	035	②

001 신고일   답 ①

특정소방대상물의 관계인은 소방안전관리자를 30일 이내에 선임하여야 하며, 소방안전관리대상물의 관계인이 소방안전관리자를 선임한 경우에는 행정안전부령으로 정하는 바에 따라 선임한 날부터 14일 이내에 소방본부장이나 소방서장에게 신고하여야 한다.

002 소방안전관리자의 선임신고 등   답 ①

- 소방안전관리대상물의 관계인이 소방안전관리자를 선임한 경우에는 선임한 날부터 (14)일 이내에 선임사실을 소방본부장 또는 소방서장에게 신고하여야 한다.
- 소방안전관리대상물의 관계인은 소방안전관리자를 선임사유가 발생한 날부터 (30)일 이내에 선임해야 한다.

003 소방안전관리자 정보 게시   답 ③

소방안전관리대상물의 용도 및 수용인원은 게시의 내용에 해당되지 않는다.

> 📄 개념플러스 **소방안전관리자 정보 게시**
>
> 1. 소방안전관리대상물의 명칭 및 등급
> 2. 소방안전관리자의 성명 및 선임일자
> 3. 소방안전관리자의 연락처
> 4. 소방안전관리자의 근무 위치(화재 수신기 또는 종합방재실을 말한다)

004 소방안전관리대상물   답 ③

동·식물원, 철강 등 불연성 물품을 저장·취급하는 창고, 위험물 저장 및 처리 시설 중 위험물 제조소등, 지하구는 특급 및 1급 소방안전관리대상물이 될 수 없다.

> 📄 개념플러스 **1급 소방안전관리대상물**
>
> 1. 연면적 1만5천제곱미터 이상인 것(아파트 제외)
> 2. 층수가 11층 이상인 것(아파트 제외)
> 3. 가연성 가스를 1천톤 이상 저장·취급하는 시설
> 4. 아파트로서 층수가 30층 이상이거나 지상으로부터 높이가 120미터 이상

005 특정소방대상물   답 ①

(선지분석)

② 공공기관의 청사는 공공기관 소방안전관리규정에 따른다.
③ 지하구는 2급 소방안전관리대상물이다.
④ 위험물 제조소등은 「위험물안전관리법」에 따른다.

006 특정소방대상물   답 ②

연면적 8천m²는 1만5천m²를 미달하나 층수가 15층이므로 11층 이상에 해당되기 때문에 1급 소방안전관리대상물이다.

(선지분석)

① 관계인이 소방안전관리자를 선임한 경우 소방본부장 또는 소방서장에게 14일 이내에 신고한다.
③ 소방설비기사 또는 소방설비산업기사는 1급 소방안전관리대상물에 선임할 수 있다.
④ 소방공무원으로서 3년 이상 근무 경력이 있으면 2급 소방안전관리자로 선임될 수 있다.

007 1급 소방안전관리 대상물   답 ①

소방공무원으로서 7년 이상인 9년인 경우 1급 소방안전관리자의 자격이 주어진다.

> 📄 개념플러스 **소방안전관리대상물**
>
> 1. 가연성 가스를 1천 톤 이상 저장·취급하는 시설: 1급
> 2. 지상으로부터 높이가 200미터 이상인 아파트: 특급
> 3. 지상으로부터 높이가 120미터 이상인 업무시설: 특급
> 4. 연면적이 10만 제곱미터 이상인 의료시설: 특급

008 특급 소방안전관리대상물의 소방안전관리자 선임자격   답 ②

1. 소방기술사 또는 소방시설관리사의 자격이 있는 사람
2. 소방설비기사의 자격을 취득한 후 5년 이상 1급 소방안전관리대상물의 소방안전관리자로 근무한 실무경력이 있는 사람
3. 소방설비산업기사의 자격을 취득한 후 7년 이상 1급 소방안전관리대상물의 소방안전관리자로 근무한 실무경력이 있는 사람
4. 소방공무원으로 20년 이상 근무한 경력이 있는 사람
5. 소방청장이 실시하는 특급 소방안전관리대상물의 소방안전관리에 관한 시험에 합격한 사람

009 소방안전관리자의 선임대상자 자격   답 ④

(선지분석)

① 소방공무원으로 7년 이상 근무한 경력이 있는 사람
② 대학에서 소방안전관리학과를 전공하고 졸업한 사람(법령에 따라 이와 같은 수준의 학력이 있다고 인정되는 사람을 포함)으로서 해당 학과를 졸업한 후 2년 이상 2급 또는 3급 소방안전관리대상물의 소방안전관리자로 근무한 실무경력이 있고 소방청장이 실시하는 1급 소방안전관리자 시험에 합격한 사람
③ 대학에서 소방안전 관련 학과를 전공하고 졸업한 사람으로서 해당 학과를 졸업한 후 3년 이상 2급 또는 3급 소방안전관리대상물의 소방안전관리자로 근무한 실무경력이 있고 소방청장이 실시하는 1급 소방안전관리자 시험에 합격한 사람

> 📄 개념플러스 **1급 소방안전관리대상물의 소방안전관리자**
>
> 1. 소방설비기사 또는 소방설비산업기사의 자격이 있는 사람
> 2. 산업안전기사 또는 산업안전산업기사의 자격을 취득한 후 2년 이상 2급 또는 3급 소방안전관리대상물의 소방안전관리자로 근무한 실무경력이 있는 사람
> 3. 소방공무원으로 7년 이상 근무한 경력이 있는 사람

4. 소방청장이 실시하는 1급 소방안전관리대상물의 소방안전관리에 관한 시험에 합격한 사람. 이 경우 해당 시험은 다음의 어느 하나에 해당하는 사람만 응시할 수 있다.
   ① 대학에서 소방안전관리학과를 전공하고 졸업한 사람(법령에 따라 이와 같은 수준의 학력이 있다고 인정되는 사람 포함)으로서 해당 학과를 졸업한 후 2년 이상 2급 또는 3급 소방안전관리대상물의 소방안전관리자로 근무한 실무경력이 있는 사람
   ② 다음의 어느 하나에 해당하는 사람으로서 해당 요건을 갖춘 후 3년 이상 2급 또는 3급 소방안전관리대상물의 소방안전관리자로 근무한 실무경력이 있는 사람
      ㉠ 대학에서 소방안전 관련 교과목을 12학점 이상 이수하고 졸업한 사람
      ㉡ 법령에 따라 ㉠에 해당하는 사람과 같은 수준의 학력이 있다고 인정되는 사람으로서 해당 학력 취득 과정에서 소방안전 관련 교과목을 12학점 이상 이수한 사람
      ㉢ 대학에서 소방안전 관련 학과를 전공하고 졸업한 사람(법령에 따라 이와 같은 수준의 학력이 있다고 인정되는 사람 포함)
   ③ 소방행정학(소방학, 소방방재학 포함) 또는 소방안전공학(소방방재공학, 안전공학 포함) 분야에서 석사학위 이상을 취득한 사람
   ④ 5년 이상 2급 소방안전관리대상물의 소방안전관리자로 근무한 실무경력이 있는 사람
   ⑤ 특급 소방안전관리대상물 또는 1급 소방안전관리대상물의 소방안전관리에 대한 강습교육을 수료한 사람
   ⑥ 공공기관의 소방안전관리에 관한 규정에 따른 강습교육을 수료한 사람
   ⑦ 2급 소방안전관리대상물의 소방안전관리자로 선임될 수 있는 자격이 있는 사람으로서 특급 또는 1급 소방안전관리대상물의 소방안전관리보조자로 5년 이상 근무한 실무경력이 있는 사람
   ⑧ 2급 소방안전관리대상물의 소방안전관리자로 선임될 수 있는 자격이 있는 사람으로서 2급 소방안전관리대상물의 소방안전관리보조자로 7년 이상 근무한 실무경력(특급 또는 1급 소방안전관리대상물의 소방안전관리보조자로 근무한 5년 미만의 실무경력이 있는 경우에는 이를 포함하여 합산)이 있는 사람
5. 특급 소방안전관리대상물의 소방안전관리자 자격이 인정되는 사람

010 　특급 소방안전관리대상물 　　답 ①

특급 소방안전관리대상물은 아파트 50층 이상, 그 밖의 것은 지하층 포함 층수 30층 이상을 기준으로 한다.

📄 개념플러스 　**특급 소방안전관리대상물**

1. 50층 이상(지하층 제외)이거나 지상으로부터 높이가 200미터 이상인 아파트
2. 30층 이상(지하층 포함)이거나 지상으로부터 높이가 120미터 이상인 특정소방대상물(아파트 제외)
3. 특정소방대상물로서 연면적이 20만제곱미터 이상인 특정소방대상물(아파트 제외)

011 　특급 소방안전관리자 　　답 ②

소방설비기사의 자격을 가지고 5년 이상 1급 소방안전관리대상물의 소방안전관리자로 근무한 실무경력이 있는 사람으로 2급 소방안전관리대상물의 실무경력은 특급에 인정되지 않는다.

012 　소방안전관리자 시험 　　답 ③

소방행정학 또는 소방안전공학 분야의 학사학위 취득자는 1급 소방안전관리자 시험에 응시할 수 없다.

📄 개념플러스 　**1급 소방안전관리대상물의 소방안전관리에 관한 시험에 응시할 수 있는 사람**

1. 대학에서 소방안전관리학과를 전공하고 졸업한 사람으로서 해당 학과를 졸업한 후 2년 이상 2급 또는 3급 소방안전관리대상물의 소방안전관리자로 근무한 실무경력이 있는 사람
2. 다음의 어느 하나에 해당하는 사람으로서 해당 요건을 갖춘 후 3년 이상 2급 또는 3급 소방안전관리대상물의 소방안전관리자로 근무한 실무경력이 있는 사람
   ① 대학에서 소방안전 관련 교과목을 12학점 이상 이수하고 졸업한 사람
   ② 법령에 따라 ①에 해당하는 사람과 같은 수준의 학력이 있다고 인정되는 사람으로서 해당 학력 취득 과정에서 소방안전 관련 교과목을 12학점 이상 이수한 사람
   ③ 대학에서 소방안전 관련 학과를 전공하고 졸업한 사람(법령에 따라 이와 같은 수준의 학력이 있다고 인정되는 사람 포함)
3. 소방행정학(소방학, 소방방재학 포함) 또는 소방안전공학(소방방재공학, 안전공학 포함) 분야에서 석사학위 이상을 취득한 사람
4. 5년 이상 2급 소방안전관리대상물의 소방안전관리자로 근무한 실무경력이 있는 사람
5. 특급 소방안전관리대상물 또는 1급 소방안전관리대상물의 소방안전관리에 대한 강습교육을 수료한 사람
6. 공공기관의 소방안전관리에 관한 규정에 따른 강습교육을 수료한 사람
7. 2급 소방안전관리대상물의 소방안전관리자로 선임될 수 있는 자격이 있는 사람으로서 특급 또는 1급 소방안전관리대상물의 소방안전관리보조자로 5년 이상 근무한 실무경력이 있는 사람
8. 2급 소방안전관리대상물의 소방안전관리자로 선임될 수 있는 자격이 있는 사람으로서 2급 소방안전관리대상물의 소방안전관리보조자로 7년 이상 근무한 실무경력(특급 또는 1급 소방안전관리대상물의 소방안전관리보조자로 근무한 5년 미만의 실무경력이 있는 경우에는 이를 포함하여 합산)이 있는 사람

013 소방안전관리보조자를 두어야 하는 특정소방대상물   답 ④

소방안전관리보조자를 두어야 하는 특정소방대상물은 아파트로서 300세대 이상인 경우와 아파트를 제외한 연면적 1만5천제곱미터 이상인 특정소방대상물을 말한다.

📄 개념플러스 **소방안전관리보조자를 두어야 하는 특정소방대상물**

1. 「건축법 시행령」에 따른 아파트(300세대 이상인 아파트만 해당)
2. 아파트를 제외한 연면적이 1만5천제곱미터 이상인 특정소방대상물
3. 그 밖의 특정소방대상물(야간 또는 휴일에 사용 하는 것)
   ① 공동주택 중 기숙사
   ② 의료시설
   ③ 노유자시설
   ④ 수련시설
   ⑤ 숙박시설(숙박시설로 사용되는 바닥면적의 합계가 1천 500제곱미터 미만이고 관계인이 24시간 상시 근무하고 있는 숙박시설 제외)

014 소방안전관리보조자를 두어야 하는 특정소방대상물   답 ④

소방안전관리보조자 선임대상은 연면적 1만5천제곱미터 이상인 것을 말한다.

📄 개념플러스 **소방안전관리보조자를 두어야 하는 특정소방대상물**

1. 「건축법 시행령」에 따른 아파트(300세대 이상인 아파트만 해당)
2. 아파트를 제외한 연면적이 1만5천제곱미터 이상인 특정소방대상물
3. 그 밖의 특정소방대상물(야간 또는 휴일에 사용 하는 것)
   ① 공동주택 중 기숙사
   ② 의료시설
   ③ 노유자시설
   ④ 수련시설
   ⑤ 숙박시설(숙박시설로 사용되는 바닥면적의 합계가 1천 500제곱미터 미만이고 관계인이 24시간 상시 근무하고 있는 숙박시설 제외)

015 소방계획서   답 ③

피난계획으로 소방계획서에 포함되어야 하는 사항은 피난층 및 피난시설의 위치와 피난경로의 설정, 장애인 및 노약자의 피난계획 등이다.

📄 개념플러스 **소방안전관리대상물의 소방계획서 작성 등**

1. 소방계획서 포함사항
   ① 소방안전관리대상물의 위치·구조·연면적·용도 및 수용인원 등 일반 현황
   ② 소방안전관리대상물에 설치한 소방시설·방화시설(防火施設), 전기시설·가스시설 및 위험물시설의 현황
   ③ 화재예방을 위한 자체점검계획 및 진압대책
   ④ 소방시설·피난시설 및 방화시설의 점검·정비계획
   ⑤ 피난층 및 피난시설의 위치와 피난경로의 설정, 장애인 및 노약자의 피난계획 등을 포함한 피난계획
   ⑥ 방화구획, 제연구획, 건축물의 내부 마감재료(불연재료·준불연재료 또는 난연재료로 사용된 것) 및 방염물품의 사용현황과 그 밖의 방화구조 및 설비의 유지·관리계획
   ⑦ 근무자, 거주자에 대한 소방훈련 및 교육에 관한 계획
   ⑧ 근무자 및 거주자의 자위소방대 조직과 대원의 임무(장애인 및 노약자의 피난 보조 임무 포함)에 관한 사항
   ⑨ 화기 취급 작업에 대한 사전 안전조치 및 감독 등 공사 중 소방안전관리에 관한 사항
   ⑩ 공동 및 분임 소방안전관리에 관한 사항
   ⑪ 소화와 연소 방지에 관한 사항
   ⑫ 위험물의 저장·취급에 관한 사항(「위험물안전관리법」에 따라 예방규정을 정하는 제조소등 제외)
   ⑬ 그 밖에 소방안전관리를 위하여 소방본부장 또는 소방서장이 소방안전관리대상물의 위치·구조·설비 또는 관리 상황 등을 고려하여 소방안전관리에 필요하여 요청하는 사항
2. 소방본부장 또는 소방서장은 특정소방대상물의 소방계획의 작성 및 실시에 관하여 지도·감독한다.

016 소방안전관리 등급적용   답 ②

건축물대장의 건축물현황도에 표시된 대지경계선 안의 지역 또는 인접한 2개 이상의 대지에 소방안전관리자를 두어야 하는 특정소방대상물이 둘 이상 있고, 그 관리에 관한 권원(權原)을 가진 자가 동일인인 경우에는 이를 하나의 특정소방대상물로 보되, 그 특정소방대상물이 둘 이상에 해당하는 경우에는 그 중에서 급수가 높은 특정소방대상물로 본다.

017 건설현장 소방안전관리대상물   답 ②

1. 신축·증축·개축·재축·이전·용도변경 또는 대수선을 하려는 부분의 연면적의 합계가 1만5천 제곱미터 이상인 것
2. 신축·증축·개축·재축·이전·용도변경 또는 대수선을 하려는 부분의 연면적이 5천 제곱미터 이상인 것으로서 다음의 어느 하나에 해당하는 것
   • 지하층의 층수가 2개 층 이상인 것
   • 지상층의 층수가 11층 이상인 것
   • 냉동창고, 냉장창고 또는 냉동·냉장창고

018 건설현장 소방안전관리자의 업무 답 ④

건설현장 작업자에 대한 소방안전 교육 및 훈련

(선지분석)
① 건설현장의 소방계획서의 작성
② 화기취급의 감독, 화재위험작업의 허가 및 관리
③ 공사진행 단계별 피난안전구역, 피난로 등의 확보와 관리

019 건설현장 소방안전관리자 선임대상물 답 ④

1. 신축·증축·개축·재축·이전·용도변경 또는 대수선을 하려는 부분의 연면적의 합계가 1만5천제곱미터 이상인 것
2. 신축·증축·개축·재축·이전·용도변경 또는 대수선을 하려는 부분의 연면적이 5천제곱미터 이상인 것으로서 다음의 어느 하나에 해당하는 것
   ① 지하층의 층수가 2개 층 이상인 것
   ② 지상층의 층수가 11층 이상인 것
   ③ 냉동창고, 냉장창고 또는 냉동·냉장창고

020 공동 소방안전관리자 선임대상 특정소방대상물 답 ②

공동 소방안전관리자 선임대상 특정소방대상물은 관리의 권원이 분리된 경우로서 그 대상은 법령으로 정하고 있으며 복합건축물은 연면적이 3만m² 이상인 것 또는 층수가 11층 이상인 것이다.

> 📑 개념플러스 **공동 소방안전관리자 선임대상 특정소방대상물**
>
> 1. 복합건축물(층수 11층 이상, 연면적 3만제곱미터 이상)
> 2. 지하가
> 3. 판매시설 중 도매시장, 소매시장 및 전통시장(대통령령)

021 공동 소방안전관리자 선임대상 특정소방대상물 답 ③

복합건축물은 연면적이 3만m² 이상 또는 층수가 11층 이상인 것이 공동 소방안전관리자 선임대상이다.

> 📑 개념플러스 **공동 소방안전관리자 선임대상 특정소방대상물**
>
> 1. 복합건축물(층수 11층 이상, 연면적 3만제곱미터 이상)
> 2. 지하가
> 3. 판매시설 중 도매시장, 소매시장 및 전통시장(대통령령)

022 공동 소방안전관리자 선임대상 특정소방대상물 답 ③

복합건축물은 연면적이 3만m² 이상 또는 층수가 11층 이상인 것이 공동 소방안전관리자 선임대상이다.

023 공동 소방안전관리자 선임대상 특정소방대상물 답 ①

복합건축물(층수 11층 이상, 연면적 3만제곱미터 이상)것이 공동 소방안전관리자 선임대상이다.

024 공동 소방안전관리자 선임대상 특정소방대상물 답 ①

복합건축물(층수 11층 이상, 연면적 3만제곱미터 이상)것이 공동 소방안전관리자 선임대상이다.

025 공동 소방안전관리자 답 ①

그 관리의 권원(權原)이 분리되어 있는 것 가운데 소방본부장이나 소방서장이 지정하는 특정소방대상물의 관계인은 행정안전부령이 정하는 바에 따라 대통령령이 정하는 자를 공동 소방안전관리자로 선임하여야 한다.

026 피난유도 안내정보 답 ①

소방안전관리대상물의 관계인은 피난시설의 위치, 피난경로 또는 대피요령이 포함된 피난유도 안내정보를 근무자 또는 거주자에게 정기적으로 제공해야 하며 연 2회 피난안내 교육을 실시하고 분기별 1회 이상 피난안내방송을 실시하여야 한다.

> 📑 개념플러스 **피난유도 안내정보의 제공**
>
> 1. 연 2회 피난안내 교육을 실시하는 방법
> 2. 분기별 1회 이상 피난안내방송을 실시하는 방법
> 3. 피난안내도를 층마다 보기 쉬운 위치에 게시하는 방법
> 4. 엘리베이터, 출입구 등 시청이 용이한 지역에 피난안내영상을 제공하는 방법

027 소방훈련 등 답 ④

소방안전관리대상물의 관계인은 소방훈련과 교육을 실시했을 때에는 그 실시 결과를 소방훈련·교육 실시 결과 기록부에 기록하고, 이를 소방훈련 및 교육을 실시한 날부터 2년간 보관해야 한다.

> 📑 개념플러스 **소방훈련 등**
>
> 1. 소방안전관리대상물의 관계인은 소방훈련과 교육을 연 1회 이상 실시해야 한다.
> 2. 특급 및 1급 소방안전관리대상물의 관계인은 소방훈련 및 교육을 한 날부터 30일 이내에 소방훈련 및 교육 결과를 행정안전부령으로 정하는 바에 따라 소방본부장 또는 소방서장에게 제출해야 한다.

3. 소방서장은 특급 및 1급 소방안전관리대상물의 관계인으로 하여금 소방훈련과 교육을 소방기관과 합동으로 실시하게 할 수 있다.
4. 소방안전관리대상물의 관계인은 소방훈련과 교육을 실시했을 때에는 그 실시 결과를 소방훈련·교육 실시 결과 기록부에 기록하고, 이를 소방훈련 및 교육을 실시한 날부터 1년간 보관해야 한다.

028 　소방훈련의 종류 　　　　　답 ①

대통령령으로 정하는 특정소방대상물의 관계인은 그 장소에 상시 근무하거나 거주하는 사람에게 소화·통보·피난 등의 훈련과 소방안전관리에 필요한 교육을 하여야 한다. 이 경우 피난훈련은 그 소방대상물에 출입하는 사람을 안전한 장소로 대피시키고 유도하는 훈련을 포함하여야 한다.

029 　소방훈련 　　　　　　　　답 ②

소방본부장이나 소방서장은 특정소방대상물의 관계인이 실시하는 소방훈련을 지도·감독할 수 있다.

030 　소방훈련 　　　　　　　　답 ③

소방훈련과 교육은 연 1회 이상 실시하는 것이 원칙이나 소방서장이 화재예방을 위하여 필요하다고 인정하는 2회 범위 내에서 추가로 실시하게 할 수 있다.

> 📄 **개념플러스** **근무자 및 거주자에게 소방훈련·교육을 실시하여야 하는 특정소방대상물**
>
> 특정소방대상물 중 상시 근무하거나 거주하는 인원(숙박시설의 경우 상시 근무하는 인원)이 10명 이하인 특정소방대상물을 제외한 것을 말한다.
> 1. 특정소방대상물의 관계인은 규정에 의한 소방훈련과 교육을 연 1회 이상 실시하여야 한다. 다만, 소방서장이 화재예방을 위하여 필요하다고 인정하여 2회의 범위 안에서 추가로 실시할 것을 요청하는 경우에는 소방훈련과 교육을 실시하여야 한다.
> 2. 소방서장은 특급 및 1급 소방안전관리대상물의 관계인으로 하여금 소방훈련을 소방기관과 합동으로 실시하게 할 수 있다.
> 3. 소방훈련을 실시하여야 하는 관계인은 소방훈련에 필요한 장비 및 교재 등을 갖추어야 한다.
> 4. 소방안전관리대상물의 관계인은 소방훈련과 교육을 실시하였을 때에는 그 실시 결과를 소방훈련·교육 실시 결과 기록부에 기록하고, 이를 소방훈련과 교육을 실시한 날의 다음 날부터 2년간 보관하여야 한다.

031 　소방안전교육 대상 　　　　答 ④

소화기 및 비상경보설비가 설치된 공장·창고 등 소규모 특정소방대상물이 대상이다.

> 📄 **개념플러스** **소방안전교육 대상**
>
> 1. 소화기 및 비상경보설비가 설치된 공장·창고 등 소규모 특정소방대상물
> 2. 그 밖에 화재에 대하여 취약성이 높다고 관할 소방본부장 또는 소방서장이 인정하는 특정소방대상물

032 　소방교육 및 훈련 내용 　　답 ②

(선지분석)

① 아파트로서 합동훈련 대상은 특급 및 1급이어야 한다.
③ 소방본부장이나 소방서장은 특정소방대상물의 관계인이 실시하는 소방훈련을 지도·감독할 수 있다.
④ 소방훈련과 교육의 횟수 및 방법 등에 관하여 필요한 사항은 행정안전부령으로 정한다.

> 📄 **개념플러스** **근무자 및 거주자에 대한 소방훈련 등**
>
> 1. 소방서장은 특급 및 1급 소방안전관리대상물의 관계인으로 하여금 소방훈련을 소방기관과 합동으로 실시하게 할 수 있다.
> 2. 소방본부장이나 소방서장은 특정소방대상물의 관계인이 실시하는 소방훈련을 지도·감독할 수 있다.
> 3. 소방훈련과 교육의 횟수 및 방법 등에 관하여 필요한 사항은 행정안전부령으로 정한다.

033 　실무교육 등 　　　　　　　답 ③

(선지분석)

소방본부장 또는 소방서장은 소방안전관리자 또는 소방안전관리 업무 대행자가 실무교육을 받지 아니한 때에는 자격을 1차는 경고, 2차는 정지하여야 한다.

034 　실무·강습교육 대상 　　　　답 ④

강습교육	• 소방안전관리자의 자격을 인정받으려는 사람 • 소방안전관리자로 선임되고자 하는 사람
실무교육	선임된 소방안전관리자 및 소방안전관리보조자

035 　강습과목 　　　　　　　　답 ②

재난관리 일반 및 관련 법령은 특급 소방안전관리자 강습과목에 해당한다.

제6장 | 특별관리시설물의 소방안전관리

정답 p. 90

001	①	002	④	003	④	004	③	005	④

001 소방안전 특별관리시설물 답 ①

영화상영관은 수용인원으로 소방안전 특별관리시설물을 정한다(1천명 이상).

개념플러스 소방안전 특별관리시설물

1. 공항시설
2. 철도시설
3. 도시철도시설
4. 항만시설
5. 지정문화재인 시설
6. 산업기술단지
7. 산업단지
8. 초고층 건축물 및 지하연계 복합건축물
9. 영화상영관 중 수용인원 1,000명 이상인 영화상영관
10. 전력용 및 통신용 지하구
11. 석유비축시설
12. 천연가스 인수기지 및 공급망, 도시가스 공급시설
13. 발전사업자가 가동 중인 발전소
14. 전통시장
15. 물류창고로서 연면적 10만제곱미터 이상

002 소방안전 특별관리시설물 답 ④

「물류시설의 개발 및 운영에 관한 법률」에 따른 물류창고로서 연면적 10만제곱미터 이상인 것을 소방안전 특별관리시설물을 정한다.

003 화재예방안전진단 대상 답 ④

가스공급시설 중 가연성 가스 탱크의 저장용량의 합계가 100톤 이상이거나 저장용량이 30톤 이상인 가연성 가스 탱크가 있는 가스공급시설

개념플러스 화재예방안전진단 대상

1. 공항시설 중 여객터미널의 연면적이 1천제곱미터 이상인 공항시설
2. 철도시설 중 역 시설의 연면적이 5천제곱미터 이상인 철도시설
3. 도시철도시설 중 역사 및 역 시설의 연면적이 5천제곱미터 이상인 도시철도시설
4. 항만시설 중 여객이용시설 및 지원시설의 연면적이 5천제곱미터 이상인 항만시설
5. 전력용 및 통신용 지하구 중 공동구
6. 천연가스 인수기지 및 공급망 중 가스시설
7. 발전소 중 연면적이 5천제곱미터 이상인 발전소
8. 가스공급시설 중 가연성 가스 탱크의 저장용량의 합계가 100톤 이상이거나 저장용량이 30톤 이상인 가연성 가스 탱크가 있는 가스공급시설

004 화재예방안전진단 대상 답 ③

운수시설 중 자동차여객터미널은 소방안전 특별관리시설물 및 화재예방안전진단 대상에 해당하지 않는다.

개념플러스 화재예방안전진단 대상

1. 공항시설 중 여객터미널의 연면적이 1천제곱미터 이상인 공항시설
2. 철도시설 중 역 시설의 연면적이 5천제곱미터 이상인 철도시설
3. 도시철도시설 중 역사 및 역 시설의 연면적이 5천제곱미터 이상인 도시철도시설
4. 항만시설 중 여객이용시설 및 지원시설의 연면적이 5천제곱미터 이상인 항만시설
5. 전력용 및 통신용 지하구 중 공동구
6. 천연가스 인수기지 및 공급망 중 가스시설
7. 발전소 중 연면적이 5천제곱미터 이상인 발전소
8. 가스공급시설 중 가연성 가스 탱크의 저장용량의 합계가 100톤 이상이거나 저장용량이 30톤 이상인 가연성 가스 탱크가 있는 가스공급시설

005 화재예방안전진단의 범위 답 ④

ㄱ. 소방계획 및 피난계획 수립에 관한 사항
ㄴ. 소방시설등의 유지·관리에 관한 사항
ㄷ. 비상대응조직 및 교육훈련에 관한 사항
ㄹ. 화재 위험성 평가에 관한 사항
ㄱ. ~ ㄹ. 외에 화재위험요인의 조사에 관한 사항도 포함된다.

---

001   소방안전관리자의 실무교육   답 ③

소방본부장 또는 소방서장은 소방안전관리자 및 소방안전관리 업무 대행자가 정하여진 교육을 받지 아니하면 교육을 받을 때까지 소방안전관리 업무를 제한할 수 있다.

---

002   우수 소방대상물 관계인에 대한 포상   답 ④

1. 소방청장은 소방대상물의 자율적인 안전관리를 유도하기 위하여 안전관리 상태가 우수한 소방대상물을 선정하여 우수 소방대상물 표지를 발급하고, 소방대상물의 관계인을 포상할 수 있다.
2. 우수 소방대상물의 선정 방법, 평가 대상물의 범위 및 평가 절차 등에 필요한 사항은 행정안전부령으로 정한다.

제8장 | 벌칙

---

001   벌칙   답 ④

화재안전조사를 정당한 사유 없이 거부·방해 또는 기피한 자는 300만원 이하의 벌금에 해당하는 벌칙이 적용된다.

> 📄 **개념플러스 300만원 이하의 벌금**
>
> 1. 화재안전조사를 정당한 사유 없이 거부·방해 또는 기피한 자
> 2. 소방안전관리자, 총괄소방안전관리자 또는 소방안전관리보조자를 선임하지 아니한 자
> 3. 소방안전관리자에게 불이익한 처우를 한 관계인
> 4. 소방시설·피난시설·방화시설 및 방화구획 등이 법령에 위반된 것을 발견하였음에도 필요한 조치를 할 것을 요구하지 아니한 소방안전관리자

---

002   위반행위의 횟수에 따라 가중된 과태료 부과처분의 금액   답 ③

위반행위의 횟수에 관계없이 과태료 200만원이다.

위반행위	과태료 금액 (단위: 만원)		
	1차 위반	2차 위반	3차 이상 위반
화재예방강화지구 등에서 화기취급 등을 한 경우		300	
1) 모닥불, 흡연 등 화기취급을 한 경우		300	
2) 풍등 등 소형열기구 날리기를 한 경우		300	
3) 용접·용단 등 불꽃을 발생시키는 행위를 한 경우		300	
건설현장 소방안전관리대상물의 소방안전관리자의 업무를 하지 아니한 경우	100	200	300
관계인이 피난유도 안내정보를 제공하지 아니한 경우	100	200	300
화재발생 우려가 있는 설비 또는 기구 등의 불을 사용할 때 지켜야 하는 사항 및 특수가연물의 저장 및 취급 기준을 위반한 경우		200	
화재의 예방 강화를 위해 소방설비등의 설치 명령을 정당한 사유 없이 따르지 아니한 경우		200	
실무교육 대상자가 실무교육을 받지 아니한 경우		50	

---

003   과태료   답 ④

과태료는 대통령령으로 정하는 바에 따라 소방청장, 관할 시·도지사, 소방본부장 또는 소방서장이 부과·징수한다.

---

004   과태료 처분 대상   답 ④

소방안전관리자, 총괄소방안전관리자 또는 소방안전관리보조자를 선임하지 아니한 자는 과태료 처분 대상이 아닌 벌금 대상에 해당한다.

제1장 | 총칙

정답

p. 96

001	④	002	②	003	④	004	④	005	③
006	③	007	③	008	④	009	②	010	①
011	②	012	③						

001　용어의 정의　　　　　　　답 ④

소방시설, 소방시설등, 특정소방대상물의 필요사항을 규정하고 있는 것은 대통령령이다.

선지분석
① 소방시설이란 소화설비, 경보설비, 피난구조설비, 소화용수설비, 그 밖에 소화활동설비로서 대통령령으로 정하는 것을 말한다.
② 소방시설등이란 소방시설과 비상구(非常口), 그 밖에 소방관련 시설로서 대통령령으로 정하는 것을 말한다.
③ 특정소방대상물이란 소방시설을 설치하여야 하는 소방대상물로서 대통령령으로 정하는 것을 말한다.

002　무창층의 개구부 요건　　　답 ②

내부 또는 외부에서 쉽게 열 수 있는 구조여야 한다.

선지분석
① 도로 또는 차량이 진입할 수 있는 빈터를 향해야 한다.
③ 크기는 지름 50센티미터 이상의 원이 통과할 수 있어야 한다.
④ 해당 층의 바닥면으로부터 개구부 밑부분까지의 높이가 1.2미터 이내여야 한다.

📄 개념플러스 **개구부 조건**

1. 크기는 지름 50센티미터 이상의 원이 통과할 수 있는 크기일 것
2. 해당 층의 바닥면으로부터 개구부 밑부분까지의 높이가 1.2미터 이내일 것
3. 도로 또는 차량이 진입할 수 있는 빈터를 향할 것
4. 화재 시 건축물로부터 쉽게 피난할 수 있도록 창살이나 그 밖의 장애물이 설치되지 아니할 것
5. 내부 또는 외부에서 쉽게 부수거나 열 수 있을 것

003　개구부　　　　　　　　　답 ④

개구부 상층부가 아니라 밑부분까지의 높이를 말한다.

📄 개념플러스 **개구부 조건**

무창층(無窓層)이란 지상층 중 다음의 요건을 모두 갖춘 개구부(건축물에서 채광·환기·통풍 또는 출입 등을 위하여 만든 창·출입구, 그 밖에 이와 비슷한 것)의 면적의 합계가 해당 층의 바닥면적의 30분의 1 이하가 되는 층을 말한다.
1. 크기는 지름 50센티미터 이상의 원이 통과할 수 있는 크기일 것
2. 해당 층의 바닥면으로부터 개구부 밑부분까지의 높이가 1.2미터 이내일 것
3. 도로 또는 차량이 진입할 수 있는 빈터를 향할 것
4. 화재 시 건축물로부터 쉽게 피난할 수 있도록 창살이나 그 밖의 장애물이 설치되지 아니할 것
5. 내부 또는 외부에서 쉽게 부수거나 열 수 있을 것

004　개구부　　　　　　　　　답 ④

해당 층의 바닥면으로부터 개구부 밑부분까지의 높이가 1.2m 이내이어야 한다.

📄 개념플러스 **개구부 조건**

무창층(無窓層)이란 지상층 중 다음의 요건을 모두 갖춘 개구부(건축물에서 채광·환기·통풍 또는 출입 등을 위하여 만든 창·출입구, 그 밖에 이와 비슷한 것)의 면적의 합계가 해당 층의 바닥면적의 30분의 1 이하가 되는 층을 말한다.
1. 크기는 지름 50센티미터 이상의 원이 통과할 수 있는 크기일 것
2. 해당 층의 바닥면으로부터 개구부 밑부분까지의 높이가 1.2미터 이내일 것
3. 도로 또는 차량이 진입할 수 있는 빈터를 향할 것
4. 화재 시 건축물로부터 쉽게 피난할 수 있도록 창살이나 그 밖의 장애물이 설치되지 아니할 것
5. 내부 또는 외부에서 쉽게 부수거나 열 수 있을 것

005　형식승인 대상 소방용품　　답 ③

자동소화장치 중 상업용 주방자동소화장치를 제외한다.

1. 분말 자동소화장치
2. 주거용 주방자동소화장치
3. 가스 자동소화장치
4. 캐비닛형 자동소화장치
5. 고체에어로졸 자동소화장치

006 　소방용품 　　　　　　　　　　　답 ③

소방용품 중 경보설비를 구성하는 제품 또는 기기는 누전경보기 및 가스누설경보기, 경보설비를 구성하는 발신기, 수신기, 중계기, 감지기 및 음향장치(경종만 해당)이다.

개념플러스 **소방용품**

소방용품은 소방시설용으로 사용되는 제품 또는 기기와 소화용으로 사용되는 소화약제와 방염제이다. 여기서 소방시설은 소화설비·경보설비 및 피난구조설비로, 소화약제 중에서 물은 제외된다.

007 　소방용품 　　　　　　　　　　　답 ③

음향장치로서 소방용품은 경종만 해당된다. 즉, 사이렌이나 부저등과 같은 음향기구는 소방용품이 아니다.

개념플러스 **소방용품**

1. **소화설비를 구성하는 제품 또는 기기**
   ① 소화기구(소화약제 외의 것을 이용한 간이소화용구 제외)
   ② 자동소화장치
   ③ 소화설비를 구성하는 소화전, 관창(管槍), 소방호스, 스프링클러헤드, 기동용 수압개폐장치, 유수제어밸브 및 가스관선택밸브
2. **경보설비를 구성하는 제품 또는 기기**
   ① 누전경보기 및 가스누설경보기
   ② 경보설비를 구성하는 발신기, 수신기, 중계기, 감지기 및 음향장치(경종만 해당)
3. **피난구조설비를 구성하는 제품 또는 기기**
   ① 피난사다리, 구조대, 완강기(간이완강기 및 지지대 포함)
   ② 공기호흡기(충전기 포함)
   ③ 유도등 및 예비 전원이 내장된 비상조명등
4. **소화용으로 사용하는 제품 또는 기기**
   ① 소화약제(물소화약제 제외)
   ② 방염제(방염액·방염도료 및 방염성물질)
5. 행정안전부령으로 정하는 소방 관련 제품 또는 기기

008 　완강기 　　　　　　　　　　　답 ④

완강기로서 소방용품은 간이완강기 및 지지대를 포함한 것이다.

개념플러스 **소방용품**

1. **소화설비를 구성하는 제품 또는 기기**
   ① 소화기구(소화약제 외의 것을 이용한 간이소화용구 제외)
   ② 자동소화장치
   ③ 소화설비를 구성하는 소화전, 관창(管槍), 소방호스, 스프링클러헤드, 기동용 수압개폐장치, 유수제어밸브 및 가스관선택밸브
2. **경보설비를 구성하는 제품 또는 기기**
   ① 누전경보기 및 가스누설경보기
   ② 경보설비를 구성하는 발신기, 수신기, 중계기, 감지기 및 음향장치(경종만 해당)
3. **피난구조설비를 구성하는 제품 또는 기기**
   ① 피난사다리, 구조대, 완강기(간이완강기 및 지지대 포함)
   ② 공기호흡기(충전기 포함)
   ③ 유도등 및 예비 전원이 내장된 비상조명등
4. **소화용으로 사용하는 제품 또는 기기**
   ① 소화약제(물소화약제 제외)
   ② 방염제(방염액·방염도료 및 방염성물질)
5. 행정안전부령으로 정하는 소방 관련 제품 또는 기기

009 　소방용품 　　　　　　　　　　　답 ②

소화약제 외의 것을 이용한 간이소화용구는 소방용품이 아니다.

010 　피난층 　　　　　　　　　　　답 ①

피난층이란 곧바로 지상으로 갈 수 있는 출입구가 있는 층을 말한다.

011 　소방시설 　　　　　　　　　　　답 ②

방화설비는 건축관련 시설로서 소방시설에 해당되지 않는다.

개념플러스 **소방시설**

소화설비	물 또는 그 밖의 소화약제를 사용하여 소화하는 기계·기구 또는 설비
경보설비	화재발생 사실을 통보하는 기계·기구 또는 설비
피난구조설비	화재가 발생할 경우 피난하기 위하여 사용하는 기구 또는 설비
소화용수설비	화재를 진압하는 데 필요한 물을 공급하거나 저장하는 설비
소화활동설비	화재를 진압하거나 인명구조활동을 위하여 사용하는 설비

012 특정소방대상물(지하구) 답 ③

지하구란 전력·통신용의 전선이나 가스·냉난방용의 배관 또는 이와 비슷한 것을 집합 수용하기 위하여 설치한 지하 인공구조물로서 사람이 점검 또는 보수를 하기 위하여 출입이 가능한 것 중 다음의 어느 하나에 해당하는 것이다.
1. 전력 또는 통신사업용 지하 인공구조물로서 전력구(케이블 접속부가 없는 경우는 제외한다) 또는 통신구 방식으로 설치된 것
2. 1. 외의 지하 인공구조물로서 폭이 1.8m 이상이고 높이가 2m 이상이며 길이가 50m 이상인 것

제 2 장 | 소방시설등의 설치·관리 및 방염

정답
p. 99

001	①	002	③	003	②	004	③	005	②
006	④	007	③	008	④	009	②	010	③
011	②	012	①	013	④	014	③	015	②
016	③	017	④	018	①	019	③	020	③
021	②	022	③	023	①	024	③	025	①
026	②	027	③	028	②	029	②	030	①
031	③	032	③	033	①	034	③	035	①
036	④	037	③	038	③	039	④	040	④
041	④	042	②	043	②	044	④	045	②
046	③	047	②	048	①	049	①	050	①
051	①	052	③	053	④	054	④	055	②
056	④	057	④	058	②	059	④	060	④
061	③	062	④	063	①	064	③	065	④
066	④	067	①	068	②	069	②	070	①
071	①	072	③	073	④	074	③	075	④
076	④	077	②	078	②	079	④	080	②
081	④	082	②	083	④	084	④	085	④
086	③	087	②	088	①	089	④	090	③
091	④	092	②	093	④	094	①	095	④
096	②	097	③							

---

001 건축허가 동의 대상 답 ①

연면적 200제곱미터 이상인 특정소방대상물 중 노유자(老幼者) 시설 및 수련시설

(선지분석)
② 「학교시설사업 촉진법」에 따라 건축등을 하려는 연면적 100제곱미터 이상의 학교시설
③ 지하층 또는 무창층이 있는 건축물로서 바닥면적이 150제곱미터(공연장의 경우에는 100제곱미터) 이상인 층이 있는 것
④ 차고·주차장 또는 주차 용도로 사용되는 시설로서 차고·주차장으로 사용되는 바닥면적이 200제곱미터 이상인 층이 있는 건축물이나 주차시설

---

002 허가동의 답 ③

(선지분석)
① 입원실이 없는 정신건강의학과 의원은 허가동의 대상이 아니다.
②④ 지하층 또는 무창층이 있는 건축물로서 바닥면적이 150제곱미터 이상인 층이 있는 것과 차고·주차장으로 사용되는 층 중 바닥면적이 200제곱미터 이상인 층이 있는 것은 허가동의 대상이다.

📄 개념플러스 **건축허가 동의를 받아야 하는 범위**

1. 연면적이 400제곱미터 이상인 건축물. 단, 다음에 해당하는 시설에서 정한 기준 이상인 건축물
   ① 학교시설: 100제곱미터
   ② 정신의료기관(입원실이 없는 정신건강의학과 의원 제외): 300제곱미터
2. 차고·주차장 또는 주차용도로 사용되는 시설로서 다음에 해당하는 것
   ① 차고·주차장으로 사용되는 층 중 바닥면적이 200제곱미터 이상인 층이 있는 시설
   ② 승강기 등 기계장치에 의한 주차시설로서 자동차 20대 이상을 주차할 수 있는 시설
3. 항공기격납고, 관망탑, 항공관제탑, 방송용 송·수신탑
4. 지하층 또는 무창층이 있는 건축물로서 바닥면적이 150제곱미터(공연장의 경우에는 100제곱미터) 이상인 층이 있는 것
5. 특정소방대상물 중 조산원, 산후조리원, 위험물 저장 및 처리 시설, 발전시설 중 전기저장시설, 지하구
6. 노유자시설 중 생활시설
7. 층수가 6층 이상인 건축물
8. 노유자시설(老幼者施設) 및 수련시설로서 연면적 200제곱미터 이상인 것
9. 공장 또는 창고시설로서 「화재의 예방 및 안전관리에 관한 법률 시행령」에서 정하는 수량의 750배 이상의 특수가연물을 저장·취급하는 것
10. 가스시설로서 지상에 노출된 탱크의 저장용량의 합계가 100톤 이상인 것

003 동의대상물 범위   답 ②

차고·주차장으로 사용되는 층 중 바닥면적이 200m² 이상인 층이 있는 시설의 경우에 해당한다.

004 동의대상물 범위   답 ③

(선지분석)
① 노유자시설 및 수련시설의 경우에는 연면적 200m² 이상인 건축물의 경우에 해당한다.
② 차고·주차장으로 사용되는 층 중 바닥면적이 200m² 이상인 층이 있는 시설의 경우에 해당한다.
④ 승강기 등 기계장치에 의한 주차시설로서 자동차 20대 이상을 주차할 수 있는 시설의 경우에 해당한다.

005 동의대상물 범위   답 ②

승강기 등 주차시설로서 자동차 20대 이상 주차할 수 있는 시설에 해당한다.

📄 개념플러스 **건축허가 동의를 받아야 하는 범위**

1. 연면적이 400제곱미터 이상인 건축물. 단, 다음에 해당하는 시설에서 정한 기준 이상인 건축물
   ① 학교시설: 100제곱미터
   ② 정신의료기관(입원실이 없는 정신건강의학과 의원 제외): 300제곱미터
2. 차고·주차장 또는 주차용도로 사용되는 시설로서 다음에 해당하는 것
   ① 차고·주차장으로 사용되는 층 중 바닥면적이 200제곱미터 이상인 층이 있는 시설
   ② 승강기 등 기계장치에 의한 주차시설로서 자동차 20대 이상을 주차할 수 있는 시설
3. 항공기격납고, 관망탑, 항공관제탑, 방송용 송·수신탑
4. 지하층 또는 무창층이 있는 건축물로서 바닥면적이 150제곱미터(공연장의 경우에는 100제곱미터) 이상인 층이 있는 것
5. 특정소방대상물 중 조산원, 산후조리원, 위험물 저장 및 처리 시설, 발전시설 중 전기저장시설, 지하구
6. 노유자시설 중 생활시설
7. 층수가 6층 이상인 건축물
8. 노유자시설(老幼者施設) 및 수련시설로서 연면적 200제곱미터 이상인 것
9. 공장 또는 창고시설로서 「화재의 예방 및 안전관리에 관한 법률 시행령」에서 정하는 수량의 750배 이상의 특수가연물을 저장·취급하는 것
10. 가스시설로서 지상에 노출된 탱크의 저장용량의 합계가 100톤 이상인 것

006 건축허가등의 동의대상물   답 ④

특정소방대상물 중 노유자(老幼者)시설 및 수련시설은 연면적 200제곱미터 이상인 건축물이 건축허가 동의 대상이다.

007 동의 요구 시 첨부서류   답 ③

소방시설공사업 등록증 사본은 건축허가동의 시 제출서류가 아니다. 제출서류는 소방시설설계업 등록증 사본이다.

📄 개념플러스 **허가동의 시 첨부서류**

1. 건축허가신청서 및 건축허가서 또는 건축·대수선·용도변경 신고서 등 건축허가 등을 확인할 수 있는 서류의 사본
2. 다음의 설계도서
   ① 건축물의 단면도 및 주단면 상세도(내장재료를 명시한 것에 한정)
   ② 소방시설(기계·전기분야의 시설)의 층별 평면도 및 층별 계통도(시설별 계산서 포함)
   ③ 창호도
3. 소방시설 설치계획표
4. 임시소방시설 설치계획서(설치 시기·위치·종류·방법 등 임시소방시설의 설치와 관련한 세부사항 포함)
5. 소방시설설계업등록증과 소방시설을 설계한 기술인력자의 기술자격증 사본
6. 「소방시설공사업법」에 따라 체결한 소방시설설계 계약서 사본 1부

008 건축허가동의 대상물   답 ④

용도가 항공기격납고인 경우에는 반드시 건축허가동의 대상이다.

📄 개념플러스 **건축허가등을 할 때 미리 소방본부장 또는 소방서장의 동의를 받아야 하는 건축물등의 동의 범위**

1. 연면적이 400제곱미터 이상인 건축물. 단, 다음에 해당하는 시설에서 정한 기준 이상인 건축물
   ① 학교시설: 100제곱미터
   ② 정신의료기관(입원실이 없는 정신건강의학과 의원 제외): 300제곱미터
2. 차고·주차장 또는 주차용도로 사용되는 시설로서 다음에 해당하는 것
   ① 차고·주차장으로 사용되는 층 중 바닥면적이 200제곱미터 이상인 층이 있는 시설
   ② 승강기 등 기계장치에 의한 주차시설로서 자동차 20대 이상을 주차할 수 있는 시설
3. 항공기격납고, 관망탑, 항공관제탑, 방송용 송·수신탑

4. 지하층 또는 무창층이 있는 건축물로서 바닥면적이 150제곱미터(공연장의 경우에는 100제곱미터) 이상인 층이 있는 것
5. 특정소방대상물 중 조산원, 산후조리원, 위험물 저장 및 처리 시설, 발전시설 중 전기저장시설, 지하구
6. 노유자시설 중 생활시설
7. 층수가 6층 이상인 건축물
8. 노유자시설(老幼者施設) 및 수련시설로서 연면적 200제곱미터 이상인 것
9. 공장 또는 창고시설로서 「화재의 예방 및 안전관리에 관한 법률 시행령」에서 정하는 수량의 750배 이상의 특수가연물을 저장·취급하는 것
10. 가스시설로서 지상에 노출된 탱크의 저장용량의 합계가 100톤 이상인 것

---

009   **건축허가등의 대상**   답 ②

기계장치의 주차시설은 20대 이상 주차할 수 있는 것에 한하여 건축허가등의 대상이다.

---

010   **건축허가등의 기간**   답 ③

연면적 20만m² 이상인 것은 특급 소방안전관리대상물이므로 동의기간은 10일 이내이다.

📄 **개념플러스 건축허가등의 기간**

1. 특급 소방안전관리대상물이 아닌 것: 5일 이내
2. 특급 소방안전관리대상물: 10일 이내

📄 **개념플러스 특급 소방안전관리대상물**

1. 지하층 포함 층수가 30층 이상인 것
2. 건물의 지상 높이가 120미터 이상인 것
3. 연면적 20만제곱미터 이상인 것
4. 아파트
   ① 지하층 제외한 층수가 50층 이상인 것
   ② 건물 높이가 200미터 이상인 것

---

011   **건축허가등의 기간**   답 ②

특급 소방안전관리대상물이 아니므로 5일 이내이다.

---

012   **소방시설 설비**   답 ①

주택의 소유자는 주택용 소방시설인 소화기 및 단독경보형감지기를 설치하여야 한다.

📄 **개념플러스 주택에 설치하는 소방시설**

1. 다음의 주택의 소유자는 대통령령으로 정하는 소방시설을 설치하여야 한다.
   ① 단독주택
   ② 공동주택(아파트 및 기숙사 제외)

   ⊕ 참고 **대통령령으로 정하는 소방시설**
   • 소화기
   • 단독경보형감지기

2. 국가 및 지방자치단체는 주택용 소방시설의 설치 및 국민의 자율적인 안전관리를 촉진하기 위하여 필요한 시책을 마련하여야 한다.
3. 주택용 소방시설의 설치기준 및 자율적인 안전관리 등에 관한 사항은 시·도 조례로 정한다.

---

013   **소방시설 설비**   답 ④

주택의 소유자는 주택용 소방시설인 소화기 및 단독경보형감지기를 설치하여야 한다.

---

014   **소방시설의 설치기준**   답 ③

소화기 및 단독경보형감지기 등 주택용 소방시설의 설치기준에 관한 사항은 시·도 조례로 정한다.

---

015   **소방시설의 적용기준**   답 ②

대통령령으로 소방시설을 정할 때에는 특정소방대상물의 규모·용도 및 수용인원 등을 고려하여야 한다.

📄 **개념플러스 특정소방대상물별로 설치하여야 하는 소방시설의 정비 등**

1. 대통령령으로 소방시설을 정할 때에는 특정소방대상물의 규모·용도 및 수용인원 등을 고려하여야 한다.
2. 소방청장은 건축 환경 및 화재위험특성 변화사항을 효과적으로 반영할 수 있도록 소방시설 규정을 3년에 1회 이상 정비하여야 한다.
3. 소방청장은 건축 환경 및 화재위험특성 변화 추세를 체계적으로 연구하여 정비를 위한 개선방안을 마련하여야 한다.
4. 연구의 수행 등에 필요한 사항은 행정안전부령으로 정한다.

016 수용인원   답 ③

- 관람석이 없는 강당 1개, 바닥면적 460m²

$$1 \times \frac{460}{4.6} = 100명$$

- 강의실 10개, 각 바닥면적 57m²

$$10 \times \frac{57}{1.9} = 300명$$

- 휴게실 1개, 바닥면적 38m²

$$1 \times \frac{38}{1.9} = 20명$$

∴ 100 + 300 + 20 = 420명

017 수용인원 산정 방법   답 ④

문화 및 집회시설로서 의자가 없는 경우에는 해당 용도로 사용하는 바닥면적의 합계를 4.6m²로 나누어 얻은 수로 수용인원을 산정한다.

📄 개념플러스 **수용인원의 산정 방법**

1. **숙박시설이 있는 특정소방대상물**
   ① 침대가 있는 숙박시설: 종사자 수에 침대 수(2인용 침대는 2개로 산정)를 합한 수
   ② 침대가 없는 숙박시설: 종사자 수에 숙박시설 바닥면적의 합계를 3m²로 나누어 얻은 수를 합한 수
2. **숙박시설 외의 특정소방대상물**
   ① 강의실·교무실·상담실·실습실·휴게실 용도로 쓰이는 특정소방대상물: 해당 용도로 사용하는 바닥면적의 합계를 1.9m²로 나누어 얻은 수
   ② 강당, 문화 및 집회시설, 운동시설, 종교시설: 해당 용도로 사용하는 바닥면적의 합계를 4.6m²로 나누어 얻은 수(관람석이 있는 경우 고정식 의자를 설치한 부분은 그 부분의 의자 수로 하고, 긴 의자의 경우에는 의자의 정면너비를 0.45m로 나누어 얻은 수로 한다)
   ③ 그 밖의 특정소방대상물: 해당 용도로 사용하는 바닥면적의 합계를 3m²로 나누어 얻은 수

018 수용인원 산정 방법   답 ①

침대가 없는 숙박시설은 종사자 수를 포함하여 수용인원을 산정한다.

📄 개념플러스 **수용인원의 산정 방법**

1. **숙박시설이 있는 특정소방대상물**
   ① 침대가 있는 숙박시설: 종사자 수에 침대 수(2인용 침대는 2개로 산정)를 합한 수
   ② 침대가 없는 숙박시설: 종사자 수에 숙박시설 바닥면적의 합계를 3m²로 나누어 얻은 수를 합한 수

2. **숙박시설 외의 특정소방대상물**
   ① 강의실·교무실·상담실·실습실·휴게실 용도로 쓰이는 특정소방대상물: 해당 용도로 사용하는 바닥면적의 합계를 1.9m²로 나누어 얻은 수
   ② 강당, 문화 및 집회시설, 운동시설, 종교시설: 해당 용도로 사용하는 바닥면적의 합계를 4.6m²로 나누어 얻은 수(관람석이 있는 경우 고정식 의자를 설치한 부분은 그 부분의 의자 수로 하고, 긴 의자의 경우에는 의자의 정면너비를 0.45m로 나누어 얻은 수로 한다)
3. **그 밖의 특정소방대상물**: 해당 용도로 사용하는 바닥면적의 합계를 3m²로 나누어 얻은 수

> ⊕ 참고 **비고**
> - 바닥면적을 산정할 때에는 복도(「건축법 시행령」에 따른 준불연재료 이상의 것을 사용하여 바닥에서 천장까지 벽으로 구획한 것), 계단 및 화장실의 바닥면적을 포함하지 않는다.
> - 계산 결과 소수점 이하의 수는 반올림한다.

019 수용인원의 산정방법   답 ③

1. 강의실·교무실·상담실·실습실·휴게실 용도로 쓰이는 특정소방대상물: 해당 용도로 사용하는 바닥면적의 합계를 1.9m²로 나누어 얻은 수
2. 강당, 문화 및 집회시설, 운동시설, 종교시설: 해당 용도로 사용하는 바닥면적의 합계를 4.6m²로 나누어 얻은 수(관람석이 있는 경우 고정식 의자를 설치한 부분은 그 부분의 의자 수로 하고, 긴 의자의 경우에는 의자의 정면너비를 0.45m로 나누어 얻은 수로 한다)

$$수용인원 = \frac{바닥면적(m^2)}{1.9(m^2)} = \frac{95}{1.9} = 50명$$

020 특정소방대상물   답 ③

노인의료복지시설: 노유자시설

(선지분석)

ㄱ, ㄹ. 노인의료복지시설은 노유자시설에 해당되며, 한방의원은 근린생활시설에 해당한다.

📄 개념플러스 **의료시설**

1. **병원**: 종합병원, 병원, 치과병원, 한방병원, 요양병원
2. **격리병원**: 전염병원, 마약진료소, 그 밖에 이와 비슷한 것
3. **정신의료기관**
4. 「장애인복지법」에 따른 장애인 의료재활시설

021   특정소방대상물   답 ①

도서관과 직업훈련소는 교육연구시설에 해당한다.

📄 개념플러스   **특정소방대상물**

1. **교육연구시설**
   ① 학교
   　㉠ 초등학교, 중학교, 고등학교, 특수학교, 그 밖에 이에 준하는 학교: 「학교시설사업 촉진법」의 교사(校舍)(교실·도서실 등 교수·학습활동에 직접 또는 간접적으로 필요한 시설물을 말하되, 병설유치원으로 사용되는 부분 제외), 체육관, 「학교급식법」에 따른 급식시설, 합숙소(학교의 운동부, 기능선수 등이 집단으로 숙식하는 장소)
   　㉡ 대학, 대학교, 그 밖에 이에 준하는 각종 학교: 교사 및 합숙소
   ② 교육원(연수원, 그 밖에 이와 비슷한 것 포함)
   ③ 직업훈련소
   ④ 학원(근린생활시설에 해당하는 것과 자동차운전학원·정비학원 및 무도학원 제외)
   ⑤ 연구소(연구소에 준하는 시험소와 계량계측소 포함)
   ⑥ 도서관
2. **운수시설**
   ① 여객자동차터미널
   ② 철도 및 도시철도 시설(정비창 등 관련 시설 포함)
   ③ 공항시설(항공관제탑 포함)
   ④ 항만시설 및 종합여객시설
3. **의료시설**
   ① 병원: 종합병원, 병원, 치과병원, 한방병원, 요양병원
   ② 격리병원: 전염병원, 마약진료소, 그 밖에 이와 비슷한 것
   ③ 정신의료기관
   ④ 「장애인복지법」에 따른 장애인 의료재활시설
4. **묘지 관련 시설**
   ① 화장시설
   ② 봉안당(종교시설의 봉안당 제외)
   ③ 묘지와 자연장지에 부수되는 건축물
   ④ 동물화장시설, 동물건조장(乾燥葬)시설 및 동물 전용의 납골시설

022   특정소방대상물   답 ①

동물 및 식물 관련 시설은 ㄴ, ㄹ로, 총 2개이다.

선지분석

ㄱ, ㄷ, ㅁ, ㅂ. 동물원, 식물원, 수족관, 경마장은 문화 및 집회시설에 해당한다.

📄 개념플러스   **동물 및 식물 관련 시설**

1. 축사[부화장(孵化場) 포함]
2. 가축시설: 가축용 운동시설, 인공수정센터, 관리사(管理舍), 가축용 창고, 가축시장, 동물검역소, 실험동물 사육시설, 그 밖에 이와 비슷한 것

3. 도축장
4. 도계장
5. 작물 재배사(栽培舍)
6. 종묘배양시설
7. 화초 및 분재 등의 온실
8. 식물과 관련된 시설과 비슷한 것(동·식물원 제외)

023   특정소방대상물   답 ①

선지분석

② 유스호스텔은 수련시설에 해당한다.
③ 군휴양시설은 교정 및 군사시설에 해당한다.
④ 종교집회장 안에 설치된 봉안당은 종교시설에 해당한다.

📄 개념플러스   **특정소방대상물**

1. **의료시설**
   ① 병원: 종합병원, 병원, 치과병원, 한방병원, 요양병원
   ② 격리병원: 전염병원, 마약진료소, 그 밖에 이와 비슷한 것
   ③ 정신의료기관
   ④ 「장애인복지법」에 따른 장애인 의료재활시설
2. **관광 휴게시설**
   ① 야외음악당
   ② 야외극장
   ③ 어린이회관
   ④ 관망탑
   ⑤ 휴게소
   ⑥ 공원·유원지 또는 관광지에 부수되는 건축물
3. **묘지 관련 시설**
   ① 화장시설
   ② 봉안당(종교시설의 봉안당 제외)
   ③ 묘지와 자연장지에 부수되는 건축물
   ④ 동물화장시설, 동물건조장(乾燥葬)시설 및 동물 전용의 납골시설

024   소방관서용 청사   답 ④

소방관서용 청사는 공공업무시설에 해당한다.

📄 개념플러스   **업무시설**

1. **공공업무시설**: 국가 또는 지방자치단체의 청사와 외국공관의 건축물로서 근린생활시설에 해당하지 않는 것
2. **일반업무시설**: 금융업소, 사무소, 신문사, 오피스텔, 그 밖에 이와 비슷한 것으로서 근린생활시설에 해당하지 않는 것
3. 주민자치센터(동사무소), 경찰서, 지구대, 파출소, 소방서, 119안전센터, 우체국, 보건소, 공공도서관, 국민건강보험공단, 그 밖에 이와 비슷한 용도로 사용하는 것
4. 마을회관, 마을공동작업소, 마을공동구판장, 그 밖에 이와 유사한 용도로 사용되는 것
5. 변전소, 양수장, 정수장, 대피소, 공중화장실, 그 밖에 이와 유사한 용도로 사용되는 것

025 특정소방대상물 답 ①

자원순환 관련 시설에 해당하는 것은 하수 등 처리시설·고물상·폐기물재활용시설·폐기물처분시설·폐기물감량화시설 등이다.

(선지분석)
② 의료시설
- 병원: 종합병원, 병원, 치과병원, 한방병원, 요양병원
- 격리병원: 전염병원, 마약진료소, 그 밖에 이와 비슷한 것
- 정신의료기관
- 「장애인복지법」에 따른 장애인 의료재활시설
③ 노유자시설
- 노인 관련 시설
- 아동 관련 시설
- 장애인 관련 시설
- 정신질환자 관련 시설
- 노숙인 관련 시설
- 「사회복지사업법」에 따른 사회복지시설 중 결핵환자 또는 한센인 요양시설 등 다른 용도로 분류되지 않는 것
④ 위락시설
- 단란주점으로서 근린생활시설에 해당하지 않는 것
- 유흥주점, 그 밖에 이와 비슷한 것
- 「관광진흥법」에 따른 유원시설업(遊園施設業)의 시설
- 무도장 및 무도학원
- 카지노영업소

026 지하구 답 ②

전력 또는 통신사업용에 대한 지하구는 전력 또는 통신사업용 지하 인공구조물로서 전력구(케이블 접속부가 없는 경우 제외) 또는 통신구 방식으로 설치된 것을 말한다.

📄 개념플러스 **지하구**

1. 전력·통신용의 전선이나 가스·냉난방용의 배관 또는 이와 비슷한 것을 집합수용하기 위하여 설치한 지하 인공구조물로서 사람이 점검 또는 보수를 하기 위하여 출입이 가능한 것 중 다음의 어느 하나에 해당하는 것
   ① 전력 또는 통신사업용 지하 인공구조물로서 전력구(케이블 접속부가 없는 경우 제외) 또는 통신구 방식으로 설치된 것
   ② ① 외의 지하 인공구조물로서 폭이 1.8미터 이상이고 높이가 2미터 이상이며 길이가 50미터 이상인 것
2. 「국토의 계획 및 이용에 관한 법률」제2조 제9호에 따른 공동구

027 판매시설 답 ③

게임제공업의 바닥면적의 합계가 600m²인 것은 500m² 이상에 해당하므로 판매시설이다. 게임제공업의 바닥면적의 합계가 500m² 미만인 것은 근린생활시설에 해당한다.

📄 개념플러스 **판매시설**

1. **도매시장**: 농수산물도매시장, 농수산물공판장, 그 밖에 이와 비슷한 것(그 안에 있는 근린생활시설 포함)
2. **소매시장**: 시장, 대규모점포, 그 밖에 이와 비슷한 것(그 안에 있는 근린생활시설 포함)
3. **전통시장**: 「전통시장 및 상점가 육성을 위한 특별법」에 따른 전통시장(그 안에 있는 근린생활시설 포함, 노점형시장 제외)
4. **상점**: 다음의 어느 하나에 해당하는 것(그 안에 있는 근린생활시설 포함)
   ① 슈퍼마켓과 일용품(식품, 잡화, 의류, 완구, 서적, 건축자재, 의약품, 의료기기 등) 등의 소매점으로서 같은 건축물(하나의 대지에 두 동 이상의 건축물이 있는 경우에는 이를 같은 건축물로 본다)에 해당 용도로 쓰는 바닥면적의 합계가 1천m² 이상인 것
   ② 청소년게임제공업 및 일반게임제공업의 시설, 인터넷컴퓨터게임시설제공업의 시설 및 복합유통게임제공업의 시설로서 같은 건축물에 해당 용도로 쓰는 바닥면적의 합계가 500m² 이상인 것

028 특정소방대상물 답 ②

마권(馬券) 장외 발매소는 집회장으로 문화 및 집회시설에 해당된다.

📄 개념플러스 **판매 및 문화·집회시설**

1. 판매시설
   ① 도매시장: 농수산물도매시장, 농수산물공판장
   ② 소매시장: 시장, 「유통산업발전법」에 따른 대규모점포
   ③ 전통시장
   ④ 바닥면적의 합계가 1천m² 이상인 상점
2. 문화 및 집회시설
   ① 공연장으로서 근린생활시설에 해당하지 않는 것
   ② 집회장: 예식장, 공회당, 회의장, 마권(馬券) 장외 발매소, 마권 전화투표소
   ③ 관람장: 경마장, 경륜장, 경정장, 자동차 경기장, 그 밖에 이와 비슷한 것과 체육관 및 운동장으로서 관람석의 바닥면적의 합계가 1천m² 이상인 것
   ④ 전시장: 박물관, 미술관, 과학관, 문화관, 체험관, 기념관, 산업전시장, 박람회장, 견본주택, 그 밖에 이와 비슷한 것
   ⑤ 동·식물원: 동물원, 식물원, 수족관, 그 밖에 이와 비슷한 것

029 특정소방대상물   답 ②

연결통로 양쪽에 화재 시 자동으로 방수되는 방식의 드렌처설비 또는 개방형 스프링클러헤드가 설치된 경우에는 별개의 특정소방대상물로 본다.

> **📄 개념플러스   별개의 특정소방대상물로 보는 경우**
>
> 1. 내화구조로 된 하나의 특정소방대상물이 개구부가 없는 내화구조의 바닥과 벽으로 구획되어 있는 경우
> 2. 연결통로 또는 지하구와 소방대상물의 양쪽에 화재 시 경보설비 또는 자동소화설비의 작동과 연동하여 자동으로 닫히는 방화셔터 또는 60분 + 방화문 또는 60분방화문이 설치된 경우
> 3. 연결통로 또는 지하구와 소방대상물의 양쪽에 화재 시 자동으로 방수되는 방식의 드렌처설비 또는 개방형 스프링클러헤드가 설치된 경우
> 4. 특정소방대상물이 지하가와 연결되는 지하층에 지하층 또는 지하가에 설치된 방화문이 자동폐쇄장치·자동화재탐지설비 또는 자동소화설비와 연동하여 닫히는 구조이거나 그 윗부분에 드렌처설비가 설치된 경우

> **📄 개념플러스   하나의 특정소방대상물로 보는 경우**
>
> 1. 둘 이상의 특정소방대상물이 내화구조로 된 연결통로가 벽이 없는 구조로서 그 길이가 6m 이하인 경우
> 2. 둘 이상의 특정소방대상물이 내화구조로 된 연결통로가 벽이 있는 구조로서 그 길이가 10m 이하인 경우. 단, 벽 높이가 바닥에서 천장까지의 높이의 2분의 1 이상인 경우에는 벽이 있는 구조로 보고, 벽 높이가 바닥에서 천장까지의 높이의 2분의 1 미만인 경우에는 벽이 없는 구조로 봄
> 3. 내화구조가 아닌 연결통로로 연결된 경우
> 4. 컨베이어로 연결되거나 플랜트설비의 배관 등으로 연결되어 있는 경우
> 5. 지하보도, 지하상가, 지하가로 연결된 경우
> 6. 방화셔터 또는 60분 + 방화문 또는 60분방화문이 설치되지 않은 피트로 연결된 경우
> 7. 지하구로 연결된 경우
> 8. 특정소방대상물의 지하층이 지하가와 연결되어 있는 경우

030 소화활동설비   답 ①

(선지분석)

② 옥내소화전설비는 소화설비에 해당한다.
③ 통합감시시설은 경보설비에 해당한다.
④ 인명구조기구는 피난구조설비에 해당한다.

> **📄 개념플러스   소화활동설비**
>
> 화재를 진압하거나 인명구조활동을 위하여 사용하는 설비
> 1. 제연설비
> 2. 연결송수관설비
> 3. 연결살수설비
> 4. 비상콘센트설비
> 5. 무선통신보조설비
> 6. 연소방지설비

031 소방시설   답 ①

누전차단기는 다중이용업소에 설치하는 안전시설 등에 해당되는 설비이다.

> **📄 개념플러스   소화설비**
>
> 물 또는 그 밖의 소화약제를 사용하여 소화하는 기계·기구 또는 설비
> 1. 소화기구
>   ① 소화기
>   ② 간이소화용구: 에어로졸식 소화용구, 투척용 소화용구 및 소화약제 외의 것을 이용한 간이소화용구
>   ③ 자동확산소화기
> 2. 자동소화장치
>   ① 주거용 주방자동소화장치
>   ② 상업용 주방자동소화장치
>   ③ 캐비닛형 자동소화장치
>   ④ 가스자동소화장치
>   ⑤ 분말자동소화장치
>   ⑥ 고체에어로졸자동소화장치
> 3. 옥내소화전설비(호스릴옥내소화전설비 포함)
> 4. 스프링클러설비등
>   ① 스프링클러설비
>   ② 간이스프링클러설비(캐비닛형 간이스프링클러설비 포함)
>   ③ 화재조기진압용 스프링클러설비
> 5. 물분무등소화설비
>   ① 물분무소화설비
>   ② 미분무소화설비
>   ③ 포소화설비
>   ④ 이산화탄소소화설비
>   ⑤ 할론소화설비
>   ⑥ 할로겐화합물 및 불활성기체 소화설비
>   ⑦ 분말소화설비
>   ⑧ 강화액소화설비
>   ⑨ 고체에어로졸소화설비
> 6. 옥외소화전설비

> **📄 개념플러스   경보설비**
>
> 화재발생 사실을 통보하는 기계·기구 또는 설비
> 1. 단독경보형감지기
> 2. 비상경보설비
>   ① 비상벨설비
>   ② 자동식사이렌설비
> 3. 시각경보기
> 4. 자동화재탐지설비
> 5. 비상방송설비
> 6. 자동화재속보설비
> 7. 통합감시시설
> 8. 누전경보기
> 9. 가스누설경보기
> 10. 화재알림설비

📄 **개념플러스 피난구조설비**

화재가 발생할 경우 피난하기 위하여 사용하는 기구 또는 설비

1. 피난기구
   ① 피난사다리
   ② 구조대
   ③ 완강기
   ④ 그 밖에 소방청장이 정하여 고시하는 화재안전기준으로 정하는 것

   > ⊕ 참고 **화재안전기준으로 정하는 것**
   > 미끄럼대 · 피난교 · 피난용트랩 · 간이완강기 · 공기안전매트 · 다수인피난장비 · 승강식피난기

2. 인명구조기구
   ① 방열복, 방화복(안전모, 보호장갑 및 안전화 포함)
   ② 공기호흡기
   ③ 인공소생기

3. 유도등
   ① 피난유도선
   ② 피난구유도등
   ③ 통로유도등
   ④ 객석유도등
   ⑤ 유도표지

4. 비상조명등 및 휴대용비상조명등

📄 **개념플러스 소화용수설비**

화재를 진압하는 데 필요한 물을 공급하거나 저장하는 설비

1. 상수도소화용수설비
2. 소화수조 · 저수조, 그 밖의 소화용수설비

📄 **개념플러스 소화활동설비**

화재를 진압하거나 인명구조활동을 위하여 사용하는 설비

1. 제연설비
2. 연결송수관설비
3. 연결살수설비
4. 비상콘센트설비
5. 무선통신보조설비
6. 연소방지설비

---

032 피난구조설비   답 ③

시각경보기는 소방시설 중 경보설비에 해당된다.

📄 **개념플러스 피난구조설비**

화재가 발생할 경우 피난하기 위하여 사용하는 기구 또는 설비

1. 피난기구
   ① 피난사다리
   ② 구조대
   ③ 완강기

---

④ 그 밖에 소방청장이 정하여 고시하는 화재안전기준으로 정하는 것

> ⊕ 참고 **화재안전기준으로 정하는 것**
> 미끄럼대 · 피난교 · 피난용트랩 · 간이완강기 · 공기안전매트 · 다수인피난장비 · 승강식피난기

2. 인명구조기구
   ① 방열복, 방화복(안전모, 보호장갑 및 안전화 포함)
   ② 공기호흡기
   ③ 인공소생기

3. 유도등
   ① 피난유도선
   ② 피난구유도등
   ③ 통로유도등
   ④ 객석유도등
   ⑤ 유도표지

4. 비상조명등 및 휴대용비상조명등

---

033 피난구조설비   답 ①

(선지분석)

② 통합감시시설은 경보설비에 해당한다.
③④ 무선통신보조설비, 연결살수설비는 소화활동설비에 해당한다.

📄 **개념플러스 피난구조설비**

화재가 발생할 경우 피난하기 위하여 사용하는 기구 또는 설비

1. 피난기구
   ① 피난사다리
   ② 구조대
   ③ 완강기
   ④ 그 밖에 소방청장이 정하여 고시하는 화재안전기준으로 정하는 것

   > ⊕ 참고 **화재안전기준으로 정하는 것**
   > 미끄럼대 · 피난교 · 피난용트랩 · 간이완강기 · 공기안전매트 · 다수인피난장비 · 승강식피난기

2. 인명구조기구
   ① 방열복, 방화복(안전모, 보호장갑 및 안전화 포함)
   ② 공기호흡기
   ③ 인공소생기

3. 유도등
   ① 피난유도선
   ② 피난구유도등
   ③ 통로유도등
   ④ 객석유도등
   ⑤ 유도표지

4. 비상조명등 및 휴대용비상조명등

034 피난구조설비   답 ③

제연설비는 소화활동설비에 해당한다.

> 📄 **개념플러스   피난구조설비**
>
> 화재가 발생할 경우 피난하기 위하여 사용하는 기구 또는 설비
> 1. 피난기구
>   ① 피난사다리
>   ② 구조대
>   ③ 완강기
>   ④ 그 밖에 소방청장이 정하여 고시하는 화재안전기준으로 정하는 것
>
>   > ⊕참고 **화재안전기준으로 정하는 것**
>   > 미끄럼대 · 피난교 · 피난용트랩 · 간이완강기 · 공기안전매트 · 다수인피난장비 · 승강식피난기
>
> 2. 인명구조기구
>   ① 방열복, 방화복(안전모, 보호장갑 및 안전화 포함)
>   ② 공기호흡기
>   ③ 인공소생기
> 3. 유도등
>   ① 피난유도선
>   ② 피난구유도등
>   ③ 통로유도등
>   ④ 객석유도등
>   ⑤ 유도표지
> 4. 비상조명등 및 휴대용비상조명등

035 피난구조설비   답 ①

연소방지설비는 소화활동설비에 해당한다.

036 소화설비   답 ④

소화설비에 상수도소화설비의 종류는 없다. 단, 소화용수설비 중 상수도소화용수설비는 있다.

> 📄 **개념플러스   소화설비**
>
> 물 또는 그 밖의 소화약제를 사용하여 소화하는 기계 · 기구 또는 설비
> 1. 소화기구
>   ① 소화기
>   ② 간이소화용구: 에어로졸식 소화용구, 투척용 소화용구 및 소화약제 외의 것을 이용한 간이소화용구
>   ③ 자동확산소화기
> 2. 자동소화장치
>   ① 주거용 주방자동소화장치
>   ② 상업용 주방자동소화장치
>   ③ 캐비닛형 자동소화장치
>   ④ 가스자동소화장치
>   ⑤ 분말자동소화장치
>   ⑥ 고체에어로졸자동소화장치
> 3. 옥내소화전설비(호스릴옥내소화전설비 포함)
> 4. 스프링클러설비등
>   ① 스프링클러설비
>   ② 간이스프링클러설비(캐비닛형 간이스프링클러설비 포함)
>   ③ 화재조기진압용 스프링클러설비
> 5. 물분무등소화설비
>   ① 물분무소화설비
>   ② 미분무소화설비
>   ③ 포소화설비
>   ④ 이산화탄소소화설비
>   ⑤ 할론소화설비
>   ⑥ 할로겐화합물 및 불활성기체 소화설비
>   ⑦ 분말소화설비
>   ⑧ 강화액소화설비
>   ⑨ 고체에어로졸소화설비
> 6. 옥외소화전설비

037 소화설비   답 ④

연소방지설비는 소화활동설비에 해당한다.

038 물분무등소화설비   답 ③

간이스프링클러설비는 스프링클러설비등으로 소화설비에 해당한다.

> 📄 **개념플러스   물분무등소화설비**
>
> 1. 물분무소화설비
> 2. 미분무소화설비
> 3. 포소화설비
> 4. 이산화탄소소화설비
> 5. 할론소화설비
> 6. 할로겐화합물 및 불활성기체 소화설비
> 7. 분말소화설비
> 8. 강화액소화설비
> 9. 고체에어로졸소화설비

039 소화활동설비   답 ④

화재를 진압하거나 인명구조활동을 위하여 사용하는 설비
1. 제연설비
2. 연결송수관설비
3. 연결살수설비
4. 비상콘센트설비
5. 무선통신보조설비
6. 연소방지설비

040 소화활동설비 답 ④

통합감시시설은 경보설비에 해당한다.

> 📄 개념플러스 **소화활동설비**
>
> 화재를 진압하거나 인명구조활동을 위하여 사용하는 설비
> 1. 제연설비　　　　　　2. 연결송수관설비
> 3. 연결살수설비　　　　4. 비상콘센트설비
> 5. 무선통신보조설비　　6. 연소방지설비

041 간이스프링클러설비 답 ④

숙박시설 중 생활형 숙박시설로서 해당 용도로 사용되는 바닥면적의 합계가 600m² 이상인 것은 간이스프링클러설비를 설치하여야 하는 특정소방대상물이다.

> 📄 개념플러스 **간이스프링클러설비를 설치하여야 하는 특정소방대상물**
>
> 1. 근린생활시설
>   ① 근린생활시설로 사용하는 부분의 바닥면적의 합계가 1천m² 이상인 것은 모든 층
>   ② 의원, 치과의원 및 한의원으로서 입원실이 있는 시설
>   ③ 조산원 및 산후조리원으로서 연면적 600m² 미만인 시설
> 2. 교육연구시설 내에 합숙소로서 연면적 100m² 이상인 것
> 3. 의료시설
>   ① 종합병원, 병원, 치과병원, 한방병원 및 요양병원(정신병원과 의료재활시설 제외)으로 사용되는 바닥면적의 합계가 600m² 미만인 시설
>   ② 정신의료기관 또는 의료재활시설로 사용되는 바닥면적의 합계가 300m² 이상 600m² 미만인 시설
>   ③ 정신의료기관 또는 의료재활시설로 사용되는 바닥면적의 합계가 300m² 미만이고, 창살(철재 · 플라스틱 또는 목재 등으로 사람의 탈출 등을 막기 위하여 설치한 것을 말하며, 화재 시 자동으로 열리는 구조로 되어 있는 창살 제외)이 설치된 시설
> 4. 노유자시설
>   ① 노유자 생활시설(단독주택 또는 공동주택에 설치되는 시설 제외)
>   ② 노유자 생활시설에 해당하지 않는 노유자시설로 해당 시설로 사용하는 바닥면적의 합계가 300m² 이상 600m² 미만인 시설
>   ③ 노유자 생활시설에 해당하지 않는 노유자시설로 해당 시설로 사용하는 바닥면적의 합계가 300m² 미만이고, 창살이 설치된 시설
> 5. 건물을 임차하여 「출입국관리법」 제52조 제2항에 따른 보호시설로 사용하는 부분
> 6. 숙박시설 중 생활형 숙박시설로서 해당 용도로 사용되는 바닥면적의 합계가 600m² 이상인 것
> 7. 복합건축물(별표 2 제30호 나목의 복합건축물만 해당)로서 연면적 1천m² 이상인 것은 모든 층

042 스프링클러설비를 설치해야 하는 특정소방대상물 답 ②

ㄱ. 수련시설 내에 있는 학생 수용을 위한 기숙사로서 연면적 5천m² 이상인 경우
ㄹ. 영화상영관의 용도로 쓰는 층의 바닥면적이 1천m² 이상인 경우

(선지분석)

ㄴ. 교육연구시설 내에 있는 기숙사로서 연면적 5천m² 이상인 경우
ㄷ. 숙박시설로 사용되는 바닥면적의 합계가 600m² 이상인 경우

043 스프링클러설비 답 ②

판매시설, 운수시설 및 창고시설(물류터미널에 한정)로서 바닥면적의 합계가 5천제곱미터 이상인 경우에는 모든 층에 스프링클러설비를 설치한다.

> 📄 개념플러스 **스프링클러설비를 설치하여야 하는 특정소방대상물(위험물 저장 및 처리 시설 중 가스시설 또는 지하구 제외)**
>
> 1. 문화 및 집회시설(동 · 식물원 제외), 종교시설(주요구조부가 목조인 것 제외), 운동시설(물놀이형 시설 제외)로서 다음의 어느 하나에 해당하는 경우에는 모든 층
>   ① 수용인원이 100명 이상인 것
>   ② 영화상영관의 용도로 쓰이는 층의 바닥면적이 지하층 또는 무창층인 경우에는 500m² 이상, 그 밖의 층의 경우에는 1천m² 이상인 것
>   ③ 무대부가 지하층 · 무창층 또는 4층 이상의 층에 있는 경우에는 무대부의 면적이 300m² 이상인 것
>   ④ 무대부가 ③ 외의 층에 있는 경우에는 무대부의 면적이 500m² 이상인 것
> 2. 판매시설, 운수시설 및 창고시설(물류터미널에 한정)로서 바닥면적의 합계가 5천m² 이상이거나 수용인원이 500명 이상인 경우에는 모든 층
> 3. 층수가 6층 이상인 특정소방대상물의 경우에는 모든 층

044 단독경보형 감지기 답 ②

단독경보형 감지기를 설치하여야 하는 특정소방대상물
1. 교육연구시설 내에 있는 기숙사 또는 합숙소로서 연면적 2천m² 미만인 것
2. 수련시설 내에 있는 기숙사 또는 합숙소로서 연면적 2천m² 미만인 것
3. 수련시설(숙박시설이 있는 것만 해당한다)
4. 연면적 400m² 미만의 유치원
5. 공동주택 중 연립주택 및 다세대주택

045 소방시설 설치기준 답 ②

1. 지하가 중 터널로서 길이가 1,000m인 터널에는 옥내소화전설비를 설치하여야 한다.
2. 아파트등 및 오피스텔의 모든 층에는 주거용주방자동소화장치를 설치하여야 한다.
3. 물류터미널을 제외한 창고시설로 바닥면적 합계가 5천m² 인 경우에는 모든 층에 스프링클러설비를 설치하여야 한다.
4. 근린생활시설 중 조산원 및 산후조리원으로서 연면적 600m² 미만인 시설은 간이스프링클러설비를 설치하여야 한다.

046 소방시설 답 ③

연소방지설비는 지하구(전력 또는 통신사업용인 것만 해당)에 설치하여야 한다.

047 특정소방대상물 답 ②

연면적 400m² 미만인 유치원은 단독경보형감지기 설치대상이다.

> 📄 **개념플러스 단독경보형감지기 설치대상 특정소방대상물**
>
> 1. 교육연구시설 내에 있는 기숙사 또는 합숙소로서 연면적 2천 m² 미만인 것
> 2. 수련시설 내에 있는 기숙사 또는 합숙소로서 연면적 2천m² 미만인 것
> 3. 수련시설(숙박시설이 있는 것만 해당한다)
> 4. 연면적 400m² 미만의 유치원
> 5. 공동주택 중 연립주택 및 다세대주택

048 방열복(방화복)의 설치대상 답 ①

지하층을 포함하는 층수가 7층 이상인 관광호텔 및 5층 이상인 병원 용도로 사용하는 층

> 📄 **개념플러스 방열복(방화복)을 설치하여야 하는 특정소방대상물**
>
> 1. 방열복 또는 방화복(안전모, 보호장갑 및 안전화 포함), 인공소생기 및 공기호흡기를 설치하여야 하는 특정소방대상물: 지하층을 포함하는 층수가 7층 이상인 관광호텔 용도로 사용하는 층
> 2. 방열복 또는 방화복(안전모, 보호장갑 및 안전화 포함) 및 공기호흡기를 설치하여야 하는 특정소방대상물: 지하층을 포함하는 층수가 5층 이상인 병원 용도로 사용하는 층

> 3. **공기호흡기를 설치하여야 하는 특정소방대상물**
> ① 수용인원 100명 이상인 문화 및 집회시설 중 영화상영관
> ② 판매시설 중 대규모점포
> ③ 운수시설 중 지하역사
> ④ 지하가 중 지하상가
> ⑤ 이산화탄소소화설비(호스릴이산화탄소소화설비 제외)를 설치하여야 하는 특정소방대상물

049 제연설비 답 ①

제연설비를 설치하여야 하는 특정소방대상물
1. 문화 및 집회시설, 종교시설, 운동시설로서 무대부의 바닥면적이 200m² 이상 또는 문화 및 집회시설 중 영화상영관으로서 수용인원 100명 이상인 것
2. 지하층이나 무창층에 설치된 근린생활시설, 판매시설, 운수시설, 숙박시설, 위락시설, 의료시설, 노유자시설 또는 창고시설(물류터미널만 해당한다)로서 해당 용도로 사용되는 바닥면적의 합계가 1천m² 이상인 층
3. 운수시설 중 시외버스정류장, 철도 및 도시철도 시설, 공항시설 및 항만시설의 대기실 또는 휴게시설로서 지하층 또는 무창층의 바닥면적이 1천m² 이상인 것
4. 지하가(터널은 제외한다)로서 연면적 1천m² 이상인 것

050 제연설비 답 ①

지하층이나 무창층에 설치된 근린생활시설, 판매시설, 운수시설, 숙박시설, 위락시설 또는 창고시설(물류터미널만 해당)로서 해당 용도로 사용되는 바닥면적의 합계가 1천m² 이상인 것은 제연설비 설치대상이다.

> 📄 **개념플러스 제연설비를 설치하여야 하는 특정소방대상물**
>
> 1. 문화 및 집회시설, 종교시설, 운동시설로서 무대부의 바닥면적이 200m² 이상
> 2. 문화 및 집회시설 중 영화상영관으로서 수용인원 100명 이상인 것
> 3. 그 밖의 것: 1천m² 이상

051 특정소방대상물 답 ①

지하가 중에서 1천m 이상의 터널에 적용하는 소방시설에는 옥내소화전설비, 자동화재탐지설비, 연결송수관설비가 있다.

포소화설비 및 이산화탄소소화설비는 물분무등소화설비로서 내진설계대상이다.

📄 개념플러스 **내진설계대상 소방시설**

1. 옥내소화전설비
2. 스프링클러설비
3. 물분무등소화설비
   ① 물분무소화설비
   ② 미분무소화설비
   ③ 포소화설비
   ④ 이산화탄소소화설비
   ⑤ 할론소화설비
   ⑥ 할로겐화합물 및 불활성기체(다른 원소와 화학반응을 일으키기 어려운 기체를 말한다) 소화설비
   ⑦ 분말소화설비
   ⑧ 강화액소화설비
   ⑨ 고체에어로졸소화설비

053 소방시설의 내진설계   답 ④

소방시설 중 옥내소화전설비, 스프링클러설비, 물분무등소화설비를 말한다.

054 내진설계 대상   답 ④

내진설계 적용 소방시설에는 옥내소화전설비, 스프링클러설비, 물분무등소화설비가 있다.

055 내진설계 대상   답 ②

내진설계 적용 소방시설에는 옥내소화전설비, 스프링클러설비, 물분무등소화설비가 있다.

056 내진설계 대상   답 ④

내진설계 적용 소방시설에는 옥내소화전설비, 스프링클러설비, 물분무등소화설비가 있다.

057 방화시설의 유지 및 관리   답 ④

특정소방대상물의 관계인은 「건축법」에 따른 피난시설, 방화구획(防火區劃) 및 규정에 따른 방화벽, 내부 마감재료 등에 대하여 유지 및 관리를 하여야 한다.

058 건설현장 임시소방시설의 종류   답 ②

스프링클러설비는 소방시설의 종류에 해당된다.

📄 개념플러스 **특정소방대상물의 건설현장에 설치하는 임시소방시설의 유지·관리 등**

1. 특정소방대상물의 건축·대수선·용도변경 또는 설치 등을 위한 공사를 시공하는 자는 공사현장에서 인화성(引火性) 물품을 취급하는 작업 등 화재위험작업을 하기 전에 설치 및 철거가 쉬운 임시소방시설을 설치하고 유지·관리하여야 한다.
2. 시공자가 화재위험작업 현장에 소방시설 중 임시소방시설과 기능 및 성능이 유사한 것으로서 대통령령으로 정하는 소방시설을 화재안전기준에 맞게 설치하고 유지·관리하고 있는 경우에는 임시소방시설을 설치하고 유지·관리한 것으로 본다.
3. 소방본부장 또는 소방서장은 임시소방시설 또는 소방시설이 설치 또는 유지·관리되지 아니할 때에는 해당 시공자에게 필요한 조치를 하도록 명할 수 있다.
4. 임시소방시설을 설치하여야 하는 공사의 종류와 규모, 임시소방시설의 종류 등에 관하여 필요한 사항은 대통령령으로 정하고, 임시소방시설의 설치 및 유지·관리 기준은 소방청장이 정하여 고시한다.

📄 개념플러스 **임시소방시설의 종류**

1. 소화기	2. 간이소화장치
3. 비상경보장치	4. 가스누설경보기
5. 간이피난유도선	6. 비상조명등
7. 방화포	

059 임시소방시설   답 ④

호스릴옥내소화전설비는 소방시설로서 소화설비에 해당한다.

📄 개념플러스 **임시소방시설의 종류**

1. 소화기
2. **간이소화장치**: 물을 방사(放射)하여 화재를 진화할 수 있는 장치로서 소방청장이 정하는 성능을 갖추고 있을 것
3. **비상경보장치**: 화재가 발생한 경우 주변에 있는 작업자에게 화재사실을 알릴 수 있는 장치로서 소방청장이 정하는 성능을 갖추고 있을 것
4. **간이피난유도선**: 화재가 발생한 경우 피난구 방향을 안내할 수 있는 장치로서 소방청장이 정하는 성능을 갖추고 있을 것
5. **비상조명등**: 화재발생 시 안전하고 원활한 피난활동을 할 수 있도록 거실 및 피난통로 등에 설치하여 자동 점등되는 조명장치로서 소방청장이 정하는 성능을 갖추고 있을 것
6. **방화포**: 용접·용단 등 작업 시 발생하는 금속성 불티로부터 가연물이 점화되는 것을 방지해주는 천 또는 불연성 물품으로서 소방청장이 정하는 성능을 갖추고 있을 것
7. **가스누설경보기**: 가연성가스가 누설되거나 발생된 경우 이를 탐지하여 경보하는 장치

060 특정소방대상물 답 ④

소방본부장이나 소방서장은 기존의 특정소방대상물이 증축되거나 용도변경되는 경우에는 대통령령으로 정하는 바에 따라 증축 또는 용도변경 당시의 소방시설등의 설치에 관한 대통령령 또는 화재안전기준을 적용한다.

061 화재안전기준의 변경 답 ③

옳은 것은 ㄱ, ㄴ, ㄷ, ㅁ이다.

ㄹ. 노유자시설에 설치하는 스프링클러설비는 소급적용 특례 대상이 아니다.

📄 **개념플러스 소방시설기준 적용 시 소급적용의 특례**

1. 소화기구 · 비상경보설비 · 자동화재속보설비 · 자동화재탐지설비 및 피난구조설비
2. 「국토의 계획 및 이용에 관한 법률」에 따른 공동구에 설치하는 소화기, 자동소화장치, 자동화재탐지설비, 통합감시시설, 유도등 및 연소방지설비
3. 전력 및 통신사업용 지하구에 설치하는 소화기, 자동소화장치, 자동화재탐지설비, 통합감시시설, 유도등 및 연소방지설비
4. 노유자(老幼者)시설: 간이스프링클러설비, 자동화재탐지설비, 단독경보형감지기
5. 의료시설: 스프링클러설비, 간이스프링클러설비, 자동화재탐지설비 및 자동화재속보설비

062 화재안전기준 답 ④

옥내소화전설비는 소급적용 특례 대상이 아니다.

📄 **개념플러스 강화된 대통령령 및 화재안전기준 적용 대상**

1. 소화기구 · 비상경보설비 · 자동화재속보설비 · 자동화재탐지설비 및 피난구조설비
2. 「국토의 계획 및 이용에 관한 법률」에 따른 공동구에 설치하는 소화기, 자동소화장치, 자동화재탐지설비, 통합감시시설, 유도등 및 연소방지설비
3. 전력 및 통신사업용 지하구에 설치하는 소화기, 자동소화장치, 자동화재탐지설비, 통합감시시설, 유도등 및 연소방지설비
4. 노유자(老幼者)시설: 간이스프링클러설비, 자동화재탐지설비, 단독경보형감지기
5. 의료시설: 스프링클러설비, 간이스프링클러설비, 자동화재탐지설비 및 자동화재속보설비

063 노유자시설 변경 특례 답 ①

② 자동소화장치는 지하구(공동구, 전력용 및 통신용)에 한정하여 소급적용의 특례가 적용된다.
③ 옥내소화전설비는 소급적용 특례 대상이 아니다.
④ 스프링클러설비는 의료시설에 한정하여 소급적용의 특례가 적용된다.

📄 **개념플러스 강화된 대통령령 및 화재안전기준 적용 대상**

1. 소화기구 · 비상경보설비 · 자동화재속보설비 · 자동화재탐지설비 및 피난구조설비
2. 「국토의 계획 및 이용에 관한 법률」에 따른 공동구에 설치하는 소화기, 자동소화장치, 자동화재탐지설비, 통합감시시설, 유도등 및 연소방지설비
3. 전력 및 통신사업용 지하구에 설치하는 소화기, 자동소화장치, 자동화재탐지설비, 통합감시시설, 유도등 및 연소방지설비
4. 노유자(老幼者)시설: 간이스프링클러설비, 자동화재탐지설비, 단독경보형감지기
5. 의료시설: 스프링클러설비, 간이스프링클러설비, 자동화재탐지설비 및 자동화재속보설비

064 연소 우려가 있는 구조 답 ③

건축물이 다른 건축물의 외벽으로부터 수평거리가 1층의 경우에는 6m 이하, 2층 이상의 층의 경우에는 10m 이하인 경우 연소 우려가 있는 건축물의 구조라 한다.

📄 **개념플러스 행정안전부령으로 정하는 연소(延燒) 우려가 있는 구조**

1. 건축물대장의 건축물현황도에 표시된 대지경계선 안에 둘 이상의 건축물이 있는 경우
2. 각각의 건축물이 다른 건축물의 외벽으로부터 수평거리가 1층의 경우에는 6미터 이하, 2층 이상의 층의 경우에는 10미터 이하인 경우
3. 개구부가 다른 건축물을 향하여 설치되어 있는 경우

065 용도변경 시의 소방시설기준 적용 답 ④

1. 원칙: 소방본부장 또는 소방서장은 특정소방대상물이 용도변경되는 경우에는 용도변경되는 부분에 대해서만 용도변경 당시의 소방시설의 설치에 관한 대통령령 또는 화재안전기준을 적용한다.
2. 특례: 다음의 어느 하나에 해당하는 경우에는 특정소방대상물 전체에 대하여 용도변경 전에 해당 특정소방대상물에 적용되던 소방시설의 설치에 관한 대통령령 또는 화재안전기준을 적용한다.

① 특정소방대상물의 구조·설비가 화재연소 확대 요인이 적어지거나 피난 또는 화재진압활동이 쉬워지도록 변경되는 경우
② 용도변경으로 인하여 천장·바닥·벽 등에 고정되어 있는 가연성 물질의 양이 줄어드는 경우

066 소방시설기준의 적용   답 ④

원칙은 증축 또는 용도변경 당시의 기준을 적용한다.

📄 개념플러스 **특정소방대상물의 증축 시의 소방시설기준 적용의 원칙과 특례**

1. **원칙**: 기존 부분을 포함한 특정소방대상물의 전체에 대하여 증축 당시의 소방시설의 설치에 관한 대통령령 또는 화재안전기준을 적용한다.
2. **특례**: 다음에 해당하는 경우에는 기존 부분에 대해서는 증축 당시의 소방시설의 설치에 관한 대통령령 또는 화재안전기준을 적용하지 않는다.
   ① 기존 부분과 증축 부분이 내화구조(耐火構造)로 된 바닥과 벽으로 구획된 경우
   ② 기존 부분과 증축 부분이 「건축법 시행령」에 따른 60분 + 방화문(국토교통부장관이 정하는 기준에 적합한 자동방화셔터를 포함한다)으로 구획되어 있는 경우
   ③ 그 밖에 증축되는 범위가 경미하여 관할 소방본부장 또는 소방서장이 화재 위험도가 낮다고 인정하는 경우

067 특정소방대상물   답 ①

연소 중 유익한 연소는 화재가 아니므로 특례 적용 대상이 아니다.

📄 개념플러스 **소방시설을 설치하지 아니할 수 있는 특정소방대상물**

1. 화재 위험도가 낮은 특정소방대상물
2. 화재안전기준을 적용하기 어려운 특정소방대상물
3. 화재안전기준을 다르게 적용하여야 하는 특수한 용도 또는 구조를 가진 특정소방대상물
4. 「위험물안전관리법」에 따른 자체소방대가 설치된 특정소방대상물

068 특정소방대상물   답 ①

화재위험도가 낮은 특정소방대상물에 설치하지 않아도 되는 소방시설은 옥외소화전 및 연결살수설비이다.

📄 개념플러스 **특정소방대상물과 소방시설**

구분	특정소방대상물	소방시설
화재 위험도가 낮은 특정소방대상물	석재, 불연성금속, 불연성 건축재료 등의 가공공장·기계조립공장·주물공장 또는 불연성 물품을 저장하는 창고	옥외소화전 및 연결살수설비

069 특정소방대상물과 소방시설   답 ②

펄프공장의 작업장은 화재안전기준 적용이 어려운 특정소방대상물에 해당한다.

📄 개념플러스 **특정소방대상물과 소방시설**

구분	특정소방대상물	소방시설
화재 위험도가 낮은 특정소방대상물	석재, 불연성금속, 불연성 건축재료 등의 가공공장·기계조립공장·주물공장 또는 불연성 물품을 저장하는 창고	옥외소화전 및 연결살수설비
화재안전기준을 적용하기 어려운 특정소방대상물	펄프공장의 작업장, 음료수 공장의 세정 또는 충전을 하는 작업장, 그 밖에 이와 비슷한 용도로 사용하는 것	스프링클러설비, 상수도소화용수설비 및 연결살수설비
	정수장, 수영장, 목욕장, 농예·축산·어류양식용 시설, 그 밖에 이와 비슷한 용도로 사용되는 것	자동화재탐지설비, 상수도소화용수설비 및 연결살수설비
화재안전기준을 달리 적용하여야 하는 특수한 용도 또는 구조를 가진 특정소방대상물	원자력발전소, 핵폐기물처리시설	연결송수관설비 및 연결살수설비
「위험물안전관리법」 제19조에 따른 자체소방대가 설치된 특정소방대상물	자체소방대가 설치된 위험물 제조소등에 부속된 사무실	옥내소화전설비, 소화용수설비, 연결살수설비 및 연결송수관설비

070　간이스프링클러설비 설치면제 기준　답 ①

간이스프링클러설비를 설치해야 하는 특정소방대상물에 스프링클러설비, 물분무소화설비 또는 미분무소화설비를 화재안전기준에 적합하게 설치한 경우에는 그 설비의 유효범위에서 설치가 면제된다.

071　자동화재탐지설비　답 ①

자동화재탐지설비의 기능(감지·수신·경보기능)과 성능을 가진 스프링클러설비 및 물분무등소화설비를 화재안전기준에 적합하게 설치한 경우에는 그 설비의 유효범위에서 설치가 면제된다.

072　소화기구 및 주거용 주방자동소화장치　답 ③

소화기구 및 주거용 주방자동소화장치는 기능과 성능이 유사하여도 면제할 수 없다.

073　성능위주설계를 해야 하는 특정소방대상물의 범위　답 ④

1. 연면적 20만제곱미터 이상인 특정소방대상물. 다만, 아파트 등은 제외한다.
2. 다음의 특정소방대상물
   ① 50층 이상(지하층은 제외한다)이거나 지상으로부터 높이가 200미터 이상인 아파트등
   ② 30층 이상(지하층을 포함한다)이거나 지상으로부터 높이가 120미터 이상인 특정소방대상물(아파트등은 제외한다)
3. 연면적 3만제곱미터 이상인 특정소방대상물로서 다음의 어느 하나에 해당하는 특정소방대상물
   ① 철도 및 도시철도 시설
   ② 공항시설
4. 하나의 건축물에 「영화 및 비디오물의 진흥에 관한 법률」 제2조 제10호에 따른 영화상영관이 10개 이상인 특정소방대상물
5. 「초고층 및 지하연계 복합건축물 재난관리에 관한 특별법」 제2조 제2호에 따른 지하연계 복합건축물에 해당하는 특정소방대상물
6. 연면적 10만제곱미터 이상이거나 지하 2층 이하이고 지하층의 바닥면적의 합이 3만제곱미터 이상인 창고시설
7. 터널 중 수저(水底)터널 또는 길이가 5천미터 이상인 것

074　특정소방대상물　답 ③

철도 및 도시철도 시설, 공항시설로서 연면적 2만5천제곱미터는 3만제곱미터에 미달하므로 성능위주설계 대상이 아니다.

> 📄 **개념플러스　성능위주설계를 해야 할 특정소방대상물**
> **(신축에 한정)**
>
> 1. 연면적 20만m² 이상, 지하층을 포함한 층수가 30층 이상, 건축물의 높이가 120m 이상(아파트등 제외)
> 2. 지하층을 제외한 층수가 50층 이상, 건축물의 높이가 200m 이상(아파트등)
> 3. 지하연계복합건축물
> 4. 연면적 3만m² 이상(철도·도시철도시설 및 공항시설)
> 5. 하나의 건축물에 영화상영관이 10개 이상
> 6. 연면적 10만제곱미터 이상이거나 지하 2층 이하이고 지하층의 바닥면적의 합이 3만제곱미터 이상인 창고시설
> 7. 터널 중 수저(水底)터널 또는 길이가 5천미터 이상인 것

075　특정소방대상물　답 ④

철도 및 도시철도 시설, 공항시설로서 연면적 2만제곱미터는 3만제곱미터에 미달하므로 성능위주설계 대상이 아니다.

> 📄 **개념플러스　성능위주설계를 해야 할 특정소방대상물**
> **(신축에 한정)**
>
> 1. 연면적 20만m² 이상, 지하층을 포함한 층수가 30층 이상, 건축물의 높이가 120m 이상(아파트등 제외)
> 2. 지하층을 제외한 층수가 50층 이상, 건축물의 높이가 200m 이상(아파트등)
> 3. 지하연계복합건축물
> 4. 연면적 3만m² 이상(철도·도시철도시설 및 공항시설)
> 5. 하나의 건축물에 영화상영관이 10개 이상
> 6. 연면적 10만제곱미터 이상이거나 지하 2층 이하이고 지하층의 바닥면적의 합이 3만제곱미터 이상인 창고시설
> 7. 터널 중 수저(水底)터널 또는 길이가 5천미터 이상인 것

076　성능위주설계 대상　답 ①

연면적 3만제곱미터 이상의 철도 및 도시철도 시설, 공항시설이 성능위주설계대상이다.

077　성능위주설계 대상　답 ②

지하층을 포함한 층수가 30층 이상인 특정소방대상물이 성능위주설계대상이다(단, 아파트등 제외).

078 소방용품의 내용연수 　　답 ①

특정소방대상물의 관계인은 내용연수가 경과한 소방용품을 교체해야 한다. 이 경우 내용연수를 설정해야 하는 소방용품은 분말형태의 소화약제를 사용하는 소화기로 하며, 내용연수는 10년으로 한다.

079 중앙소방기술심의위원회 　　답 ④

하자판단에 관한 사항은 지방소방기술심의위원회의 심의사항이다.

> 📄 개념플러스 **지방소방기술심의위원회 심의사항**
>
> 1. 소방시설에 하자가 있는지의 판단에 관한 사항
> 2. 그 밖에 소방기술 등에 관하여 대통령령으로 정하는 사항
>
> > ⊕참고 **대통령령으로 정하는 사항**
> > • 연면적 10만m² 미만의 특정소방대상물에 설치된 소방시설의 설계·시공·감리의 하자 유무에 관한 사항
> > • 소방본부장 또는 소방서장이 화재안전기준 또는 위험물 제조소등의 시설기준의 적용에 관하여 기술검토를 요청하는 사항

080 소방기술심의위원회 　　답 ②

지방소방기술심의위원회: 소방시설에 하자가 있는지의 판단에 관한 사항

081 소방기술심의위원회 　　답 ④

소방기술심의위원회의 심의 내용은 소방기술 등에 관하여 대통령령으로 정하는 사항이다.

> 📄 개념플러스 **중앙소방기술심의위원회 심의사항**
>
> 1. 화재안전기준에 관한 사항
> 2. 소방시설의 구조 및 원리 등에서 공법이 특수한 설계 및 시공에 관한 사항
> 3. 소방시설의 설계 및 공사감리의 방법에 관한 사항
> 4. 소방시설공사의 하자를 판단하는 기준에 관한 사항
> 5. 그 밖에 소방기술 등에 관하여 대통령령으로 정하는 사항
>
> > ⊕참고 **대통령령으로 정하는 사항**
> > • 연면적 10만m² 이상의 특정소방대상물에 설치된 소방시설의 설계·시공·감리의 하자 유무에 관한 사항
> > • 새로운 소방시설과 소방용품 등의 도입 여부에 관한 사항
> > • 그 밖에 소방기술과 관련하여 소방청장이 심의에 부치는 사항

> 📄 개념플러스 **지방소방기술심의위원회 심의사항**
>
> 1. 소방시설에 하자가 있는지의 판단에 관한 사항
> 2. 그 밖에 소방기술 등에 관하여 대통령령으로 정하는 사항
>
> > ⊕참고 **대통령령으로 정하는 사항**
> > • 연면적 10만m² 미만의 특정소방대상물에 설치된 소방시설의 설계·시공·감리의 하자 유무에 관한 사항
> > • 소방본부장 또는 소방서장이 화재안전기준 또는 위험물 제조소등의 시설기준의 적용에 관하여 기술검토를 요청하는 사항
> > • 그 밖에 소방기술과 관련하여 시·도지사가 심의에 부치는 사항

082 중앙소방기술심의위원회 　　답 ②

소방시설에 하자가 있는지의 판단에 관한 사항은 지방소방기술심의위원회의 심의사항이다.

> 📄 개념플러스 **지방소방기술심의위원회 심의사항**
>
> 1. 소방시설에 하자가 있는지의 판단에 관한 사항
> 2. 그 밖에 소방기술 등에 관하여 대통령령으로 정하는 사항
>
> > ⊕참고 **대통령령으로 정하는 사항**
> > • 연면적 10만m² 미만의 특정소방대상물에 설치된 소방시설의 설계·시공·감리의 하자 유무에 관한 사항
> > • 소방본부장 또는 소방서장이 화재안전기준 또는 위험물 제조소등의 시설기준의 적용에 관하여 기술검토를 요청하는 사항
> > • 그 밖에 소방기술과 관련하여 시·도지사가 심의에 부치는 사항

083 중앙소방기술심의위원회 　　답 ④

연면적 10만제곱미터 이상의 특정소방대상물에 설치된 소방시설의 설계·시공·감리의 하자 유무에 관한 사항이 중앙소방기술심의위원회 심의사항이다.

> 📄 개념플러스 **중앙소방기술심의위원회 심의사항**
>
> 1. 화재안전기준에 관한 사항
> 2. 소방시설의 구조 및 원리 등에서 공법이 특수한 설계 및 시공에 관한 사항
> 3. 소방시설의 설계 및 공사감리의 방법에 관한 사항
> 4. 소방시설공사의 하자를 판단하는 기준에 관한 사항
> 5. 그 밖에 소방기술 등에 관하여 대통령령으로 정하는 사항

084 지방소방기술심의위원회   답 ④

화재안전기준에 관한 사항, 소방시설의 설계 및 공사감리의 방법에 관한 사항 및 소방시설공사의 하자를 판단하는 기준에 관한 사항은 중앙소방기술심의위원회 심의사항이다.

> 📄 개념플러스 **지방소방기술심의위원회 심의사항**
>
> 1. 소방시설에 하자가 있는지의 판단에 관한 사항
> 2. 그 밖에 소방기술 등에 관하여 대통령령으로 정하는 사항
>
> > ⊕ 참고 **대통령령으로 정하는 사항**
> > - 연면적 10만m² 미만의 특정소방대상물에 설치된 소방 시설의 설계·시공·감리의 하자 유무에 관한 사항
> > - 소방본부장 또는 소방서장이 화재안전기준 또는 위험물 제조소등의 시설기준의 적용에 관하여 기술검토를 요청하는 사항
> > - 그 밖에 소방기술과 관련하여 시·도지사가 심의에 부치는 사항

085 특정소방대상물   답 ④

옥내에 있는 수영장이라 할지라도 방염대상 특정소방대상물이 아니다.

> 📄 개념플러스 **방염대상 특정소방대상물**
>
> 1. 근린생활시설 중 의원, 조산원, 산후조리원, 체력단련장, 공연장 및 종교집회장
> 2. 건축물의 옥내에 있는 시설
>   ① 문화 및 집회시설
>   ② 종교시설
>   ③ 운동시설(수영장 제외)
> 3. 의료시설
> 4. 교육연구시설 중 합숙소
> 5. 노유자시설
> 6. 숙박이 가능한 수련시설
> 7. 숙박시설
> 8. 방송통신시설 중 방송국 및 촬영소
> 9. 다중이용업소
> 10. 층수가 11층 이상인 것

086 방염성능기준   답 ③

ㄱ. 버너의 불꽃을 제거한 때부터 불꽃을 올리며 연소하는 상태가 그칠 때까지 시간은 20초 이내일 것
ㄴ. 버너의 불꽃을 제거한 때부터 불꽃을 올리지 아니하고 연소하는 상태가 그칠 때까지 시간은 30초 이내일 것
ㄷ. 탄화(炭化)한 면적은 50제곱센티미터 이내, 탄화한 길이는 20센티미터 이내일 것
ㄹ. 불꽃에 의하여 완전히 녹을 때까지 불꽃의 접촉 횟수는 3회 이상일 것
ㅁ. 소방청장이 정하여 고시한방법으로 발연량(發煙量)을 측정하는 경우 최대연기밀도는 400 이하일 것

087 방염성능   답 ②

빈칸에 들어갈 내용은 20, 30, 50, 20, 3, 400이다.

> 📄 개념플러스 **방염성능기준**
>
> 1. **잔염시간**(버너에 불꽃을 제거한 때부터 불꽃을 올리며 연소하는 상태가 그칠 때까지 시간): 20초 이내
> 2. **잔신시간**(버너에 불꽃을 제거한 때부터 불꽃을 올리지 아니하고 연소하는 상태가 그칠 때까지 시간): 30초 이내
> 3. **탄화면적**: 50제곱센티미터 이내
> 4. **탄화길이**: 20센티미터 이내
> 5. **접염횟수**: 3회 이상에서 용융
> 6. **최대연기밀도**: 400 이하

088 방염성능   답 ①

탄화한 길이는 20cm 이내이어야 한다.

> 📄 개념플러스 **방염성능기준**
>
> 1. **잔염시간**(버너에 불꽃을 제거한 때부터 불꽃을 올리며 연소하는 상태가 그칠 때까지 시간): 20초 이내
> 2. **잔신시간**(버너에 불꽃을 제거한 때부터 불꽃을 올리지 아니하고 연소하는 상태가 그칠 때까지 시간): 30초 이내
> 3. **탄화면적**: 50제곱센티미터 이내
> 4. **탄화길이**: 20센티미터 이내
> 5. **접염횟수**: 3회 이상에서 용융
> 6. **최대연기밀도**: 400 이하

089 방염성능기준   답 ④

옥외에 있는 운동시설은 방염대상 특정소방대상물이 아니다.

1. 근린생활시설 중 의원, 조산원, 산후조리원, 체력단련장, 공연장 및 종교집회장
2. 건축물의 옥내에 있는 시설
   ① 문화 및 집회시설
   ② 종교시설
   ③ 운동시설(수영장 제외)
3. 의료시설
4. 교육연구시설 중 합숙소
5. 노유자시설
6. 숙박이 가능한 수련시설
7. 숙박시설
8. 방송통신시설 중 방송국 및 촬영소
9. 다중이용업소
10. 층수가 11층 이상인 것

090 　방염성능기준 　　　　　　　　　　답 ③

연구소의 실험실은 교육연구시설로서 방염대상 특정소방대상물에 해당되지 않는다.

091 　방염대상 특정소방대상물 　　　　답 ④

옥외에 설치된 운동시설은 방염대상 특정소방대상물이 아니다.

092 　방염대상물품 　　　　　　　　　답 ②

침구류, 소파, 의자는 바닥에서 이동하는 것으로서 원칙적으로 방염을 할 필요가 없다.

📄 개념플러스 **방염대상물품**

1. 제조 또는 가공 공정에서 방염처리를 하여야 하는 물품
   ① 창문에 설치하는 커튼류(블라인드 포함)
   ② 카펫, 두께가 2밀리미터 미만인 벽지류(종이벽지 제외)
   ③ 전시용 합판 또는 섬유판, 무대용 합판 또는 섬유판
   ④ 암막·무대막(영화상영관에 설치하는 스크린과 가상체험 체육시설업에 설치하는 스크린 포함)
   ⑤ 섬유류 또는 합성수지류 등을 원료로 하여 제작된 소파·의자(단란주점영업, 유흥주점영업 및 노래연습장업의 영업장에 설치하는 것만 해당)
2. 현장에서 방염처리 가능한 물품
   ① 종이류(두께 2밀리미터 이상인 것)·합성수지류 또는 섬유류를 주원료로 한 물품
   ② 합판이나 목재
   ③ 공간을 구획하기 위하여 설치하는 간이 칸막이(접이식 등 이동 가능한 벽체나 천장 또는 반자가 실내에 접하는 부분까지 구획하지 아니하는 벽체)
   ④ 흡음(吸音)이나 방음(防音)을 위하여 설치하는 흡음재(흡음용 커튼 포함) 또는 방음재(방음용 커튼 포함)

093 　방염대상물품 　　　　　　　　　답 ④

폭 10cm 이하의 반자돌림대는 건축물 내부의 천장이나 벽에 부착하거나 설치하여도 방염대상물품이 아니다.

094 　방염대상물품 　　　　　　　　　답 ①

(선지분석)

②④ 침구류, 소파, 의자는 방염대상물품이 아니다.
③ 창문에 설치하는 커튼류(블라인드 포함)는 제조 또는 가공 공정에서 방염처리를 한 물품이다.

095 　방염대상물품 　　　　　　　　　답 ④

두께 2mm 미만의 벽지류는 제조 또는 가공 공정에서 처리하여야 하는 방염대상물품에 해당한다.

096 　방염성능기준 　　　　　　　　　답 ②

(선지분석)

① 버너의 불꽃을 제거한 때부터 불꽃을 올리며 연소하는 상태가 그칠 때까지 시간은 20초 이내여야 한다.
③ 탄화(炭火)한 면적은 50cm² 이내, 탄화한 길이는 20cm 이내여야 한다.
④ 소방청장이 정하여 고시한 방법으로 발연량(發煙量)을 측정하는 경우 최대연기밀도는 400 이하여야 한다.

📄 개념플러스 **방염성능기준**

1. 버너의 불꽃을 제거한 때부터 불꽃을 올리며 연소하는 상태가 그칠 때까지 시간은 20초 이내일 것
2. 버너의 불꽃을 제거한 때부터 불꽃을 올리지 아니하고 연소하는 상태가 그칠 때까지 시간은 30초 이내일 것
3. 탄화(炭化)한 면적은 50제곱센티미터 이내, 탄화한 길이는 20센티미터 이내일 것
4. 불꽃에 의하여 완전히 녹을 때까지 불꽃의 접촉 횟수는 3회 이상일 것
5. 소방청장이 정하여 고시한 방법으로 발연량(發煙量)을 측정하는 경우 최대연기밀도는 400 이하일 것

097 　방염성능기준 　　　　　　　　　답 ③

버너의 불꽃을 제거한 때부터 불꽃을 올리며 연소하는 상태가 그칠 때까지 시간은 잔염시간으로 20초 이내이어야 한다.

정답
p. 123

001	③	002	④	003	③	004	③	005	③
006	④	007	④	008	②	009	①		

---

001 중대위반사항 답 ③

소화용수설비 주변 불법 주정차로 인하여 화재를 진압하는 데 필요한 물을 공급하기 어려운 경우는 중대위반사항에 해당하지 않는다.

📄 **개념플러스 중대위반사항**

1. 소화펌프(가압송수장치를 포함한다.), 동력·감시 제어반 또는 소방시설용 전원(비상전원을 포함한다)의 고장으로 소방시설이 작동되지 않는 경우
2. 화재 수신기의 고장으로 화재경보음이 자동으로 울리지 않거나 화재 수신기와 연동된 소방시설의 작동이 불가능한 경우
3. 소화배관 등이 폐쇄·차단되어 소화수(消火水) 또는 소화약제가 방출되지 않는 경우
4. 방화문 또는 자동방화셔터가 훼손되거나 철거되어 본래의 기능을 못하는 경우

---

002 종합점검 답 ④

종합점검은 소방시설등의 작동점검을 포함하여 소방시설등의 설비별 주요 구성 부품의 구조기준이 소방청장이 정하여 고시하는 화재안전기준 및 「건축법」 등 관련 법령에서 정하는 기준에 적합한지 여부를 점검하는 것으로서 점검자는 소방시설관리업자 또는 소방안전관리자로 선임된 소방시설관리사 및 소방기술사가 실시한다. 또한 점검시기는 건축물의 사용승인일이 속하는 달에 실시한다.

📄 **개념플러스 종합점검**

1. **종합점검**: 소방시설등의 작동기능점검을 포함하여 소방시설등의 설비별 주요 구성 부품의 구조기준이 소방청장이 정하여 고시하는 화재안전기준 및 「건축법」 등 관련 법령에서 정하는 기준에 적합한지 여부를 점검하는 것이다.
2. **점검자**: 소방시설관리업자의 소방시설관리사 또는 소방안전관리자로 선임된 소방시설관리사 및 소방기술사가 실시한다.
3. 점검 장비를 이용하여 점검한다.
4. 점검횟수
   ① 연 1회 이상(특급 소방안전관리대상물의 경우에는 반기에 1회 이상) 실시한다.
   ② ①에도 불구하고 소방본부장 또는 소방서장은 소방청장이 소방안전관리가 우수하다고 인정한 특정소방대상물에 대해서는 3년의 범위에서 소방청장이 고시하거나 정한 기간 동안 종합점검을 면제할 수 있다. 다만, 면제기간 중 화재가 발생한 경우는 제외한다.

---

5. 점검시기: 건축물의 사용승인일이 속하는 달에 실시한다. 다만, 학교의 경우에는 해당 건축물의 사용승인일이 1월에서 6월 사이에 있는 경우에는 6월 30일까지 실시할 수 있다.
6. 점검대상
   ① 스프링클러설비가 설치된 특정소방대상물
   ② 물분무등소화설비[호스릴(Hose Reel) 방식의 물분무등소화설비만을 설치한 경우 제외]가 설치된 연면적 5,000m² 이상인 특정소방대상물(위험물 제조소등 제외)
   ③ 「다중이용업소의 안전관리에 관한 특별법 시행령」: 안마시술소, 산후조리원, 고시원, 노래연습장, 단란주점, 유흥주점, 영화상영관, 비디오물감상실업의 다중이용업의 영업장이 설치된 특정소방대상물로서 연면적이 2,000m² 이상인 것
   ④ 제연설비가 설치된 터널
   ⑤ 공공기관의 소방안전관리에 관한 규정 제2조에 따른 공공기관 중 연면적(터널·지하구의 경우 그 길이와 평균폭을 곱하여 계산된 값)이 1,000m² 이상인 것으로서 옥내소화전설비 또는 자동화재탐지설비가 설치된 것. 다만, 「소방기본법」에 따른 소방대가 근무하는 공공기관은 제외함

---

003 종합점검대상 답 ③

(선지분석)

① 연면적 4천m²는 연면적 5천m² 이상에 해당하지 않으므로 점검대상이 아니다.
② 연면적 1천m²는 2천m² 이상에 해당하지 않으므로 점검대상이 아니다.
④ 소방대가 근무하는 공공기관은 점검대상에서 제외된다.

📄 **개념플러스 종합점검대상**

1. 스프링클러설비가 설치된 특정소방대상물
2. 물분무등소화설비(호스릴 방식의 물분무등소화설비만을 설치한 경우 제외)가 설치된 연면적 5,000m² 이상인 특정소방대상물(위험물 제조소등 제외)
3. 안마시술소, 산후조리원, 고시원, 비디오물감상실업, 영화상영관, 노래연습장, 단란주점, 유흥주점의 다중이용업의 영업장이 설치된 특정소방대상물로서 연면적이 2,000m² 이상인 것
4. 제연설비가 설치된 터널
5. 공공기관의 소방안전관리에 관한 규정에 따른 공공기관 중 연면적(터널·지하구의 경우 그 길이와 평균폭을 곱하여 계산된 값)이 1,000m² 이상인 것으로서 옥내소화전설비 또는 자동화재탐지설비가 설치된 것. 다만, 「소방기본법」에 따른 소방대가 근무하는 공공기관은 제외함

004 종합점검   답 ③

종합점검은 연 1회 이상 실시한다. 단, 특급 소방안전관리대상물은 반기별 1회 이상 실시한다.

📄 **개념플러스   종합점검 횟수**

1. 연 1회 이상(특급 소방안전관리대상물에 해당하는 특정소방대상물의 경우에는 반기에 1회 이상) 실시한다.
2. 소방본부장 또는 소방서장은 소방청장이 소방안전관리가 우수하다고 인정한 특정소방대상물에 대해서는 3년의 범위에서 소방청장이 고시하거나 정한 기간 동안 종합정밀점검을 면제할 수 있다. 다만, 면제기간 중 화재가 발생한 경우는 제외한다.

005 종합점검대상   답 ③

(선지분석)

① 물분무소화설비는 물분무등소화설비에 속하나 연면적이 5천제곱미터 이상이어야 한다.
② 미분무소화설비는 물분무등소화설비에 속하나 연면적이 5천제곱미터 이상이어야 한다.
④ 옥내소화전설비는 물분무등소화설비에 해당하지 않는다.

📄 **개념플러스   종합점검대상**

1. 스프링클러설비가 설치된 특정소방대상물
2. 물분무등소화설비(호스릴 방식의 물분무등소화설비만을 설치한 경우 제외)가 설치된 연면적 5,000m² 이상인 특정소방대상물(위험물 제조소등 제외)
3. 안마시술소, 산후조리원, 고시원, 비디오물감상실업, 영화상영관, 노래연습장, 단란주점, 유흥주점의 다중이용업의 영업장이 설치된 특정소방대상물로서 연면적이 2,000m² 이상인 것
4. 제연설비가 설치된 터널
5. 공공기관의 소방안전관리에 관한 규정에 따른 공공기관 중 연면적(터널·지하구의 경우 그 길이와 평균폭을 곱하여 계산된 값)이 1,000m² 이상인 것으로서 옥내소화전설비 또는 자동화재탐지설비가 설치된 것. 다만, 「소방기본법」에 따른 소방대가 근무하는 공공기관은 제외함

006 종합점검대상   답 ④

119안전센터는 「소방기본법」에 따른 소방대가 근무하는 공공기관으로 종합점검 및 작동점검대상에서 제외한다.

📄 **개념플러스   종합점검대상**

1. 스프링클러설비가 설치된 특정소방대상물
2. 물분무등소화설비(호스릴 방식의 물분무등소화설비만을 설치한 경우 제외)가 설치된 연면적 5,000m² 이상인 특정소방대상물(위험물 제조소등 제외)
3. 안마시술소, 산후조리원, 고시원, 비디오물감상실업, 영화상영관, 노래연습장, 단란주점, 유흥주점의 다중이용업의 영업장이 설치된 특정소방대상물로서 연면적이 2,000m² 이상인 것
4. 제연설비가 설치된 터널
5. 공공기관의 소방안전관리에 관한 규정에 따른 공공기관 중 연면적(터널·지하구의 경우 그 길이와 평균폭을 곱하여 계산된 값)이 1,000m² 이상인 것으로서 옥내소화전설비 또는 자동화재탐지설비가 설치된 것. 다만, 「소방기본법」에 따른 소방대가 근무하는 공공기관은 제외함

007 종합점검의 점검횟수   답 ④

특급 소방안전관리대상물의 종합점검은 반기별 1회 이상 실시한다.

📄 **개념플러스   종합점검의 점검횟수**

1. 연 1회 이상(특급 소방안전관리대상물의 경우에는 반기에 1회 이상) 실시한다.
2. 1.에도 불구하고 소방본부장 또는 소방서장은 소방청장이 소방안전관리가 우수하다고 인정한 특정소방대상물에 대해서는 3년의 범위에서 소방청장이 고시하거나 정한 기간 동안 종합점검을 면제할 수 있다. 다만, 면제기간 중 화재가 발생한 경우는 제외한다.

008 점검한도   답 ②

점검인력 1단위가 점검할 수 있는 작동점검 한도 면적은 10,000m²이다.

📄 **개념플러스   점검한도 면적**

점검인력 1단위가 하루 동안 점검할 수 있는 특정소방대상물의 연면적은 다음과 같다.
1. 종합점검: 8,000m²
2. 작동점검: 10,000m²

009 작동점검 답 ①

작동점검의 점검자는 관계인·소방안전관리자 선임(소방기술사, 소방시설관리사) 또는 소방시설관리업자의 소방시설관리사로 연 1회 이상 점검할 수 있다.

> 📄 개념플러스 **작동기능점검**
>
> 소방시설등을 인위적으로 조작하여 정상적으로 작동하는지를 점검하는 것이다.
> 1. 점검자: 특정소방대상물의 관계인·소방안전관리자 선임(소방기술사, 소방시설관리사) 또는 소방시설관리업자의 소방시설관리사가 점검할 수 있다.
> 2. 작동점검은 점검 장비를 이용하여 점검할 수 있다.
> 3. 작동점검은 연 1회 이상 실시한다.

제4장 | 소방시설관리사 및 소방시설관리업

정답 p. 126

001	③	002	②	003	③	004	③	005	④
006	①	007	①	008	②	009	③	010	④
011	①	012	②	013	④	014	④	015	③
016	③	017	③							

001 소방시설관리사 답 ③

소방시설관리사가 되려는 사람은 소방청장이 실시하는 소방시설관리사시험에 합격하여야 한다.

> 📄 개념플러스 **소방시설관리사**
>
> 1. 소방시설관리사(이하 "관리사"라 한다)가 되려는 사람은 소방청장이 실시하는 관리사시험에 합격하여야 한다.
> 2. 관리사시험의 응시자격, 시험 방법, 시험 과목, 시험 위원, 그 밖에 관리사시험에 필요한 사항은 대통령령으로 정한다.
> 3. 소방기술사 등 대통령령으로 정하는 사람에 대하여는 관리사시험 과목 가운데 일부를 면제할 수 있다.
> 4. 소방청장은 관리사시험에 합격한 사람에게는 행정안전부령으로 정하는 바에 따라 소방시설관리사증을 발급하여야 한다.
> 5. 소방시설관리사증을 발급받은 사람은 소방시설관리사증을 잃어버렸거나 못 쓰게 된 경우에는 행정안전부령으로 정하는 바에 따라 소방시설관리사증을 재발급받을 수 있다.
> 6. 관리사는 소방시설관리사증을 다른 자에게 빌려주어서는 아니 된다.
> 7. 관리사는 동시에 둘 이상의 업체에 취업하여서는 아니 된다.
> 8. 자체점검을 하는 기술자격자 및 관리업의 기술 인력으로 등록된 관리사는 성실하게 자체점검 업무를 수행하여야 한다.

002 소방시설관리사 답 ②

등록사항의 변경신고는 소방시설관리업자에 해당하는 내용이다.

> 📄 개념플러스 **소방시설관리사 자격의 취소**
>
> 소방청장은 관리사가 다음에 해당할 때에는 행정안전부령으로 정하는 바에 따라 그 자격의 취소를 명할 수 있다.
> 1. 거짓이나 그 밖의 부정한 방법으로 시험에 합격한 경우
> 2. 소방시설관리사증을 다른 자에게 빌려준 경우
> 3. 동시에 둘 이상의 업체에 취업한 경우
> 4. 결격사유에 해당하게 된 경우

> 📄 개념플러스 **소방시설관리사 자격의 정지**
>
> 소방청장은 소방시설관리사가 다음에 해당할 때에는 행정안전부령으로 정하는 바에 따라 2년 이내의 기간을 정하여 그 자격의 정지를 명할 수 있다.
> 1. 소방안전관리 업무를 하지 아니하거나 거짓으로 한 경우
> 2. 점검을 하지 아니하거나 거짓으로 한 경우
> 3. 성실하게 자체점검 업무를 수행하지 아니한 경우

003 소방시설관리사 자격 취소(1차 행정처분) 답 ③

소방시설관리사가 점검을 하지 아니하거나 거짓으로 한 경우의 1차 행정처분은 자격정지 1월이다.

> 📄 개념플러스 **소방시설관리사 자격의 취소(1차 행정처분)**
>
> 1. 거짓이나 그 밖의 부정한 방법으로 시험에 합격한 경우
> 2. 소방시설관리사증을 다른 자에게 빌려준 경우
> 3. 동시에 둘 이상의 업체에 취업한 경우
> 4. 결격사유에 해당하게 된 경우

004 소방시설관리사 자격 취소 답 ③

소방안전관리 및 소방시설등의 자체점검을 불성실하게 수행하는 것은 정지사유에 해당한다.

> 📄 개념플러스 **소방시설관리사 자격의 취소**
>
> 1. 거짓이나 그 밖의 부정한 방법으로 시험에 합격한 경우
> 2. 결격사유에 해당하게 된 경우
> 3. 소방시설관리사증을 다른 자에게 빌려준 경우
> 4. 동시에 둘 이상의 업체에 취업한 경우

005 전문소방시설관리업 등록기준 답 ④

주된 기술인력	• 소방시설관리사 자격을 취득한 후 소방 관련 실무경력이 5년 이상인 사람 1명 이상 • 소방시설관리사 자격을 취득한 후 소방 관련 실무경력이 3년 이상인 사람 1명 이상
보조 기술인력	• 고급점검자 이상의 기술인력: 2명 이상 • 중급점검자 이상의 기술인력: 2명 이상 • 초급점검자 이상의 기술인력: 2명 이상

006 소방시설관리업의 업무 내용 답 ①

소방안전관리 업무의 대행 또는 소방시설의 점검 및 유지·관리의 업을 하려는 자는 시·도지사에게 소방시설관리업의 등록을 하여야 한다. 소방시설의 설치는 소방시설공사업자가 행하는 업무이다.

007 소방시설관리업의 변경신고사항 답 ①

중요변경사항은 상호(명칭), 영업소 소재지, 대표자, 기술인력이다.

008 일반소방시설관리업의 등록기준 답 ②

주된 기술인력은 소방시설관리사 1명 이상, 보조 기술인력은 2명 이상이 등록기준이다.

📄 **개념플러스 기술인력 기준**

1. 전문
   ① 주된 기술인력: 소방시설관리사 2명 이상
   ② 보조 기술인력: 6명 이상
2. 일반
   ① 주된 기술인력: 소방시설관리사 1명 이상
   ② 보조 기술인력: 2명 이상

009 소방시설관리업 등록의 취소 답 ③

소방시설관리업 등록을 취소하여야 하는 경우는 거짓이나 그밖의 부정한 방법으로 등록을 한 경우, 등록의 결격사유에 해당하게 된 경우, 등록증이나 등록수첩을 빌려준 경우이다.

(선지분석)

①② 소방시설관리업 영업의 정지를 하여야 하는 경우이다.

010 등록사항의 변경신고 답 ④

소방시설관리업을 포함하여 소방 관련 업종의 모든 변경신고는 변경한 날부터 30일 이내로 신고하여야 한다.

📄 **개념플러스 등록사항의 변경신고**

관리업자는 등록한 사항 중 행정안전부령으로 정하는 중요 사항이 변경되었을 때에는 행정안전부령으로 정하는 바에 따라 시·도지사에게 변경사항을 신고하여야 한다.

📄 **개념플러스 등록사항의 변경신고 등**

1. 소방시설관리업자는 등록사항의 변경이 있는 때에는 변경일부터 30일 이내에 변경사항별로 다음의 구분에 의한 서류를 첨부하여 시·도지사에게 제출하여야 한다.
   ① 명칭·상호 또는 영업소 소재지 변경: 소방시설관리업등록증 및 등록수첩
   ② 대표자 변경: 소방시설관리업등록증 및 등록수첩
   ③ 기술인력 변경
      ㉠ 소방시설관리업등록수첩
      ㉡ 변경된 기술인력의 기술자격증(자격수첩)
      ㉢ 기술인력연명부
2. 시·도지사는 변경신고를 받은 때에는 5일 이내에 소방시설관리업등록증 및 등록수첩을 새로 교부하거나 소방시설관리업등록증 및 등록수첩과 기술인력의 기술자격증(자격수첩)에 그 변경된 사항을 기재하여 교부하여야 한다.

011 중요변경사항 중 대표자 변경 답 ①

등록증 또는 등록수첩에 기재된 중요변경사항 중 대표자를 변경하는 경우에는 소방시설관리업등록증 및 등록수첩을 제출하여야 한다.

📄 **개념플러스 중요변경사항**

1. 명칭·상호 또는 영업소 소재지 변경: 소방시설관리업등록증 및 등록수첩
2. 대표자 변경: 소방시설관리업등록증 및 등록수첩
3. 기술인력 변경
   ① 소방시설관리업등록수첩
   ② 변경된 기술인력의 기술자격증(자격수첩)
   ③ 기술인력연명부

012 점검능력 평가 및 공시 · 답 ②

점검능력을 종합적으로 평가하여 공시하는 자는 소방청장이다.

> 📄 **개념플러스** **점검능력 평가 및 공시 등**
>
> 1. 소방청장은 관계인 또는 건축주가 적정한 관리업자를 선정할 수 있도록 하기 위하여 관리업자의 신청이 있는 경우 해당 관리업자의 점검능력을 종합적으로 평가하여 공시할 수 있다.
> 2. 점검능력 평가를 신청하려는 관리업자는 소방시설등의 점검실적을 증명하는 서류 등 행정안전부령으로 정하는 서류를 소방청장에게 제출하여야 한다.
> 3. 점검능력 평가 및 공시방법, 수수료 등 필요한 사항은 행정안전부령으로 정한다.
> 4. 소방청장은 점검능력을 평가하기 위하여 관리업자의 기술인력 및 장비 보유현황, 점검실적, 행정처분이력 등 필요한 사항에 대하여 데이터베이스를 구축할 수 있다.

013 소방시설관리업의 점검능력 평가항목 · 답 ④

소방시설관리업의 점검능력 평가항목은 대행실적, 점검실적, 기술력, 경력, 신인도이다.

014 등록취소사유 · 답 ④

거짓이나 그 밖의 부정한 방법으로 등록을 한 경우, 등록의 결격사유에 해당하게 된 경우, 다른 자에게 등록증이나 등록수첩을 빌려준 경우는 1차 행정처분 시 등록취소사유에 해당한다.

015 행정처분 시 감경사유 · 답 ③

행정처분 시 가중사유: 위반행위가 사소한 부주의나 오류가 아닌 고의에 의한 것으로 인정되는 경우

(선지분석)
① 경미한 위반사항으로, 유도등이 일시적으로 점등되지 않는 경우
② 경미한 위반사항으로, 스프링클러설비 헤드가 살수반경에 미치지 못하는 경우
④ 위반 행위자가 처음 해당 위반행위를 한 경우로서 5년 이상 소방시설관리사의 업무, 소방시설관리업 등을 모범적으로 해 온 사실이 인정되는 경우

016 과징금 · 답 ③

영업정지처분을 갈음하여 부과하는 과징금은 3천만원 이하이다. 단, 위험물 제조소등 및 소방시설업자는 2억원 이하이다.

> 📄 **개념플러스** **과징금처분**
>
> 1. 시·도지사는 영업정지를 명하는 경우로서 그 영업정지가 국민에게 심한 불편을 주거나 그 밖에 공익을 해칠 우려가 있을 때에는 영업정지처분을 갈음하여 3천만원 이하의 과징금을 부과할 수 있다.
> 2. 과징금을 부과하는 위반행위의 종류와 위반 정도 등에 따른 과징금의 금액, 그 밖의 필요한 사항은 행정안전부령으로 정한다.
> 3. 시·도지사는 과징금을 내야 하는 자가 납부기한까지 내지 아니하면 「지방행정제재·부과금의 징수 등에 관한 법률」에 따라 징수한다.

017 과징금 · 답 ③

과징금을 부과하는 위반행위의 종류와 위반 정도 등에 따른 과징금의 금액, 그 밖의 필요한 사항은 행정안전부령(시행규칙)으로 정한다.

제5장 | 소방용품의 품질관리

정답 p. 130

001	①	002	①	003	①	004	④

001 소방청장의 형식승인 대상 · 답 ①

소화기구 중 소화약제 외의 것을 이용한 간이소화용구는 소방용품이 아니므로 소방청장의 형식승인 대상이 아니다.

002 형식승인의 권한 · 답 ①

대통령령으로 정하는 소방용품을 제조하거나 수입하려는 자는 소방청장의 형식승인을 받아야 한다.

003 소방시설공사 사용기준 답 ①

형식승인을 받지 아니한 것, 형상 등을 임의로 변경한 것, 제품검사를 받지 아니하거나 합격표시를 하지 아니한 소방용품은 판매하거나 판매 목적으로 진열하거나 소방시설공사에 사용할 수 없다.

004 형식승인 답 ④

형식승인의 방법·절차 등과 제품검사의 구분·방법·순서·합격표시 등에 관한 사항은 행정안전부령으로 정한다.

제6장 | 보칙

정답 p. 131

| 001 | ① | 002 | ② | 003 | ② | 004 | ③ |

001 제품검사 전문기관의 지정 답 ①

소방청장은 제품검사의 전문적·효율적인 실시를 위하여 제품검사를 전문적으로 수행하는 기관을 제품검사 전문기관으로 지정할 수 있다.

📄 개념플러스 **제품검사 전문기관의 지정 등**

1. 소방청장은 제품검사를 전문적·효율적으로 실시하기 위하여 제품검사 전문기관을 지정할 수 있다.
2. 전문기관 지정의 방법 및 절차 등에 관하여 필요한 사항은 행정안전부령으로 정한다.
3. 소방청장은 전문기관을 지정하는 경우에는 소방용품의 품질향상, 제품검사의 기술개발 등에 드는 비용을 부담하게 하는 등 필요한 조건을 붙일 수 있다. 이 경우 그 조건은 공공의 이익을 증진하기 위하여 필요한 최소한도에 한정하여야 하며, 부당한 의무를 부과하여서는 아니 된다.
4. 전문기관은 행정안전부령으로 정하는 바에 따라 제품검사 실시 현황을 소방청장에게 보고하여야 한다.
5. 소방청장은 전문기관을 지정한 경우에는 행정안전부령으로 정하는 바에 따라 전문기관의 제품검사 업무에 대한 평가를 실시할 수 있으며, 제품검사를 받은 소방용품에 대하여 확인검사를 할 수 있다.
6. 소방청장은 전문기관에 대한 평가를 실시하거나 확인검사를 실시한 때에는 그 평가결과 또는 확인검사결과를 행정안전부령으로 정하는 바에 따라 공표할 수 있다.
7. 소방청장은 확인검사를 실시하는 때에는 행정안전부령으로 정하는 바에 따라 전문기관에 대하여 확인검사에 드는 비용을 부담하게 할 수 있다.

002 청문 대상 및 청문권자 답 ②

등록에 관한 권한은 시·도지사에게 있고, 등록권자에게 청문의 권한이 있다.

📄 개념플러스 **청문 대상 및 청문권자**

청문 대상	청문권자
소방시설관리사 자격의 취소 및 정지	소방청장
소방시설관리업의 등록취소 및 영업정지	시·도지사
소방용품의 형식승인 취소 및 제품검사 중지	소방청장
우수품질인증의 취소	소방청장
제품검사 전문기관의 지정취소 및 업무정지	소방청장

003 소방청장의 청문 답 ②

소방시설관리업의 등록취소 및 영업정지의 청문권자는 시·도지사이다.

📄 개념플러스 **소방청장의 청문**

1. 소방시설관리사 자격의 취소 및 정지
2. 소방용품의 형식승인 취소 및 제품검사 중지
3. 우수품질인증의 취소
4. 제품검사 전문기관의 지정취소 및 업무정지

004 한국소방산업기술원 위탁 답 ③

소방용품의 제품검사는 한국소방산업기술원 및 제품검사 전문기관에 위탁할 수 있다.

📄 개념플러스 **소방청장의 업무를 한국소방산업기술원에만 위탁할 수 있는 경우**

1. 방염성능검사 중 대통령령(섬유류, 합성수지류)으로 정하는 검사
2. 소방용품의 형식승인
3. 형식승인의 변경승인
4. 성능인증
5. 우수품질인증
6. 청문

제7장 | 벌칙

정답

p. 132

001	④	002	②	003	③	004	④	005	③
006	④								

001　벌칙의 종류　답 ④

소방시설에 폐쇄·차단 등의 행위를 한 자는 5년 이하의 징역 또는 5천만원 이하의 벌금에 처하게 된다.

선지분석

①②③ 3년 이하의 징역 또는 3천만원 이하의 벌금에 해당하는 내용이다.

📄 개념플러스 **벌칙**

1. **5년 이하의 징역 또는 5천만원 이하의 벌금:** 소방시설에 폐쇄·차단 등의 행위를 한 자
2. **7년 이하의 징역 또는 7천만원 이하의 벌금:** 소방시설에 폐쇄·차단 등의 행위로 사람을 상해에 이르게 한 때
3. **10년 이하의 징역 또는 1억원 이하의 벌금:** 소방시설에 폐쇄·차단 등의 행위로 사람을 사망에 이르게 한 때
4. **3년 이하의 징역 또는 3천만원 이하의 벌금**
   ① 특정소방대상물의 소방시설이 화재안전기준에 따른 명령을 정당한 사유 없이 위반한 자
   ② 피난·방화시설, 방화구획의 유지·관리에 따른 명령을 정당한 사유 없이 위반한 자
   ③ 방염성능물품에 대한 명령을 정당한 사유 없이 위반한 자
   ④ 소방용품의 형식승인, 제품검사를 받지 않았거나 변경승인을 위반한 것에 대하여 그 제조자·수입자·판매자 또는 시공자에게 수거·폐기 또는 교체 등에 따른 명령을 정당한 사유 없이 위반한 자
   ⑤ 관리업의 등록을 하지 아니하고 영업을 한 자
   ⑥ 소방용품의 형식승인을 받지 아니하고 소방용품을 제조하거나 수입한 자
   ⑦ 제품검사를 받지 아니한 자
   ⑧ 거짓이나 그 밖의 부정한 방법으로 전문기관으로 지정을 받은 자

002　벌칙　답 ②

소방시설관리업의 등록을 하지 아니하고 영업을 한 자에게는 3년 이하의 징역 또는 3천만원 이하의 벌금에 해당하는 벌칙이 적용된다.

📄 개념플러스 **3년 이하의 징역 또는 3천만원 이하의 벌금**

1. 명령(소방시설등의 유지관리, 피난시설·방화구획·방화시설, 방염, 형식승인 등)을 정당한 사유 없이 위반한 자
2. 정당한 사유 없이 소방특별조사 결과에 따른 조치명령을 위반한 자
3. 관리업의 등록을 하지 아니하고 영업을 한 자
4. 소방용품의 형식승인을 받지 아니하고 소방용품을 제조하거나 수입한 자
5. 제품검사를 받지 아니한 자
6. 소방용품의 형식승인 등을 위반하여 소방용품을 판매·진열하거나 소방시설공사에 사용한 자
7. 거짓이나 그 밖의 부정한 방법으로 전문기관으로 지정을 받은 자

003　벌칙　답 ③

소방시설관리업의 등록증이나 등록수첩을 다른 자에게 빌려준 자는 1년 이하의 징역 또는 1천만원 이하의 벌금에 해당하는 벌칙이 적용된다.

📄 개념플러스 **1년 이하의 징역 또는 1천만원 이하의 벌금**

1. 관리업의 등록증이나 등록수첩을 다른 자에게 빌려주거나 빌리거나 이를 알선한 자
2. 영업정지처분을 받고 그 영업정지기간 중에 관리업의 업무를 한 자
3. 소방시설등에 대한 자체점검을 하지 아니하거나 관리업자 등으로 하여금 정기적으로 점검하게 하지 아니한 자
4. 소방시설관리사증을 다른 자에게 빌려주거나 빌리거나 이를 알선한 자 또는 동시에 둘 이상의 업체에 취업한 사람
5. 형식승인의 변경승인을 받지 아니한 자

004　과태료　답 ④

과태료는 대통령령으로 정하는 바에 따라 소방청장, 관할 시·도지사, 소방본부장 또는 소방서장이 부과·징수한다.

005 과태료 부과 개별기준 답 ③

위반행위	근거 법조문	과태료 금액 (단위: 만원)		
		1차 위반	2차 위반	3차 이상 위반
가. 소방시설을 화재안전기준에 따라 설치, 관리 하지 않은 경우로서	법 제61조 제1항 제1호			
1) 소모성 부품의 수명 경과 등 경미한 고장·불량 사항을 제외하고 최근 1년 이내에 2회 이상 소방시설을 화재안전기준에 따라 관리하지 않은 경우			100	
2) 소방시설을 다음에 해당하는 고장 상태 등으로 방치한 경우 가) 소화펌프를 고장 상태로 방치한 경우 나) 수신반, 동력(감시)제어반 또는 소방시설용 전원(비상전원을 포함한다)을 차단하거나, 고장난 상태로 방치하거나, 임의로 조작하여 자동으로 작동이 되지 않도록 한 경우 다) 소방시설이 작동하는 경우 소화배관을 통하여 소화수가 방수되지 않는 상태 또는 소화약제가 방출되지 않는 상태로 방치한 경우			200	
3) 소방시설을 설치하지 않은 경우			300	
나. 임시소방시설을 설치·관리하지 않은 경우	법 제61조 제1항 제2호		300	
다. 피난시설, 방화구획 또는 방화시설을 폐쇄·훼손·변경하는 등의 행위를 한 경우	법 제61조 제1항 제3호	100	200	300
라. 방염대상물품을 방염성능기준 이상으로 설치하지 아니한 자	법 제61조 제1항 제4호		200	
마. 소속 기술인력의 참여 없이 자체점검을 한 관리업자	법 제61조 제1항 제13호		300	

006 과태료 처분 대상 답 ④

방염성능검사에 합격하지 아니한 물품에 합격표시를 하거나 합격표시를 위조하거나 변조하여 사용한 자 자는 과태료 처분 대상이 아닌 벌금(300만원 이하) 대상에 해당한다.

제1장 | 총칙

정답

p. 136

001	②	002	①	003	②	004	①	005	③
006	③	007	①	008	④	009	④	010	①
011	①	012	①	013	③	014	②	015	④
016	③	017	①	018	②	019	②	020	①
021	④	022	②	023	②	024	②	025	②
026	④	027	①	028	④	029	③	030	④
031	①	032	①	033	③	034	③	035	③
036	③	037	②						

---

001 **위험물** 답 ②

위험물은 인화성 또는 발화성 등의 성질을 가지는 것으로서 대통령령이 정하는 물품을 말한다.

---

002 **위험물** 답 ①

위험물은 인화성 또는 발화성 등의 성질을 가지는 것으로서 대통령령이 정하는 물품을 말한다.

---

003 **위험물안전관리법 용어** 답 ②

지정수량이란 위험물의 종류별로 위험성을 고려하여 대통령령이 정하는 수량으로서 규정에 의한 제조소등의 설치허가 등에 있어서 최저의 기준이 되는 수량을 말한다.

---

004 **위험물** 답 ①

위험물은 인화성 또는 발화성 등의 성질을 가지는 것으로서 대통령령이 정하는 물품을 말한다.

---

005 **제조소** 답 ③

제조소란 위험물을 제조할 목적으로 지정수량 이상의 위험물을 취급하기 위하여 규정에 따른 허가를 받은 장소를 말한다.

📄 개념플러스 **취급소**

주유취급소	고정된 주유설비에 의하여 자동차·항공기 또는 선박 등의 연료탱크에 직접 주유하기 위하여 위험물을 취급하는 장소
판매취급소	점포에서 위험물을 용기에 담아 판매하기 위하여 지정수량의 40배 이하의 위험물을 취급하는 장소
이송취급소	배관 및 이에 부속된 설비에 의하여 위험물을 이송하는 장소
일반취급소	주유취급소, 판매취급소, 이송취급소 외의 장소

---

006 **위험물의 유별에 따른 공통적 성질** 답 ③

제1류 위험물은 산화성고체, 제2류 위험물은 가연성고체, 제4류 위험물은 인화성액체이다.

📄 개념플러스 **공통성질**

제1류 위험물	산화성고체
제2류 위험물	가연성고체
제3류 위험물	자연발화성물질 및 금수성물질
제4류 위험물	인화성액체
제5류 위험물	자기반응성물질
제6류 위험물	산화성액체

---

007 **유별에 따른 공통적 성질의 분류방식** 답 ①

유별에 따른 공통적 성질의 분류방식에 가연성액체는 없다.

---

008 **위험물의 품명** 답 ④

제1류 위험물: 과염소산염류

(선지분석)

제6류 위험물: 질산, 과염소산, 과산화수소

황린은 제3류 위험물로 자연발화성물질 및 금수성물질의 성질을 가지고 있다. 반면에 아조화합물은 제5류 위험물로 자기반응성물질의 성질을 가지고 있다.

📄 개념플러스 **위험물의 성질과 품명**

유별	성질	품명
제1류	산화성 고체	아염소산염류
		염소산염류
		과염소산염류
		무기과산화물
		브로민산염류
		질산염류
		아이오딘산염류
		과망가니즈산염류
		다이크로뮴산염류
		그 밖에 행정안전부령으로 정하는 것 (과아이오딘산염류, 과요오드산, 크롬·납 또는 요오드의 산화물, 아질산염류, 차아염소산염류, 염소화이소시아눌산, 퍼옥소이황산염류, 퍼옥소붕산염류)
제2류	가연성 고체	황화인
		적린
		황
		철분
		금속분
		마그네슘
		인화성고체
제3류	자연 발화성 물질 및 금수성 물질	칼륨
		나트륨
		알킬알루미늄
		알킬리튬
		황린
		알칼리금속(칼륨 및 나트륨 제외) 및 알칼리토금속
		유기금속화합물(알킬알루미늄 및 알킬리튬 제외)
		금속의 수소화물
		금속의 인화물
		칼슘 또는 알루미늄의 탄화물
		그 밖에 행정안전부령으로 정하는 것 (염소화규소화합물)
제4류	인화성 액체	특수인화물
		제1석유류 — 비수용성액체 / 수용성액체
		알코올류
		제2석유류 — 비수용성액체 / 수용성액체
		제3석유류 — 비수용성액체 / 수용성액체
		제4석유류
		동식물유류
제5류	자기 반응성 물질	유기과산화물
		질산에스터류
		나이트로화합물
		나이트로소화합물
		아조화합물
		다이아조화합물
		하이드라진 유도체
		하이드록실아민
		하이드록실아민염류
		그 밖에 행정안전부령으로 정하는 것 (금속의 아지화합물, 질산구아니딘)
제6류	산화성 액체	과염소산
		과산화수소
		질산
		그 밖에 행정안전부령으로 정하는 것 (할로겐간화합물)

---

010 위험물의 유별과 품명 답 ①

유기과산화물은 제5류 위험물이고, 무기과산화물이 제1류 위험물이다.

---

011 위험물 답 ①

하이드록실아민 및 하이드록실아민염류는 제5류 위험물로서 자기반응성물질이다.

📄 개념플러스 **위험물의 성질과 품명**

유별	성질	품명
제1류	산화성 고체	아염소산염류
		염소산염류
		과염소산염류
		무기과산화물
		브로민산염류
		질산염류
		아이오딘산염류
		과망가니즈산염류

구분	품명	세부	
		다이크로뮴산염류	
		그 밖에 행정안전부령으로 정하는 것	
제2류	가연성 고체	황화인	
		적린	
		황	
		철분	
		금속분	
		마그네슘	
		그 밖에 행정안전부령으로 정하는 것	
		인화성고체	
제3류	자연 발화성 물질 및 금수성 물질	칼륨	
		나트륨	
		알킬알루미늄	
		알킬리튬	
		황린	
		알칼리금속(칼륨 및 나트륨 제외) 및 알칼리토금속	
		유기금속화합물(알킬알루미늄 및 알킬리튬 제외)	
		금속의 수소화물	
		금속의 인화물	
		칼슘 또는 알루미늄의 탄화물	
		그 밖에 행정안전부령으로 정하는 것	
제4류	인화성 액체	특수인화물	
		제1석유류	비수용성액체
			수용성액체
		알코올류	
		제2석유류	비수용성액체
			수용성액체
		제3석유류	비수용성액체
			수용성액체
		제4석유류	
		동식물유류	
제5류	자기 반응성 물질	유기과산화물	
		질산에스터류	
		나이트로화합물	
		나이트로소화합물	
		아조화합물	
		다이아조화합물	
		하이드라진 유도체	
		하이드록실아민	
		하이드록실아민염류	
		그 밖에 행정안전부령으로 정하는 것	
제6류	산화성 액체	과염소산	
		과산화수소	
		질산	
		그 밖에 행정안전부령으로 정하는 것	

012 유별의 성질 답 ①

과염소산은 제6류 위험물이다.

(선지분석)

②③④ 모두 제1류 위험물이다.

013 위험물의 성질 및 상태 답 ③

1. "산화성고체"라 함은 고체로서 산화력의 잠재적인 위험성 또는 충격에 대한 민감성을 판단하기 위하여 소방청장이 정하여 고시하는 시험에서 고시로 정하는 성질과 상태를 나타내는 것을 말한다.
2. "가연성고체"라 함은 고체로서 화염에 의한 발화의 위험성 또는 인화의 위험성을 판단하기 위하여 고시로 정하는 시험에서 고시로 정하는 성질과 상태를 나타내는 것을 말한다.
3. "황"은 순도가 60중량퍼센트 이상인 것을 말한다.
4. "철분"이라 함은 철의 분말로서 53마이크로미터의 표준체를 통과하는 것이 50중량퍼센트 미만인 것은 제외한다.
5. "금속분"이라 함은 알칼리금속·알칼리토류금속·철 및 마그네슘외의 금속의 분말을 말하고, 구리분·니켈분 및 150마이크로미터의 체를 통과하는 것이 50중량퍼센트 미만인 것은 제외한다.
6. 마그네슘 및 마그네슘을 함유한 것에 있어서는 다음에 해당하는 것은 제외한다.
   ① 2밀리미터의 체를 통과하지 아니하는 덩어리 상태의 것
   ② 지름 2밀리미터 이상의 막대 모양의 것
7. "인화성고체"라 함은 고형알코올 그 밖에 1기압에서 인화점이 섭씨 40도 미만인 고체를 말한다.

014 위험물 답 ②

마그네슘 및 마그네슘을 함유한 것으로 2밀리미터의 체를 통과하여야만 위험물이다.

📄 개념플러스 **위험물 및 지정수량**

1. 마그네슘 및 마그네슘을 함유한 것으로 2밀리미터의 체를 통과하지 아니하는 덩어리 상태의 것은 제외한다.
2. 마그네슘 및 마그네슘을 함유한 것으로 지름 2밀리미터 이상의 막대 모양의 것은 제외한다.

015 위험물 답 ④

제4류 위험물 중 동식물유류라 함은 동물의 지육 등 또는 식물의 종자나 과육으로부터 추출한 것으로서 1기압에서 인화점이 섭씨 250도 미만인 것을 말한다.

개념플러스 **제4류 위험물(인화성액체)**	
특수인화물	이황화탄소, 디에틸에테르, 그 밖에 1기압에서 발화점이 섭씨 100도 이하인 것 또는 인화점이 섭씨 영하 20도 이하이고 비점이 섭씨 40도 이하인 것
제1석유류	아세톤, 휘발유, 그 밖에 1기압에서 인화점이 섭씨 21도 미만인 것
알코올류	1분자를 구성하는 탄소원자의 수가 1개부터 3개까지인 포화1가 알코올(변성알코올 포함)
제2석유류	등유, 경유, 그 밖에 1기압에서 인화점이 섭씨 21도 이상 70도 미만인 것
제3석유류	중유, 크레오소트유, 그 밖에 1기압에서 인화점이 섭씨 70도 이상 섭씨 200도 미만인 것
제4석유류	기어유, 실린더유, 그 밖에 1기압에서 인화점이 섭씨 200도 이상 섭씨 250도 미만의 것
동식물유류	동물의 지육 등 또는 식물의 종자나 과육으로부터 추출한 것으로서 1기압에서 인화점이 섭씨 250도 미만인 것

016 위험물 답 ③

알킬알루미늄은 제3류 위험물이다.

개념플러스 **제5류 위험물(자기반응성물질)**
1. 유기과산화물 2. 질산에스터류 3. 나이트로화합물 4. 나이트로소화합물 5. 아조화합물 6. 다이아조화합물 7. 하이드라진 유도체 8. 하이드록실아민 9. 하이드록실아민염류
⊕참고 **행정안전부령으로 정하는 것** • 금속의 아지화합물 • 질산구아니딘

017 제조소 답 ①

제조소란 위험물을 제조할 목적으로 지정수량 이상의 위험물을 취급하기 위하여 규정에 따른 허가를 받은 장소를 말한다.

018 취급소 답 ②

취급소의 종류에는 주유취급소, 판매취급소, 이송취급소 및 일반취급소가 있다.

개념플러스 **취급소**	
주유취급소	고정된 주유설비에 의하여 자동차·항공기 또는 선박 등의 연료탱크에 직접 주유하기 위하여 위험물을 취급하는 장소
판매취급소	점포에서 위험물을 용기에 담아 판매하기 위하여 지정수량의 40배 이하의 위험물을 취급하는 장소
이송취급소	배관 및 이에 부속된 설비에 의하여 위험물을 이송하는 장소
일반취급소	주유취급소, 판매취급소, 이송취급소 외의 장소

019 주유취급소 답 ②

고정된 주유설비에 의하여 자동차·항공기 또는 선박 등의 연료탱크에 직접 주유하기 위하여 위험물을 취급하는 장소를 주유취급소라 한다.

개념플러스 **취급소**	
주유취급소	고정된 주유설비에 의하여 자동차·항공기 또는 선박 등의 연료탱크에 직접 주유하기 위하여 위험물을 취급하는 장소
판매취급소	점포에서 위험물을 용기에 담아 판매하기 위하여 지정수량의 40배 이하의 위험물을 취급하는 장소
이송취급소	배관 및 이에 부속된 설비에 의하여 위험물을 이송하는 장소
일반취급소	주유취급소, 판매취급소, 이송취급소 외의 장소

020 취급소 답 ①

취급소의 종류에는 주유취급소, 판매취급소, 이송취급소 및 일반취급소가 있다.

개념플러스 **취급소**	
주유취급소	고정된 주유설비에 의하여 자동차·항공기 또는 선박 등의 연료탱크에 직접 주유하기 위하여 위험물을 취급하는 장소
판매취급소	점포에서 위험물을 용기에 담아 판매하기 위하여 지정수량의 40배 이하의 위험물을 취급하는 장소
이송취급소	배관 및 이에 부속된 설비에 의하여 위험물을 이송하는 장소
일반취급소	주유취급소, 판매취급소, 이송취급소 외의 장소

021　위험물의 지정수량　　답 ④

제1류 위험물의 지정수량은 브로민산염류 300킬로그램, 아염소산염류 및 과염소산염류 50킬로그램, 다이크로뮴산염류 1,000킬로그램이다.

📄 개념플러스 **위험물의 지정수량**

유별	성질	품명	지정수량
제1류	산화성 고체	아염소산염류	50킬로그램
		염소산염류	50킬로그램
		과염소산염류	50킬로그램
		무기과산화물	50킬로그램
		브로민산염류	300킬로그램
		질산염류	300킬로그램
		아이오딘산염류	300킬로그램
		과망가니즈산염류	1,000킬로그램
		다이크로뮴산염류	1,000킬로그램

022　위험물의 지정수량　　답 ①

유기과산화물: 10kg

선지분석

② 아염소산염류: 50kg
③ 황린: 20kg
④ 황: 100kg

023　위험물의 지정수량　　답 ②

특수인화물은 50리터, 알코올류는 400리터이다.

📄 개념플러스 **위험물의 지정수량**

유별	성질	품명		지정수량
제4류	인화성 액체	특수인화물		50리터
		제1석유류	비수용성액체	200리터
			수용성액체	400리터
		알코올류		400리터
		제2석유류	비수용성액체	1,000리터
			수용성액체	2,000리터
		제3석유류	비수용성액체	2,000리터
			수용성액체	4,000리터
		제4석유류		6,000리터
		동식물유류		10,000리터

024　위험물의 지정수량　　답 ②

제5류 위험물 중 하이드라진 유도체의 지정수량은 200kg이다.

📄 개념플러스 **위험물의 지정수량**

유별	성질	품명	지정수량
제5류	자기 반응성 물질	유기과산화물	10킬로그램
		질산에스터류	10킬로그램
		나이트로화합물	200킬로그램
		나이트로소화합물	200킬로그램
		아조화합물	200킬로그램
		다이아조화합물	200킬로그램
		하이드라진 유도체	200킬로그램
		하이드록실아민	100킬로그램
		하이드록실아민염류	100킬로그램

025　위험물　　답 ②

적린, 철분, 금속분, 마그네슘 및 황화인은 제2류 위험물이다.

선지분석

①③④ 황린 및 칼슘은 제3류 위험물이다.

📄 개념플러스 **위험물의 지정수량**

유별	성질	품명	지정수량
제2류	가연성 고체	황화인	100킬로그램
		적린	100킬로그램
		황	100킬로그램
		철분	500킬로그램
		금속분	500킬로그램
		마그네슘	500킬로그램
		인화성고체	1,000킬로그램

026　위험물의 지정수량　　답 ④

알칼리금속 및 알칼리토금속의 지정수량은 50킬로그램이다(단, 칼륨 및 나트륨 제외).

유별	성질	품명	지정수량
제3류	자연 발화성 물질 및 금수성 물질	칼륨	10킬로그램
		나트륨	10킬로그램
		알킬알루미늄	10킬로그램
		알킬리튬	10킬로그램
		황린	20킬로그램
		알칼리금속(칼륨 및 나트륨 제외) 및 알칼리토금속	50킬로그램
		유기금속화합물(알킬알루미늄 및 알킬리튬 제외)	50킬로그램
		금속의 수소화물	300킬로그램
		금속의 인화물	300킬로그램
		칼슘 또는 알루미늄의 탄화물	300킬로그램

---

027 위험물의 지정품목 답 ①

제2석유류는 경유와 등유이고, 제3석유류는 중유와 크레오소트유이다.

---

028 특수인화물 답 ④

특수인화물은 인화점이 낮아 위험하다.

---

029 위험물 답 ③

황은 순도가 60중량퍼센트 이상인 것을 말한다. 이 경우 순도측정에 있어서 불순물은 활석 등 불연성물질과 수분에 한한다.

---

030 경보설비 답 ④

단독경보형감지기는 위험물 제조소등의 경보설비에 해당하지 않는다.

개념플러스 **경보설비의 기준**

1. 지정수량의 10배 이상의 위험물을 저장 또는 취급하는 제조소등(이동탱크저장소 제외)에는 화재발생 시 이를 알릴 수 있는 경보설비를 설치하여야 한다.
2. 경보설비는 자동화재탐지설비·자동화재속보설비·비상경보설비(비상벨장치 또는 경종 포함)·확성장치(휴대용확성기 포함) 및 비상방송설비로 한다.

3. 자동신호장치를 갖춘 스프링클러설비 또는 물분무등소화설비를 설치한 제조소등에 있어서는 자동화재탐지설비를 설치한 것으로 본다.

---

031 소방시설 답 ②

위험물 제조소등에 설치하는 소방시설의 종류는 「위험물안전관리법」으로 정하는 소화설비, 경보설비 및 피난설비이다. 즉, 「소방시설 설치 및 관리에 관한 법률」로 정하고 있는 소방시설의 종류가 적용되지 않는다.

개념플러스 **소화설비의 기준**

1. 제조소등에는 화재발생 시 소화가 곤란한 정도에 따라 그 소화에 적응성이 있는 소화설비를 설치하여야 한다.
2. 소화가 곤란한 정도에 따른 소화난이도는 소화난이도 등급 Ⅰ, 등급 Ⅱ 및 등급 Ⅲ으로 구분하여 설치하여야 한다.

개념플러스 **경보설비의 기준**

1. 지정수량의 10배 이상의 위험물을 저장 또는 취급하는 제조소등(이동탱크저장소 제외)에는 화재발생 시 이를 알릴 수 있는 경보설비를 설치하여야 한다.
2. 경보설비는 자동화재탐지설비·자동화재속보설비·비상경보설비(비상벨장치 또는 경종 포함)·확성장치(휴대용확성기 포함) 및 비상방송설비로 구분하여 설치하여야 한다.

개념플러스 **피난설비의 기준**

주유취급소 중 건축물의 2층 이상의 부분을 점포·휴게음식점 또는 전시장의 용도로 사용하는 것과 옥내주유취급소에는 피난설비를 설치하여야 한다.

---

032 탱크용량 산정기준 답 ①

위험물을 저장 또는 취급하는 탱크의 용량은 해당 탱크의 내용적에서 공간용적을 뺀 용적으로 한다.

개념플러스 **탱크용적의 산정기준**

1. 위험물을 저장 또는 취급하는 탱크의 용량은 해당 탱크의 내용적에서 공간용적을 뺀 용적으로 한다. 이 경우 위험물을 저장 또는 취급하는 이동저장탱크의 용량은 자동차 및 자동차부품의 성능과 기준에 관한 규칙에 따른 최대적재량 이하로 하여야 한다.
2. 탱크의 내용적 및 공간용적의 계산방법은 소방청장이 정하여 고시한다.
3. 제조소 또는 일반취급소의 위험물을 취급하는 탱크 중 특수한 구조 또는 설비를 이용함에 따라 당해 탱크 내의 위험물의 최대량이 탱크용량 이하인 경우에는 당해 최대량을 용량으로 한다.

033 위험물의 저장·취급 및 운반   답 ③

항공기·선박·철도 및 궤도에 의한 위험물의 저장·취급 및 운반에 있어서는 「위험물안전관리법」을 적용하지 아니한다.

034 지정수량 미만인 위험물의 저장 및 취급   답 ③

지정수량 미만인 위험물의 저장 또는 취급에 관한 기술상의 기준은 시·도의 조례로 정한다.

035 위험물의 저장 및 취급   답 ③

군부대가 지정수량 이상의 위험물을 군사목적으로 임시로 저장 또는 취급하는 경우에는 관할소방서장의 승인 없이 할 수 있다.

📄 개념플러스 **위험물의 저장 및 취급의 제한 등**

1. 지정수량 이상의 위험물을 저장소가 아닌 장소에서 저장하거나 제조소등이 아닌 장소에서 취급하여서는 아니 된다.
2. 다음의 어느 하나에 해당하는 경우에는 제조소등이 아닌 장소에서 지정수량 이상의 위험물을 취급할 수 있다. 이 경우 임시로 저장 또는 취급하는 장소에서의 저장 또는 취급의 기준과 임시로 저장 또는 취급하는 장소의 위치·구조 및 설비의 기준은 시·도의 조례로 정한다.
   ① 시·도의 조례가 정하는 바에 따라 관할소방서장의 승인을 받아 지정수량 이상의 위험물을 90일 이내의 기간 동안 임시로 저장 또는 취급하는 경우
   ② 군부대가 지정수량 이상의 위험물을 군사목적으로 임시로 저장 또는 취급하는 경우
3. 제조소등에서의 위험물의 저장 또는 취급에 관하여는 중요기준 및 세부기준에 따라야 한다.
   ① 중요기준: 화재 등 위해의 예방과 응급조치에 있어서 큰 영향을 미치거나 그 기준을 위반하는 경우 직접적으로 화재를 일으킬 가능성이 큰 기준으로서 행정안전부령이 정하는 기준
   ② 세부기준: 화재 등 위해의 예방과 응급조치에 있어서 중요기준보다 상대적으로 적은 영향을 미치거나 그 기준을 위반하는 경우 간접적으로 화재를 일으킬 수 있는 기준 및 위험물의 안전관리에 필요한 표시와 서류·기구 등의 비치에 관한 기준으로서 행정안전부령이 정하는 기준
4. 제조소등의 위치·구조 및 설비의 기술기준은 행정안전부령으로 정한다.
5. 둘 이상의 위험물을 같은 장소에서 저장 또는 취급하는 경우에 있어서 당해 장소에서 저장 또는 취급하는 각 위험물의 수량을 그 위험물의 지정수량으로 각각 나누어 얻은 수의 합계가 1 이상인 경우 당해 위험물은 지정수량 이상의 위험물로 본다.

036 임시 저장·취급   답 ③

지정수량 이상의 위험물을 90일 이내의 기간 동안 임시로 저장 또는 취급할 수 있다.

📄 개념플러스 **임시 저장·취급**

다음의 어느 하나에 해당하는 경우에는 제조소등이 아닌 장소에서 지정수량 이상의 위험물을 취급할 수 있다. 이 경우 임시로 저장 또는 취급하는 장소에서의 저장 또는 취급의 기준과 임시로 저장 또는 취급하는 장소의 위치·구조 및 설비의 기준은 시·도의 조례로 정한다.
1. 시·도의 조례가 정하는 바에 따라 관할소방서장의 승인을 받아 지정수량 이상의 위험물을 90일 이내의 기간 동안 임시로 저장 또는 취급하는 경우
2. 군부대가 지정수량 이상의 위험물을 군사목적으로 임시로 저장 또는 취급하는 경우

037 임시 저장·취급   답 ②

시·도의 조례가 정하는 바에 따라 관할소방서장의 승인을 받아 지정수량 이상의 위험물을 90일 이내의 기간 동안 임시로 저장 또는 취급할 수 있다.

제2장 | 위험물시설의 설치 및 변경

정답   p. 144

001	②	002	②	003	②	004	④	005	③
006	①	007	③	008	③	009	①	010	④
011	③	012	②	013	④	014	③	015	②
016	③	017	④						

001 위험물시설의 설치 및 변경   답 ②

제조소등의 위치, 구조 또는 설비를 변경하고자 하는 때에는 시·도지사에게 허가를 받아야 한다.

📄 개념플러스 **위험물시설의 설치 및 변경 등**

1. 제조소등을 설치하고자 하는 자는 대통령령이 정하는 바에 따라 그 설치장소를 관할하는 시·도지사의 허가를 받아야 한다. 제조소등의 위치·구조 또는 설비 가운데 행정안전부령이 정하는 사항을 변경하고자 하는 때에도 또한 같다.

2. 제조소등의 위치·구조 또는 설비의 변경 없이 당해 제조소 등에서 저장하거나 취급하는 위험물의 품명·수량 또는 지정수량의 배수를 변경하고자 하는 자는 변경하고자 하는 날의 1일 전까지 행정안전부령이 정하는 바에 따라 시·도지사에게 신고하여야 한다.

3. 다음의 어느 하나에 해당하는 제조소등의 경우에는 허가를 받지 아니하고 당해 제조소등을 설치하거나 그 위치·구조 또는 설비를 변경할 수 있으며, 신고를 하지 아니하고 위험물의 품명·수량 또는 지정수량의 배수를 변경할 수 있다.
  ① 주택의 난방시설(공동주택의 중앙난방시설 제외)을 위한 저장소 또는 취급소
  ② 농예용·축산용 또는 수산용으로 필요한 난방시설 또는 건조시설을 위한 지정수량 20배 이하의 저장소

002 위험물시설의 설치 및 변경   답 ②

허가를 받지 않거나 신고를 하지 않고 변경할 수 있는 경우는 주택의 난방시설(공동주택의 중앙난방시설 제외)을 위한 저장소 또는 취급소, 농예용·축산용 또는 수산용으로 필요한 난방시설 또는 건조시설을 위한 지정수량 20배 이하의 저장소의 경우이다.

003 지정수량의 배수   답 ②

농예용의 난방시설 또는 건조시설을 위한 지정수량 30배의 저장소는 20배를 초과하였으므로 허가 및 신고대상이다.

004 위험물시설의 설치 및 변경   답 ④

농예용·축산용 또는 수산용으로 필요한 난방시설 또는 건조시설을 위한 지정수량 40배의 저장소는 20배를 초과하였으므로 허가 및 신고대상이다.

📄 개념플러스 **위험물시설의 설치 및 변경 등**

1. 제조소등을 설치하고자 하는 자는 대통령령이 정하는 바에 따라 그 설치장소를 관할하는 시·도지사의 허가를 받아야 한다. 제조소등의 위치·구조 또는 설비 가운데 행정안전부령이 정하는 사항을 변경하고자 하는 때에도 또한 같다.
2. 제조소등의 위치·구조 또는 설비의 변경 없이 당해 제조소 등에서 저장하거나 취급하는 위험물의 품명·수량 또는 지정수량의 배수를 변경하고자 하는 자는 변경하고자 하는 날의 1일 전까지 행정안전부령이 정하는 바에 따라 시·도지사에게 신고하여야 한다.
3. 다음의 어느 하나에 해당하는 제조소등의 경우에는 허가를 받지 아니하고 당해 제조소등을 설치하거나 그 위치·구조 또는 설비를 변경할 수 있으며, 신고를 하지 아니하고 위험물의 품명·수량 또는 지정수량의 배수를 변경할 수 있다.

① 주택의 난방시설(공동주택의 중앙난방시설 제외)을 위한 저장소 또는 취급소
② 농예용·축산용 또는 수산용으로 필요한 난방시설 또는 건조시설을 위한 지정수량 20배 이하의 저장소

005 위험물시설의 설치 및 변경   답 ③

공동주택의 중앙난방시설을 위한 저장소 또는 취급소는 위험물의 품명·수량 또는 지정수량의 배수를 변경하고자 하는 경우에는 시·도지사에게 신고하여야 한다.

006 위험물시설의 설치 및 변경   답 ①

제조소등에서 저장하거나 취급하는 위험물의 품명·수량 또는 지정수량의 배수를 변경하고자 하는 자는 변경하고자 하는 날의 1일 전까지 행정안전부령이 정하는 바에 따라 시·도지사에게 신고하여야 한다.

📄 개념플러스 **위험물시설의 설치 및 변경 등**

1. 제조소등을 설치하고자 하는 자는 대통령령이 정하는 바에 따라 그 설치장소를 관할하는 시·도지사의 허가를 받아야 한다. 제조소등의 위치·구조 또는 설비 가운데 행정안전부령이 정하는 사항을 변경하고자 하는 때에도 또한 같다.
2. 제조소등의 위치·구조 또는 설비의 변경 없이 당해 제조소 등에서 저장하거나 취급하는 위험물의 품명·수량 또는 지정수량의 배수를 변경하고자 하는 자는 변경하고자 하는 날의 1일 전까지 행정안전부령이 정하는 바에 따라 시·도지사에게 신고하여야 한다.

007 군용 위험물시설   답 ③

군사목적 또는 군부대시설을 위한 제조소등을 설치하거나 그 위치·구조 또는 설비를 변경하고자 하는 군부대의 장은 미리 제조소등의 소재지를 관할하는 시·도지사와 협의하여야 하며, 협의한 제조소등에 대하여는 탱크안전성능검사와 완공검사를 자체적으로 실시할 수 있다.

📄 개념플러스 **군용 위험물시설**

1. 군사목적 또는 군부대시설을 위한 제조소등을 설치하거나 그 위치·구조 또는 설비를 변경하고자 하는 군부대의 장은 미리 제조소등의 소재지를 관할하는 시·도지사와 협의하여야 한다.
2. 군부대의 장이 제조소등의 소재지를 관할하는 시·도지사와 협의한 경우에는 허가를 받은 것으로 본다.
3. 군부대의 장은 협의한 제조소등에 대하여는 탱크안전성능검사와 완공검사를 자체적으로 실시할 수 있다. 이 경우 완공검사를 자체적으로 실시한 군부대의 장은 지체 없이 행정안전부령이 정하는 사항을 시·도지사에게 통보하여야 한다.

008 탱크안전성능검사의 신청 시기   답 ③

탱크안전성능검사 종류 중 유류탱크검사는 존재하지 않는다.

개념플러스 **탱크안전성능검사의 신청 시기**	
기초 · 지반검사	위험물탱크의 기초 및 지반에 관한 공사의 개시 전
충수 · 수압검사	위험물을 저장 또는 취급하는 탱크에 배관, 그 밖의 부속설비를 부착하기 전
용접부검사	탱크본체에 관한 공사의 개시 전
암반탱크검사	암반탱크의 본체에 관한 공사의 개시 전

009 기초 · 지반 검사의 대상   답 ①

액체위험물탱크 중 그 용량이 100만리터 이상인 탱크(특정옥외탱크)는 기초 · 지반검사 및 용접부검사 대상이다.

개념플러스 **탱크안전성능검사를 받아야 하는 위험물탱크**	
기초 · 지반검사	옥외탱크저장소의 액체위험물탱크 중 그 용량이 100만리터 이상인 탱크
충수 · 수압검사	액체위험물을 저장 또는 취급하는 탱크
용접부검사	옥외탱크저장소의 액체위험물탱크 중 그 용량이 100만리터 이상인 탱크
암반탱크검사	액체위험물을 저장 또는 취급하는 암반내의 공간을 이용한 탱크

010 탱크안전성능검사의 종류   답 ④

위험물 탱크안전성능검사에 재질 · 강도검사는 없다.

개념플러스 **탱크안전성능검사의 종류**
1. 기초 · 지반검사
2. 충수(充水) · 수압검사
3. 용접부검사
4. 암반탱크검사

011 탱크안전성능시험자의 중요변경사항   답 ③

보유장비의 변경은 중요 변경사항에 해당되지 않는다.

개념플러스 **탱크시험자의 중요변경사항**
1. 영업소 소재지의 변경
2. 기술능력의 변경
3. 대표자의 변경
4. 상호 또는 명칭의 변경

012 완공검사 신청시기   답 ②

이동탱크저장소의 경우에는 이동저장탱크를 완공하고 상치 설치 장소를 확보한 후에 완공검사를 신청한다.

개념플러스 **제조소등의 완공검사 신청시기**
1. **지하탱크가 있는 제조소등의 경우**: 당해 지하탱크를 매설하기 전
2. **이동탱크저장소의 경우**: 이동저장탱크를 완공하고 상치 설치 장소를 확보한 후
3. **이송취급소의 경우**: 이송배관 공사의 전체 또는 일부를 완료한 후. 다만, 지하 · 하천 등에 매설하는 이송배관의 공사의 경우에는 이송배관을 매설하기 전
4. **전체 공사가 완료된 후에 완공검사를 실시하기 곤란한 경우**   ① 위험물 설비 또는 배관의 설치가 완료되어 기밀시험 또는 내압시험을 실시하는 시기   ② 배관을 지하에 설치하는 경우에는 시 · 도지사, 소방서장 또는 기술원이 지정하는 부분을 매물하기 직전   ③ 기술원이 지정하는 부분의 비파괴시험을 실시하는 시기
5. **그 밖의 제조소등의 경우**: 제조소등의 공사를 완료한 후

013 완공검사자   답 ④

탱크안전성능검사 및 완공검사자는 시 · 도지사이다. 제조소등의 설치허가를 받은 자가 제조소등의 설치를 마쳤거나 그 위치 · 구조 또는 설비의 변경을 마친 때에는 당해 제조소등마다 시 · 도지사가 행하는 완공검사를 받아 기술기준에 적합하다고 인정받은 후가 아니면 이를 사용하여서는 아니 된다.

014 완공검사 신청시기   답 ③

지하탱크가 있는 제조소등의 경우에는 당해 지하탱크를 매설하기 전에 완공검사를 신청할 수 있다.

개념플러스 **제조소등의 완공검사 신청시기**	
지하탱크가 있는 제조소등	당해 지하탱크를 매설하기 전
이동탱크저장소	이동저장탱크를 완공하고 상치 설치 장소를 확보한 후
이송취급소	이송배관 공사의 전체 또는 일부를 완료한 후. 다만, 지하 · 하천 등에 매설하는 이송배관의 공사의 경우에는 이송배관을 매설하기 전
그 밖의 제조소등	제조소등의 공사를 완료한 후

015 제조소등의 설치자의 지위승계   답 ②

제조소등의 설치자의 지위를 승계한 자는 행정안전부령이 정하는 바에 따라 승계한 날부터 30일 이내에 시·도지사에게 그 사실을 신고하여야 한다.

> 📄 **개념플러스 제조소등 설치자의 지위승계**
>
> 1. 제조소등의 설치자가 사망하거나 그 제조소등을 양도·인도한 때 또는 법인인 제조소등의 설치자의 합병이 있는 때에는 그 상속인, 제조소등을 양수·인수한 자 또는 합병 후 존속하는 법인이나 합병에 의하여 설립되는 법인은 그 설치자의 지위를 승계한다.
> 2. 「민사집행법」에 의한 경매, 「채무자 회생 및 파산에 관한 법률」에 의한 환가, 「국세징수법」·「관세법」 또는 「지방세징수법」에 따른 압류재산의 매각과 그 밖에 이에 준하는 절차에 따라 제조소등의 시설의 전부를 인수한 자는 그 설치자의 지위를 승계한다.
> 3. 제조소등의 설치자의 지위를 승계한 자는 행정안전부령이 정하는 바에 따라 승계한 날부터 30일 이내에 시·도지사에게 그 사실을 신고하여야 한다.

016 제조소등의 폐지   답 ③

제조소등의 관계인은 당해 제조소등의 용도를 폐지한 때에는 행정안전부령이 정하는 바에 따라 제조소등의 용도를 폐지한 날부터 14일 이내에 시·도지사에게 신고하여야 한다.

017 과징금처분   답 ④

위험물 제조소등의 사용정지처분에 갈음하여 부과하는 과징금의 액수는 2억원 이하로 한다.

> 📄 **개념플러스 과징금처분**
>
> 1. 시·도지사는 사용정지에 해당하는 경우로서 제조소등에 대한 사용의 정지가 그 이용자에게 심한 불편을 주거나 그 밖에 공익을 해칠 우려가 있는 때에는 사용정지처분에 갈음하여 2억원 이하의 과징금을 부과할 수 있다.
> 2. 과징금을 부과하는 위반행위의 종별·정도 등에 따른 과징금의 금액, 그 밖에 필요한 사항은 행정안전부령으로 정한다.

제3장 | 위험물시설의 안전관리

정답

p. 149

001	①	002	②	003	③	004	③	005	④
006	④	007	③	008	④	009	①	010	④
011	②	012	③	013	②	014	④	015	①
016	③	017	④	018	③	019	③	020	①

001 위험물시설의 안전관리   답 ①

옳은 것은 ㄱ이다.

선지분석

ㄴ. 동일구내에 있거나 상호 100m 이내에 있는 10개 이하의 옥외저장소
ㄷ. 동일구내에 있거나 상호 100m 이내에 있는 10개 이하의 옥내저장소
ㄹ. 동일구내에 있거나 상호 100m 이내에 있는 30개 이하의 옥외탱크저장소

> 📄 **개념플러스 1인의 안전관리자를 중복하여 선임할 수 있는 경우**
>
> 1. 보일러·버너 또는 이와 비슷한 것으로서 위험물을 소비하는 장치로 이루어진 7개 이하의 일반취급소와 그 일반취급소에 공급하기 위한 위험물을 저장하는 저장소
> 2. 위험물을 차량에 고정된 탱크 또는 운반용기에 옮겨 담기 위한 5개 이하의 일반취급소(일반취급소 간의 보행거리가 300미터 이내인 경우에 한정)와 그 일반취급소에 공급하기 위한 위험물을 저장하는 저장소를 동일인이 설치한 경우
> 3. **행정안전부령이 정하는 제조소등을 동일인이 설치한 경우**
>   ① 10개 이하의 옥내저장소, 옥외저장소, 암반탱크저장소
>   ② 30개 이하의 옥외탱크저장소
>   ③ 옥내탱크저장소
>   ④ 지하탱크저장소
>   ⑤ 간이탱크저장소

002 위험물취급자격자   답 ②

관계인은 위험물의 안전관리에 관한 직무를 수행하게 하기 위하여 제조소등마다 대통령령이 정하는 위험물의 취급에 관한 자격이 있는 자를 위험물안전관리자로 선임하여야 한다.

---

003   위험물안전관리자   답 ③

안전관리자를 선임한 제조소등의 관계인은 안전관리자가 여행·질병, 그 밖의 사유로 인하여 일시적으로 직무를 수행할 수 없거나 안전관리자의 해임 또는 퇴직과 동시에 다른 안전관리자를 선임하지 못하는 경우에는 「국가기술자격법」에 따른 위험물의 취급에 관한 자격취득자 또는 위험물안전에 관한 기본지식과 경험이 있는 자로서 행정안전부령이 정하는 자를 대리자(代理者)로 지정하여 그 직무를 대행하게 하여야 한다. 이 경우 대리자가 안전관리자의 직무를 대행하는 기간은 30일을 초과할 수 없다.

---

004   위험물안전관리자   답 ③

(가) 30일 이내 선임, (나) 14일 이내 신고하여야 한다.

---

005   위험물안전관리자   답 ④

이동탱크저장소 및 허가를 받지 아니하는 제조소등은 위험물안전관리자 선임대상이 아니다.

---

006   위험물안전관리자   답 ④

소방안전관리에 관한 일지의 작성·기록이 아니라, 위험물의 취급에 관한 일지의 작성·기록이 위험물안전관리자의 업무이다.

---

007   탱크시험자   답 ③

탱크시험자가 되고자 하는 자는 대통령령이 정하는 기술능력·시설 및 장비를 갖추어 시·도지사에게 등록하여야 한다.

3. 시·도지사는 등록신청을 접수한 경우 다음의 어느 하나에 해당하는 경우를 제외하고는 등록을 해주어야 한다.
   ① 기술능력·시설 및 장비 기준을 갖추지 못한 경우
   ② 등록을 신청한 자가 결격사유에 해당하는 경우
   ③ 그 밖에 법, 이 영 또는 다른 법령에 따른 제한에 위반되는 경우

---

008   예방규정을 정하여야 하는 제조소등   답 ④

옥외탱크저장소: 1,000ℓ × 200(배) = 200,000ℓ 이상

(선지분석)

① 4,000L의 알코올류를 취급하는 제조소:
   400ℓ × 10 = 4,000ℓ 이상
② 30,000kg의 황을 저장하는 옥외저장소:
   100kg × 100 = 10,000kg 이상
③ 2,500kg의 질산에스터류를 저장하는 옥내저장소:
   10kg × 150 = 1,500kg 이상

---

009   관계인이 예방규정을 정하여야 하는 제조소등   답 ①

1. 지정수량의 10배 이상의 위험물을 취급하는 제조소
2. 지정수량의 100배 이상의 위험물을 저장하는 옥외저장소
3. 지정수량의 150배 이상의 위험물을 저장하는 옥내저장소
4. 지정수량의 200배 이상의 위험물을 저장하는 옥외탱크저장소
5. 암반탱크저장소
6. 이송취급소
7. 지정수량의 10배 이상의 위험물을 취급하는 일반취급소

---

010   예방규정 작성대상   답 ④

(선지분석)

① 옥내탱크저장소는 예방규정 작성대상이 아니다.
② 옥외탱크저장소는 지정수량 200배 이상이 예방규정 작성대상이다.
③ 옥내저장소는 지정수량 150배 이상이 예방규정 작성대상이다.

📄 개념플러스   **예방규정 작성 제조소등**

1. 지정수량의 10배 이상의 위험물을 취급하는 제조소 및 일반취급소
2. 지정수량의 100배 이상의 위험물을 저장하는 옥외저장소
3. 지정수량의 150배 이상의 위험물을 저장하는 옥내저장소
4. 지정수량의 200배 이상의 위험물을 저장하는 옥외탱크저장소
5. 암반탱크저장소
6. 이송취급소

---

011   예방규정 작성대상   답 ②

옥내탱크저장소는 예방규정 작성대상이 아니다.

---

012   예방규정 작성대상   답 ③

지하탱크저장소는 예방규정 작성대상이 아니다.

---

013   예방규정 작성대상   답 ②

옥내저장소는 지정수량의 150배 이상이 예방규정 작성대상이다.

---

014   예방규정 작성대상   답 ④

암반탱크저장소는 지정수량과 관계없이 예방규정 작성대상이다.

---

015   정기점검 대상   답 ①

저장소 중 정기점검 대상인 것은 옥내저장소, 옥외저장소, 옥외탱크저장소, 암반탱크저장소, 지하탱크저장소, 이동탱크저장소이며, 해당 사항이 없는 저장소는 옥내탱크저장소와 간이탱크저장소이다.

📄 개념플러스   **정기점검 대상**

1. 예방규정 작성 제조소등
   ① 지정수량의 10배 이상의 위험물을 취급하는 제조소
   ② 지정수량의 100배 이상의 위험물을 저장하는 옥외저장소
   ③ 지정수량의 150배 이상의 위험물을 저장하는 옥내저장소
   ④ 지정수량의 200배 이상의 위험물을 저장하는 옥외탱크저장소
   ⑤ 암반탱크저장소
   ⑥ 이송취급소
   ⑦ 지정수량의 10배 이상의 위험물을 취급하는 일반취급소
2. 지하탱크저장소
3. 이동탱크저장소
4. 위험물을 취급하는 탱크로서 지하에 매설된 탱크가 있는 제조소·주유취급소 또는 일반취급소

016 정기점검 대상   답 ③

(선지분석)

① 지정수량의 100배 이상의 위험물을 저장하는 옥외저장소
② 지정수량의 200배 이상의 위험물을 저장하는 옥외탱크저장소
④ 지정수량의 10배 이상의 제조소

> 📄 개념플러스 **정기점검의 대상인 제조소등**
>
> 1. 예방규정 작성 제조소등에 해당하는 제조소등
> 2. 지하탱크저장소
> 3. 이동탱크저장소
> 4. 위험물을 취급하는 탱크로서 지하에 매설된 탱크가 있는 제조소·주유취급소 또는 일반취급소

017 정밀정기검사 시기   답 ④

특정·준특정옥외탱크저장소의 설치허가에 따른 완공검사합격확인증을 발급받은 날부터 12년이 되는 해에 정밀정기검사를 받는다.

> 📄 개념플러스 **정기검사 시기**
>
> 1. 정밀정기검사: 다음의 어느 하나에 해당하는 기간 내에 1회
>   ① 특정·준특정옥외탱크저장소의 설치허가에 따른 완공검사합격확인증을 발급받은 날부터 12년
>   ② 최근의 정밀정기검사를 받은 날부터 11년
> 2. 중간정기검사: 다음의 어느 하나에 해당하는 기간 내에 1회
>   ① 특정·준특정옥외탱크저장소의 설치허가에 따른 완공검사합격확인증을 발급받은 날부터 4년
>   ② 최근의 정밀정기검사 또는 중간정기검사를 받은 날부터 4년

018 화학소방자동차   답 ③

할로겐화합물 방사차: 할로겐화합물의 방사능력이 매초 40kg 이상일 것

(선지분석)

① 포수용액 방사차: 포수용액의 방사능력이 매분 2,000L 이상일 것
② 분말 방사차: 1,400kg 이상의 분말을 비치할 것
④ 이산화탄소 방사차: 3,000kg 이상의 이산화탄소를 비치할 것

019 자체소방대를 설치하여야 하는 사업소   답 ③

1. 제조소 또는 일반취급소에서 취급하는 제4류 위험물의 최대수량의 합이 지정수량의 3천배 이상
2. 옥외탱크저장소에 저장하는 제4류 위험물의 최대수량이 지정수량의 50만배 이상

020 제조소등의 기준   답 ①

지정수량의 3천배 이상의 제4류 위험물을 저장, 취급하는 제조소 또는 일반취급소는 자체소방대를 두어야 한다.

> 📄 개념플러스 **자체소방대를 설치하여야 하는 사업소**
>
> 1. 대통령령이 정하는 제조소등이란 다음에 해당하는 제조소등을 말한다.
>   ① 제4류 위험물을 취급하는 제조소 또는 일반취급소. 다만, 보일러로 위험물을 소비하는 일반취급소 등 행정안전부령으로 정하는 일반취급소는 제외함
>   ② 제4류 위험물을 저장하는 옥외탱크저장소
> 2. 대통령령이 정하는 수량 이상이란 다음의 구분에 따른 수량을 말한다.
>   ① 제4류 위험물을 취급하는 제조소 또는 일반취급소에 해당하는 경우: 제조소 또는 일반취급소에서 취급하는 제4류 위험물의 최대수량의 합이 지정수량의 3천배 이상
>   ② 제4류 위험물을 저장하는 옥외탱크저장소에 해당하는 경우: 옥외탱크저장소에 저장하는 제4류 위험물의 최대수량이 지정수량의 50만배 이상
> 3. 자체소방대를 설치하는 사업소의 관계인은 자체소방대에 화학소방자동차 및 자체소방대원을 두어야 한다.

제4장 | **위험물의 운반 등**

정답   p. 155

001	②	002	④	003	③	004	③	005	③
006	①								

001 위험물의 운반   답 ②

위험물의 운반은 그 용기·적재방법 및 운반방법에 관한 중요기준과 세부기준에 따라 행하여야 한다.

1. 위험물의 운반은 그 용기·적재방법 및 운반방법에 관한 다음의 중요기준과 세부기준에 따라 행하여야 한다.
   ① 중요기준: 화재 등 위해의 예방과 응급조치에 있어서 큰 영향을 미치거나 그 기준을 위반하는 경우 직접적으로 화재를 일으킬 가능성이 큰 기준으로서 행정안전부령이 정하는 기준
   ② 세부기준: 화재 등 위해의 예방과 응급조치에 있어서 중요기준보다 상대적으로 적은 영향을 미치거나 그 기준을 위반하는 경우 간접적으로 화재를 일으킬 수 있는 기준 및 위험물의 안전관리에 필요한 표시와 서류·기구 등의 비치에 관한 기준으로서 행정안전부령이 정하는 기준
2. 운반용기에 수납된 위험물을 지정수량 이상으로 차량에 적재하여 운반하는 차량의 운전자는 다음의 어느 하나에 해당하는 요건을 갖추어야 한다.
   ① 「국가기술자격법」에 따른 위험물 분야의 자격을 취득할 것
   ② 위험물 운반에 따른 교육을 수료할 것
3. 시·도지사는 운반용기를 제작하거나 수입한 자 등의 신청에 따라 규정에 따른 운반용기를 검사할 수 있다. 다만, 기계에 의하여 하역하는 구조로 된 대형의 운반용기로서 행정안전부령이 정하는 것을 제작하거나 수입한 자 등은 행정안전부령이 정하는 바에 따라 당해 용기를 사용하거나 유통시키기 전에 시·도지사가 실시하는 운반용기에 대한 검사를 받아야 한다.

---

002 **위험물의 운반에 관한 기준 중 적재방법** 답 ④

자연발화물질 중 알킬알루미늄등은 운반용기 내용적의 90% 이하의 수납율로 수납하되, 50℃의 온도에서 5% 이상의 공간용적을 유지하도록 할 것

---

003 **위험물의 운송** 답 ③

운송책임자의 감독·지원을 받아 운송하여야 하는 위험물은 알킬알루미늄, 알킬리튬, 알킬알루미늄 또는 알킬리튬의 물질을 함유하는 위험물이다.

---

004 **위험물의 운송** 답 ③

운송책임자의 감독·지원을 받아 운송하여야 하는 위험물은 알킬알루미늄, 알킬리튬, 알킬알루미늄 또는 알킬리튬의 물질을 함유하는 위험물이다.

---

005 **위험물의 운송** 답 ③

운송책임자의 감독·지원을 받아 운송하여야 하는 위험물은 알킬알루미늄, 알킬리튬, 알킬알루미늄 또는 알킬리튬의 물질을 함유하는 위험물이다.

📄 개념플러스 **위험물의 운송**

1. 이동탱크저장소에 의하여 위험물을 운송하는 자(운송책임자 및 이동탱크저장소운전자, 위험물운송자)는 다음의 어느 하나에 해당하는 요건을 갖추어야 한다.
   ① 「국가기술자격법」에 따른 위험물 분야의 자격을 취득할 것
   ② 위험물 운송교육을 수료할 것
2. 대통령령이 정하는 위험물의 운송에 있어서는 운송책임자(위험물 운송의 감독 또는 지원을 하는 자)의 감독 또는 지원을 받아 이를 운송하여야 한다. 운송책임자의 범위, 감독 또는 지원의 방법 등에 관한 구체적인 기준은 행정안전부령으로 정한다.

> ⊕ 참고 **운송책임자의 감독·지원을 받아 운송하여야 하는 위험물(대통령령이 정하는 위험물)**
> • 알킬알루미늄
> • 알킬리튬
> • 알킬알루미늄 또는 알킬리튬의 물질을 함유하는 위험물

3. 위험물운송자는 이동탱크저장소에 의하여 위험물을 운송하는 때에는 행정안전부령으로 정하는 기준을 준수하는 등 당해 위험물의 안전확보를 위하여 세심한 주의를 기울여야 한다.

---

006 **위험물의 운송** 답 ①

운송책임자의 감독·지원을 받아 운송하여야 하는 위험물은 알킬알루미늄, 알킬리튬, 알킬알루미늄 또는 알킬리튬의 물질을 함유하는 위험물이다.

┌─────────────────────────┐
│ 제5장 │ **감독 및 조치명령** │
└─────────────────────────┘

정답 p. 157

001	②	002	①

---

001 **위험물 누출 등의 사고 조사** 답 ②

위험물의 누출·화재·폭발 등의 사고가 발생한 경우 사고의 원인 및 피해 등을 조사하여야 하는 조사자는 소방청장, 소방본부장 또는 소방서장이다.

> 📄 개념플러스 **위험물 누출 등의 사고 조사**
>
> 1. 소방청장, 소방본부장 또는 소방서장은 위험물의 누출·화재·폭발 등의 사고가 발생한 경우 사고의 원인 및 피해 등을 조사하여야 한다.
> 2. 조사에 관하여는 출입·검사 등을 준용한다.
> 3. 소방청장, 소방본부장 또는 소방서장은 사고 조사에 필요한 경우 자문을 하기 위하여 관련 분야에 전문지식이 있는 사람으로 구성된 사고조사위원회를 둘 수 있다.
> 4. 사고조사위원회의 구성과 운영 등에 필요한 사항은 대통령령으로 정한다.

002　감독상 필요한 명령　　답 ①

시·도지사, 소방본부장 또는 소방서장은 탱크시험자에 대하여 당해 업무를 적정하게 실시하게 하기 위하여 필요하다고 인정하는 때에는 감독상 필요한 명령을 할 수 있다.

제 6 장 │ 보칙

정답　　　　　　　　　　　　　　　　　　　　p. 158

001	④	002	②	003	①

001　안전교육대상자　　답 ④

자체소방대원은 안전교육대상자가 아니다.

> 📄 개념플러스 **안전교육대상자**
>
> 1. 안전관리자로 선임된 자
> 2. 탱크시험자의 기술인력으로 종사하는 자
> 3. 위험물 운송자로 종사하는 자

002　안전교육대상자　　답 ②

안전관리업무를 대리하는 대리자는 안전교육대상이 아니다.

003　청문권자　　답 ①

시·도지사, 소방본부장 또는 소방서장은 제조소등 설치허가의 취소, 탱크시험자의 등록취소 처분을 하고자 하는 경우에는 청문을 실시하여야 한다. 청문권자는 시·도지사, 소방본부장 또는 소방서장이며, 취소처분만이 청문대상이고 정지처분은 청문대상이 아니다.

제 7 장 │ 벌칙

정답　　　　　　　　　　　　　　　　　　　　p. 159

001	②	002	②	003	④	004	④	005	④

001　벌칙　　답 ②

제조소등에서 위험물을 유출·방출 또는 확산시켜 사람의 생명·신체 또는 재산에 대하여 위험을 발생시킨 자는 1년 이상 10년 이하의 징역, 사람을 상해(傷害)에 이르게 한 때에는 무기 또는 3년 이상의 징역, 사망에 이르게 한 때에는 무기 또는 5년 이상의 징역형이다.

002　벌칙　　답 ②

제조소등의 설치허가를 받지 아니하고 제조소등을 설치한 자에게는 5년 이하의 징역 또는 1억원 이하의 벌금을 벌칙으로 적용한다.

> 📄 개념플러스 **1천5백만원 이하의 벌금**
>
> 1. 위험물의 저장 또는 취급에 관한 중요기준에 따르지 아니한 자
> 2. 변경허가를 받지 아니하고 제조소등을 변경한 자
> 3. 완공검사를 받지 아니하고 위험물을 저장·취급한 자
> 4. 제조소등의 사용정지명령을 위반한 자
> 5. 안전관리자 및 대리자를 선임하지 아니한 관계인
> 6. 예방규정을 제출하지 아니하거나 변경명령을 위반한 관계인

> 📄 개념플러스 **1천만원 이하의 벌금**
>
> 1. 위험물의 취급에 관한 안전관리와 감독을 하지 아니한 자
> 2. 안전관리자 또는 그 대리자가 참여하지 아니한 상태에서 위험물을 취급한 자
> 3. 위험물의 운반에 관한 중요기준에 따르지 아니한 자

003 벌칙 답 ④

위험물안전관리자 또는 그 대리자가 참여하지 아니한 상태에서 위험물을 취급한 자의 벌칙은 1천만원 이하의 벌금에 해당된다.

(선지분석)

①②③ 제조소등의 사용정지명령 위반, 변경허가를 받지 아니하고 제조소등을 변경한 자 및 위험물의 저장 또는 취급에 관한 중요기준에 따르지 아니한 경우의 벌칙은 1천5백만원 이하의 벌금에 해당된다.

개념플러스 **1천5백만원 이하의 벌금**

1. 위험물의 저장 또는 취급에 관한 중요기준에 따르지 아니한 자
2. 변경허가를 받지 아니하고 제조소등을 변경한 자
3. 완공검사를 받지 아니하고 위험물을 저장·취급한 자
4. 제조소등의 사용정지명령을 위반한 자
5. 안전관리자 및 대리자를 선임하지 아니한 관계인
6. 예방규정을 제출하지 아니하거나 변경명령을 위반한 관계인

개념플러스 **1천만원 이하의 벌금**

1. 위험물의 취급에 관한 안전관리와 감독을 하지 아니한 자
2. 안전관리자 또는 그 대리자가 참여하지 아니한 상태에서 위험물을 취급한 자
3. 위험물의 운반에 관한 중요기준에 따르지 아니한 자

004 제조소등의 관계인의 벌칙 답 ④

위험물 제조소등에서 위험물안전관리자 및 대리자를 선임하지 아니한 관계인의 벌칙은 1천5백만원 이하의 벌금에 해당된다.

개념플러스 **1천5백만원 이하의 벌금**

1. 위험물의 저장 또는 취급에 관한 중요기준에 따르지 아니한 자
2. 변경허가를 받지 아니하고 제조소등을 변경한 자
3. 완공검사를 받지 아니하고 위험물을 저장·취급한 자
4. 제조소등의 사용정지명령을 위반한 자
5. 안전관리자 및 대리자를 선임하지 아니한 관계인
6. 예방규정을 제출하지 아니하거나 변경명령을 위반한 관계인

005 과태료 부과자 답 ④

과태료는 대통령령이 정하는 바에 따라 시·도지사, 소방본부장 또는 소방서장이 부과·징수한다.

제8장 | 제조소등 및 운반 등의 기술기준

정답

p. 161

001	③	002	④	003	③	004	④	005	①
006	②	007	④	008	③	009	④	010	①
011	③	012	②	013	④	014	④	015	①
016	②	017	①	018	④	019	①	020	①
021	①	022	①	023	①	024	④	025	②
026	④	027	③	028	①	029	①	030	①
031	③	032	③	033	②	034	①	035	①
036	④	037	④	038	④	039	①	040	②
041	③	042	②	043	③	044	②	045	①
046	②	047	③	048	①	049	③	050	④
051	②	052	①	053	②	054	①	055	①
056	④	057	①	058	①	059	③	060	③
061	③	062	④	063	②	064	④	065	②

001 위험물 제조소 답 ③

연소의 우려가 있는 외벽에 설치하는 출입구에는 수시로 열 수 있는 자동폐쇄식의 60분+방화문 또는 60분방화문을 설치하여야 한다.

개념플러스 **위험물 제조소의 건축물 구조**

1. 출입구와 비상구에는 60분+방화문·60분방화문 또는 30분방화문을 설치하되, 연소의 우려가 있는 외벽에 설치하는 출입구에는 수시로 열 수 있는 자동폐쇄식의 60분+방화문 또는 60분방화문을 설치하여야 한다.
2. 벽·기둥·바닥·보·서까래 및 계단을 불연재료로 하고, 연소(延燒)의 우려가 있는 외벽은 출입구 외의 개구부가 없는 내화구조의 벽으로 하여야 한다.
3. 액체의 위험물을 취급하는 건축물의 바닥은 위험물이 스며들지 못하는 재료를 사용하고, 적당한 경사를 두어 그 최저부에 집유설비를 하여야 한다.

002 위험물 제조소 답 ④

공기 중의 상대습도를 70% 이상으로 유지하여 정전기를 방지한다. 건조설비를 설치하는 경우에는 습기가 제거되므로 정전기를 발생하여 위험을 초래할 수 있다.

003 제조소 답 ③

학교·병원·극장, 그 밖에 다수인을 수용하는 시설에 있어서는 30m 이상이어야 한다.

> 📄 **개념플러스 제조소의 안전거리**
>
> 1. 주거용으로 사용되는 것(제조소가 설치된 부지 내에 있는 것 제외)에 있어서는 10m 이상
> 2. 학교·병원·극장, 그 밖에 다수인을 수용하는 시설에 해당하는 것에 있어서는 30m 이상
> 3. 「문화재보호법」의 규정에 의한 유형문화재와 기념물 중 지정문화재에 있어서는 50m 이상
> 4. 고압가스, 액화석유가스 또는 도시가스를 저장 또는 취급하는 시설에 있어서는 20m 이상
> 5. 사용전압이 7,000V 초과 35,000V 이하의 특고압가공전선에 있어서는 3m 이상
> 6. 사용전압이 35,000V를 초과하는 특고압가공전선에 있어서는 5m 이상

004 제조소의 보유공지 답 ④

- 3m 이상: 위험물의 최대수량이 지정수량의 10배 이하인 경우
- 5m 이상: 위험물의 최대수량이 지정수량의 10배 초과인 경우

005 제조소의 보유공지 답 ①

지정수량의 10배 이하의 위험물을 취급하는 경우에는 3m 이상, 지정수량의 10배를 초과하는 경우에는 5m 이상의 공지를 보유하여야 한다.

006 위험물 제조소의 보유공지 답 ②

보유공지는 제조소의 구성요소에 해당한다.

> 📄 **개념플러스 제조소의 보유공지**
>
> 1. 위험물을 취급하는 건축물, 그 밖의 시설(위험물을 이송하기 위한 배관, 그 밖에 이와 유사한 시설 제외)의 주위에는 그 취급하는 위험물의 최대수량에 따라 다음 표에 의한 너비의 공지를 보유하여야 한다.
>
> | 취급하는 위험물의 최대수량 | 공지의 너비 |
> |---|---|
> | 지정수량의 10배 이하 | 3m 이상 |
> | 지정수량의 10배 초과 | 5m 이상 |

2. 제조소의 작업공정이 다른 작업장의 작업공정과 연속되어 있어, 제조소의 건축물, 그 밖의 공작물의 주위에 공지를 두게 되면 그 제조소의 작업에 현저한 지장이 생길 우려가 있는 경우 당해 제조소와 다른 작업장 사이에 다음 기준에 따라 방화상 유효한 격벽을 설치한 때에는 당해 제조소와 다른 작업장 사이에 규정에 의한 공지를 보유하지 아니할 수 있다.
   ① 방화벽은 내화구조로 할 것, 다만 취급하는 위험물이 제6류 위험물인 경우에는 불연재료로 할 수 있음
   ② 방화벽에 설치하는 출입구 및 창 등의 개구부는 가능한 한 최소로 하고, 출입구 및 창에는 자동폐쇄식의 60분+방화문 또는 60분방화문을 설치할 것
   ③ 방화벽의 양단 및 상단이 외벽 또는 지붕으로부터 50cm 이상 돌출하도록 할 것

007 정전기 제거설비 답 ④

배풍기로 강제배기 시 상대습도가 낮아질 우려가 있어 정전기가 발생할 수 있다.

> 📄 **개념플러스 정전기 제거설비**
>
> 1. 접지에 의한 방법
> 2. 공기 중의 상대습도를 70% 이상으로 하는 방법
> 3. 공기를 이온화하는 방법

008 제조소의 위치·구조 및 설비의 기준 답 ③

"위험물제조소"라는 표시를 한 표지의 바탕은 백색으로, 문자는 흑색으로 하여야 한다.

> 📄 **개념플러스 표지 및 게시판**
>
> 1. 제조소에는 보기 쉬운 곳에 다음의 기준에 따라 "위험물제조소"라는 표시를 한 표지를 설치하여야 한다.
>   ① 표지는 한변의 길이가 0.3m 이상, 다른 한변의 길이가 0.6m 이상인 직사각형으로 할 것
>   ② 표지의 바탕은 백색으로, 문자는 흑색으로 할 것
> 2. 제조소에는 보기 쉬운 곳에 다음의 기준에 따라 방화에 관하여 필요한 사항을 게시한 게시판을 설치하여야 한다.
>   ① 게시판은 한변의 길이가 0.3m 이상, 다른 한변의 길이가 0.6m 이상인 직사각형으로 할 것
>   ② 게시판에는 저장 또는 취급하는 위험물의 유별·품명 및 저장최대수량 또는 취급최대수량, 지정수량의 배수 및 안전관리자의 성명 또는 직명을 기재할 것
>   ③ 게시판의 바탕은 백색으로, 문자는 흑색으로 할 것
>   ④ 게시판 외에 저장 또는 취급하는 위험물에 따라 다음의 규정에 의한 주의사항을 표시한 게시판을 설치할 것
>   ㉠ 제1류 위험물 중 알칼리금속의 과산화물과 이를 함유한 것 또는 제3류 위험물 중 금수성물질: "물기엄금"
>   ㉡ 제2류 위험물(인화성고체 제외): "화기주의"
>   ㉢ 제2류 위험물 중 인화성고체, 제3류 위험물 중 자연발화성물질, 제4류 위험물 또는 제5류 위험물: "화기엄금"
>   ⑤ 게시판의 색은 "물기엄금"을 표시하는 것에 있어서는 청색바탕에 백색문자로, "화기주의" 또는 "화기엄금"을 표시하는 것에 있어서는 적색바탕에 백색문자로 할 것

009   제조소의 설치기준   답 ④

환기설비의 급기구는 낮은 곳에, 배출설비의 급기구는 높은 곳에 설치한다.

> 📄 **개념플러스** **환기설비**
>
> 1. 환기는 자연배기방식으로 할 것
> 2. 급기구는 당해 급기구가 설치된 실의 바닥면적 150m²마다 1개 이상으로 하되, 급기구의 크기는 800cm² 이상으로 할 것
> 3. 급기구는 낮은 곳에 설치하고 가는 눈의 구리망 등으로 인화방지망을 설치할 것
> 4. 환기구는 지붕위 또는 지상 2m 이상의 높이에 회전식 고정벤틸레이터 또는 루프팬 방식으로 설치할 것

010   채광·조명 및 환기설비의 기준   답 ①

환기설비는 자연배기, 배출설비는 강제배기로 하여야 한다.

> 📄 **개념플러스** **채광·조명 및 환기설비**
>
> 1. 채광설비는 불연재료로 하고, 연소의 우려가 없는 장소에 설치하되 채광면적을 최소로 할 것
> 2. 조명설비
>   ① 가연성가스 등이 체류할 우려가 있는 장소의 조명등은 방폭등으로 할 것
>   ② 전선은 내화·내열전선으로 할 것
>   ③ 점멸스위치는 출입구 바깥부분에 설치할 것. 다만, 스위치의 스파크로 인한 화재·폭발의 우려가 없을 경우에는 그러하지 아니함
> 3. 환기설비
>   ① 환기는 자연배기방식으로 할 것
>   ② 급기구는 당해 급기구가 설치된 실의 바닥면적 150m²마다 1개 이상으로 하되, 급기구의 크기는 800cm² 이상으로 할 것
>   ③ 급기구는 낮은 곳에 설치하고 가는 눈의 구리망 등으로 인화방지망을 설치할 것
>   ④ 환기구는 지붕위 또는 지상 2m 이상의 높이에 회전식 고정벤틸레이터 또는 루프팬 방식으로 설치할 것

011   피뢰설비   답 ③

지정수량의 10배 이상인 경우에는 피뢰설비를 하여야 한다 (단, 제6류 위험물 제외).

012   방화상 유효한 격벽의 규정   답 ②

제6류 위험물인 방화벽의 경우에는 불연재료로 할 수 있다.

> 📄 **개념플러스** **방화상 유효한 격벽의 규정**
>
> 제조소의 작업공정이 다른 작업장의 작업공정과 연속되어 있어 제조소의 건축물, 그 밖의 공작물의 주위에 공지를 두게 되면 그 제조소의 작업에 현저한 지장이 생길 우려가 있는 경우 당해 제조소와 다른 작업장 사이에 다음의 기준에 따라 방화상 유효한 격벽을 설치한 때에는 당해 제조소와 다른 작업장 사이에 공지를 보유하지 아니할 수 있다.
> 1. 방화벽은 내화구조로 할 것. 단, 취급하는 위험물이 제6류 위험물인 경우에는 불연재료로 할 수 있음
> 2. 방화벽에 설치하는 출입구 및 창 등의 개구부는 가능한 한 최소로 하고, 출입구 및 창에는 자동폐쇄식의 60분+방화문 또는 60분방화문을 설치할 것
> 3. 방화벽의 양단 및 상단이 외벽 또는 지붕으로부터 50cm 이상 돌출하도록 할 것

013   주의 게시판   답 ④

1. 제1류 위험물 중 알칼리금속의 과산화물과 이를 함유한 것 또는 제3류 위험물 중 금수성물질에 있어서는 "물기엄금"
2. 제2류 위험물(인화성고체 제외)에 있어서는 "화기주의"
3. 제2류 위험물 중 인화성고체, 제3류 위험물 중 자연발화성물질, 제4류 위험물 또는 제5류 위험물에 있어서는 "화기엄금"
4. 게시판의 색은 "물기엄금"을 표시하는 것에 있어서는 청색바탕에 백색문자로, "화기주의" 또는 "화기엄금"을 표시하는 것에 있어서는 적색바탕에 백색문자로 할 것

014   게시판의 기준   답 ④

알칼리금속의 과산화물과 이를 함유한 것 또는 제3류 위험물 중 금수성물질에 있어서는 "물기엄금" 표시를 하여야 한다.

> 📄 **개념플러스** **게시판의 기준**
>
> 제조소에는 보기 쉬운 곳에 다음의 기준에 따라 방화에 관하여 필요한 사항을 게시한 게시판을 설치하여야 한다.
> 1. 게시판은 한변의 길이가 0.3m 이상, 다른 한변의 길이가 0.6m 이상인 직사각형으로 할 것
> 2. 게시판에는 저장 또는 취급하는 위험물의 유별·품명 및 저장최대수량 또는 취급최대수량, 지정수량의 배수 및 안전관리자의 성명 또는 직명을 기재할 것
> 3. 게시판의 바탕은 백색으로, 문자는 흑색으로 할 것

4. 게시판 외에 저장 또는 취급하는 위험물에 따라 다음의 규정에 의한 주의사항을 표시한 게시판을 설치할 것
   ① 제1류 위험물 중 알칼리금속의 과산화물과 이를 함유한 것 또는 제3류 위험물 중 금수성물질에 있어서는 "물기엄금"
   ② 제2류 위험물(인화성고체 제외)에 있어서는 "화기주의"
   ③ 제2류 위험물 중 인화성고체, 제3류 위험물 중 자연발화성물질, 제4류 위험물 또는 제5류 위험물에 있어서는 "화기엄금"
5. 게시판의 색은 "물기엄금"을 표시하는 것에 있어서는 청색바탕에 백색문자로, "화기주의" 또는 "화기엄금"을 표시하는 것에 있어서는 적색바탕에 백색문자로 할 것

015 주의사항 게시판   답 ①

제1류 위험물 중 알칼리금속의 과산화물과 제3류위험물 중 금수성물질은 물기엄금을 게시하여야 한다.

📄 개념플러스 **주의사항 게시판**

1. 제1류 위험물 중 알칼리금속의 과산화물과 이를 함유한 것 또는 제3류 위험물 중 금수성물질에 있어서는 "물기엄금"
2. 제2류 위험물(인화성고체를 제외한다)에 있어서는 "화기주의"
3. 제2류 위험물 중 인화성고체, 제3류 위험물 중 자연발화성물질, 제4류 위험물 또는 제5류 위험물에 있어서는 "화기엄금"

016 게시판의 표시   답 ②

제2류 위험물(인화성고체 제외)의 주의사항을 게시할 때에는 "화기주의" 표시를 하여야 한다.

(선지분석)

① 제2류 위험물 중 인화성고체, 제3류 위험물 중 자연발화성물질, 제4류 위험물, 제5류 위험물의 경우 "화기엄금" 표시를 하여야 한다.
③ 알칼리금속의 과산화물과 이를 함유한 것, 제3류 위험물 중 금수성물질의 경우 "물기엄금" 표시를 하여야 한다.

017 게시판의 표시   답 ①

제2류 위험물(인화성고체 제외)에 있어서는 "화기주의" 표시를 하여야 한다.

(선지분석)

②③④ 제2류 위험물 중 인화성고체, 제3류 위험물 중 자연발화성물질, 제4류 위험물 또는 제5류 위험물의 경우 "화기엄금" 표시를 한다.

018 게시판의 색   답 ④

게시판의 색은 "물기엄금"을 표시하는 것에 있어서는 청색바탕에 백색문자로, "화기주의" 또는 "화기엄금"을 표시하는 것에 있어서는 적색바탕에 백색문자로 하여야 한다.

019 환기설비   답 ①

환기설비의 환기는 자연배기방식으로, 배출설비는 강제배기방식으로 하여야 한다.

📄 개념플러스 **환기설비**

1. 환기는 자연배기방식으로 할 것
2. 급기구는 당해 급기구가 설치된 실의 바닥면적 150m² 마다 1개 이상으로 하되, 급기구의 크기는 800cm² 이상으로 할 것
3. 급기구는 낮은 곳에 설치하고 가는 눈의 구리망 등으로 인화방지망을 설치할 것
4. 환기구는 지붕위 또는 지상 2m 이상의 높이에 회전식 고정 벤틸레이터 또는 루프팬 방식으로 설치할 것

020 환기설비   답 ①

환기설비의 환기는 자연배기방식으로 하여야 한다.

📄 개념플러스 **환기설비**

1. 환기는 자연배기방식으로 할 것
2. 급기구는 당해 급기구가 설치된 실의 바닥면적 150m² 마다 1개 이상으로 하되, 급기구의 크기는 800cm² 이상으로 할 것
3. 급기구는 낮은 곳에 설치하고 가는 눈의 구리망 등으로 인화방지망을 설치할 것
4. 환기구는 지붕위 또는 지상 2m 이상의 높이에 회전식 고정 벤틸레이터 또는 루프팬 방식으로 설치할 것

📄 개념플러스 **배출설비**

1. 가연성의 증기 또는 미분이 체류할 우려가 있는 건축물에는 그 증기 또는 미분을 옥외의 높은 곳으로 배출할 수 있도록 배출설비를 설치할 것
2. 배출설비는 국소방식으로 하고, 배풍기(오염된 공기를 뽑아내는 통풍기)·배출덕트(공기 배출통로)·후드 등을 이용하여 강제적으로 배출할 것
3. 급기구는 높은 곳에 설치할 것

021 채광설비   답 ①

채광설비는 불연재료로 하고, 연소의 우려가 없는 장소에 설치하되 채광면적을 최소로 하여야 한다.

022 　배출설비　　　　답 ①

배출설비는 국소방식으로 하여야 한다. 단, 제한적으로 전역방식으로 할 수 있다.

> 📄 개념플러스　**배출설비**
>
> 가연성의 증기 또는 미분이 체류할 우려가 있는 건축물에는 그 증기 또는 미분을 옥외의 높은 곳으로 배출할 수 있도록 다음의 기준에 의하여 배출설비를 설치하여야 한다.
>
> 1. 배출설비는 국소방식으로 하여야 한다. 다만, 다음에 해당하는 경우에는 전역방식으로 할 수 있다.
>   ① 위험물취급설비가 배관이음 등으로만 된 경우
>   ② 건축물의 구조·작업장소의 분포 등의 조건에 의하여 전역방식이 유효한 경우
> 2. 배출설비는 배풍기·배출덕트·후드 등을 이용하여 강제적으로 배출하는 것으로 하여야 한다.
> 3. 배출능력은 1시간당 배출장소 용적의 20배 이상인 것으로 하여야 한다. 다만, 전역방식의 경우에는 바닥면적 1m²당 18m³ 이상으로 할 수 있다.
> 4. 배출설비의 급기구 및 배출구는 다음의 기준에 의하여야 한다.
>   ① 급기구는 높은 곳에 설치하고, 가는 눈의 구리망 등으로 인화방지망을 설치할 것
>   ② 배출구는 지상 2m 이상으로서 연소의 우려가 없는 장소에 설치하고, 배출덕트가 관통하는 벽부분의 바로 가까이에 화재 시 자동으로 폐쇄되는 방화댐퍼를 설치할 것
> 5. 배풍기는 강제배기방식으로 하고, 옥내덕트의 내압이 대기압 이상이 되지 아니하는 위치에 설치하여야 한다.

023 　액체위험물　　　　답 ①

바닥의 둘레에 높이 0.15m 이상의 턱을 설치하는 등 위험물이 외부로 흘러나가지 아니하도록 하여야 한다.

> 📄 개념플러스　**옥외설비의 바닥**
>
> 옥외에서 액체위험물을 취급하는 설비의 바닥은 다음의 기준에 의하여야 한다.
>
> 1. 바닥의 둘레에 높이 0.15m 이상의 턱을 설치하는 등 위험물이 외부로 흘러나가지 아니하도록 하여야 한다.
> 2. 바닥은 콘크리트 등 위험물이 스며들지 아니하는 재료로 하고, 턱이 있는 쪽이 낮게 경사지게 하여야 한다.
> 3. 바닥의 최저부에 집유설비를 하여야 한다.
> 4. 위험물(온도 20℃의 물 100g에 용해되는 양이 1g 미만인 것에 한정)을 취급하는 설비에 있어서는 당해 위험물이 직접 배수구에 흘러들어가지 아니하도록 집유설비에 유분리장치를 설치하여야 한다.

024 　피뢰설비　　　　답 ④

지정수량의 10배 이상의 위험물을 취급하는 제조소(제6류 위험물을 취급하는 위험물 제조소 제외)에는 피뢰침을 설치하여야 한다.

025 　고인화점위험물　　　　답 ②

고인화점위험물은 인화점이 100℃ 이상인 제4류 위험물을 말한다.

026 　액체위험물　　　　답 ④

상부는 물이 침투하지 아니하는 구조로 하고, 뚜껑은 검사 시에 쉽게 열 수 있도록 하여야 한다.

> 📄 개념플러스　**누유검사관**
>
> 지하저장탱크의 주위에는 당해 탱크로부터의 액체위험물의 누설을 검사하기 위한 관을 다음의 기준에 따라 4개소 이상 적당한 위치에 설치하여야 한다.
> 1. 이중관으로 할 것. 다만, 소공이 없는 상부는 단관으로 할 수 있음
> 2. 재료는 금속관 또는 경질합성수지관으로 할 것
> 3. 관은 탱크전용실의 바닥 또는 탱크의 기초까지 닿게 할 것
> 4. 관의 밑부분으로부터 탱크의 중심 높이까지의 부분에는 소공이 뚫려 있을 것. 다만, 지하수위가 높은 장소에 있어서는 지하수위 높이까지의 부분에 소공이 뚫려 있어야 함
> 5. 상부는 물이 침투하지 아니하는 구조로 하고, 뚜껑은 검사 시에 쉽게 열 수 있도록 할 것

027 　지하탱크저장소의 제반사항　　　　답 ③

탱크의 주위에 마른 모래 또는 습기 등에 의하여 응고되지 아니하는 입자지름 5mm 이하의 마른 자갈분을 채워야 한다.

028 　옥외저장소에 저장할 수 있는 것　　　　답 ①

1. 제2류 위험물 중 황 또는 인화성고체(인화점이 섭씨 0도 이상인 것에 한한다)
2. 제4류 위험물 중 제1석유류(인화점이 섭씨 0도 이상인 것에 한한다)·알코올류·제2석유류·제3석유류·제4석유류 및 동식물유류
3. 제6류 위험물
4. 제2류 위험물 및 제4류 위험물 중 특별시·광역시 또는 도의 조례에서 정하는 위험물(「관세법」 제154조의 규정에 의한 보세구역 안에 저장하는 경우에 한한다)

029 옥외저장소 답 ①

선반의 높이는 6m를 초과하지 아니하여야 한다.

> 📄 **개념플러스 옥외저장소에 선반을 설치하는 경우의 기준**
>
> 1. 선반은 불연재료로 만들고 견고한 지반면에 고정할 것
> 2. 선반은 당해 선반 및 그 부속설비의 자중·저장하는 위험물의 중량·풍하중·지진의 영향 등에 의하여 생기는 응력에 대하여 안전할 것
> 3. 선반의 높이는 6m를 초과하지 아니할 것
> 4. 선반에는 위험물을 수납한 용기가 쉽게 낙하하지 아니하는 조치를 강구할 것

030 옥외탱크저장소의 옥외저장탱크 보유공지 답 ①

저장 또는 취급하는 위험물의 최대수량	공지의 너비
지정수량의 500배 이하	3m 이상
지정수량의 500배 초과 1,000배 이하	5m 이상
지정수량의 1,000배 초과 2,000배 이하	9m 이상
지정수량의 2,000배 초과 3,000배 이하	12m 이상
지정수량의 3,000배 초과 4,000배 이하	15m 이상
지정수량의 4,000배 초과	당해 탱크의 수평단면의 최대지름(가로형인 경우에는 긴 변)과 높이 중 큰 것과 같은 거리 이상. 다만, 30m 초과의 경우에는 30m 이상으로 할 수 있고, 15m 미만의 경우에는 15m 이상으로 하여야 함

031 옥외저장탱크 답 ③

옥외저장탱크의 배수관은 탱크의 옆판에 설치하여야 한다. 다만, 탱크와 배수관과의 결합부분이 지진 등에 의하여 손상을 받을 우려가 없는 방법으로 배수관을 설치하는 경우에는 탱크의 밑판에 설치할 수 있다.

032 보유공지 답 ③

지정수량의 650배를 저장하는 옥외탱크저장소의 보유공지는 5m 이상이다. 펌프설비의 보유공지 최소거리는 3m 이상이다. 다만, 방화상 유효한 격벽을 설치하는 경우와 제6류 위험물 또는 지정수량의 10배 이하 위험물의 옥외저장탱크의 펌프설비에 있어서는 그러하지 아니하다.

> 📄 **개념플러스 보유공지**
>
> | 저장 또는 취급하는 위험물의 최대수량 | 공지의 너비 |
> |---|---|
> | 지정수량의 500배 이하 | 3m 이상 |
> | 지정수량의 500배 초과 1,000배 이하 | 5m 이상 |
> | 지정수량의 1,000배 초과 2,000배 이하 | 9m 이상 |
> | 지정수량의 2,000배 초과 3,000배 이하 | 12m 이상 |
> | 지정수량의 3,000배 초과 4,000배 이하 | 15m 이상 |
> | 지정수량의 4,000배 초과 | 당해 탱크의 수평단면의 최대지름(가로형인 경우에는 긴 변)과 높이 중 큰 것과 같은 거리 이상. 다만, 30m 초과의 경우에는 30m 이상으로 할 수 있고, 15m 미만의 경우에는 15m 이상으로 하여야 함 |

> 📄 **개념플러스 펌프설비 기준**
>
> 1. 펌프설비의 주위에는 너비 3m 이상의 공지를 보유할 것. 다만, 방화상 유효한 격벽을 설치하는 경우와 제6류 위험물 또는 지정수량의 10배 이하 위험물의 옥외저장탱크의 펌프설비에 있어서는 그러하지 아니함
> 2. 펌프 및 이에 부속하는 전동기를 위한 건축물, 그 밖의 공작물(이하 "펌프실"이라 한다)의 벽·기둥·바닥 및 보는 불연재료로 할 것
> 3. 펌프실의 지붕을 폭발력이 위로 방출될 정도의 가벼운 불연재료로 할 것
> 4. 펌프실의 창 및 출입구에는 60분+방화문·60분방화문 또는 30분방화문을 설치할 것
> 5. 펌프실의 창 및 출입구에 유리를 이용하는 경우에는 망입유리로 할 것
> 6. 펌프실의 바닥의 주위에는 높이 0.2m 이상의 턱을 만들고 바닥은 콘크리트 등 위험물이 스며들지 아니하는 재료로 적당히 경사지게 하여 그 최저부에는 집유설비를 설치할 것
> 7. 펌프실에는 위험물을 취급하는 데 필요한 채광, 조명 및 환기의 설비를 설치할 것
> 8. 가연성 증기가 체류할 우려가 있는 펌프실에는 그 증기를 옥외의 높은 곳으로 배출하는 설비를 설치할 것
> 9. 펌프실외의 장소에 설치하는 펌프설비에는 그 직하의 지반면의 주위에 높이 0.15m 이상의 턱을 만들고 당해 지반면은 콘크리트 등 위험물이 스며들지 아니하는 재료로 적당히 경사지게 하여 그 최저부에는 집유설비를 할 것

033　옥외저장탱크 보유공지　　답 ②

지정수량의 500배 초과 1,000배 이하의 공지 너비는 5미터 이상에 해당된다.

📄 **개념플러스　보유공지**

저장 또는 취급하는 위험물의 최대수량	공지의 너비
지정수량의 500배 이하	3m 이상
지정수량의 500배 초과 1,000배 이하	5m 이상
지정수량의 1,000배 초과 2,000배 이하	9m 이상
지정수량의 2,000배 초과 3,000배 이하	12m 이상
지정수량의 3,000배 초과 4,000배 이하	15m 이상
지정수량의 4,000배 초과	당해 탱크의 수평단면의 최대 지름(가로형인 경우에는 긴 변)과 높이 중 큰 것과 같은 거리 이상. 다만, 30m 초과의 경우에는 30m 이상으로 할 수 있고, 15m 미만의 경우에는 15m 이상으로 하여야 함

034　통기관　　답 ①

밸브 없는 통기관의 직경은 30mm 이상이어야 한다. 단, 간이 탱크인 경우는 25mm 이상이어야 한다.

📄 **개념플러스　통기관**

1. 밸브 없는 통기관
   ① 직경은 30mm 이상일 것
   ② 끝부분은 수평면보다 45도 이상 구부려 빗물 등의 침투를 막는 구조로 할 것
   ③ 인화점이 38℃ 미만인 위험물만을 저장 또는 취급하는 탱크에 설치하는 통기관에는 화염방지장치를 설치하고, 그 외의 탱크에 설치하는 통기관에는 40메쉬 이상의 구리망 또는 동등 이상의 성능을 가진 인화방지장치를 설치할 것
2. 대기밸브부착 통기관: 5kPa 이하의 압력차이로 작동할 수 있을 것

035　옥외탱크저장소(방유제)　　답 ①

📄 **개념플러스　방유제(이황화탄소 제외)**

1. 방유제의 용량은 방유제안에 설치된 탱크가 하나인 때에는 그 탱크 용량의 110% 이상, 2기 이상인 때에는 그 탱크 중 용량이 최대인 것의 용량의 110% 이상으로 할 것
2. 방유제는 높이 0.5m 이상 3m 이하, 두께 0.2m 이상, 지하 매설깊이 1m 이상으로 할 것
3. 방유제 내의 면적은 8만m² 이하로 할 것
4. 방유제 내의 설치하는 옥외저장탱크의 수는 10(방유제 내에 설치하는 모든 옥외저장탱크의 용량이 20만ℓ 이하이고, 당해 옥외저장탱크에 저장 또는 취급하는 위험물의 인화점이 70℃ 이상 200℃ 미만인 경우에는 20) 이하로 할 것
5. 방유제 외면의 2분의 1 이상은 자동차 등이 통행할 수 있는 3m 이상의 노면폭을 확보한 구내도로에 직접 접하도록 할 것
6. 용량이 1,000만ℓ 이상인 옥외저장탱크의 주위에 설치하는 방유제에는 다음의 규정에 따라 당해 탱크마다 간막이 둑을 설치할 것
   ① 간막이 둑의 높이는 0.3m(방유제 내에 설치되는 옥외저장탱크의 용량의 합계가 2억ℓ를 넘는 방유제에 있어서는 1m) 이상으로 하되, 방유제의 높이보다 0.2m 이상 낮게 할 것
   ② 간막이 둑은 흙 또는 철근콘크리트로 할 것
   ③ 간막이 둑의 용량은 간막이 둑 안에 설치된 탱크의 용량의 10% 이상일 것
7. 높이가 1m를 넘는 방유제 및 간막이 둑의 안팎에는 방유제 내에 출입하기 위한 계단 또는 경사로를 약 50m마다 설치할 것

036　방유제의 기술기준　　답 ④

높이가 1m를 넘는 방유제 및 간막이 둑의 안팎에는 방유제 내에 출입하기 위한 계단 또는 경사로를 약 50m마다 설치하여야 한다.

📄 **개념플러스　방유제**

인화성액체위험물(이황화탄소 제외)의 옥외탱크저장소의 탱크 주위에는 다음의 기준에 의하여 방유제를 설치하여야 한다.

1. 방유제의 용량은 방유제안에 설치된 탱크가 하나인 때에는 그 탱크 용량의 110% 이상, 2기 이상인 때에는 그 탱크 중 용량이 최대인 것의 용량의 110% 이상으로 할 것
2. 방유제는 높이 0.5m 이상 3m 이하, 두께 0.2m 이상, 지하매설깊이 1m 이상으로 할 것
3. 방유제내의 면적은 8만m² 이하로 할 것
4. 방유제내의 설치하는 옥외저장탱크의 수는 10(방유제 내에 설치하는 모든 옥외저장탱크의 용량이 20만ℓ 이하이고, 당해 옥외저장탱크에 저장 또는 취급하는 위험물의 인화점이 70℃ 이상 200℃ 미만인 경우에는 20) 이하로 할 것
5. 방유제 외면의 2분의 1 이상은 자동차 등이 통행할 수 있는 3m 이상의 노면폭을 확보한 구내도로에 직접 접하도록 할 것

6. 방유제는 옥외저장탱크의 지름에 따라 그 탱크의 옆판으로부터 다음에 정하는 거리를 유지할 것

7. 방유제는 철근콘크리트로 하고, 방유제와 옥외저장탱크 사이의 지표면은 불연성과 불침윤성이 있는 구조(철근콘크리트 등)로 할 것

8. **용량이 1,000만ℓ 이상인 옥외저장탱크의 주위에 설치하는 방유제에는 다음의 규정에 따라 당해 탱크마다 간막이 둑을 설치할 것**
   ① 간막이 둑의 높이는 0.3m(방유제 내에 설치되는 옥외저장탱크의 용량의 합계가 2억ℓ를 넘는 방유제에 있어서는 1m) 이상으로 하되, 방유제의 높이보다 0.2m 이상 낮게 할 것
   ② 간막이 둑은 흙 또는 철근콘크리트로 할 것
   ③ 간막이 둑의 용량은 간막이 둑 안에 설치된 탱크의 용량의 10% 이상일 것

9. 방유제 내에는 당해 방유제 내에 설치하는 옥외저장탱크를 위한 배관(당해 옥외저장탱크의 소화설비를 위한 배관 포함), 조명설비 및 계기시스템과 이들에 부속하는 설비, 그 밖의 안전확보에 지장이 없는 부속설비 외에는 다른 설비를 설치하지 아니할 것

10. 방유제 또는 간막이 둑에는 해당 방유제를 관통하는 배관을 설치하지 아니할 것

11. 방유제에는 그 내부에 고인 물을 외부로 배출하기 위한 배수구를 설치하고 이를 개폐하는 밸브 등을 방유제의 외부에 설치할 것

12. 용량이 100만ℓ 이상인 위험물을 저장하는 옥외저장탱크에 있어서는 밸브 등에 그 개폐상황을 쉽게 확인할 수 있는 장치를 설치할 것

13. 높이가 1m를 넘는 방유제 및 간막이 둑의 안팎에는 방유제 내에 출입하기 위한 계단 또는 경사로를 약 50m마다 설치할 것

14. 용량이 50만리터 이상인 옥외탱크저장소가 해안 또는 강변에 설치되어 방유제 외부로 누출된 위험물이 바다 또는 강으로 유입될 우려가 있는 경우에는 해당 옥외탱크저장소가 설치된 부지 내에 전용유조(專用油槽) 등 누출위험물 수용설비를 설치할 것

---

037 이동저장탱크 구조   답 ④

📄 **개념플러스 이동저장탱크의 구조**

1. 이동저장탱크는 그 내부에 4,000ℓ 이하마다 3.2mm 이상의 강철판 또는 이와 동등 이상의 강도·내열성 및 내식성이 있는 금속성의 것으로 칸막이를 설치하여야 한다.

2. 칸막이로 구획된 각 부분마다 맨홀과 다음 각목의 기준에 의한 안전장치 및 방파판을 설치하여야 한다(단, 구획된 부분의 용량이 2,000ℓ 미만인 부분 제외).
   ① 안전장치: 상용압력이 20㎪ 이하인 탱크에 있어서는 20㎪ 이상 24㎪ 이하의 압력에서, 상용압력이 20㎪를 초과하는 탱크에 있어서는 상용압력의 1.1배 이하의 압력에서 작동하는 것으로 할 것
   ② 방파판
      ㉠ 두께 1.6mm 이상의 강철판 또는 이와 동등 이상의 강도·내열성 및 내식성이 있는 금속성의 것으로 할 것
      ㉡ 하나의 구획부분에 2개 이상의 방파판을 이동탱크저장소의 진행방향과 평행으로 설치하되, 각 방파판은 그 높이 및 칸막이로부터의 거리를 다르게 할 것
      ㉢ 하나의 구획부분에 설치하는 각 방파판의 면적의 합계는 당해 구획부분의 최대 수직단면적의 50% 이상으로 할 것. 다만, 수직단면이 원형이거나 짧은 지름이 1m 이하의 타원형일 경우에는 40% 이상으로 할 수 있다.

---

038 고정주유설비 설치기준   답 ④

고정주유설비는 고정주유설비의 중심선을 기점으로 하여 도로경계선까지 4 m 이상의 거리를 유지할 것

📄 **개념플러스 고정주유 및 급유 설비**

1. 고정주유설비의 중심선을 기점으로 하여 도로경계선까지 4m 이상, 부지경계선·담 및 건축물의 벽까지 2m(개구부가 없는 벽까지는 1m) 이상의 거리를 유지하고, 고정급유설비의 중심선을 기점으로 하여 도로경계선까지 4m 이상, 부지경계선 및 담까지 1m 이상, 건축물의 벽까지 2m(개구부가 없는 벽까지는 1m) 이상의 거리를 유지할 것

2. 고정주유설비와 고정급유설비의 사이에는 4m 이상의 거리를 유지할 것

039 주유취급소　　　　답 ①

② 주유취급소의 주위에는 자동차 등이 출입하는 쪽 외의 부분에 높이 2m 이상의 내화구조 또는 불연재료의 담 또는 벽을 설치하여야 한다.
③ 황색바탕에 흑색문자로 "주유중엔진정지"라는 표시를 한 게시판을 설치하여야 한다.
④ 주유를 받으려는 자동차 등이 출입할 수 있도록 너비 15m 이상, 길이 6m 이상의 콘크리트 등으로 포장한 공지를 보유하여야 한다.

040 주유취급소　　　　답 ②

"주유중엔진정지"는 황색바탕에 흑색문자로 게시한다.

📄 개념플러스　**주유취급소**

1. **주유공지**: 주유취급소의 고정주유설비의 주위에는 주유를 받으려는 자동차 등이 출입할 수 있도록 너비 15m 이상, 길이 6m 이상의 콘크리트 등으로 포장한 공지를 보유하여야 한다.
2. **표지 및 게시판**: 표지판 및 게시판은 제조소의 기준을 준용한다. 또한, 황색바탕에 흑색문자로 "주유중엔진정지"라는 표시를 한 게시판을 설치하여야 한다.
3. **고정주유설비 등**
   ① 주유취급소에는 자동차 등의 연료탱크에 직접 주유하기 위한 고정주유설비를 설치하여야 한다.
   ② 고정주유설비 또는 고정급유설비의 본체 또는 노즐 손잡이에 주유작업자의 인체에 축적되는 정전기를 유효하게 제거할 수 있는 장치를 설치하여야 한다.
   ③ 고정주유설비 또는 고정급유설비의 주유관의 길이(끝부분의 개폐밸브 포함)는 5m(현수식의 경우에는 지면위 0.5m의 수평면에 수직으로 내려 만나는 점을 중심으로 반경 3m) 이내로 하고 그 끝부분에는 축적된 정전기를 유효하게 제거할 수 있는 장치를 설치하여야 한다.
   ④ 고정주유설비 또는 고정급유설비는 다음의 기준에 적합한 위치에 설치하여야 한다.
   ㉠ 고정주유설비의 중심선을 기점으로 하여 도로경계선까지 4m 이상, 부지경계선·담 및 건축물의 벽까지 2m(개구부가 없는 벽까지는 1m) 이상의 거리를 유지하고, 고정급유설비의 중심선을 기점으로 하여 도로경계선까지 4m 이상, 부지경계선 및 담까지 1m 이상, 건축물의 벽까지 2m(개구부가 없는 벽까지는 1m) 이상의 거리를 유지할 것
   ㉡ 고정주유설비와 고정급유설비의 사이에는 4m 이상의 거리를 유지할 것

041 주유취급소　　　　답 ③

주유취급소의 고정주유설비의 주위에는 주유를 받으려는 자동차 등이 출입할 수 있도록 너비 15m 이상, 길이 6m 이상의 콘크리트 등으로 포장한 공지를 보유하여야 한다.

📄 개념플러스　**주유취급소**

1. **주유공지**: 주유취급소의 고정주유설비의 주위에는 주유를 받으려는 자동차 등이 출입할 수 있도록 너비 15m 이상, 길이 6m 이상의 콘크리트 등으로 포장한 공지를 보유하여야 한다.
2. **표지 및 게시판**: 표지판 및 게시판은 제조소의 기준을 준용한다. 또한, 황색바탕에 흑색문자로 "주유중엔진정지"라는 표시를 한 게시판을 설치하여야 한다.
3. **고정주유설비 등**
   ① 주유취급소에는 자동차 등의 연료탱크에 직접 주유하기 위한 고정주유설비를 설치하여야 한다.
   ② 고정주유설비 또는 고정급유설비의 본체 또는 노즐 손잡이에 주유작업자의 인체에 축적되는 정전기를 유효하게 제거할 수 있는 장치를 설치하여야 한다.
   ③ 고정주유설비 또는 고정급유설비의 주유관의 길이(끝부분의 개폐밸브 포함)는 5m(현수식의 경우에는 지면위 0.5m의 수평면에 수직으로 내려 만나는 점을 중심으로 반경 3m) 이내로 하고 그 끝부분에는 축적된 정전기를 유효하게 제거할 수 있는 장치를 설치하여야 한다.
   ④ 고정주유설비 또는 고정급유설비는 다음의 기준에 적합한 위치에 설치하여야 한다.
   ㉠ 고정주유설비의 중심선을 기점으로 하여 도로경계선까지 4m 이상, 부지경계선·담 및 건축물의 벽까지 2m(개구부가 없는 벽까지는 1m) 이상의 거리를 유지하고, 고정급유설비의 중심선을 기점으로 하여 도로경계선까지 4m 이상, 부지경계선 및 담까지 1m 이상, 건축물의 벽까지 2m(개구부가 없는 벽까지는 1m) 이상의 거리를 유지할 것
   ㉡ 고정주유설비와 고정급유설비의 사이에는 4m 이상의 거리를 유지할 것
4. **탱크**: 주유취급소에는 다음의 탱크 외에는 위험물을 저장 또는 취급하는 탱크를 설치할 수 없다.
   ① 자동차 등에 주유하기 위한 고정주유설비에 직접 접속하는 전용탱크로서 50,000ℓ 이하의 것
   ② 고정급유설비에 직접 접속하는 전용탱크로서 50,000ℓ 이하의 것
   ③ 보일러 등에 직접 접속하는 전용탱크로서 10,000ℓ 이하의 것
   ④ 자동차 등을 점검·정비하는 작업장 등에서 사용하는 폐유·윤활유 등의 위험물을 저장하는 탱크로서 용량이 2,000ℓ 이하인 것(폐유탱크 등)
5. **주유원 간이대기실**
   ① 불연재료로 할 것
   ② 바퀴가 부착되지 아니한 고정식일 것
   ③ 차량의 출입 및 주유작업에 장애를 주지 아니하는 위치에 설치할 것
   ④ 바닥면적이 2.5m² 이하일 것

042 주유중엔진정지 표시 　　답 ②

"주유중엔진정지"는 황색바탕에 흑색문자로 게시한다.

043 주유중엔진정지 표시 　　답 ③

"주유중엔진정지"는 황색바탕에 흑색문자로 게시한다.

> 📄 **개념플러스** **표지 및 게시판**
>
> 1. 주유취급소에는 보기 쉬운 곳에 다음의 기준에 따라 "위험물 주유취급소"라는 표시를 한 표지를 설치하여야 한다.
>   ① 표지는 한변의 길이가 0.3m 이상, 다른 한변의 길이가 0.6m 이상인 직사각형으로 할 것
>   ② 표지의 바탕은 백색으로, 문자는 흑색으로 할 것
> 2. 주유취급소에는 보기 쉬운 곳에 다음의 기준에 따라 방화에 관하여 필요한 사항을 게시한 게시판을 설치하여야 한다.
>   ① 게시판은 한변의 길이가 0.3m 이상, 다른 한변의 길이가 0.6m 이상인 직사각형으로 할 것
>   ② 게시판에는 저장 또는 취급하는 위험물의 유별·품명 및 저장최대수량 또는 취급최대수량, 지정수량의 배수 및 안전관리자의 성명 또는 직명을 기재할 것
>   ③ 게시판의 바탕은 백색으로, 문자는 흑색으로 할 것
> 3. 게시판 외에 저장 또는 취급하는 위험물에 따라 다음의 규정에 의한 주의사항을 표시한 게시판을 설치하여야 한다.
>   ① 게시판은 한변의 길이가 0.3m 이상, 다른 한변의 길이가 0.6m 이상인 직사각형으로 할 것
>   ② 황색바탕에 흑색문자로 "주유중엔진정지"라는 표시를 한 게시판을 설치할 것

044 주유공지 　　답 ②

주유취급소의 고정주유설비의 주위에는 주유를 받으려는 자동차 등이 출입할 수 있도록 너비 15m 이상, 길이 6m 이상의 콘크리트 등으로 포장한 공지를 보유하여야 한다.

045 주유취급소 부대시설 　　답 ①

볼링장 등과 같이 다수가 이용하는 체육시설은 설치할 수 없다.

> 📄 **개념플러스** **부대업무를 위하여 사용되는 건축물 또는 시설**
>
> 1. 주유 또는 등유·경유를 옮겨 담기 위한 작업장
> 2. 주유취급소의 업무를 행하기 위한 사무소
> 3. 자동차 등의 점검 및 간이정비를 위한 작업장
> 4. 자동차 등의 세정을 위한 작업장
> 5. 주유취급소에 출입하는 사람을 대상으로 한 점포·휴게음식점 또는 전시장
> 6. 주유취급소의 관계자가 거주하는 주거시설
> 7. 전기자동차용 충전설비
> 8. 그 밖의 소방청장이 정하여 고시하는 건축물 또는 시설

046 주유취급소의 기술기준 　　답 ②

주유공지 및 급유공지의 바닥을 주위 지면보다 낮게 하면 유류가 누출 시 흘러내리지 않고 고이게 되어 위험하다.

047 옥외저장소의 저장기준 　　답 ③

옥외저장소에서 위험물을 수납한 용기를 선반에 저장하는 경우에는 6m를 초과하여 저장하지 아니하여야 한다.

048 위험물의 저장 및 취급에 관한 기준 　　답 ①

제1류 위험물은 가연물과의 접촉·혼합이나 분해를 촉진하는 물품과의 접근 또는 과열·충격·마찰 등을 피하는 한편, 알카리금속의 과산화물 및 이를 함유한 것에 있어서는 물과의 접촉을 피하여야 한다.

(선지분석)

② 제3류 위험물 중 자연발화성물질에 있어서는 불티·불꽃 또는 고온체와의 접근·과열 또는 공기와의 접촉을 피하고, 금수성물질에 있어서는 물과의 접촉을 피하여야 한다.
③ 제2류 위험물은 산화제와의 접촉·혼합이나 불티·불꽃·고온체와의 접근 또는 과열을 피하는 한편, 철분·금속분·마그네슘 및 이를 함유한 것에 있어서는 물이나 산과의 접촉을 피하고 인화성 고체에 있어서는 함부로 증기를 발생시키지 아니하여야 한다.
④ 제6류 위험물은 가연물과의 접촉·혼합이나 분해를 촉진하는 물품과의 접근 또는 과열을 피하여야 한다.

049 주의게시판의 내용 　　답 ③

제3류 위험물 중 자연발화성물질은 "화기엄금" 주의게시를 하여야 한다.

> 📄 **개념플러스** **주의사항을 표시한 게시판**
>
> 1. "물기엄금": 제1류 위험물 중 알칼리금속의 과산화물과 이를 함유한 것 또는 제3류 위험물 중 금수성물질
> 2. "화기주의": 제2류 위험물(인화성고체 제외)
> 3. "화기엄금": 제2류 위험물 중 인화성고체, 제3류 위험물 중 자연발화성물질, 제4류 위험물 또는 제5류 위험물
> 4. "물기엄금"을 표시하는 것에 있어서는 청색바탕에 백색문자로, "화기주의" 또는 "화기엄금"을 표시하는 것에 있어서는 적색바탕에 백색문자로 표시할 것

050 주의게시판 　　답 ④

제6류 위험물은 주의게시 내용이 없다.

051 위험물의 혼재기준 답 ②

제3류 위험물과 제4류 위험물은 혼재할 수 있다.

📄 개념플러스 **유별을 달리하는 위험물의 혼재기준**

위험물의 구분	제1류	제2류	제3류	제4류	제5류	제6류
제1류		×	×	×	×	○
제2류	×		×	○	○	×
제3류	×	×		○	×	×
제4류	×	○	○		○	×
제5류	×	○	×	○		×
제6류	○	×	×	×	×	

1. "×" 표시는 혼재할 수 없음을 표시한다.
2. "○" 표시는 혼재할 수 있음을 표시한다.
3. 이 표는 지정수량의 1/10 이하의 위험물에 대하여는 적용하지 아니한다.

052 위험물 혼재기준 답 ①

제4류 위험물은 제2류, 제3류, 제5류 위험물과 혼재할 수 있다.

053 위험물의 표시사항 답 ②

제2류 위험물 중 철분·금속분·마그네슘 또는 이들 중 어느 하나 이상을 함유한 것에 있어서는 "화기주의" 및 "물기엄금"을 표시하여야 한다.

📄 개념플러스 **수납하는 위험물에 따른 주의사항**

1. 제1류 위험물 중 알칼리금속의 과산화물 또는 이를 함유한 것에 있어서는 "화기·충격주의", "물기엄금" 및 "가연물접촉주의", 그 밖의 것에 있어서는 "화기·충격주의" 및 "가연물접촉주의"
2. 제2류 위험물 중 철분·금속분·마그네슘 또는 이들 중 어느 하나 이상을 함유한 것에 있어서는 "화기주의" 및 "물기엄금", 인화성고체에 있어서는 "화기엄금", 그 밖의 것에 있어서는 "화기주의"
3. 제3류 위험물 중 자연발화성물질에 있어서는 "화기엄금" 및 "공기접촉엄금", 금수성물질에 있어서는 "물기엄금"
4. 제4류 위험물에 있어서는 "화기엄금"
5. 제5류 위험물에 있어서는 "화기엄금" 및 "충격주의"
6. 제6류 위험물에 있어서는 "가연물접촉주의"

054 위험물의 표시사항 답 ①

제4류 위험물은 "화기엄금" 표시를 하여야 한다.

📄 개념플러스 **위험물 표시**

1. 제1류 위험물: "화기주의", "충격주의", "가연물접촉주의"
2. 제1류 위험물 중 알칼리금속의 과산화물은 "물기엄금" 추가
3. 제2류 위험물 중 인화성고체: "화기엄금"
4. 제2류 위험물 중 마그네슘, 금속분, 철분: "화기주의", "물기엄금"
5. 제2류 위험물 중 황, 적린, 황화인: "화기주의"
6. 제3류 위험물 중 금수성물질: "물기엄금"
7. 제3류 위험물 중 자연발화성물질: "화기엄금", "공기접촉엄금"
8. 제4류 위험물: "화기엄금"
9. 제5류 위험물: "화기엄금", "충격주의"
10. 제6류 위험물: "가연물접촉주의"

055 위험물의 표시사항 답 ①

알칼리금속의 과산화물은 "화기주의", "충격주의", "물기엄금", "가연물접촉주의"를 게시하여야 한다.

056 화학소방자동차의 방사능력 답 ④

이산화탄소를 방사하는 차에 있어서는 이산화탄소의 방사능력이 매초 40kg 이상이어야 한다.

📄 개념플러스 **화학소방자동차에 갖추어야 하는 소화능력 및 설비의 기준**

화학소방자동차의 구분	소화능력 및 설비의 기준
포수용액 방사차	포수용액의 방사능력이 매분 2,000L 이상일 것
	소화약액탱크 및 소화약액혼합장치를 비치할 것
	10만L 이상의 포수용액을 방사할 수 있는 양의 소화약제를 비치할 것
분말 방사차	분말의 방사능력이 매초 35kg 이상일 것
	분말탱크 및 가압용가스설비를 비치할 것
	1,400kg 이상의 분말을 비치할 것
할로겐화합물 방사차	할로겐화합물의 방사능력이 매초 40kg 이상일 것
	할로겐화합물탱크 및 가압용가스설비를 비치할 것
	1,000kg 이상의 할로겐화합물을 비치할 것

이산화탄소 방사차	이산화탄소의 방사능력이 매초 40kg 이상일 것
	이산화탄소저장용기를 비치할 것
	3,000kg 이상의 이산화탄소를 비치할 것
제독차	가성소다 및 규조토를 각각 50kg 이상 비치할 것

---

057 방유제 답 ①

이황화탄소는 제4류 위험물 특수인화물로서 발화점이 가장 낮고, 물보다 비중이 커서 수조탱크 내에 저장하므로 방유제를 설치하지 않는다.

---

058 간이저장탱크 답 ①

간이저장탱크의 용량은 600ℓ 이하이다.

📄 **개념플러스 간이탱크저장소**

1. 하나의 간이탱크저장소에 설치하는 간이저장탱크는 그 수를 3 이하로 하고, 동일한 품질의 위험물의 간이저장탱크를 2 이상 설치하지 아니하여야 한다.
2. 간이저장탱크는 움직이거나 넘어지지 아니하도록 지면 또는 가설대에 고정시키되, 옥외에 설치하는 경우에는 그 탱크의 주위에 너비 1m 이상의 공지를 두고, 전용실 안에 설치하는 경우에는 탱크와 전용실의 벽과의 사이에 0.5m 이상의 간격을 유지하여야 한다.
3. 간이저장탱크의 용량은 600L 이하이어야 한다.
4. 간이저장탱크는 두께 3.2mm 이상의 강판으로 흠이 없도록 제작하여야 하며, 70kPa의 압력으로 10분간의 수압시험을 실시하여 새거나 변형되지 아니하여야 한다.

---

059 제5류 위험물 답 ③

제5류 위험물은 자기반응성물질로서 주수소화가 가능하므로 스프링클러설비를 설치한다.

---

060 보유공지 답 ③

옥내탱크저장소, 지하탱크저장소, 간이탱크저장소는 보유공지 비규제 대상이다.

---

061 배합실 시설기준 답 ③

바닥을 평평하게 설치 시 누출된 위험물이 체류할 우려가 있어 위험할 수 있으므로 바닥은 누출된 위험물이 흘러갈 수 있도록 적당한 경사를 주어야 한다.

📄 **개념플러스 판매취급소의 위험물을 배합하는 실**

1. 바닥면적은 $6m^2$ 이상 $15m^2$ 이하로 할 것
2. 내화구조 또는 불연재료로 된 벽으로 구획할 것
3. 바닥은 위험물이 침투하지 아니하는 구조로 하여 적당한 경사를 두고 집유설비를 할 것
4. 출입구에는 수시로 열 수 있는 자동폐쇄식의 60분 + 방화문 또는 60분방화문을 설치할 것
5. 출입구 문턱의 높이는 바닥면으로부터 0.1m 이상으로 할 것
6. 내부에 체류한 가연성의 증기 또는 가연성의 미분을 지붕 위로 방출하는 설비를 할 것

---

062 위험물 운반용기 답 ④

기체위험물은 위험물의 종류에 해당되지 않으며, 기체는 고압가스관계법령에 따라 적용하여야 한다.

📄 **개념플러스 운반용기의 수납**

1. 고체위험물은 운반용기 내용적 95% 이하의 수납율로 수납할 것
2. 액체위험물은 운반용기 내용적의 98% 이하의 수납율로 수납하되, 55도의 온도에서 누설되지 아니하도록 충분한 공간용적을 유지하도록 할 것
3. 하나의 외장용기에 다른 종류의 위험물을 수납하지 아니할 것
4. 제3류 위험물의 운반용기 수납
   ① 자연발화성물질에 있어서는 불활성기체를 봉입하여 밀봉하는 등 공기와 접하지 아니하도록 할 것
   ② 자연발화성물질외의 물품에 있어서는 파라핀·경유·등유 등의 보호액으로 채워 밀봉하거나 불활성기체를 봉입하여 밀봉하는 등 수분과 접하지 아니하도록 할 것
   ③ 규정에 불구하고 자연발화성물질 중 알킬알루미늄 등은 운반용기의 내용적의 90% 이하의 수납율로 수납하되, 50℃의 온도에서 5% 이상의 공간용적을 유지하도록 할 것

---

063 위험등급 답 ②

위험등급 II: 제2류 위험물 중 적린

(선지분석)

① 제3류 위험물 중 칼륨, ③ 제4류 위험물 중 특수인화물, ④ 제1류 위험물 중 무기과산화물: 위험등급 I

064 위험물의 위험등급   답 ④

휘발유 및 아세톤은 제4류 위험물 중 제1석유류로서 위험등급 Ⅱ에 해당하는 위험물이다.

📄 개념플러스 **위험등급**

1. **위험등급 Ⅰ의 위험물**
   ① 제1류 위험물 중 아염소산염류, 염소산염류, 과염소산염류, 무기과산화물, 그 밖에 지정수량이 50kg인 위험물
   ② 제3류 위험물 중 칼륨, 나트륨, 알킬알루미늄, 알킬리튬, 황린, 그 밖에 지정수량이 10kg 또는 20kg인 위험물
   ③ 제4류 위험물 중 특수인화물
   ④ 제5류 위험물 중 유기과산화물, 질산에스터류, 그 밖에 지정수량이 10kg인 위험물
   ⑤ 제6류 위험물

2. **위험등급 Ⅱ의 위험물**
   ① 제1류 위험물 중 브로민산염류, 질산염류, 아이오딘산염류, 그 밖에 지정수량이 300kg인 위험물
   ② 제2류 위험물 중 황화인, 적린, 황, 그 밖에 지정수량이 100kg인 위험물
   ③ 제3류 위험물 중 알칼리금속(칼륨 및 나트륨 제외) 및 알칼리토금속, 유기금속화합물(알킬알루미늄 및 알킬리튬 제외), 그 밖에 지정수량이 50kg인 위험물
   ④ 제4류 위험물 중 제1석유류 및 알코올류
   ⑤ 제5류 위험물 중 유기과산화물, 질산에스터류, 그 밖에 지정수량이 10kg인 위험물 외의 것

3. **위험등급 Ⅲ의 위험물**: 위험등급 Ⅰ 및 위험등급 Ⅱ에 정하지 아니한 위험물

065 소요단위의 계산   답 ②

저장소의 건축물은 외벽이 내화구조인 것은 연면적 150m²를 1소요단위로 할 것

📄 개념플러스 **소요단위의 계산방법**

1. 제조소 또는 취급소의 건축물은 외벽이 내화구조인 것은 연면적(제조소등의 용도로 사용되는 부분 외의 부분이 있는 건축물에 설치된 제조소등에 있어서는 당해 건축물중 제조소등에 사용되는 부분의 바닥면적의 합계를 말한다. 이하 같다) 100m²를 1소요단위로 하며, 외벽이 내화구조가 아닌 것은 연면적 50m²를 1소요단위로 할 것
2. 저장소의 건축물은 외벽이 내화구조인 것은 연면적 150m²를 1소요단위로 하고, 외벽이 내화구조가 아닌 것은 연면적 75m²를 1소요단위로 할 것
3. 제조소등의 옥외에 설치된 공작물은 외벽이 내화구조인 것으로 간주하고 공작물의 최대수평투영면적을 연면적으로 간주하여 1. 및 2.의 규정에 의하여 소요단위를 산정할 것
4. 위험물은 지정수량의 10배를 1소요단위로 할 것

제6편　소방시설공사업법

제1장 | 총칙

정답　　　　　　　　　　　　　p. 180

| 001 | ③ | 002 | ④ | 003 | ③ | 004 | ④ | 005 | ④ |
| 006 | ③ |

001　소방시설공사업법　답 ③

「소방시설공사업법」은 소방시설공사 및 소방기술의 관리에 필요한 사항을 규정함으로써 소방시설업을 건전하게 발전시키고 소방기술을 진흥시켜 화재로부터 공공의 안전을 확보하고 국민경제에 이바지함을 목적으로 한다.

002　소방시설공사업법의 목적　답 ④

화재의 예방 및 안전관리에 관한 국가와 지방자치단체의 책무를 규정하고 있는 법은 「소방시설 설치 및 관리에 관한 법률」이다.

003　발주자　답 ③

소방시설의 설계, 시공, 감리 및 방염을 소방시설업자에게 도급하는 자를 말한다. 다만, 수급인으로서 도급받은 공사를 하도급하는 자는 제외한다.

004　소방시설공사업법 용어　답 ④

소방시설공사에 관한 발주자의 권한을 대행하여 소방시설공사가 설계도서와 관계 법령에 따라 적법하게 시공되는지를 확인하는 영업은 소방공사감리업이다.

개념플러스　**소방시설공사업법 용어**

1. **소방시설업**
   ① **소방시설설계업**: 소방시설공사에 기본이 되는 공사계획, 설계도면, 설계 설명서, 기술계산서 및 이와 관련된 서류를 작성하는 영업
   ② **소방시설공사업**: 설계도서에 따라 소방시설을 신설, 증설, 개설, 이전 및 정비하는 영업
   ③ **소방공사감리업**: 소방시설공사에 관한 발주자의 권한을 대행하여 소방시설공사가 설계도서와 관계 법령에 따라 적법하게 시공되는지를 확인하고, 품질·시공 관리에 대한 기술지도를 하는 영업
   ④ **방염처리업**: 방염대상물품에 대하여 방염처리하는 영업
2. **소방시설업자**: 소방시설업을 경영하기 위하여 소방시설업을 등록한 자
3. **감리원**: 소방공사감리업자에 소속된 소방기술자로서 해당 소방시설공사를 감리하는 사람
4. **소방기술자**: 소방기술 경력 등을 인정받은 사람과 다음의 어느 하나에 해당하는 사람으로서 소방시설업과 소방시설관리업의 기술인력으로 등록된 사람
   ① 소방시설관리사
   ② 소방기술사, 소방설비기사, 소방설비산업기사, 위험물기능장, 위험물산업기사, 위험물기능사
5. **발주자**: 소방시설의 설계, 시공, 감리 및 방염을 소방시설업자에게 도급하는 자. 단, 수급인으로서 도급받은 공사를 하도급하는 자는 제외함

005　소방시설공사업법 용어　답 ④

감리원이란 소방공사감리업자에 소속된 소방기술자로서 해당 소방시설공사를 감리하는 사람을 말한다.

006　기술지도　답 ③

소방공사감리업이란 소방시설공사에 관한 발주자의 권한을 대행하여 소방시설공사가 설계도서와 관계 법령에 따라 적법하게 시공되는지를 확인하고, 품질·시공 관리에 대한 기술지도를 하는 영업을 말한다.

정답

p. 182

001	③	002	③	003	②	004	①	005	④
006	①	007	④	008	④	009	④	010	①
011	①	012	③	013	③	014	④	015	②
016	③	017	②	018	④	019	②	020	④
021	②	022	④	023	①	024	④	025	④
026	①	027	②	028	④	029	③		

---

001 소방시설업 답 ③

옳은 것은 ㄱ, ㄴ, ㄷ, ㅁ이다. 소방시설업의 종류는 소방시설 설계업, 소방시설공사업, 소방공사감리업, 방염처리업이다.

(선지분석)

ㄹ. '소방시설점검업'이라는 업종은 없다.

ㅂ. 소방시설관리업은 소방안전관리 업무를 대행하며 정기적 점검을 실시하는 업종으로, 소방시설업의 종류는 아니다.

---

002 소방시설업 답 ③

소방시설관리업은 소방안전관리 업무를 대행하며 정기적 점검을 실시하는 업종으로 소방시설업의 종류는 아니다.

---

003 소방시설공사업의 등록기준 답 ②

소방시설공사업을 하려는 자는 기술인력, 자본금(개인: 자산평가액)을 갖추고 등록하여야 한다.

📄 개념플러스 **소방시설업의 등록**

1. 특정소방대상물의 소방시설공사 등을 하려는 자는 업종별로 자본금(개인인 경우에는 자산평가액), 기술인력 등 대통령령으로 정하는 요건을 갖추어 시·도지사에게 소방시설업을 등록하여야 한다.
2. 소방시설업의 업종별 영업범위는 대통령령으로 정한다.
3. 소방시설업의 등록신청과 등록증·등록수첩의 발급·재발급 신청, 그 밖에 소방시설업 등록에 필요한 사항은 행정안전부령으로 정한다.
4. 「공공기관의 운영에 관한 법률」에 따른 공기업·준정부기관 및 「지방공기업법」에 따라 설립된 지방공사나 지방공단이 다음의 요건을 모두 갖춘 경우에는 시·도지사에게 등록을 하지 아니하고 자체 기술인력을 활용하여 설계·감리를 할 수 있다. 이 경우 대통령령으로 정하는 기술인력을 보유하여야 한다.

---

① 주택의 건설·공급을 목적으로 설립되었을 것
② 설계·감리 업무를 주요 업무로 규정하고 있을 것

---

004 소방시설공사업의 등록기준 답 ①

전문 소방시설공사업을 등록하려면 자본금은 개인 및 법인에 각각 1억원 이상이어야 한다.

📄 개념플러스 **전문 소방시설공사업의 등록기준 및 영업의 범위**

항목 업종별	기술인력	자본금 (자산평가액)	영업범위
전문 소방 시설 공사업	• 주된 기술인력: 소방기술사 또는 기계분야와 전기분야의 소방설비기사 각 1명(기계분야 및 전기분야의 자격을 함께 취득한 사람 1명) 이상 • 보조 기술인력: 2명 이상	• 법인: 1억원 이상 • 개인: 자산평가액 1억원 이상	특정소방대상물에 설치되는 기계분야 및 전기분야 소방시설의 공사·개설·이전 및 정비

---

005 신고일 답 ④

소방시설업자는 휴업·폐업 또는 재개업 신고를 하려면 휴업·폐업 또는 재개업일부터 30일 이내에 소방시설업 휴업·폐업·재개업 신고를 하여야 한다.

---

006 소방시설업 답 ①

특정소방대상물의 소방시설을 설계·시공하거나 감리하려는 자는 업종별로 대통령령으로 정하는 자본금(개인인 경우에는 자산평가액) 및 기술인력 등을 갖추어 시·도지사에게 소방시설업을 등록하여야 한다.

---

007 등록의 결격사유 답 ④

파산선고를 받고 복권되지 않은 자는 등록의 결격사유에 해당하지 않으므로 등록할 수 있다.

> 📄 개념플러스 **등록의 결격사유**

1. 피성년후견인
2. 소방관계법에 따른 금고 이상의 실형을 선고받고 그 집행이 끝나거나(집행이 끝난 것으로 보는 경우 포함) 면제된 날부터 2년이 지나지 아니한 사람
3. 소방관계법에 따른 금고 이상의 형의 집행유예를 선고받고 그 유예기간 중에 있는 사람
4. 등록하려는 소방시설업 등록이 취소된 날부터 2년이 지나지 아니한 자
5. 법인의 대표자가 결격사유에 해당하는 경우 그 법인
6. 법인의 임원이 결격사유에 해당하는 경우 그 법인

008　일반공사감리　　　　　　　　　답 ④

일반공사감리는 주 1회 이상 방문하여야 한다.

> 📄 개념플러스 **일반공사감리**

1. 감리원은 행정안전부령으로 정하는 기간 중에는 주 1회 이상 공사현장에 배치되어 업무를 수행하고 감리일지에 기록해야 한다.
2. 감리업자는 감리원이 부득이한 사유로 14일 이내의 범위에서 업무를 수행할 수 없는 경우에는 업무대행자를 지정하여 그 업무를 수행하게 해야 한다.
3. 지정된 업무대행자는 주 2회 이상 공사현장에 배치되어 업무를 수행하며, 그 업무수행 내용을 감리원에게 통보하고 감리일지에 기록해야 한다.

009　방염처리업　　　　　　　　　답 ④

방염처리업에 종이류방염업은 없다.

(선지분석)

① 섬유류방염업: 커튼·카펫 등 섬유류를 주된 원료로 하는 방염대상물품을 제조 또는 가공 공정에서 방염처리
② 합성수지류방염업: 합성수지류를 주된 원료로 한 방염대상물품을 제조 또는 가공 공정에서 방염처리
③ 합판·목재류방염업: 합판 또는 목재류를 제조·가공 공정 또는 설치 현장에서 방염처리

010　방염처리업　　　　　　　　　답 ①

방염대상물품에 대하여 방염처리를 하려는 자는 시·도지사에게 방염처리업의 등록을 하여야 한다.

011　방염처리업　　　　　　　　　답 ③

소방시설업의 등록기준 및 업종별 영업범위는 대통령령으로, 소방시설업의 등록신청과 등록증·등록수첩의 발급·재발급 신청 등은 행정안전부령으로 정한다.

012　소방시설업의 등록　　　　　　답 ③

정부투자기관 및 지방공사 또는 지방공단은 주택의 건설·공급을 목적으로 설립되었을 것, 설계·감리 업무를 주요 업무로 규정하고 있을 것의 요건을 모두 갖춘 경우에는 시·도지사에게 등록을 하지 아니하고 소방시설업을 할 수 있다.

013　소방시설공사업　　　　　　　답 ②

일반 소방시설공사업 영업의 범위는 연면적 10,000m² 미만의 위험물 제조소등이다.

> 📄 개념플러스 **소방시설공사업**

항목 업종별		기술인력	자본금 (자산평가액)	영업범위
전문 소방 시설 공사업		• 주된 기술인력: 소방기술사 또는 기계분야와 전기분야의 소방설비기사 각 1명(기계분야 및 전기분야의 자격을 함께 취득한 사람 1명) 이상 • 보조 기술인력: 2명 이상	• 법인: 1억원 이상 • 개인: 자산평가액 1억원 이상	특정소방대상물에 설치되는 기계분야 및 전기분야 소방시설의 공사·개설·이전 및 정비
일 반 소 방 시 설 공 사 업	기 계 분 야	• 주된 기술인력: 소방기술사 또는 기계분야 소방설비기사 1명 이상 • 보조 기술인력: 1명 이상	• 법인: 1억원 이상 • 개인: 자산평가액 1억원 이상	• 연면적 1만제곱미터 미만의 특정소방대상물에 설치되는 기계분야 소방시설의 공사·개설·이전 및 정비 • 위험물 제조소등에 설치되는 기계분야 소방시설의 공사·개설·이전 및 정비

전기분야	• 주된 기술인력: 소방기술사 또는 전기분야 소방설비 기사 1명 이상 • 보조 기술인력: 1명 이상	• 법인: 1억원 이상 • 개인: 자산평가액 1억원 이상	• 연면적 1만제곱미터 미만의 특정소방대상물에 설치되는 전기분야 소방시설의 공사·개설·이전·정비 • 위험물 제조소등에 설치되는 전기분야 소방시설의 공사·개설·이전·정비

---

014   소방시설설계업   답 ④

일반 소방시설설계업의 영업의 범위는 연면적 30,000m² 미만이다. 단, 공장은 10,000m² 미만이며, 제연설비(기계분야)를 설계할 수 없다.

📄 **개념플러스 소방시설설계업**

업종별 항목	기술인력	영업범위
전문 소방시설 설계업	• 주된 기술인력: 소방기술사 1명 이상 • 보조 기술인력 1명 이상	모든 특정소방대상물에 설치되는 소방시설의 설계
일반 소방 시설 설계업 / 기계 분야	• 주된 기술인력: 소방기술사 또는 기계분야 소방설비기사 1명 이상 • 보조 기술인력: 1명 이상	• 아파트에 설치되는 기계분야 소방시설(제연설비 제외)의 설계 • 연면적 3만제곱미터(공장의 경우에는 1만제곱미터) 미만의 특정소방대상물(제연설비가 설치되는 특정소방대상물 제외)에 설치되는 기계분야 소방시설의 설계 • 위험물 제조소등에 설치되는 기계분야 소방시설의 설계
일반 소방 시설 설계업 / 전기 분야	• 주된 기술인력: 소방기술사 또는 전기분야 소방설비기사 1명 이상 • 보조 기술인력: 1명 이상	• 아파트에 설치되는 전기분야 소방시설의 설계 • 연면적 3만제곱미터(공장의 경우에는 1만제곱미터) 미만의 특정소방대상물에 설치되는 전기분야 소방시설의 설계 • 위험물 제조소등에 설치되는 전기분야 소방시설의 설계

---

015   등록의 결격사유   답 ②

1. 피성년후견인
2. 소방관계법에 따른 금고 이상의 실형을 선고받고 그 집행이 끝나거나(집행이 끝난 것으로 보는 경우를 포함한다) 면제된 날부터 2년이 지나지 아니한 사람
3. 소방관계법에 따른 금고 이상의 형의 집행유예를 선고받고 그 유예기간 중에 있는 사람
4. 등록하려는 소방시설업 등록이 취소된 날부터 2년이 지나지 아니한 자
5. 법인의 대표자가 결격사유의 규정에 해당하는 경우 그 법인
6. 법인의 임원이 결격사유의 규정에 해당하는 경우 그 법인

---

016   등록의 결격사유   답 ③

유예기간이 지나면 결격사유에 해당하지 않으므로 등록을 할 수 있다.

📄 **개념플러스 등록의 결격사유**

1. 피성년후견인
2. 소방관계법에 따른 금고 이상의 실형을 선고받고 그 집행이 끝나거나(집행이 끝난 것으로 보는 경우 포함) 면제된 날부터 2년이 지나지 아니한 사람
3. 소방관계법에 따른 금고 이상의 형의 집행유예를 선고받고 그 유예기간 중에 있는 사람
4. 등록하려는 소방시설업 등록이 취소된 날부터 2년이 지나지 아니한 자
5. 법인의 대표자가 결격사유에 해당하는 경우 그 법인
6. 법인의 임원이 결격사유에 해당하는 경우 그 법인

---

017   등록의 결격사유   답 ②

집행유예를 선고받고 그 유예기간이 끝난 사람은 결격사유에 해당하지 않으므로 등록을 할 수 있다.

📄 **개념플러스 등록의 결격사유**

1. 피성년후견인
2. 소방관계법에 따른 금고 이상의 실형을 선고받고 그 집행이 끝나거나(집행이 끝난 것으로 보는 경우 포함) 면제된 날부터 2년이 지나지 아니한 사람
3. 소방관계법에 따른 금고 이상의 형의 집행유예를 선고받고 그 유예기간 중에 있는 사람
4. 등록하려는 소방시설업 등록이 취소된 날부터 2년이 지나지 아니한 자
5. 법인의 대표자가 결격사유에 해당하는 경우 그 법인
6. 법인의 임원이 결격사유에 해당하는 경우 그 법인

018 재개업 신고 답 ④

휴업 후 재개업을 하려면 재개업 신고를 하여야 한다.

019 변경신고 답 ②

행정안전부령으로 정하는 중요변경사항은 명칭·상호 또는 영업소 소재지, 대표자, 기술인력이다. 자본금은 등록증 및 등록수첩에 기재되는 내용이 아니므로 등록에 관한 중요변경사항에 해당되지 않는다.

020 신고 답 ④

소방시설업자가 관계인에게 지체 없이 그 사실을 알려야 하는 경우는 소방시설업자의 지위를 승계한 경우, 소방시설업의 등록취소처분 또는 영업정지처분을 받은 경우, 휴업하거나 폐업한 경우로 행정처분 중 경고와 시정명령은 관계인에게 알려야하는 사항은 아니다.

021 재교부 답 ②

중요사항 변경이 있는 경우 시·도지사는 5일 이내로 재교부하여야 한다. 잃어버리거나 헐어 못쓰는 경우는 3일 이내, 승계의 경우 14일 이내(단, 소방시설업은 10일 이내)에 재교부하여야 한다.

022 변경신고 답 ④

소방시설업자가 관계인에게 지체 없이 그 사실을 알려야 하는 사항은 소방시설업자의 지위를 승계한 경우, 소방시설업의 등록취소처분 또는 영업정지처분을 받은 경우, 휴업하거나 폐업한 경우이다. 기술인력의 교체로 인한 변경은 등록수첩에 기재된 중요변경사항으로 변경신고의 대상이다.

023 소방시설업의 등록 답 ①

특정소방대상물의 소방시설공사등을 하려는 자는 업종별로 자본금(개인인 경우에는 자산 평가액을 말한다), 기술인력 등 대통령령으로 정하는 요건을 갖추어 시·도지사에게 소방시설업을 등록하여야 한다.

024 소방시설업자의 지위승계 답 ④

방염업자의 지위를 승계한 자는 행정안전부령으로 정하는 바에 따라 그 지위를 승계한 날부터 30일 이내에 시·도지사에게 신고하여야 한다.

> 📄 **개념플러스 소방시설업자의 지위승계**
>
> 1. 다음의 어느 하나에 해당하는 자가 종전의 소방시설업자의 지위를 승계하려는 경우에는 그 상속일, 양수일 또는 합병일부터 30일 이내에 행정안전부령으로 정하는 바에 따라 그 사실을 시·도지사에게 신고하여야 한다.
>   ① 소방시설업자가 사망한 경우 그 상속인
>   ② 소방시설업자가 그 영업을 양도한 경우 그 양수인
>   ③ 법인인 소방시설업자가 다른 법인과 합병한 경우 합병 후 존속하는 법인이나 합병으로 설립되는 법인
> 2. 다음의 어느 하나에 해당하는 절차에 따라 소방시설업자의 소방시설의 전부를 인수한 자가 종전의 소방시설업자의 지위를 승계하려는 경우에는 그 인수일부터 30일 이내에 행정안전부령으로 정하는 바에 따라 그 사실을 시·도지사에게 신고하여야 한다.
>   ① 「민사집행법」에 따른 경매
>   ② 「채무자 회생 및 파산에 관한 법률」에 따른 환가(換價)
>   ③ 「국세징수법」, 「관세법」 또는 「지방세징수법」에 따른 압류재산의 매각
> 3. 시·도지사는 신고를 받은 경우 그 내용을 검토하여 「소방시설공사업법」에 적합하면 신고를 수리하여야 한다.
> 4. 지위승계에 관하여는 결격사유를 준용한다. 다만, 상속인이 결격사유에 해당하는 경우 상속받은 날부터 3개월 동안은 그러하지 아니하다.
> 5. 소방시설업자의 소방시설의 전부를 인수한 자는 그 상속일, 양수일, 합병일 또는 인수일부터 종전의 소방시설업자의 지위를 승계한다.

025 소방시설업의 운영 답 ④

소방시설업자는 행정안전부령으로 정하는 관계 서류를 하자보수 보증기간 동안 보관해야 한다.

> 📄 **개념플러스 소방시설업의 운영**
>
> 1. 소방시설업자는 다른 자에게 자기의 성명이나 상호를 사용하여 소방시설공사 등을 수급 또는 시공하게 하거나 소방시설업의 등록증 또는 등록수첩을 빌려 주어서는 아니 된다.
> 2. 영업정지처분이나 등록취소처분을 받은 소방시설업자는 그 날부터 소방시설공사 등을 하여서는 아니 된다. 다만, 소방시설의 착공신고가 수리(受理)되어 공사를 하고 있는 자로서 도급계약이 해지되지 아니한 소방시설공사업자 또는 소방공사감리업자가 그 공사를 하는 동안이나 방염처리업자가 도급을 받아 방염 중인 것으로서 도급계약이 해지되지 아니한 상태에서 그 방염을 하는 동안에는 그러하지 아니하다.

3. 소방시설업자는 다음의 어느 하나에 해당하는 경우에는 소방시설공사 등을 맡긴 특정소방대상물의 관계인에게 지체 없이 그 사실을 알려야 한다.
  ① 소방시설업자의 지위를 승계한 경우
  ② 소방시설업의 등록취소처분 또는 영업정지처분을 받은 경우
  ③ 휴업하거나 폐업한 경우
4. 소방시설업자는 행정안전부령으로 정하는 관계 서류를 하자보수 보증기간 동안 보관하여야 한다.

---

026 행정처분 기준　　　　　　　　답 ①

거짓이나 그 밖의 부정한 방법으로 등록한 경우, 등록 결격사유에 해당하게 된 경우, 영업정지 기간 중에 소방시설공사 등을 한 경우(설계·시공·감리 및 방염을 한 경우)에는 1차 행정처분에서 취소를 하여야 한다.

📄 개념플러스　**행정처분 기준**

위반사항	근거 법령	행정처분 기준		
		1차	2차	3차
거짓이나 그 밖의 부정한 방법으로 등록한 경우	법 제9조	등록 취소		
등록기준에 미달하게 된 후 30일이 경과한 경우 (자본금기준에 미달한 경우 중 「채무자 회생 및 파산에 관한 법률」에 따라 법원이 회생절차의 개시의 결정을 하고 그 절차가 진행 중인 경우 제외)	법 제9조	경고 (시정 명령)	영업 정지 3개월	등록 취소
등록 결격사유에 해당하게 된 경우	법 제9조	등록 취소		
등록을 한 후 정당한 사유 없이 1년이 지날 때까지 영업을 시작하지 아니하거나 계속하여 1년 이상 휴업한 때	법 제9조	경고 (시정 명령)	등록 취소	
다른 자에게 등록증 또는 등록수첩을 빌려준 경우	법 제9조	영업 정지 6개월	등록 취소	
영업정지 기간 중에 소방시설공사 등을 한 경우	법 제9조	등록 취소		
소방시설공사 등을 맡긴 관계인에게 지체 없이 통지를 하지 아니하거나 관계서류를 보관하지 아니한 경우	법 제9조	경고 (시정 명령)	영업 정지 1개월	등록 취소
화재안전기준 등에 적합하게 설계·시공을 하지 아니하거나, 적합하게 감리를 하지 아니한 경우	법 제9조	영업 정지 1개월	영업 정지 3개월	등록 취소

---

027 과징금처분　　　　　　　　답 ③

과징금의 금액은 2억원 이하이다.

📄 개념플러스　**과징금처분**

1. 시·도지사는 영업정지가 그 이용자에게 불편을 주거나 그 밖에 공익을 해칠 우려가 있을 때에는 영업정지처분을 갈음하여 2억원 이하의 과징금을 부과할 수 있다.
2. 과징금을 부과하는 위반행위의 종류와 위반 정도 등에 따른 과징금과 그 밖에 필요한 사항은 행정안전부령으로 정한다.
3. 시·도지사는 과징금을 내야 할 자가 납부기한까지 과징금을 내지 아니하면 「지방행정제재·부과금의 징수 등에 관한 법률」에 따라 징수한다.

---

028 행정처분 기준　　　　　　　　답 ④

법으로 정하는 등록의 취소에 해당하는 경우로써 거짓이나 그 밖의 부정한 방법으로 등록한 경우, 등록 결격사유에 해당하게 된 경우, 영업정지 기간 중에 소방시설공사 등을 한 경우(설계·시공·감리 및 방염을 한 경우)에는 1차 행정처분에서 취소를 하여야 한다.

📄 개념플러스　**행정처분 기준**

위반사항	근거 법령	행정처분 기준		
		1차	2차	3차
거짓이나 그 밖의 부정한 방법으로 등록한 경우	법 제9조	등록 취소		
등록기준에 미달하게 된 후 30일이 경과한 경우 (자본금기준에 미달한 경우 중 「채무자 회생 및 파산에 관한 법률」에 따라 법원이 회생절차의 개시의 결정을 하고 그 절차가 진행 중인 경우 제외)	법 제9조	경고 (시정 명령)	영업 정지 3개월	등록 취소
등록 결격사유에 해당하게 된 경우	법 제9조	등록 취소		
등록을 한 후 정당한 사유 없이 1년이 지날 때까지 영업을 시작하지 아니하거나 계속하여 1년 이상 휴업한 때	법 제9조	경고 (시정 명령)	등록 취소	
다른 자에게 등록증 또는 등록수첩을 빌려준 경우	법 제9조	영업 정지 6개월	등록 취소	
영업정지 기간 중에 소방시설공사 등을 한 경우	법 제9조	등록 취소		

029 행정처분 기준 답 ③

영업정지 기간 중에 소방시설공사 등을 한 경우에는 1차 행정처분 시 그 등록이 취소된다.

📄 개념플러스 **행정처분 기준**

위반사항	근거 법령	행정처분 기준		
		1차	2차	3차
거짓이나 그 밖의 부정한 방법으로 등록한 경우	법 제9조	등록 취소		
등록 결격사유에 해당하게 된 경우	법 제9조	등록 취소		
영업정지 기간 중에 소방시설공사 등을 한 경우	법 제9조	등록 취소		

제3장 | 소방시설공사

정답

p. 189

001	②	002	②	003	④	004	④	005	②
006	①	007	③	008	②	009	④	010	②
011	④	012	②	013	④	014	③	015	①
016	①	017	③	018	①	019	③	020	①
021	②	022	②	023	④	024	②	025	③
026	②	027	④	028	②	029	①	030	②
031	④	032	③	033	②	034	①	035	②
036	①	037	①	038	①	039	①	040	②
041	④	042	②	043	①	044	③	045	②
046	③	047	①	048	③	049	③	050	④
051	①	052	④	053	②	054	④	055	③
056	②	057	②	058	④	059	④	060	④
061	④								

001 소방시설의 설계 답 ②

중앙소방기술심의위원회의 심의를 거쳐 소방시설의 구조와 원리 등에서 특수한 특정소방대상물로 인정된 경우는 화재안전기준을 따르지 아니할 수 있다.

002 소방시설 시공 답 ②

소방시설의 구조와 원리 등에서 공법이 특수한 설계 및 시공은 중앙소방기술심의위원회의 심의사항이다.

003 소방기술과 관련된 자격·학력 및 경력의 인정범위 답 ④

소방설비기사 기계분야 자격을 취득한 후 8년 이상 소방 관련 업무를 수행한 사람은 해당 분야 특급감리원의 업무를 수행할 수 있다. 소방청장은 소방기술의 효율적인 활용과 소방기술의 향상을 위하여 소방기술과 관련된 자격·학력 및 경력을 가진 사람을 소방기술자로 인정할 수 있다.

📄 개념플러스 **소방기술과 관련된 자격·학력 및 경력의 인정범위**

구분	기계분야	전기분야
	소방기술사 자격을 취득한 사람	
특급 감리원	• 소방설비기사 기계분야 자격을 취득한 후 8년 이상 소방 관련 업무를 수행한 사람 • 소방설비산업기사 기계분야 자격을 취득한 후 12년 이상 소방 관련 업무를 수행한 사람	• 소방설비기사 전기분야 자격을 취득한 후 8년 이상 소방 관련 업무를 수행한 사람 • 소방설비산업기사 전기분야 자격을 취득한 후 12년 이상 소방 관련 업무를 수행한 사람
중급 감리원	• 소방설비기사 기계분야 자격을 취득한 후 3년 이상 소방 관련 업무를 수행한 사람 • 소방설비산업기사 기계분야 자격을 취득한 후 6년 이상 소방 관련 업무를 수행한 사람	• 소방설비기사 전기분야 자격을 취득한 후 3년 이상 소방 관련 업무를 수행한 사람 • 소방설비산업기사 전기분야 자격을 취득한 후 6년 이상 소방 관련 업무를 수행한 사람
특급 기술자	• 소방기술사 • 소방시설관리사 자격을 취득한 후 5년 이상 소방 관련 업무를 수행한 사람	
	• 소방설비기사 기계분야의 자격을 취득한 후 8년 이상 소방 관련 업무를 수행한 사람 • 소방설비산업기사 기계분야의 자격을 취득한 후 11년 이상 소방 관련 업무를 수행한 사람	• 소방설비기사 전기분야의 자격을 취득한 후 8년 이상 소방 관련 업무를 수행한 사람 • 소방설비산업기사 전기분야의 자격을 취득한 후 11년 이상 소방 관련 업무를 수행한 사람
	• 박사학위를 취득한 후 3년 이상 소방 관련 업무를 수행한 사람 • 석사학위를 취득한 후 9년 이상 소방 관련 업무를 수행한 사람 • 학사학위를 취득한 후 12년 이상 소방 관련 업무를 수행한 사람 • 전문학사학위를 취득한 후 15년 이상 소방 관련 업무를 수행한 사람	

004 소방기술자의 배치기준 답 ④

물분무등소화설비(호스릴 방식의 소화설비는 제외) 또는 제연설비가 설치되는 특정소방대상물의 공사 현장에는 행정안전부령으로 정하는 중급기술자 이상의 소방기술자(기계분야 및 전기분야)를 배치하여야 한다.

005 소방기술자 공사현장 미배치 답 ②

시공이 설계도서와 화재안전기준에 위반하고 있다 해서 소방공사감리원이 공사의 중단을 요청할 수는 없다. 이러한 경우에는 위반 사실을 관계인에게 알리고 공사업자에게 시정 · 보완할 것을 요구하여야 한다.

📄 개념플러스 **소방기술자 공사현장 미배치**

시공관리, 품질 및 안전에 지장이 없는 경우로서 다음의 어느 하나에 해당하여 발주자가 서면으로 승낙하는 경우에는 해당 공사가 중단된 기간 동안 소방기술자를 공사현장에 배치하지 않을 수 있다.
1. 민원 또는 계절적 요인 등으로 해당 공정의 공사가 일정 기간 중단된 경우
2. 예산의 부족 등 발주자(하도급의 경우에는 수급인 포함)의 책임 있는 사유 또는 천재지변 등 불가항력으로 공사가 일정기간 중단된 경우
3. 발주자가 공사의 중단을 요청하는 경우

006 착공신고 답 ①

공사업자는 대통령령으로 정하는 소방시설공사를 하려면 행정안전부령으로 정하는 바에 따라 그 공사의 내용, 시공 장소, 그 밖에 필요한 사항을 소방본부장이나 소방서장에게 신고하여야 한다.

📄 개념플러스 **착공신고**

1. 공사업자는 대통령령으로 정하는 소방시설공사를 하려면 행정안전부령으로 정하는 바에 따라 그 공사의 내용, 시공 장소, 그 밖에 필요한 사항을 소방본부장이나 소방서장에게 신고하여야 한다.
2. 공사업자가 신고한 사항 가운데 행정안전부령으로 정하는 중요한 사항을 변경하였을 때에는 행정안전부령으로 정하는 바에 따라 변경신고를 하여야 한다. 이 경우 중요한 사항에 해당하지 아니하는 변경사항은 다음의 어느 하나에 해당하는 서류에 포함하여 소방본부장이나 소방서장에게 보고하여야 한다.
   ① 완공검사 또는 부분완공검사를 신청하는 서류
   ② 공사감리 결과보고서
3. 소방본부장 또는 소방서장은 착공신고 또는 변경신고를 받은 날부터 2일 이내에 신고수리 여부를 신고인에게 통지하여야 한다.

4. 소방본부장 또는 소방서장이 2일 이내에 신고수리 여부 또는 민원 처리 관련 법령에 따른 처리기간의 연장을 신고인에게 통지하지 아니하면 그 기간이 끝난 날의 다음 날에 신고를 수리한 것으로 본다.

007 소방시설공사의 착공신고 대상 답 ③

1. 특정소방대상물(「위험물 안전관리법」에 따른 제조소등은 제외한다)에 다음의 어느 하나에 해당하는 설비를 신설하는 공사
   ① 옥내소화전설비(호스릴옥내소화전설비를 포함한다), 옥외소화전설비, 스프링클러설비등, 물분무등소화설비, 연결송수관설비, 연결살수설비, 제연설비(소방용 외의 용도와 겸용되는 제연설비를 「건설산업기본법 시행령」 별표 1에 따른 기계가스설비공사업자가 공사하는 경우는 제외한다), 소화용수설비(소화용수설비를 「건설산업기본법 시행령」 별표 1에 따른 기계가스설비공사업자 또는 상 · 하수도설비공사업자가 공사하는 경우는 제외한다) 또는 연소방지설비
   ② 자동화재탐지설비, 비상경보설비, 비상방송설비(소방용 외의 용도와 겸용되는 비상방송설비를 「정보통신공사업법」에 따른 정보통신공사업자가 공사하는 경우는 제외한다), 비상콘센트설비(비상콘센트설비를 「전기공사업법」에 따른 전기공사업자가 공사하는 경우는 제외한다) 또는 무선통신보조설비(소방용 외의 용도와 겸용되는 무선통신보조설비를 「정보통신공사업법」에 따른 정보통신공사업자가 공사하는 경우는 제외한다)
2. 특정소방대상물에 다음의 어느 하나에 해당하는 설비 또는 구역 등을 증설하는 공사
   ① 옥내 · 옥외소화전설비
   ② 스프링클러설비 · 간이스프링클러설비 또는 물분무등소화설비의 방호구역, 자동화재탐지설비의 경계구역, 제연설비의 제연구역(소방용 외의 용도와 겸용되는 제연설비를 「건설산업기본법 시행령」 별표 1에 따른 기계가스설비공사업자가 공사하는 경우는 제외한다), 연결살수설비의 살수구역, 연결송수관설비의 송수구역, 비상콘센트설비의 전용회로, 연소방지설비의 살수구역
3. 특정소방대상물에 설치된 소방시설등을 구성하는 다음의 어느 하나에 해당하는 것의 전부 또는 일부를 개설(改設), 이전(移轉) 또는 정비(整備)하는 공사
   ① 수신반(受信盤)
   ② 소화펌프
   ③ 동력(감시)제어반

008 착공신고 대상   답 ②

자동화재탐지설비의 경계구역 증설은 소방시설공사의 착공신고 대상이다.

(선지분석)

① 비상방송설비를 소방용 외의 용도와 겸용되는 정보통신공사업자가 공사하는 경우에는 착공신고 대상이 아니다.
③ 대형피난구유도등은 피난구조설비로서 착공신고 대상이 아니다.
④ 비상방송설비의 착공신고 대상은 신설공사의 경우이다.

📄 개념플러스 **소방시설공사의 착공신고 대상**

1. **특정소방대상물(위험물 제조소등 제외)에 다음의 어느 하나에 해당하는 설비를 신설하는 공사**
   ① 옥내소화전설비(호스릴옥내소화전설비 포함), 옥외소화전설비, 스프링클러설비등, 물분무등소화설비, 연결송수관설비, 연결살수설비, 제연설비(소방용 외의 용도와 겸용되는 제연설비를 기계설비공사업자가 공사하는 경우 제외), 소화용수설비(소화용수설비를 기계설비공사업자 또는 상·하수도설비공사업자가 공사하는 경우 제외) 또는 연소방지설비
   ② 자동화재탐지설비, 비상경보설비, 비상방송설비(소방용 외의 용도와 겸용되는 비상방송설비를 정보통신공사업자가 공사하는 경우 제외), 비상콘센트설비(비상콘센트설비를 전기공사업자가 공사하는 경우 제외) 또는 무선통신보조설비(소방용 외의 용도와 겸용되는 무선통신보조설비를 정보통신공사업자가 공사하는 경우 제외)

2. **특정소방대상물에 다음의 어느 하나에 해당하는 설비 또는 구역 등을 증설하는 공사**
   ① 옥내·옥외소화전설비
   ② 스프링클러설비·간이스프링클러설비 또는 물분무등소화설비의 방호구역, 자동화재탐지설비의 경계구역, 제연설비의 제연구역(소방용 외의 용도와 겸용되는 제연설비를 기계설비공사업자가 공사하는 경우 제외), 연결살수설비의 살수구역, 연결송수관설비의 송수구역, 비상콘센트설비의 전용회로, 연소방지설비의 살수구역

3. **특정소방대상물에 설치된 소방시설등을 구성하는 다음의 어느 하나에 해당하는 것의 전부 또는 일부를 개설(改設), 이전(移轉) 또는 정비(整備)하는 공사. 다만, 고장 또는 파손 등으로 인하여 작동시킬 수 없는 소방시설을 긴급히 교체하거나 보수하여야 하는 경우에는 신고하지 않을 수 있다.**
   ① 수신반(受信盤)
   ② 소화펌프
   ③ 동력(감시)제어반

009 착공신고 대상   답 ④

수신반, 소화펌프, 동력(감시)제어반은 소방시설공사의 착공신고 대상에서 소방시설을 구성하는 전부 또는 일부를 교체하거나 보수하여야 한다.

010 착공신고 대상   답 ②

수신반, 소화펌프, 동력(감시)제어반은 소방시설공사의 착공신고 대상에서 소방시설을 구성하는 전부 또는 일부를 교체하거나 보수하여야 하며, 고장 또는 파손 등으로 인하여 작동시킬 수 없는 소방시설을 긴급히 교체하거나 보수하여야 하는 경우에는 신고하지 않을 수 있다.

011 착공신고 대상   답 ④

「정보통신공사업법」에 의한 정보통신공사업자가 행하는 무선통신보조설비를 신설하는 공사는 소방본부장 또는 소방서장에게 착공신고하는 대상이 아니다.

012 착공신고 대상   답 ④

피난기구 및 유도등은 피난구조설비로서 착공신고 대상이 아니다.

013 현장확인 대상   답 ④

연면적 1만제곱미터 이상이거나 11층 이상인 특정소방대상물(아파트는 제외)

014 현장확인 대상   답 ③

아파트는 완공검사를 위한 현장확인 대상이 아니다.

📄 개념플러스 **완공검사를 위한 현장확인 대상 특정소방대상물의 범위**

1. 문화 및 집회시설, 종교시설, 판매시설, 노유자(老幼者)시설, 수련시설, 운동시설, 숙박시설, 창고시설, 지하상가 및 「다중이용업소의 안전관리에 관한 특별법」에 따른 다중이용업소
2. 다음에 해당하는 설비가 설치되는 특정소방대상물
   ① 스프링클러설비등
   ② 물분무등소화설비(호스릴 방식의 소화설비 제외)
3. 연면적 1만제곱미터 이상이거나 11층 이상인 특정소방대상물(아파트 제외)
4. 가연성가스를 제조·저장 또는 취급하는 시설 중 지상에 노출된 가연성가스탱크의 저장용량 합계가 1천톤 이상인 시설

015　현장확인 대상　답 ①

창고시설 또는 수련시설은 완공검사를 위한 현장확인 대상 특정소방대상물이다.

> 📄 **개념플러스** **완공검사를 위한 현장확인 대상 특정소방대상물의 범위**
>
> 1. 문화 및 집회시설, 종교시설, 판매시설, 노유자(老幼者)시설, 수련시설, 운동시설, 숙박시설, 창고시설, 지하상가 및 「다중이용업소의 안전관리에 관한 특별법」에 따른 다중이용업소
> 2. 다음에 해당하는 설비가 설치되는 특정소방대상물
>   ① 스프링클러설비등
>   ② 물분무등소화설비(호스릴 방식의 소화설비 제외)
> 3. 연면적 1만제곱미터 이상이거나 11층 이상인 특정소방대상물(아파트 제외)
> 4. 가연성가스를 제조·저장 또는 취급하는 시설 중 지상에 노출된 가연성가스탱크의 저장용량 합계가 1천톤 이상인 시설

016　현장확인 대상　답 ①

아파트는 완공검사를 위한 현장확인 대상이 아니다.

017　현장확인 대상　답 ④

모두 완공검사를 위한 현장확인 대상 특정소방대상물이다.

018　현장확인 대상　답 ①

아파트는 완공검사를 위한 현장확인 대상이 아니다.

019　현장확인 대상　답 ③

연면적 3천제곱미터 이상이거나 10층 이상인 특정소방대상물(아파트 제외)은 완공검사를 위한 현장확인 대상이 아니다. 현장확인 대상이 되려면 연면적 1만제곱미터 이상이거나 11층 이상이 되어야 한다.

020　현장확인 대상　답 ①

의료시설은 완공검사를 위한 현장확인 대상 특정소방대상물이 아니다.

021　현장확인 대상　답 ①

(선지분석)

②④ 공사업자가 소방시설공사를 하려면 착공신고를 먼저 해야 하므로 절차상 옳지 않다.
③ 업무시설로서 연면적 1,500m²인 것은 현장확인 대상이 아니다.

022　하자보수　답 ③

관계인은 하자보수기간에 소방시설의 하자가 발생하였을 때에는 공사업자에게 그 사실을 알려야 하며, 통보를 받은 공사업자는 3일 이내에 하자를 보수하거나 보수 일정을 기록한 하자보수계획을 관계인에게 서면으로 알려야 한다. 하자보수를 하지 않거나 하자보수계획을 관계인에게 서면으로 알리지 않은 경우에는 지방소방기술심의위원회에 심의를 요청하여야 한다.

> 📄 **개념플러스** **하자보수**
>
> 1. 공사업자는 소방시설공사 결과 자동화재탐지설비 등 대통령령으로 정하는 소방시설에 하자가 있을 때에는 대통령령으로 정하는 기간 동안 그 하자를 보수하여야 한다.
> 2. 관계인은 하자보수보증 기간에 소방시설의 하자가 발생하였을 때에는 공사업자에게 그 사실을 알려야 하며, 통보를 받은 공사업자는 3일 이내에 하자를 보수하거나 보수 일정을 기록한 하자보수계획을 관계인에게 서면으로 알려야 한다.
> 3. 관계인은 공사업자가 다음에 해당하는 경우에는 소방본부장이나 소방서장에게 그 사실을 알릴 수 있다.
>   ① 하자보수를 이행하지 아니한 경우
>   ② 하자보수계획을 서면으로 알리지 아니한 경우
>   ③ 하자보수계획이 불합리하다고 인정되는 경우

023　하자보수　답 ④

관계인은 정해진 기간에 소방시설의 하자가 발생하였을 때에는 공사업자에게 그 사실을 알려야 하며, 통보를 받은 공사업자는 3일 이내에 하자를 보수하거나 보수 일정을 기록한 하자보수계획을 관계인에게 서면으로 알려야 한다.

024　하자보수 보증기간　답 ④

상수도소화용수설비 및 소화활동설비(무선통신보조설비는 제외한다): 3년

025 하자보수 보증기간   답 ③

비상콘센트설비의 하자보수 보증기간은 3년이다.

선지분석

① 비상조명등: 2년
② 비상방송설비: 2년
④ 무선통신보조설비: 2년

> 📄 **개념플러스** **하자보수 대상 소방시설과 하자보수 보증기간**
>
> 1. 피난기구, 유도등, 유도표지, 비상경보설비, 비상조명등, 비상방송설비 및 무선통신보조설비: 2년
> 2. 자동소화장치, 옥내소화전설비, 스프링클러설비, 간이스프링클러설비, 물분무등소화설비, 옥외소화전설비, 자동화재탐지설비, 상수도소화용수설비 및 소화활동설비(무선통신보조설비 제외): 3년

026 하자보수 보증기간   답 ②

선지분석

① 자동소화장치: 3년
③ 피난기구: 2년
④ 간이스프링클러설비: 3년

027 하자보수 보증기간   답 ④

유도표지, 비상경보설비, 비상조명등, 피난기구의 보증기간은 2년이다.

선지분석

① • 자동화재탐지설비 · 옥내소화전설비: 3년
    • 무선통신보조설비 · 비상조명등: 2년
② • 무선통신보조설비: 2년
    • 자동소화장치 · 상수도소화용수설비 · 물분무등소화설비: 3년
③ • 옥내소화전설비 · 제연설비 · 비상콘센트설비: 3년
    • 비상방송설비: 2년

028 하자보수 보증기간   답 ③

자동화재탐지설비의 보증기간은 3년이다.

선지분석

① 비상경보설비: 2년
② 피난기구: 2년
④ 비상방송설비: 2년

029 하자보수 보증기간   답 ①

선지분석

② 자동소화장치: 3년
③ 비상조명등: 2년
④ 비상방송설비: 2년

030 하자보수 보증기간   답 ②

ㄱ. 자동화재탐지설비와 ㅁ. 간이스프링클러설비 모두 하자보수 보증기간이 3년이다.

선지분석

① • ㄱ. 자동화재탐지설비: 3년
    • ㄴ. 피난기구: 2년
③ • ㄷ. 자동확산소화기: 소화기구로서 하자보수대상이 아니므로 보증기간도 없다.
    • ㄹ. 비상콘센트설비: 3년
④ • ㄹ. 비상콘센트설비: 3년
    • ㅂ. 무선통신보조설비: 2년

031 감리업자의 업무   답 ④

시공 상세 도면의 적합성 검토에서 시공의 영업범위는 소방시설업 중 소방시설공사업자이므로 공사업자가 작성한 시공 상세 도면의 적합성 검토를 감리의 업무범위로 하고 있다.

> 📄 **개념플러스** **소방공사감리업자의 업무**
>
> 1. 소방시설등의 설치계획표의 적법성 검토
> 2. 소방시설등 설계도서의 적합성(적법성과 기술상의 합리성) 검토
> 3. 소방시설등 설계 변경사항의 적합성 검토
> 4. 소방용품의 위치 · 규격 및 사용 자재의 적합성 검토
> 5. 공사업자가 한 소방시설등의 시공이 설계도서와 화재안전기준에 맞는지에 대한 지도 · 감독
> 6. 완공된 소방시설등의 성능시험
> 7. 공사업자가 작성한 시공 상세 도면의 적합성 검토
> 8. 피난시설 및 방화시설의 적합성 검토
> 9. 실내장식물의 불연화(不燃化)와 방염 물품의 적법성 검토

032 감리업자의 업무   답 ③

선지분석

① 방염물품의 적법성 검토
② 소방시설의 설치계획표의 적법성 검토
④ 공사업자가 한 소방시설등의 시공이 설계도서와 화재안전기준에 맞는지에 대한 지도 · 감독

1. 소방시설등의 설치계획표의 적법성 검토
2. 피난시설 및 방화시설의 적법성 검토
3. 실내장식물의 불연화(不燃化)와 방염물품의 적법성 검토
4. 소방시설등 설계도서의 적합성 검토
5. 소방시설등 설계 변경사항의 적합성 검토
6. 소방용품의 위치·규격 및 사용 자재의 적합성 검토
7. 공사업자가 작성한 시공 상세 도면의 적합성 검토
8. 공사업자가 한 소방시설등의 시공이 설계도서와 화재안전기준에 맞는지에 대한 지도·감독
9. 완공된 소방시설등의 성능시험

---

033   감리업자의 업무   답 ②

완공된 소방시설등의 성능검사가 아닌 성능시험이다.

---

034   감리업자의 업무   답 ①

감리업자는 감리를 할 때 소방시설공사가 설계도서나 화재안전기준에 맞지 아니할 때에는 관계인에게 알리고, 공사업자에게 그 공사의 시정 또는 보완 등을 요구하여야 한다.

📄 개념플러스 **위반사항에 대한 조치**

1. 감리업자는 감리를 할 때 소방시설공사가 설계도서나 화재안전기준에 맞지 아니할 때에는 관계인에게 알리고, 공사업자에게 그 공사의 시정 또는 보완 등을 요구하여야 한다.
2. 공사업자가 시정 또는 보완 등을 요구를 받았을 때에는 그 요구에 따라야 한다.
3. 감리업자는 공사업자가 요구를 이행하지 아니하고 그 공사를 계속할 때에는 행정안전부령으로 정하는 바에 따라 소방본부장이나 소방서장에게 그 사실을 보고하여야 한다.
4. 관계인은 감리업자가 소방본부장이나 소방서장에게 보고한 것을 이유로 감리계약을 해지하거나 감리의 대가 지급을 거부하거나 지연시키거나 그 밖의 불이익을 주어서는 아니 된다.

---

035   감리업자의 업무   답 ③

공사업자가 시정 또는 보완 요구를 이행하지 않을 경우 소방본부장이나 소방서장에게 그 사실을 보고한다.

---

036   공사감리자 지정대상   답 ①

캐비닛형 간이스프링클러설비는 공사감리자 지정대상이 아니다.

📄 개념플러스 **감리자 지정 특정소방대상물**

1. 옥내소화전설비를 신설·개설 또는 증설할 때
2. 스프링클러설비등(캐비닛형 간이스프링클러설비 제외)을 신설·개설하거나 방호·방수 구역을 증설할 때
3. 물분무등소화설비(호스릴 방식의 소화설비 제외)를 신설·개설하거나 방호·방수 구역을 증설할 때
4. 옥외소화전설비를 신설·개설 또는 증설할 때
5. 자동화재탐지설비를 신설 또는 개설할 때
6. 통합감시시설을 신설 또는 개설할 때
7. 비상방송설비를 신설 또는 개설할 때
8. 비상조명등을 신설 또는 개설할 때
9. 소화용수설비를 신설 또는 개설할 때
10. 소화활동설비에 대한 시공을 할 때
    ① 제연설비를 신설·개설하거나 제연구역을 증설할 때
    ② 연결송수관설비를 신설 또는 개설할 때
    ③ 연결살수설비를 신설·개설하거나 송수구역을 증설할 때
    ④ 비상콘센트설비를 신설·개설하거나 전용회로를 증설할 때
    ⑤ 무선통신보조설비를 신설 또는 개설할 때
    ⑥ 연소방지설비를 신설·개설하거나 살수구역을 증설할 때

---

037   공사감리자 지정대상   답 ①

경보설비로서 가스누설경보기는 공사감리자 지정대상이 아니다.

---

038   공사감리자 지정대상   답 ①

경보설비 중 비상경보설비를 설치하는 특정소방대상물은 공사감리자 지정대상이 아니다.

📄 개념플러스 **경보설비 중 감리자 지정대상**

1. 자동화재탐지설비를 신설 또는 개설할 때
2. 통합감시시설을 신설 또는 개설할 때
3. 비상방송설비를 신설 또는 개설할 때

---

039   공사감리자 지정대상   답 ①

경보설비 중 비상경보설비를 설치하는 특정소방대상물은 공사감리자 지정대상이 아니다.

1. 옥내소화전설비를 신설 · 개설 또는 증설할 때
2. 스프링클러설비등(캐비닛형 간이스프링클러설비 제외)을 신설 · 개설하거나 방호 · 방수 구역을 증설할 때
3. 물분무등소화설비(호스릴 방식의 소화설비 제외)를 신설 · 개설하거나 방호 · 방수 구역을 증설할 때
4. 옥외소화전설비를 신설 · 개설 또는 증설할 때
5. 자동화재탐지설비를 신설 또는 개설할 때
6. 통합감시시설을 신설 또는 개설할 때
7. 비상방송설비를 신설 또는 개설할 때
8. 비상조명등을 신설 또는 개설할 때
9. 소화용수설비를 신설 또는 개설할 때
10. 소화활동설비에 대한 시공을 할 때
    ① 제연설비를 신설 · 개설하거나 제연구역을 증설할 때
    ② 연결송수관설비를 신설 또는 개설할 때
    ③ 연결살수설비를 신설 · 개설하거나 송수구역을 증설할 때
    ④ 비상콘센트설비를 신설 · 개설하거나 전용회로를 증설할 때
    ⑤ 무선통신보조설비를 신설 또는 개설할 때
    ⑥ 연소방지설비를 신설 · 개설하거나 살수구역을 증설할 때

---

040   **공사감리자 지정대상**   답 ②

경보설비 중 비상경보설비를 설치하는 특정소방대상물은 공사감리자 지정대상이 아니다.

1. 옥내소화전설비를 신설 · 개설 또는 증설할 때
2. 스프링클러설비등(캐비닛형 간이스프링클러설비 제외)을 신설 · 개설하거나 방호 · 방수 구역을 증설할 때
3. 물분무등소화설비(호스릴 방식의 소화설비 제외)를 신설 · 개설하거나 방호 · 방수 구역을 증설할 때
4. 옥외소화전설비를 신설 · 개설 또는 증설할 때
5. 자동화재탐지설비를 신설 또는 개설할 때
6. 통합감시시설을 신설 또는 개설할 때
7. 비상방송설비를 신설 또는 개설할 때
8. 비상조명등을 신설 또는 개설할 때
9. 소화용수설비를 신설 또는 개설할 때
10. 소화활동설비에 대한 시공을 할 때
    ① 제연설비를 신설 · 개설하거나 제연구역을 증설할 때
    ② 연결송수관설비를 신설 또는 개설할 때
    ③ 연결살수설비를 신설 · 개설하거나 송수구역을 증설할 때
    ④ 비상콘센트설비를 신설 · 개설하거나 전용회로를 증설할 때
    ⑤ 무선통신보조설비를 신설 또는 개설할 때
    ⑥ 연소방지설비를 신설 · 개설하거나 살수구역을 증설할 때

---

041   **공사감리**   답 ④

① 감리업자가 감리원을 배치하였을 때에는 행정안전부령으로 정하는 바에 따라 소방본부장이나 소방서장에게 통보하여야 한다.
② 감리자 지정대상에 해당되면 관계인은 감리업자를 공사감리자로 지정하여야 한다.
③ 지하층을 포함한 층수가 16층 이상으로서 500세대 이상인 아파트에 대한 소방시설 공사는 상주공사감리 대상이다.

1. 감리업자는 소속 감리원을 배치하였을 때에는 행정안전부령으로 정하는 바에 따라 소방본부장이나 소방서장에게 통보하여야 한다. 감리원의 배치를 변경하였을 때에도 또한 같다.
2. 대통령령으로 정하는 특정소방대상물의 관계인이 특정소방대상물에 대하여 자동화재탐지설비, 옥내소화전설비 등 대통령령으로 정하는 소방시설을 시공할 때에는 소방시설공사의 감리를 위하여 감리업자를 공사감리자로 지정하여야 한다. 다만, 국가, 지방자치단체 또는 대통령령으로 정하는 공공기관은 그가 발주하는 소방시설의 설계 · 공사 감리 용역 중 소방청장이 정하여 고시하는 금액 이상의 사업에 따라 시 · 도지사가 감리업자를 선정한 경우에는 그 감리업자를 공사감리자로 지정한다.
3. 지하층을 포함한 층수가 16층 이상으로서 500세대 이상인 아파트에 대한 소방시설 공사는 상주공사감리 대상이다.
4. 감리업자는 소방시설공사의 감리를 위하여 소속 감리원을 대통령령으로 정하는 바에 따라 소방시설공사현장에 배치하여야 한다.
5. 감리원의 세부적인 배치기준은 행정안전부령으로 정한다.

---

042   **감리원의 세부배치기준**   답 ③

일반공사감리는 주 1회 이상 공사현장에 배치되어 감리 업무를 수행하고 감리일지에 기록해야 한다.

종류	대상	방법
상주공사감리	• 연면적 3만제곱미터 이상의 특정소방대상물(아파트 제외)에 대한 소방시설의 공사 • 지하층을 포함한 층수가 16층 이상으로서 500세대 이상인 아파트에 대한 소방시설의 공사	• 감리원은 행정안전부령으로 정하는 기간 동안 공사현장에 상주하여 감리 업무를 수행하고 감리일지에 기록해야 한다. • 감리원이 행정안전부령으로 정하는 기간 중 부득이한 사유로 1일 이상 현장을 이탈하는 경우에는 감리일지 등에 기록하여 발주청 또는 발주자의 확인을 받아야 한다. 이 경우 감리업자는 감리원의 업무를 대행할 사람을 감리현장에 배치하여 감리 업무에 지장이 없도록 해야 한다.

- 감리업자는 감리원이 행정안전부령으로 정하는 기간 중 법에 따른 교육이나 「민방위기본법」 또는 「예비군법」에 따른 교육을 받는 경우나 「근로기준법」에 따른 유급휴가로 현장을 이탈하게 되는 경우에는 감리 업무에 지장이 없도록 감리원의 업무를 대행할 사람을 감리현장에 배치해야 한다. 이 경우 감리원은 새로 배치되는 업무대행자에게 업무 인수·인계 등의 필요한 조치를 해야 한다.

구분	내용
일반 공사 감리	상주 공사감리에 해당하지 않는 소방시설의 공사
	• 감리원은 공사현장에 배치되어 감리 업무를 수행한다. • 감리원은 행정안전부령으로 정하는 기간 중에는 주 1회 이상 공사현장에 배치되어 감리 업무를 수행하고 감리일지에 기록해야 한다. • 감리업자는 감리원이 부득이한 사유로 14일 이내의 범위에서 감리 업무를 수행할 수 없는 경우에는 업무대행자를 지정하여 그 업무를 수행하게 해야 한다. • 지정된 업무대행자는 주 2회 이상 공사현장에 배치되어 감리의 업무를 수행하며, 그 업무수행 내용을 감리원에게 통보하고 감리일지에 기록해야 한다.

043   상주 공사감리 대상   답 ①

1. 연면적 3만제곱미터 이상의 특정소방대상물(아파트 제외)에 대한 소방시설의 공사
2. 지하층을 포함한 층수가 16층 이상으로서 500세대 이상인 아파트에 대한 소방시설의 공사

044   일반공사감리   답 ③

1명의 감리원이 담당하는 소방공사감리현장은 5개 이하로서 감리현장 연면적의 총 합계가 10만제곱미터 이하이어야 한다.

045   상주공사감리 대상   답 ②

- 연면적 (3만m²) 이상의 특정소방대상물(아파트는 제외한다)에 대한 소방시설의 공사
- 지하층을 포함한 층수가 (16층 이상으로 500세대) 이상인 아파트에 대한 소방시설의 공사

046   상주공사감리   답 ③

상주공사감리 대상은 연면적 3만제곱미터 이상의 특정소방대상물(아파트 제외)에 대한 소방시설의 공사, 지하층을 포함한 층수가 16층 이상으로서 500세대 이상인 아파트에 대한 소방시설의 공사를 현장기준으로 한다.

📄 개념플러스 **소방공사 감리원의 배치 및 공사현장 기준**

감리원의 배치기준		소방시설공사 현장의 기준
책임감리원	보조감리원	
행정안전부령으로 정하는 특급감리원 중 소방기술사	행정안전부령으로 정하는 초급감리원 이상의 소방공사 감리원(기계분야 및 전기분야)	• 연면적 20만제곱미터 이상인 특정소방대상물의 공사현장 • 지하층을 포함한 층수가 40층 이상인 특정소방대상물의 공사현장
행정안전부령으로 정하는 특급감리원 이상의 소방공사 감리원(기계분야 및 전기분야)	행정안전부령으로 정하는 초급감리원 이상의 소방공사 감리원(기계분야 및 전기분야)	• 연면적 3만제곱미터 이상 20만제곱미터 미만인 특정소방대상물(아파트 제외)의 공사현장 • 지하층을 포함한 층수가 16층 이상 40층 미만인 특정소방대상물의 공사현장
행정안전부령으로 정하는 고급감리원 이상의 소방공사 감리원(기계분야 및 전기분야)	행정안전부령으로 정하는 초급감리원 이상의 소방공사 감리원(기계분야 및 전기분야)	• 물분무등소화설비(호스릴 방식의 소화설비 제외) 또는 제연설비가 설치되는 특정소방대상물의 공사현장 • 연면적 3만제곱미터 이상 20만제곱미터 미만인 아파트의 공사현장
행정안전부령으로 정하는 중급감리원 이상의 소방공사 감리원(기계분야 및 전기분야)		연면적 5천제곱미터 이상 3만제곱미터 미만인 특정소방대상물의 공사현장
행정안전부령으로 정하는 초급감리원 이상의 소방공사 감리원(기계분야 및 전기분야)		• 연면적 5천제곱미터 미만인 특정소방대상물의 공사현장 • 지하구의 공사현장

1. 책임감리원이란 해당 공사 전반에 관한 감리 업무를 총괄하는 사람을 말한다.
2. 보조감리원이란 책임감리원을 보좌하고 책임감리원의 지시를 받아 감리 업무를 수행하는 사람을 말한다.
3. 소방시설공사현장의 연면적 합계가 20만제곱미터 이상인 경우에는 20만제곱미터를 초과하는 연면적에 대하여 10만제곱미터(20만제곱미터를 초과하는 연면적이 10만제곱미터에 미달하는 경우에는 10만제곱미터로 본다)마다 보조감리원 1명 이상을 추가로 배치해야 한다.
4. 위 표에도 불구하고 상주 공사감리에 해당하지 않는 소방시설의 공사에는 보조감리원을 배치하지 않을 수 있다.
5. 특정 공사현장이 2개 이상의 공사현장 기준에 해당하는 경우에는 해당 공사현장 기준에 따라 배치해야 하는 감리원을 각각 배치하지 않고 그 중 상위 등급 이상의 감리원을 배치할 수 있다.

047 소방공사 감리원의 배치기준   답 ①

감리원의 배치기준		소방시설공사 현장의 기준
책임감리원	보조감리원	
행정안전부령으로 정하는 특급감리원 중 소방기술사	행정안전부령으로 정하는 초급감리원 이상의 소방공사 감리원(기계분야 및 전기분야)	• 연면적 20만제곱미터 이상인 특정소방대상물의 공사 현장 • 지하층을 포함한 층수가 40층 이상인 특정소방대상물의 공사 현장
행정안전부령으로 정하는 특급감리원 이상의 소방공사 감리원(기계분야 및 전기분야)	행정안전부령으로 정하는 초급감리원 이상의 소방공사 감리원(기계분야 및 전기분야)	• 연면적 3만제곱미터 이상 20만제곱미터 미만인 특정소방대상물(아파트 제외)의 공사 현장 • 지하층을 포함한 층수가 16층 이상 40층 미만인 특정소방대상물의 공사 현장
행정안전부령으로 정하는 고급감리원 이상의 소방공사 감리원(기계분야 및 전기분야)	행정안전부령으로 정하는 초급감리원 이상의 소방공사 감리원(기계분야 및 전기분야)	• 물분무등소화설비(호스릴 방식의 소화설비 제외) 또는 제연설비가 설치되는 특정소방대상물의 공사 현장 • 연면적 3만제곱미터 이상 20만제곱미터 미만인 아파트의 공사 현장
행정안전부령으로 정하는 중급감리원 이상의 소방공사 감리원(기계분야 및 전기분야)		연면적 5천제곱미터 이상 3만제곱미터미만인 특정소방대상물의 공사 현장
행정안전부령으로 정하는 초급감리원 이상의 소방공사 감리원(기계분야 및 전기분야)		• 연면적 5천제곱미터 미만인 특정소방대상물의 공사 현장 • 지하구의 공사 현장

048 소방시설공사현장의 기준   답 ③

(선지분석)

① 지하층을 포함한 층수가 40층 이상인 특정소방대상물의 공사현장: 특급감리원 중 소방기술사 배치
② 연면적 20만m² 이상인 특정소방대상물의 공사현장: 특급감리원 중 소방기술사 배치
④ 지하층을 제외한 층수가 16층 이상 40층 미만인 특정소방대상물의 공사현장: 특급감리원 이상 배치

📄 개념플러스 **소방시설공사 현장의 기준**

감리원의 배치기준 책임감리원	소방시설공사 현장의 기준
특급감리원 중 소방기술사	• 연면적 20만제곱미터 이상인 특정소방대상물의 공사 현장 • 지하층을 포함한 층수가 40층 이상인 특정소방대상물의 공사 현장
특급감리원 이상의 소방공사 감리원(기계분야 및 전기분야)	• 연면적 3만제곱미터 이상 20만제곱미터 미만인 특정소방대상물(아파트 제외)의 공사 현장 • 지하층을 포함한 층수가 16층 이상 40층 미만인 특정소방대상물의 공사 현장
고급감리원 이상의 소방공사 감리원(기계분야 및 전기분야)	• 물분무등소화설비(호스릴 방식의 소화설비 제외) 또는 제연설비가 설치되는 특정소방대상물의 공사 현장 • 연면적 3만제곱미터 이상 20만제곱미터 미만인 아파트의 공사 현장

049 소방공사 감리원의 배치   답 ③

연면적이 3만m² 이상 20만m² 미만인 특정소방대상물(아파트 제외) 또는 지하층을 포함한 층수가 16층 이상 40층 미만인 특정소방대상물의 공사현장인 경우 특급감리원 이상의 소방감리원 1명 이상을 배치해야 한다.

📄 개념플러스 **소방공사 감리원의 배치 및 공사현장 기준**

감리원의 배치기준		소방시설공사 현장의 기준
책임감리원	보조감리원	
행정안전부령으로 정하는 특급감리원 중 소방기술사	행정안전부령으로 정하는 초급감리원 이상의 소방공사 감리원(기계분야 및 전기분야)	• 연면적 20만제곱미터 이상인 특정소방대상물의 공사 현장 • 지하층을 포함한 층수가 40층 이상인 특정소방대상물의 공사현장

행정안전부령으로 정하는 특급감리원 이상의 소방공사 감리원(기계분야 및 전기분야)	행정안전부령으로 정하는 초급감리원 이상의 소방공사 감리원(기계분야 및 전기분야)
행정안전부령으로 정하는 고급감리원 이상의 소방공사 감리원(기계분야 및 전기분야)	행정안전부령으로 정하는 초급감리원 이상의 소방공사 감리원(기계분야 및 전기분야)
행정안전부령으로 정하는 중급감리원 이상의 소방공사 감리원(기계분야 및 전기분야)	연면적 5천제곱미터 이상 3만제곱미터 미만인 특정소방대상물의 공사현장
행정안전부령으로 정하는 초급감리원 이상의 소방공사 감리원(기계분야 및 전기분야)	• 연면적 5천제곱미터 미만인 특정소방대상물의 공사현장 • 지하구의 공사현장

---

050 소방공사 감리원   답 ④

물분무등소화설비 또는 제연설비가 설치되는 특정소방대상물이나 연면적 3만m² 이상 20만m² 미만인 아파트의 공사현장에는 고급감리원 이상의 소방감리원 1명 이상을 배치해야 한다.

---

051 소방공사감리 결과보고서에 첨부하는 서류   답 ①

착공신고 후 변경된 소방시설설계도면 1부

② 소방청장이 정하여 고시하는 소방시설 성능시험조사표 1부
③ 소방공사 감리일지(소방본부장 또는 소방서장에게 보고하는 경우에만 첨부) 1부
④ 특정소방대상물의 사용승인 신청서 등 사용승인 신청을 증빙할 수 있는 서류 1부

---

052 감리 통보대상   답 ④

감리를 마친 경우 그 특정소방대상물의 관계인, 소방시설공사의 도급인, 그 특정소방대상물의 공사를 감리한 건축사에게 감리결과를 통보해야 한다.

---

053 소방시설공사 분리 도급의 예외   답 ②

ㄱ. 「재난 및 안전관리 기본법」에 따른 재난의 발생으로 긴급하게 착공해야 하는 공사인 경우

ㄴ. 국방 및 국가안보 등과 관련하여 기밀을 유지해야 하는 공사인 경우
ㅁ. 「국가를 당사자로 하는 계약에 관한 법률 시행령」 및 「지방자치단체를 당사자로 하는 계약에 관한 법률 시행령」에 따른 실시설계기술제안입찰 또는 기본설계기술제안입찰
ㅂ. 문화재수리 및 재개발·재건축 등의 공사로서 공사의 성질상 분리하여 도급하는 것이 곤란하다고 시·도지사가 인정하는 경우

ㄷ. 연면적이 1천제곱미터 이하인 특정소방대상물에 비상경보설비를 설치하는 공사인 경우
ㄹ. 「국가를 당사자로 하는 계약에 관한 법률 시행령」 및 「지방자치단체를 당사자로 하는 계약에 관한 법률 시행령」에 따른 대안입찰 또는 일괄입찰

---

054 소방시설공사 등의 도급   답 ④

특정소방대상물의 관계인 또는 발주자는 소방시설공사 등을 도급할 때에는 해당 소방시설업자에게 도급하여야 한다. 여기서 소방시설업자란 소방시설설계업자, 소방시설공사업자, 소방공사감리업자, 방염처리업자를 말한다.

---

055 공사의 도급   답 ③

시공을 도급받은 자는 소방시설공사의 일부를 한 번만 제3자에게 하도급할 수 있다.

📄 **개념플러스**   **공사의 도급**

1. 특정소방대상물의 관계인 또는 발주자는 소방시설공사 등을 도급할 때에는 해당 소방시설업자에게 도급하여야 한다.
2. 소방시설공사는 다른 업종의 공사와 분리하여 도급하여야 한다. 다만, 공사의 성질상 또는 기술관리상 분리하여 도급하는 것이 곤란한 경우로서 대통령령으로 정하는 경우에는 다른 업종의 공사와 분리하지 아니하고 도급할 수 있다.

📄 **개념플러스**   **노임에 대한 압류의 금지**

1. 공사업자가 도급받은 소방시설공사의 도급금액 중 그 공사(하도급한 공사 포함)의 근로자에게 지급하여야 할 노임(勞賃)에 해당하는 금액은 압류할 수 없다.
2. 노임에 해당하는 금액의 범위와 산정 방법은 대통령령으로 정한다.

📄 **개념플러스**   **하도급의 제한**

1. 도급을 받은 자는 소방시설의 설계, 시공, 감리를 제3자에게 하도급할 수 없다. 다만, 시공의 경우에는 대통령령으로 정하는 바에 따라 도급받은 소방시설공사의 일부를 다른 공사업자에게 하도급할 수 있다.
2. 하수급인은 단서에 따라 하도급받은 소방시설공사를 제3자에게 다시 하도급할 수 없다.

056 소방시설공사업의 도급   답 ①

도급을 받은 자는 소방시설공사의 시공을 제3자에게 하도급할 수 없다. 다만, 대통령령으로 정하는 경우에는 도급받은 소방시설공사의 일부를 한 번만 제3자에게 하도급할 수 있다.

057 도급계약의 해지   답 ②

정당한 사유 없이 30일 이상 소방시설공사를 계속하지 아니하는 경우 도급계약을 해지할 수 있다.

058 도급계약의 해지   답 ④

행정처분 중 경고 및 시정명령은 도급계약 해지 사유가 아니다.

📄 **개념플러스 도급계약의 해지**

1. 소방시설업이 등록취소되거나 영업정지된 경우
2. 소방시설업을 휴업하거나 폐업한 경우
3. 정당한 사유 없이 30일 이상 소방시설공사를 계속하지 아니하는 경우
4. 하수급인의 변경 요구에 정당한 사유 없이 따르지 아니하는 경우

059 공사업자의 감리 제한   답 ④

동일 현장에서 시공과 감리를 함께하는 것을 제외한 다른 업종은 같이 할 수 있다.

📄 **개념플러스 공사업자의 감리 제한**

다음의 어느 하나에 해당되면 동일한 특정소방대상물의 소방시설에 대한 시공과 감리를 함께 할 수 없다.
1. 공사업자와 감리업자가 같은 자인 경우
2. 「독점규제 및 공정거래에 관한 법률」에 따른 기업집단의 관계인 경우
3. 법인과 그 법인의 임직원의 관계인 경우
4. 「민법」에 따른 친족관계인 경우

060 시공능력평가 및 공시   답 ④

평가항목에는 자본금을 포함하여 평가한다.

📄 **개념플러스 시공능력 평가 및 공시**

1. 소방청장은 관계인 또는 발주자가 적절한 공사업자를 선정할 수 있도록 하기 위하여 공사업자의 신청이 있으면 그 공사업자의 소방시설공사 실적, 자본금 등에 따라 시공능력을 평가하여 공시할 수 있다.
2. 평가를 받으려는 공사업자는 전년도 소방시설공사 실적, 자본금, 그 밖에 행정안전부령으로 정하는 사항을 소방청장에게 제출하여야 한다.
3. 시공능력 평가신청 절차, 평가방법 및 공시방법 등에 필요한 사항은 행정안전부령으로 정한다.

061 시공능력평가 및 공시   답 ④

소방청장은 관계인 또는 발주자가 적절한 공사업자를 선정할 수 있도록 하기 위하여 공사업자의 신청이 있으면 그 공사업자의 소방시설공사 실적, 자본금 등에 따라 시공능력을 평가하여 공시할 수 있다.

제4장 | 소방기술자

정답   p. 206

001	①	002	④	003	③	004	②

001 소방기술 경력   답 ①

소방청장은 소방기술의 효율적인 활용과 소방기술의 향상을 위하여 소방기술과 관련된 자격·학력 및 경력을 가진 사람을 소방기술자로 인정하여 소방기술 인정 자격수첩과 경력수첩을 발급할 수 있다.

📄 **개념플러스 소방기술 경력 등의 인정 등**

1. 소방청장은 소방기술의 효율적인 활용과 소방기술의 향상을 위하여 소방기술과 관련된 자격·학력 및 경력을 가진 사람을 소방기술자로 인정할 수 있다.
2. 소방청장은 자격·학력 및 경력을 인정받은 사람에게 소방기술 인정 자격수첩과 경력수첩을 발급할 수 있다.
3. 소방기술과 관련된 자격·학력 및 경력의 인정 범위와 자격수첩 및 경력수첩의 발급 절차 등에 관하여 필요한 사항은 행정안전부령으로 정한다.
4. 소방청장은 자격수첩 또는 경력수첩을 발급받은 사람이 다음의 어느 하나에 해당하는 경우에는 행정안전부령으로 정하는 바에 따라 그 자격을 취소하거나 6개월 이상 2년 이하의 기간을 정하여 그 자격을 정지시킬 수 있다. 다만, ① ~ ②에 해당하는 경우에는 그 자격을 취소하여야 한다.

① 거짓이나 그 밖의 부정한 방법으로 자격수첩 또는 경력수첩을 발급받은 경우
② 자격수첩 또는 경력수첩을 다른 사람에게 빌려준 경우
③ 동시에 둘 이상의 업체에 취업한 경우
④ 「소방시설공사업법」 또는 「소방시설공사업법」에 따른 명령을 위반한 경우

5. 자격이 취소된 사람은 취소된 날부터 2년간 자격수첩 또는 경력수첩을 발급받을 수 없다.

---

002 소방기술 경력 등의 인정 답 ④

(선지분석)
① 소방청장은 소방기술의 효율적인 활용과 소방기술의 향상을 위하여 소방기술과 관련된 자격·학력 및 경력을 가진 사람을 소방기술자로 인정할 수 있다.
② 소방청장은 소방기술과 관련된 자격·학력 및 경력을 인정받은 사람에게 소방기술 인정 자격수첩과 경력수첩을 발급할 수 있다.
③ 소방기술과 관련된 자격·학력 및 경력의 인정 범위와 자격수첩 및 경력수첩의 발급 절차 등에 관하여 필요한 사항은 행정안전부령으로 정한다.

---

003 소방기술자 양성·인정 교육훈련기관의 지정 요건 답 ③

전국 4개 이상의 시·도에 이론교육과 실습교육이 가능한 교육·훈련장을 갖출 것

---

004 소방기술자 답 ②

소방기술자는 실무교육을 2년마다 1회 이상 받아야 한다.

📄 개념플러스 **소방기술자의 실무교육**

1. 소방기술자는 실무교육을 2년마다 1회 이상 받아야 한다.
2. 소방기술자 실무교육에 관한 업무를 위탁받은 실무교육기관 또는 「소방기본법」에 따른 한국소방안전원의 장은 소방기술자에 대한 실무교육을 실시하려면 교육일정 등 교육에 필요한 계획을 수립하여 소방청장에게 보고한 후 교육 10일 전까지 교육대상자에게 알려야 한다.
3. 실무교육의 시간, 교육과목, 수수료, 그 밖에 실무교육에 관하여 필요한 사항은 소방청장이 정하여 고시한다.

제5장 | 소방시설업자협회

정답　　　　　　　　　　　　p. 207
001 ①　002 ①　003 ①

---

001 소방시설업자협회 답 ①

소방시설업자의 권익보호와 소방기술의 개발 등 소방시설업의 건전한 발전을 위하여 소방시설업자협회를 설립할 수 있다. 소방기술과 안전관리기술의 향상 및 홍보, 그 밖의 교육·훈련 등 행정기관이 위탁하는 업무의 수행과 소방 관계 종사자의 기술 향상을 위하여 설립하는 것은 한국소방안전원이다.

---

002 시·도지사의 소방시설업자협회 위탁 답 ①

시공능력 평가 및 공시에 관한 업무 및 방염처리능력 평가 및 공시에 관한 업무는 소방청장이 협회에 위탁한 업무이다.

📄 개념플러스 **권한 위탁(시·도지사가 협회에)**

1. 소방시설업 등록신청의 접수 및 신청내용의 확인
2. 소방시설업 등록사항 변경신고의 접수 및 신고내용의 확인
2의2. 소방시설업 휴업·폐업 등 신고의 접수 및 신고내용의 확인
3. 소방시설업자의 지위승계 신고의 접수 및 신고내용의 확인
4. 방염처리능력 평가 및 공시
5. 시공능력 평가 및 공시
6. 소방시설업 종합정보시스템의 구축·운영

---

003 소방시설업자협회 답 ①

소방기술과 안전관리에 관한 교육 및 조사·연구는 한국소방안전원의 업무에 해당한다.

(선지분석)
②③④ 소방시설업자협회의 업무에 해당한다.

📄 개념플러스 **한국소방안전원의 업무**

1. 소방기술과 안전관리에 관한 교육 및 조사·연구
2. 소방기술과 안전관리에 관한 각종 간행물 발간
3. 화재 예방과 안전관리의식 고취를 위한 대국민 홍보
4. 소방업무에 관하여 행정기관이 위탁하는 업무
5. 소방안전에 관한 국제협력
6. 회원에 대한 기술지원 등 정관으로 정하는 사항

제6편

해커스소방 김진성 소방관계법규 단원별 기출문제집

정답

p. 208

001	①	002	④	003	④	004	③	005	④

---

001 위탁업무 답 ①

시공능력 평가 및 공시에 관한 업무 및 방염처리능력 평가 및 공시에 관한 업무는 소방청장이 소방시설업자협회에 위탁한 업무이다.

> 📄 개념플러스 **시·도지사가 협회에 위탁하는 업무**
>
> 1. 소방시설업 등록신청의 접수 및 신청내용의 확인
> 2. 소방시설업 등록사항 변경신고의 접수 및 신고내용의 확인
> 3. 소방시설업 휴업·폐업 또는 재개업 신고의 접수 및 신고내용의 확인
> 4. 소방시설업자의 지위승계 신고의 접수 및 신고내용의 확인

---

002 청문의 대상 답 ④

소방기술 인정 자격정지처분은 청문의 대상이 아니다.

> 📄 개념플러스 **청문 대상**
>
> 1. 소방시설업 등록취소처분이나 영업정지처분
> 2. 소방기술 인정 자격취소처분

---

003 청문의 대상 답 ④

소방기술 인정 자격정지처분은 청문의 대상이 아니며, 소방기술 인정 자격취소처분이 청문 대상이다.

---

004 청문권자 답 ③

소방기술 인정 자격수첩의 발급권자는 소방청장이므로 청문권자 또한 소방청장이다.

---

005 행정처분의 기준 답 ④

위반행위의 차수에 따른 행정처분기준은 최근 1년간 같은 위반행위로 행정처분을 받은 경우에 적용한다. 이 경우 기준 적용일은 위반사항에 대한 행정처분일과 그 처분 후 다시 적발한 날을 기준으로 한다.

> 📄 개념플러스 **행정처분 일반기준**
>
> 1. 위반행위가 동시에 둘 이상 발생한 경우에는 그 중 중한 처분기준(중한 처분기준이 동일한 경우에는 그 중 하나의 처분기준)에 따르되, 둘 이상의 처분기준이 동일한 영업정지인 경우에는 중한 처분의 2분의 1까지 가중하여 처분할 수 있다.
> 2. 영업정지 처분기간 중 영업정지에 해당하는 위반사항이 있는 경우에는 종전의 처분기간 만료일의 다음 날부터 새로운 위반사항에 대한 영업정지의 행정처분을 한다.
> 3. 위반행위의 차수에 따른 행정처분기준은 최근 1년간 같은 위반행위로 행정처분을 받은 경우에 적용한다. 이 경우 기준 적용일은 위반사항에 대한 행정처분일과 그 처분 후 다시 적발한 날을 기준으로 한다.
> 4. 영업정지 등에 해당하는 위반사항으로서 위반행위의 동기·내용·횟수·사유 또는 그 결과를 고려하여 다음에 해당하는 경우 그 처분을 가중하거나 감경할 수 있다. 이 경우 그 처분이 영업정지일 때에는 그 처분기준의 2분의 1의 범위에서 가중하거나 감경할 수 있고, 등록취소일 때에는 등록취소 전 차수의 행정처분이 영업정지일 경우 처분기준의 2배 이상의 영업정지처분으로 감경(등록증 또는 등록수첩을 빌려준 경우의 등록취소가 된 경우 제외)할 수 있다.
>   ① 가중사유
>   ㉠ 위반행위가 사소한 부주의나 오류가 아닌 고의나 중대한 과실에 의한 것으로 인정되는 경우
>   ㉡ 위반의 내용·정도가 중대하여 관계인에게 미치는 피해가 크다고 인정되는 경우
>   ② 감경사유
>   ㉠ 위반행위가 고의나 중대한 과실이 아닌 사소한 부주의나 오류로 인한 것으로 인정되는 경우
>   ㉡ 위반의 내용·정도가 경미하여 관계인에게 미치는 피해가 적다고 인정되는 경우
>   ㉢ 위반행위자의 위반행위가 처음이며 5년 이상 소방시설업을 모범적으로 해 온 사실이 인정되는 경우
>   ㉣ 위반행위자가 그 위반행위로 인하여 검사로부터 기소유예 처분을 받거나 법원으로부터 선고유예 판결을 받은 경우

001   벌칙   답 ①

소방시설공사현장에 감리원을 배치하지 아니한 자는 300만원 이하의 벌금에 해당된다.

> 📄 개념플러스 **1년 이하의 징역 또는 1천만원 이하의 벌금**
>
> 1. 영업정지처분을 받고 그 영업정지 기간에 영업을 한 자
> 2. 「소방시설공사업법」이나 「소방시설공사업법」에 따른 명령과 화재안전기준에 맞게 소방시설을 설계·시공하여야 하는 사항을 위반하여 설계나 시공을 한 자
> 3. 소방공사감리업을 등록하지 않고 감리를 하거나 거짓으로 감리한 자
> 4. 공사감리자를 지정하지 아니한 자
> 5. 소방시설업자가 아닌 자에게 소방시설공사 등을 도급한 자
> 6. 제3자에게 소방시설공사 시공을 하도급한 자
> 7. 소방기술자가 「소방시설공사업법」 또는 명령을 따르지 아니하고 업무를 수행한 자

> 📄 개념플러스 **300만원 이하의 벌금**
>
> 1. 등록증이나 등록수첩을 빌려준 자
> 2. 소방시설공사현장에 감리원을 배치하지 아니한 자
> 3. 감리업자의 보완 요구에 따르지 아니한 자
> 4. 공사감리 계약을 해지하거나 대가 지급을 거부하거나 지연시키거나 불이익을 준 자
> 5. 자격수첩 또는 경력수첩을 빌려 준 사람
> 6. 동시에 둘 이상의 업체에 취업한 사람
> 7. 관계인의 정당한 업무를 방해하거나 업무상 알게 된 비밀을 누설한 사람

002   벌칙   답 ①

소방시설업 등록을 하지 아니하고 영업을 한 자는 3년 이하의 징역 또는 3천만원 이하의 벌금에 처한다.

> 📄 개념플러스 **3년 이하의 징역 또는 3천만원 이하의 벌금**
>
> 소방시설업 등록을 하지 아니하고 영업을 한 자

> 📄 개념플러스 **1년 이하의 징역 또는 1천만원 이하의 벌금**
>
> 1. 영업정지처분을 받고 그 영업정지 기간에 영업을 한 자
> 2. 「소방시설공사업법」이나 「소방시설공사업법」에 따른 명령과 화재안전기준에 맞게 소방시설을 설계·시공하여야 하는 사항을 위반하여 설계나 시공을 한 자
> 3. 소방공사감리업을 등록하지 않고 감리를 하거나 거짓으로 감리한 자
> 4. 공사감리자를 지정하지 아니한 자
> 5. 소방시설업자가 아닌 자에게 소방시설공사 등을 도급한 자
> 6. 제3자에게 소방시설공사 시공을 하도급한 자
> 7. 소방기술자가 「소방시설공사업법」 또는 명령을 따르지 아니하고 업무를 수행한 자

003   벌칙   답 ④

소방시설공사업자가 소방시설의 완공검사를 받지 않았을 때는 200만원 이하의 과태료에 대한 벌칙을 적용한다.

> 📄 개념플러스 **200만원 이하의 과태료**
>
> 1. 신고를 하지 아니하거나 거짓으로 신고한 자
> 2. 관계인에게 지위승계, 행정처분 또는 휴업·폐업의 사실을 거짓으로 알린 자
> 3. 하자보수 보증기간 동안 관계 서류를 보관하지 아니한 자
> 4. 소방기술자를 공사현장에 배치하지 아니한 자
> 5. 완공검사를 받지 아니한 자
> 6. 3일 이내에 하자를 보수하지 아니하거나 하자보수 계획을 관계인에게 거짓으로 알린 자
> 7. 감리 관계 서류를 인수·인계하지 아니한 자
> 8. 하도급 등의 통지를 하지 아니한 자

004 벌칙 답 ④

하자보수 내용을 알리지 아니하거나 거짓으로 알린 자는 200만원 이하의 과태료를 부과한다.

선지분석

①②③ 300만원 이하의 벌금에 해당하는 내용이다.

> 📄 개념플러스 **300만원 이하의 벌금**
>
> 1. 등록증이나 등록수첩을 빌려준 자
> 2. 소방시설공사현장에 감리원을 배치하지 아니한 자
> 3. 감리업자의 보완 요구에 따르지 아니한 자
> 4. 공사감리 계약을 해지하거나 대가 지급을 거부하거나 지연시키거나 불이익을 준 자
> 5. 자격수첩 또는 경력수첩을 빌려 준 사람
> 6. 동시에 둘 이상의 업체에 취업한 사람
> 7. 관계인의 정당한 업무를 방해하거나 업무상 알게 된 비밀을 누설한 사람

005 벌칙 답 ④

동시에 둘 이상의 업체에 취업한 사람은 300만원 이하의 벌금에 처한다.

> 📄 개념플러스 **1년 이하의 징역 또는 1천만원 이하의 벌금**
>
> 1. 영업정지처분을 받고 그 영업정지 기간에 영업을 한 자
> 2. 「소방시설공사업법」이나 「소방시설공사업법」에 따른 명령과 화재안전기준에 맞게 소방시설을 설계·시공하여야 하는 사항을 위반하여 설계나 시공을 한 자
> 3. 소방공사감리업을 등록하지 않고 감리를 하거나 거짓으로 감리한 자
> 4. 공사감리자를 지정하지 아니한 자
> 5. 소방시설업자가 아닌 자에게 소방시설공사 등을 도급한 자
> 6. 제3자에게 소방시설공사 시공을 하도급한 자
> 7. 소방기술자가 「소방시설공사업법」 또는 명령을 따르지 아니하고 업무를 수행한 자

006 벌칙 답 ④

공사감리 계약을 해지하거나 대가 지급을 거부하거나 지연시키거나 불이익을 준 자는 300만원 이하의 벌금에 처한다.

선지분석

①②③ 200만원 이하의 과태료에 해당하는 내용이다.

> 📄 개념플러스 **300만원 이하의 벌금**
>
> 공사감리 계약을 해지하거나 대가 지급을 거부하거나 지연시키거나 불이익을 준 자

> 📄 개념플러스 **200만원 이하의 과태료**
>
> 1. 하자보수 보증기간 동안 관계 서류를 보관하지 아니한 자
> 2. 소방기술자를 공사현장에 배치하지 아니한 자
> 3. 완공검사를 받지 아니한 자

목표 점수 단번에 달성,
지텔프도 역시 해커스!

해커스 지텔프 교재 시리즈

유형 + 문제				
32점+	43점+	47~50점+	65점+	75점+

목표 점수에 맞는 교재를 선택하세요! ◀▶ : 교재별 학습 가능 점수대

한 권으로 끝내는
해커스 지텔프 32-50+
(Level 2)

해커스 지텔프 문법
정답 찾는 공식 28
(Level 2)

2주 만에 끝내는
해커스 지텔프 문법
(Level 2)

2주 만에 끝내는
해커스 지텔프 독해
(Level 2)

보카				

해커스 지텔프
기출 보카

기출 · 실전				

지텔프 기출문제집
(Level 2)

지텔프 공식
기출문제집 7회분
(Level 2)

해커스 지텔프
최신기출유형
실전문제집 7회
(Level 2)

해커스 지텔프
실전모의고사
문법 10회
(Level 2)

해커스 지텔프
실전모의고사
독해 10회
(Level 2)

해커스 지텔프
실전모의고사
청취 5회
(Level 2)